城市轨道交通职业教育系列教材 —— 城轨供电技术

CHENGSHI GUIDAO JIAOTONG ZHIYE JIAOYU XILIE JIAOCAI
CHENGGUI GONGDIAN JISHU

城市轨道交通供电系统运行与管理

主　编　○　刘让雄
副主编　○　戴慧吾

西南交通大学出版社
·成都·

内容提要

本书为城市轨道交通职业教育系列教材之城轨供电技术专业教材之一。全书共分十二章，以"受电—变电—配电—馈电"为主线，系统介绍了外部电源、主变电所、中压网络、牵引供电系统和动力照明系统这5项供变电主体；以"监测防护"为主线，重点介绍了电力监控与数据采集、综合接地与过电压保护、杂散电流防护3大系统；以"运行校验"为主线，主要介绍了城轨供电系统的短路计算与电压损失计算；以"运行管理"为主线，全面介绍了运行管理的原则任务、规程职责、接口划分以及安全管理等。在书中相应章节还列举了有关实例。

本书是高等职业教育城轨供电技术专业教学用书，也可作为相应的职业技能培训教材使用，同时还可供从事城轨交通供电运行与管理的相关人员参考。

图书在版编目（CIP）数据

城市轨道交通供电系统运行与管理／刘让雄主编．—成都：西南交通大学出版社，2015.9（2023.8 重印）
城市轨道交通职业教育系列教材．城轨供电技术
ISBN 978-7-5643-4268-5

Ⅰ．①城… Ⅱ．①刘… Ⅲ．①城市铁路－供电系统－高等职业教育－教材 Ⅳ．①U239.5

中国版本图书馆 CIP 数据核字（2015）第 209307 号

城市轨道交通职业教育系列教材——城轨供电技术

城市轨道交通供电系统运行与管理

主编　刘让雄

责 任 编 辑	宋彦博
助 理 编 辑	张少华
封 面 设 计	何东琳设计工作室
出 版 发 行	西南交通大学出版社 （四川省成都市二环路北一段 111 号 西南交通大学创新大厦 21 楼）
发行部电话	028-87600564　028-87600533
邮 政 编 码	610031
网　　　址	http://www.xnjdcbs.com
印　　　刷	四川森林印务有限责任公司
成 品 尺 寸	185 mm × 260 mm
印　　　张	22.25
字　　　数	554 千
版　　　次	2015 年 9 月第 1 版
印　　　次	2023 年 8 月第 4 次
书　　　号	ISBN 978-7-5643-4268-5
定　　　价	55.00 元

课件咨询电话：028-81435775
图书如有印装质量问题　本社负责退换
版权所有　盗版必究　举报电话：028-87600562

出版说明

城市轨道交通凭借快捷、准时、舒适、运量大、能耗低、污染小、占地少等优点，日益成为城市现代化建设进程中重要的公益性基础设施项目。城市轨道交通涉及面广、综合性很强，其发展状况已被当成一个城市综合实力和现代化程度的重要评判指标。由此，城市轨道交通建设正在我国掀起一个新的浪潮，社会对城市轨道交通专业人才的需求巨大，给城市轨道交通类专业的职业教育发展带来了良好契机。

西南交通大学出版社与国内诸多交通院校一直保持友好往来，并整合它们在轨道交通领域的尖端科技优势和人才集成优势，致力于为国家轨道交通教育事业做出贡献，形成了以"轨道交通"为核心的出版特色，在教育界、学界都拥有良好的口碑和较高的品牌知名度。

本套丛书从满足快速增长的城市轨道交通专业实用型人才培养需求出发，从校企结合教学直接面向岗位需求这一特点出发，精心组织国内相关专业优秀教育工作者或优秀教育工作高校，分"运营管理""工程技术""车辆""控制""供电技术"五大类系统地为读者呈现城市轨道交通教育课程全景。在编写时，力求体现如下特点：

◎ 适用性

理论知识够用即可，在讲述专业知识的基础上，突出实际操作技能的训练，注重岗位关键能力的培养。

◎ 专业性

图书的顶层设计从国家高职高专专业目录规范出发，内容编排紧密结合岗位应用实际，体现专业性和主流设备前沿特征，体现教学实际需求。同时，在编写或修改时，尽可能地让一线用人单位参与进来，根据生产现场实际提出建议。

◎ 生动性

在架构设计和版式设计上，力求简洁生动，图文并茂；努力体现二维码技术等移动互联网时代元素在图书中的应用，尽可能把生产实际和研究成果，用立体生动的形式予以表达，便于读者理解掌握。

这套书可作为高等职业院校、中等职业学校城市轨道交通相关专业的教学用书，也可作为城市轨道交通企业新职工的培训教材。有关教材的课件资料等，可以联系我社使用。

联系电话：028-87600533

邮箱：swjtucbsfx@163.com

西南交通大学出版社

二〇一五年八月

前 言

城市轨道交通具有运量大、快捷舒适、安全节能、污染轻、占地少等诸多优势，正成为我国众多城市发展公共交通的优先领域。截至 2014 年年底，我国内地已有 22 个城市开通运营 94 条城市轨道交通线路，运营线路总长已接近 3 000 km，位居世界第一。全国 48 个百万人口以上的大城市中已有近 40 个城市开展了城市轨道交通的建设或筹建工作。

城市轨道交通事业的大发展为我国高等职业院校的毕业生提供了大量的就业岗位。巨大的市场需求推动了我国高等职业教育城市轨道交通类专业的建设与发展，不少高等职业院校的城市轨道交通类专业学生总数已快速增至甚至超过轨道交通类专业学生总数的一半。然而，与人才培养数量快速增长的喜人形势相比，城市轨道交通类专业教材的建设却明显滞后于行业发展，难以适应高素质技能型人才培养的需求。"城市轨道交通供电系统"作为城轨供电专业的一门重要专业课程，近几年来，业内相继出版了几种与之相关的高职教材，但是这些教材的内容与变配电所以及接触网教材的重复率较高，而真正体现供电"系统"的内容又很少，因此，目前仍然难以选择合适的城轨供电系统教材。本书为此做了一些有益的探索与尝试。

全书共分为十二章。其中：

第一章，概述了城市轨道交通发展历程、电力系统与城市轨道交通供电系统。

第二章至第九章，从外部电源、主变电所、中压网络、牵引供电系统、动力照明系统、电力监控与数据采集系统、综合接地系统与过电压保护以及杂散电流防护共 8 个方面，系统介绍了城轨供电系统的构成、功能及相互关系等。

第十章与第十一章，介绍了城轨供电系统的短路计算与电压损失计算。计算分析是供电系统分析的重要内容，也是教学的难点。在编写这两章内容时，编者考虑了高职学生的知识基础，对一些内容作了适当删减。

第十二章，结合企业运行管理实际，较详细地介绍了城轨供电系统运行管理的原则任务、岗位职责、规程制度、接口划分以及安全管理等内容，有助于实现专业技术知识—设备运行—企业管理的融合，实现教学过程与生产过程较好的对接。

本书编写的总体指导思想是使学生较全面地了解与掌握城轨供电系统的相关知识，完善城轨供电系统的知识结构，培养系统分析问题的能力，增强学生的职业迁移能力和可持续发展能力。在编写过程中，一是力求全面系统地阐述城轨供电系统，同时力争减少或避免同变配电所和接触网教材内容的重叠，凡是涉及变配电所和接触网的具体设备与结构的内容，本书一概不予详细介绍；二是力求内容实用易懂，方便阅读。为此，在每章开始列出了本章的"教学目标"和"知识结构"，每节编写了"本节导读"，可以快速了解本节的内容要点；在相应章节配置了一定数量的实例；在每章末编写了形式多样的"综合练习"，既方便学生练习与自测，也方便教师布置作业与进行教学效果的检测。

本书的编写在充分考虑高职学生易读性要求的同时，也充分考虑了高职学生毕业以后的自我学习与能力提升对知识系统性和结构完整性的要求，而不是一味地追求内容的简易性。因此，本书是一本努力追求知识结构完整性的教材。与高职教育"城轨供电系统课程标准"要求相比，该书的内容更多一些，难度更大一些。其中加注了"*"号的章节，各个学校可根据各自的学时安排进行选学。其他未标注"*"号的章节，教师在具体教学过程中也应结合各自学校的具体实际，注意精选其中的内容来教学，重点讲懂讲透最基本、最基础的原理性知识。

本书由广州铁路职业技术学院刘让雄任主编，苏州市轨道交通集团有限公司戴慧吾任副主编，其中第 8 章和第 9 章由戴慧吾负责编写，其余各章均由刘让雄编写。全书由刘让雄统稿，戴慧吾同时还参与了资料的收集与书稿的校对。在本书的编写过程中，得到了广州铁路职业技术学院电气化铁道供电专业团队王亚妮、谭慧铭、赵华军、黄鉴标、何桂娥、何发武等老师的大力支持，他们对本书的编写提出了很多宝贵意见；深圳市地铁集团有限公司朱新平提供了技术咨询。在此，对他们一并深表感谢。

本书编写过程中的主要参考文献，附在书末。在此，对这些文献的作者或单位表示衷心的感谢！

由于编写人员水平有限，书中难免存在遗漏与不妥之处，敬请广大读者与同行批评指正。

作 者
2015 年 6 月于广州

目 录

第一章 城市轨道交通供电系统概述 ... 1
- 第一节 城市轨道交通概述 ... 2
- 第二节 电力系统概述 ... 9
- 第三节 城市轨道交通供电系统构成 ... 20
- 第四节 城市轨道交通供电系统的功能与特点 ... 23
- 综合练习 ... 29

第二章 外部电源 ... 31
- 第一节 外部电源供电方式 ... 32
- 第二节 外部电源电压等级与基本要求 ... 36
- 第三节 无功功率补偿 ... 39
- 第四节 谐波影响与改善 ... 46
- 综合练习 ... 53

第三章 主变电所 ... 55
- 第一节 所址选择 ... 56
- 第二节 电气主接线 ... 58
- 第三节 主变压器的选择 ... 61
- 第四节 实例介绍 ... 66
- 综合练习 ... 69

第四章 中压网络 ... 70
- 第一节 中压网络的电压等级 ... 72
- 第二节 中压网络的构成形式 ... 75
- 第三节 供电系统运行方式 ... 82
- 第四节 环网电缆选择 ... 87
- 第五节 电缆敷设 ... 91
- 综合练习 ... 101

第五章 牵引供电系统 ... 103
- 第一节 牵引变电所的设置 ... 104
- 第二节 牵引变电所主接线 ... 111

第三节　牵引变电所运行方式 …………………………………………………… 116
   第四节　牵引供电系统保护概述 ………………………………………………… 123
   第五节　接触网概述 ……………………………………………………………… 131
   第六节　牵引动力系统概述 ……………………………………………………… 134
   综合练习 …………………………………………………………………………… 138

第六章　动力照明系统 …………………………………………………………………… 141
   第一节　降压变电所的设置 ……………………………………………………… 142
   第二节　降压变电所主接线与运行方式 ………………………………………… 144
   第三节　车站动力照明系统 ……………………………………………………… 151
   第四节　区间动力照明系统 ……………………………………………………… 156
   第五节　变电所自用电系统 ……………………………………………………… 158
   第六节　应急照明电源 …………………………………………………………… 164
   综合练习 …………………………………………………………………………… 170

第七章　电力监控与数据采集系统 ……………………………………………………… 172
   第一节　SCADA 系统概述 ……………………………………………………… 173
   第二节　SCADA 系统功能及应用 ……………………………………………… 179
   第三节　自动化系统集成简介 …………………………………………………… 192
   综合练习 …………………………………………………………………………… 193

第八章　综合接地系统与过电压保护 …………………………………………………… 194
   第一节　综合接地系统 …………………………………………………………… 195
   第二节　过电压保护 ……………………………………………………………… 206
   综合练习 …………………………………………………………………………… 216

第九章　杂散电流防护 …………………………………………………………………… 218
   第一节　杂散电流的成因及危害 ………………………………………………… 219
   第二节　杂散电流的防护与监测 ………………………………………………… 223
   第三节　杂散电流防护对相关专业的要求 ……………………………………… 236
   综合练习 …………………………………………………………………………… 240

*第十章　短路计算 ………………………………………………………………………… 243
   第一节　短路与短路计算 ………………………………………………………… 244
   第二节　标幺值与网络化简 ……………………………………………………… 247
   第三节　三相对称短路计算 ……………………………………………………… 260
   第四节　直流系统短路计算 ……………………………………………………… 267
   综合练习 …………………………………………………………………………… 279

＊第十一章　直流牵引供电系统电压损失计算 ·············· 281
 第一节　直流牵引供电系统电压损失概述 ············· 281
 第二节　直流牵引供电系统计算概述 ················· 285
 第三节　直流牵引供电系统电压损失计算 ············· 290
 综合练习 ··· 296

第十二章　城轨供电系统运行与管理 ······················ 298
 第一节　运行管理任务和内容 ······················· 299
 第二节　运行管理组织及职责 ······················· 304
 第三节　运行管理规程和制度 ······················· 311
 第四节　供电系统接口管理 ························· 328
 第五节　供电系统安全管理 ························· 332
 综合练习 ··· 344

参考文献 ·· 346

第一章 城市轨道交通供电系统概述

【教学目标】

通过本章的学习，主要了解与掌握以下知识：

1. 了解城市轨道交通的分类与特点。
2. 了解城市轨道交通发展的历史与我国城市轨道交通发展的现状。
3. 熟悉电力系统的基本概念、电压等级、电网结构与接线方式。
4. 掌握电力网与电能质量要求等供电基础知识。
5. 掌握城市轨道交通供电系统的功能与构成等。

主要具备以下能力：

1. 会区分城市轨道交通的类型，会分析其不同的特点。
2. 会分析城市轨道交通供电系统的不同负荷及与电力系统的关系等。

【知识结构】

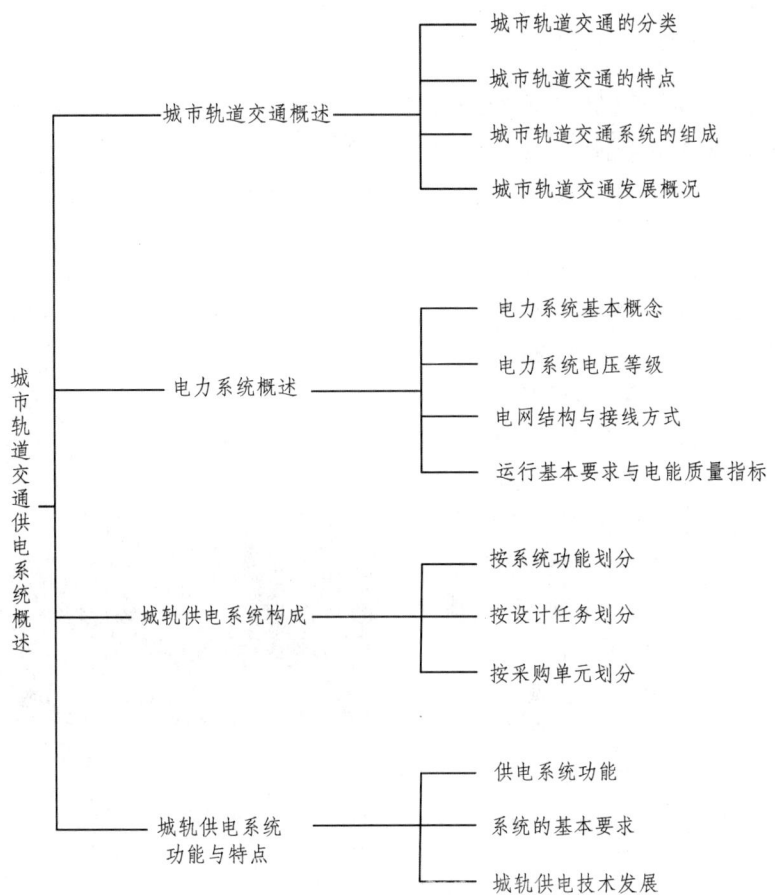

第一节 城市轨道交通概述

> **本节导读**
>
> 城市轨道交通有多种类型,各具特点,可供不同条件与不同特点的城市选择;它是由线路、车辆等众多设备组成的一个庞大的综合系统,构成"城市交通的主动脉",实现安全、快捷地完成大运量的旅客运输,与传统道路交通相比具有很多优势,正越来越成为人们市区出行首选的交通方式;虽然其发展历史不长,但是其发展速度惊人,尤其是在我国,城市轨道交通正在40多个城市铺开,正迅速进入人们的日常生活。

《城市公共交通常用名词术语》(GB/T 5655—1985)将城市轨道交通定义为"通常以电能为动力,采取轮轨运转方式的快速大运量公共交通之总称"。目前,城市轨道交通已成为城市公共交通系统的一个重要组成部分,号称"城市交通的主动脉"。

【**城市轨道交通**】 一种采用轨道结构进行承重和导向的车辆运输系统,依据城市交通总体规划要求,设置全封闭或部分封闭的专用轨道线路,以列车或单车形式运送相当规模客流量的公共交通方式。城市轨道交通属于城市公共交通范畴。

一、城市轨道交通的分类

根据建设部行业标准《城市公共交通分类标准》(CJJ/T 114—2007),我国城市轨道交通(以下简称"城轨交通")包括:地铁、轻轨、单轨、有轨电车、磁悬浮系统、自动导向轨道系统、市域快速轨道系统等。其中地铁与轻轨是我国城市轨道交通的主流方式。

1. 地铁

地铁是地下铁道交通的简称,它是一种在城市中修建的快速、大运量的轨道交通,采用电力牵引和钢轮钢轨体系,标准轨距为1 435 mm,主要在城市地下空间修筑的隧道中运行,当条件允许时,也可在地上或高架桥上运行。按照选用车型的不同,地铁可分为常规地铁和小断面地铁;根据线路客运规模的不同,又可为高运量地铁和大运量地铁。如图1.1所示为地铁地面车辆段。

图1.1 地铁车辆段

目前世界上一些著名的特大城市,如纽约、伦敦、巴黎、莫斯科、东京等以及我国的北京、上海、广州等城市,均已形成较大规模的城市轨道交通网络,且以地铁为主干,延伸到城市的各个方向。

地铁有以下特征:

(1) 全部或大部分线路建于地面以下。
(2) 建设费用高，周期长，成本回收慢。
(3) 行车密度大，速度高。
(4) 客运量大，能适应远期单向高峰每小时客流量为 4.0 万人次以上。
(5) 地铁列车的编组数决定于客运量和站台的长度，一般为 2~8 辆。
(6) 地铁车辆的消音减振和防火均有严格要求，既安全，又舒适。
(7) 地铁的电压制式以直流 1 500 V 供电为主，部分采用直流 750 V 供电。

2. 轻轨

轻轨是一种中等运量的轨道运输系统，一般采用钢轮钢轨体系，主要在城市地面或高架桥上运行，线路采用地面专用轨道或高架轨道，遇繁华街区，也可进入地下或与地铁衔接。轻轨系统的车辆轴重较轻，施加在轨道上的荷载相对于地铁的荷载来说更轻，因而被称为轻轨。轻轨与地铁的不同之处主要在于其运量相对较小，采用较小型的车辆，线路曲线半径较小，线路的最大坡度较大，而其所采用的钢轨与地铁相同，所采用的信号设备、通信设备、机电设备以及运营管理则与地铁系统没有明显区别。如图 1.2 所示为城市轻轨线路。

图 1.2 城市轻轨交通

轻轨有以下特征：
(1) 它是以钢轮和钢轨为车辆提供走行的一种交通方式，车辆由电力提供牵引动力，可以采用直流、交流或线性电机驱动。
(2) 轻轨的建设费用比地铁低，每千米线路造价仅为地铁的 1/5~1/2。
(3) 轻轨交通的每小时单向运输能力一般为 1.5~3.0 万人次，介于地铁和公共汽车之间，属于中等运能的一种公共交通形式。
(4) 轻轨线路可以为地面、地下和高架混合型，一般与地面道路完全隔离，采用半封闭或全封闭专用车道。
(5) 轻轨车辆一般采用 C 型车辆或 Lc 型车辆（直线电机），宽度均为 2 600 mm。
(6) 轻轨交通对车辆和线路的消音和减振有较高要求。
(7) 轻轨的电压制式以直流 750 V 和 1 500 V 供电为主。
(8) 轻轨车站分为地面、高架和地下三种形式。

3. 独轨

独轨交通的设想早在 19 世纪末就已经形成。1901 年德国鲁尔地区的三个工业城市之间，在险峻的乌珀河谷上空建成了一条快速交通线，车辆吊在架空的导轨下面，沿着导轨行驶。后来三市合并成为乌珀塔尔市，这个独轨交通系统成为该市的一个标志。

独轨交通用作城市公共交通，开始进展比较缓慢。日本从德国引进专利后，近 30 年开发了多种独轨铁路,在世界城轨交通中独树一帜。我国重庆市从日本引进的独轨交通系统现已经开始运营,如图1.3所示。

独轨交通采用高架轨道结构,按结构型式分为跨座式和悬挂式两种类型。前者车辆的走行装置(转向架)跨骑在走行轨道上,其车体重心处于走行轨道的上方。后者车体悬挂于可在轨道梁上行走的走行装置的下面,其重心处于走行轨道梁的下方。

图1.3 城市独轨交通

独轨交通的优点是:

(1)独轨交通线路占地小,可充分利用城市空间,适宜在大城市的繁华中心区建线,对城市景观及日照影响小。

(2)独轨交通构造较简单,建设费用低,为地铁的1/3左右。

(3)能实现大坡度和小曲线半径运行,可绕行城市的建筑物。

(4)一般采用轻型车辆,列车编组为4~6辆。

(5)走行装置采用空气弹簧和橡胶轮结构,并采用电力驱动,故运行噪声低,无废气,乘坐舒适。

(6)独轨交通架于空中,具有交通和旅游观光的双重作用。

(7)跨座式轨道梁采用预应力混凝土梁制成,悬挂式轨道梁一般为箱形断面的钢结构。

独轨交通的缺点是:

(1)能耗大。由于其走行装置采用橡胶轮,它与混凝土轨面的滚动摩擦阻力比钢轮钢轨大,故其能耗比一般轨道交通约大40%,且有轻度的橡胶粉尘污染。

(2)运能较小。一般每小时单向最大客运量为1~2万人次。

(3)独轨交通不能与常规的地铁、轻轨系统等接轨。

(4)道岔结构复杂、笨重、转换时间较长,从而延长了列车折返时间。

(5)列车运行至区间时若发生事故,疏散和救援工作的开展会很困难。

二、城市轨道交通的特点

城市轨道交通与城市道路交通相比,有以下特点:

1. 安全

城市轨道交通运量大,客流集中,对安全性要求特别高。因此,在设计、建设、管理以及资金的投入等方面都特别注重保证系统的安全性。运行实践证明,城市轨道交通具有很好的安全性。

2. 快捷

城市轨道交通不受地面环境影响,可以高效快捷运输。

3. 准时

城市轨道交通在其专用的轨道上行驶，在可靠技术支持下，按照运营计划行驶，一般都会正常准时运营，具有很高的运行准点率。

4. 舒适

城市轨道交通的乘车环境好。

5. 运量大

城市轨道交通的车厢空间大，一列地铁可载 2 000 人以上。

6. 无污染（或少污染）

城市轨道交通的动力是电能，没有废气排放等污染。

7. 对地面景观影响较小

城市轨道交通的线路主要在地下，占用城市地面面积少，较少破坏地面的城市景观。

8. 投资大，技术复杂，建设周期长

城市轨道交通是一个庞大的系统工程，它涉及土建（装修）、机械、电子、供电、通信、信号等多项技术；涉及的设备类型多、数量大，点多面广，技术复杂，系统性、严密性与联动性均要求高；土建工程量大，施工难度大，建设周期长，资金投入大，一般每千米造价为 4~6 亿元。一般大城市建成一个 200 km 的地铁网，要投资上千亿元的资金，且时间要 10~12 年以上。

三、城市轨道交通系统的组成

城市轨道交通系统主要由线路、车辆、供电系统、通信系统、信号系统、自动售检票系统、暖通空调、屏蔽门与防淹门、自动扶梯和电梯、消防系统、给排水系统和综合监控系统等组成，是一个庞大的复杂的综合技术系统。其技术专业门类既包括传统的土木建筑、机械制造、电机电器，也包括属于高新技术的控制技术、网络技术、计算机技术、通信技术等。城轨交通既有土建机电的工程技术，又有运营维护的管理科学。

1. 线路

线路是机车车辆和列车运行的基础。只有确保线路设备始终处于良好状态，才能保证列车按规定速度安全、平稳与不间断地运行，较好地完成旅客运输任务。城市轨道交通线路按其在运营中的作用分为正线、辅助线（含折返线、停车线、渡线、联络线、安全线及车辆段出入线等）和车场线。辅助线是为保证正线运营而配置的不载客列车运行的线路，如车辆段试车线、区间折返线等。车场线是车辆段内厂区作业与停放列车的线路。此外，为了城市轨道交通建设、运营和战略需要，还应设置与国家铁路相衔接的专用线。

城市轨道交通线路在城市中心地区宜设在地下，在其他地区，条件许可时可设在高架桥

或地面上。正线设计为双线且列车单向右侧行车。由于行车速度高、密度大，对线路标准要求较高，一般要求铺设 60 kg/m 以上类型钢轨。

2. 车辆

城市轨道交通的车辆是用来运输旅客的工具，按有无动力可分为两大类：拖车（T），本身无动力牵引装置；动车（M），本身带有动力牵引装置。在运营时城轨列车一般采用动拖结合、固定编组的电动列车组形式。城轨车辆不仅要有良好的牵引、制动性能，保证运行安全、正点、快速；同时又要有良好的旅客服务设施，使旅客感到舒适、文明、方便。

3. 供电系统

电能是城市轨道车辆电力牵引系统所必需的能源，电动车辆以及为轨道交通运营服务的所有机电设备，包括通风、空调、照明、通信、信号、给排水、防灾报警、电梯、电动扶梯等也都依赖并消耗电能。在城市轨道交通运营中，供电一旦中断，不仅会造成城市轨道交通运营瘫痪，而且还有可能造成财产损失，甚至危及旅客生命安全。因此，高度安全、可靠而又经济合理的供电系统是城市轨道交通正常运营的重要条件和保证。

城市轨道交通供电电源一般取自城市电网，通过城市电网向轨道交通供电系统输送电能，经过轨道交通供电系统实行变换，最后以适当的电压等级和一定的电流形式（直流或交流）供给各用电设备。

4. 通信系统

城市轨道交通的通信系统是传递语言、文字、数据、图像等多种信息的综合业务数字系统。它包括：数字传输、电话交换、调度电话、有线和无线通信、闭路电视、有线广播、时钟、电源等设备系统。城轨通信系统要求高可靠、易扩充、组网灵活、独立采用通信网络，并能与公共通信系统联网。

5. 信号系统

城市轨道交通的信号系统是保证列车运行安全和提高线路通过能力的重要设施。以前的列车运行，主要是驾驶员根据色灯信号（红、黄、绿）进行操作。而城市轨道交通具有列车密度高、站间距离短和行车速度快等特点，其信号系统也从传统的方式，即以地面信号的显示传递行车命令，驾驶员按行车规则操作列车运行的方式，发展到按地面发送的信息自动监控列车速度和自动调整列车追踪间隔的方式。实现这一方式的关键设备是列车自动控制系统 ATC（Automatic Train Control System）。

6. 其他

城市轨道交通系统除了包括以上系统外，还包括自动售检票、暖通空调、屏蔽（安全）门、自动扶梯和电梯等车站设施，消防系统、给排水系统等环控设施以及确保各系统安全正常运行的综合监控系统，这些也是城市轨道交通不可缺少的组成部分。

综合监控系统涉及的专业门类较多，主要包括：电力监控系统、机电设备监控系统、屏蔽门监控系统、防淹门（FG）互联系统、火灾自动报警、广播系统、闭路电视系统、车载信息系统、车站信息系统、自动售检票系统、信号系统、时钟系统等。

城市轨道交通的安全运行与优质服务，要求各组成部分之间要有严格的技术配合，如列车和钢轨、列车和接触网、列车和信号、供电和通信信号、通信和信号等，相互之间环环相扣，共同保证列车正常运行和服务。任何一环故障均会不同程度地影响城市轨道交通的正常运行，严重的甚至造成列车停运，使城市轨道交通陷入瘫痪。

四、城市轨道交通发展概况

（一）世界城市轨道交通发展

1. 发展简史

1863 年，世界上第一条用蒸汽机车牵引的地下铁道线路在英国伦敦建成通车，至今已有 150 多年，当时还没有电车和电灯。纵观世界城市轨道交通发展历史，大致可分为两大阶段。

第一阶段从 1863 年到 20 世纪中叶。从第一条地铁诞生起，欧美的城市轨道交通发展较快，第二次世界大战前，已有 13 个城市修建了地铁。

第二阶段从 20 世纪中叶至今。第二次世界大战后，伴随着各国城市的快速发展，地铁发展极为迅速。到 1969 年，又有 17 个城市新建了地铁，特别是 1970 年以后，地铁发展更快。根据 2014 年世界城市轨道交通列表数据显示，全世界共 55 个国家或地区，168 个城市拥有城市轨道交通系统。轨道交通线路运营里程排名前 10 位的城市依次是：上海（548 km）、北京（527 km）、伦敦（402 km）、纽约（369 km）、东京（326 km）、首尔（314 km）、莫斯科（312.9 km）、马德里（284 km）、广州（260.5 km）、香港（218.2 km）。

2. 技术发展

城市轨道交通是集多工种、多专业于一身的复杂系统。1879 年，电力驱动列车的研制成功，不仅使地铁乘客和工作人员免除了蒸汽机车的烟熏之苦，也使城市轨道交通开创了使用无大气污染的二次能源之先河，城市轨道交通从此步入了连续不断地发展时期，相继出现了传统轮轨系统、直线电机驱动系统、磁悬浮列车、单轨交通系统、新交通系统等。现代城市轨道交通技术进步的标志，当以先进舒适的车辆和行车控制技术为代表。

1）车辆技术

城市轨道交通车辆的技术发展，可以从车体结构、车辆传动和走行系统三个方面来介绍。

（1）车体结构技术。

城市轨道交通车辆的车体，过去主要采用碳素钢或耐候钢材料，现在已向不锈钢车体和铝合金车体发展。铝合金制成的车体，可以减轻车辆自重，增强抗腐蚀能力，延长使用寿命，还将减少大量的日常维护保养工作，可节省能源，并减轻对支撑结构物的压力而节省土建工程费用。但铝合金车体整体承载结构需要使用大型铝材，技术难度较大，目前有的国家已在研究组合结构的车体技术。另外，在世界范围内不锈钢车体也得到了广泛应用。不锈钢车体有局部不锈钢车、表板不锈钢车、全不锈钢车、半不锈钢车等几种类型，其最大优点是耐腐蚀，不用涂漆，易于维修。

（2）车辆传动技术。

以前城市轨道交通车辆的牵引控制系统，主要采用直流电动机的凸轮变阻控制方式，这种方式使用了几十年，工作安全可靠，但车辆的启动和制动频繁，要消耗大量电能，其能量的散发还将引起隧道内温度的上升，对环境产生不良影响。自20世纪60年代初，新造车辆已越来越多地采用无级斩波调压控制方式。这确保了车辆的平稳启动与制动，又使得车辆设备的体积和质量大为减小，加上列车再生制动能量的利用，能耗显著降低，日常维护保养工作大大减少。1990年，随着GTO、IGBT等大功率电子元器件的发展，为了使车辆运行更为平稳并达到主电动机无维修化目的，各国成功地开发了交流异步电动机变压变频控制技术。同时，作为科技发展新成就的代表，直线电机驱动技术、磁悬浮列车技术在城市轨道交通工程中也得到了实际应用。

（3）车辆走行系统。

传统的车辆走行系统是车体通过转向架及轮对在钢轨上行走。城市轨道交通车辆的走行系统也在不断地革新和发展，并已在实际工程上有所突破。如法国里尔地铁的VAL系统和日本神户等地的新交通系统等，都已经把传统的钢轮钢轨取消，而改为用橡胶轮承重和水平轮导向的体系，车下轨道则采用特制的混凝土结构或钢板结构，使振动和噪声大大降低。另外，悬挂式单轨交通和跨座式单轨交通，在城市轨道交通工程中也得到了实际应用。

2）行车控制技术

就行车控制技术而言，由于信息科学的不断进步推动了微电子技术、信息传输技术和计算机网络技术的飞跃发展，城市轨道交通系统的行车控制技术充分利用了这些高新技术成果。行车系统使用的设备和工艺流程技术，已从传统的电磁和电机设备，发展到功率电子和计算机技术；从运用普通金属电缆，发展到运用具有高速通信能力的光缆，使通信系统向无线通信和控制一体化的方向发展。就城市轨道交通的整体控制系统来说，将从以往的单一功能系统，向以模块化组成的、适用于多种目的和多层次需要的综合控制系统发展；从单个列车局部而孤立的控制技术，向列车群的综合管理和控制方向发展；从中央集中控制管理方式，向集中管理、分散控制的自律分散式系统发展；从适用于固定闭塞的列车控制方式，向以列车自动运行为主体的移动闭塞方式发展。行车控制技术的发展，将使列车运行的安全度和准点率得到更为可靠的保障。

（二）我国城市轨道交通发展

我国内地城市轨道交通开始于20世纪60年代的北京地铁建设。北京地铁一期工程于1965年开工，1969年竣工，1971年正式通车。直到20世纪80年代，我国内地城市仅有北京地铁40 km，天津地铁7.6 km。

随着我国国民经济的持续发展，城市化进程的逐步加快，城市人口与机动车数量急剧增长，人员出行和物资交流频繁，在我国各大城市及特大城市，普遍存在着交通道路堵塞、交通秩序混乱、交通事故频发、交通污染严重等问题。由于城市轨道交通具有运量大、快捷舒适、安全节能、污染轻、占地少等特点，发展城市轨道交通已成为各大城市发展公共交通的根本方针和缓解城市交通拥堵的最佳选择。

进入20世纪90年代以来，在国家政策的正确引导和各城市的积极努力下，我国城市轨道交通进入了一个快速发展期，建设规模之大是世界城市轨道交通发展史上少有的，凸显了后发之势。截至2014年年底，我国内地已开通城市轨道交通的城市有北京、上海、广州、天津、重庆、哈尔滨、长春、沈阳、大连、郑州、西安、成都、武汉、南京、苏州、无锡、杭州、宁波、长沙、昆明、深圳和佛山等 22 个城市，城市轨道交通线路共 94 条，运营线路总长度已达到 2 886 km，位居世界第一。尚未运营正在建设城市轨道交通的城市主要有东莞、福州、厦门、合肥、常州、徐州、南昌、兰州、乌鲁木齐、南宁、青岛、贵阳、太原、石家庄等城市。全国 48 个百万人口以上的大城市中已有近 40 个城市开展了城市轨道交通的建设或筹建工作，我国正迎来城市轨道交通大发展的高峰。在我国城市轨道交通的未来发展中，其趋势与前景主要集中在以下几个方面：

1. 城市轨道交通的网络化

北京、上海、广州等特大城市已建成多条线路，在未来的 5~10 年内，将逐步形成城市轨道交通网络，以构建城市轨道交通为骨干的公共交通系统。至 2014 年年底，北京已建成运营城市轨道交通线路 18 条，上海已建成运营线路 16 条，广州已建成运营线路 8 条。这些城市面对网络化发展，开展了一系列的网络化专题研究，如车辆段与综合基地、主变电站、控制中心、无线通信、AFC 等资源共享的研究。

2. 交通制式的多元化

目前我国内地的城市轨道交通多数为传统地铁制式，但也出现了多样化的趋势。如长春建设了现代化轻轨交通；重庆轨道交通 1 号线与 2 号线为跨座式单轨交通；广州轨道交通 4 号线与 5 号线、北京机场线为直线电机牵引系统；上海市区通往浦东机场则建成了高速磁悬浮线路，长沙正在建设的机场线采用中低速磁悬浮线路。此外，还有 100 km/h、120 km/h 不同等级的市域快线等。

3. 车辆与机电设备的国产化

在国家城市轨道交通设备国产化政策推动下，通过建立合资企业，引进消化吸收新技术，开展多种形式的技术合作，我国将不断提高城市轨道交通的车辆、设备制造的技术水平和国产化率，逐步形成城市轨道交通车辆与机电设备的产业化。

第二节　电力系统概述

本节导读

电力系统由发电、输电、配电及用电等环节构成。城轨供电系统作为电力系统的用电负荷（俗称"用户"），与电力系统有着紧密的联系。因此，需要了解并掌握有关电力系统的一些基本知识，如电能的产生、电能的输送与分配、电压等级的设置、电网结构与接线方式、电能质量及有关的技术术语等，为后续学习城轨供电系统奠定基础。

一、电力系统基本概念

现代社会使用最广泛的能源就是电能。电力系统最根本的任务就是生产和传输电能,即将其他形式的能源转换成电能,并将电能提供给各类用户使用(包括城市轨道交通系统)。同时,提高社会的电气化程度,以电能代替其他形式的能源,也是节能的一个重要途径。

(一)电力系统

发电机把机械能转换为电能,电能经变压器、电力线路等电力设备输送并分配到用户,用户的电动机、电炉、电灯等用电设备又将电能转换为需要的机械能、热能和光能等。这些发电、输电、配电和用电的所有装置及设备连接在一起组成了电力系统,如图1.4所示。

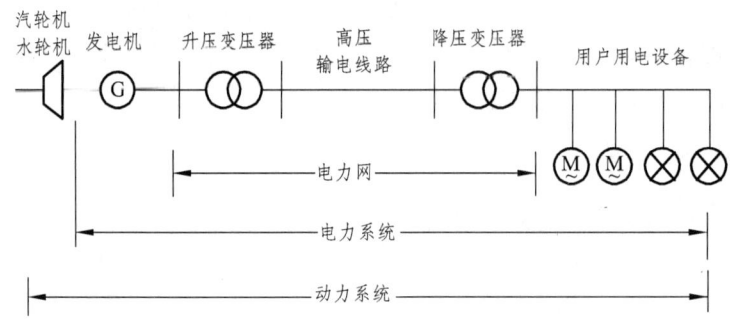

图1.4 电力系统示意图

电能的生产、输送、分配和使用是同时进行的。不考虑储能时,发电厂任何时刻生产的电功率必须等于该时刻用电设备消耗的电功率和电力网损耗的电功率之和。电力系统中的用电设备主要有电动机、电热装置、整流装置和照明设备等。所有用电设备所消耗的电功率总和称为电力系统综合用电负荷。综合用电负荷加上电力网的功率损耗就是发电厂应该供给的功率,称为电力系统的供电负荷。供电负荷再加上发电厂厂用电消耗的功率,就是各发电厂应该发出的功率,称为电力系统的发电负荷。随时间随机变化是电力系统负荷的一个重要特点。

(二)发电厂

在电力系统中,发电厂是产生电能的场所,即将其他形式的能源转换为电能。根据转换能源的不同,发电厂分为火电厂、水电厂和核电厂等,此外还有地热电厂、风力电厂、潮汐海洋电厂等。

1. 火电厂

如图1.5所示为火电厂夜景。目前我国仍以燃煤为主的火电厂居多。这些电厂多建在煤炭基地附近,故称为"坑口"电厂,其单机容量可达600 MW(兆瓦)。如果把已作过功的乏汽再供给用户作为热能,这种电厂又称为热电厂。

2. 水电厂

水电厂又称水电站或水力发电厂。它是建于江河之上,将水的落差产生的势能转换为电能的发电厂。水能发电不仅效率高,而且水能是在自然界不断循环的再生资源,具有用之不竭的特点。

为了充分利用水力资源,在水电站的上、下游集中一定的落差,形成发电的动能。按形成落差方式不同,水电站又分为三类:

1) 坝式水电站

它是在河道上建造很高的水坝或水闸,形成水库,使坝的上、下游形成尽可能大的落差。我国大型的水电站(如长江三峡水电站)即采用这种形式进行发电,如图1.6所示。

图 1.5　火电厂夜景

图 1.6　三峡水电站鸟瞰图

2) 引水式水电站

它是在具有相当坡度的河段上游筑一低坝,拦住河水,然后用引水道(渠或隧道)将水直接引到厂房内,通过水轮发电机将水能转换为电能。我国多数中、小型水电站采用这种形式。

3) 混合式水电站

它是堤坝式和引水式水电站的组合,兼有两种水电站的特点。广东省流溪河蓄能发电站采用的就是这种形式,只不过作为大亚湾核电站的配套工程,它发挥的不仅是发电的作用,更重要的是它具有调节电网电能质量的独特作用。

我国水能资源丰富,水能发电的潜力很大,目前世界最大发电机的容量为 750 MW。我国水轮发电机的单机容量为 700 MW,长江三峡电厂即装设了数台 700 MW 的水轮发电机。

3. 核电厂

核电厂又称核电站。它的发电原理和火力发电原理相类似,只是热能的产生方式不同而已。核电站的能源是原子能燃料铀或钍,它利用原子能燃料裂变产生的大量热能进行发电。因为原子能燃料储藏量大、能量集中,原子能裂变时不需要空气助燃,故核电站可建在地下、山洞、海底或空气稀薄的高原,不占农田,建造和发电成本低,事故率低,故其有着广阔的发展前景。但核电站的核泄漏会对人类产生极大的危害,在建设和运营过程中尤其需要注意安全生产。

核电厂的发电机一般采用三相同步发电机,电压多为 10.5 kV。每台发电机都有相应的升压变压器,组成发电机-变压器组。

4. 风力发电厂

风力发电的原理,是利用风力带动风车叶片旋转,再通过增速机将旋转的速度提升,来促使发电机发电,是把风的动能转变成机械动能,再把机械动能转化为电能的过程,如图1.7所示。

因为风力发电不需要使用燃料,也不会产生辐射或空气污染,而且它取之不尽,用之不竭,因此是一种清洁的可再生能源,越来越受到世界各国的重视。其蕴量巨大,全球的风能约为 2.74×10^9 MW,其中可利用的风能为 2×10^7 MW,比地球上可开发利用的水能总量还要大10倍。目前全世界每年燃烧煤所获得的能量,也只有风力在一年内所提供能量的三分之一。因此,国内外都很重视利用风力来发电,开发新能源。

风力发电机因风量不稳定,故其输出的交流电须经整流,对蓄电瓶充电,使风力发电机产生的电能变成化学能,然后用有保护电路的逆变电源,把蓄电瓶里的化学能转变成电能,才能保证稳定使用。目前,风力发电作为一种新能源,正处在大力开发与推广应用阶段。

图1.7 风力发电场

(三)电力网

电力系统中除发电机和用电设备外的部分称为电力网,简称电网。电力网由各种电压等级的输、配电线路和变(配)电站(所)组成。电力网是电力系统的重要组成部分,其任务是将电能从发电厂输送和分配到电能用户。它对于电力系统的可靠性和经济运行有着重要的意义。

电力系统是并网运行的。这指的是在一个电力系统中的所有发电机和用户的用电设备是通过电力网连接在一起的。目前,我国的电网已基本上实现全国联网,形成四个同步运行电网:东北电网、三华电网(华北电网、华东电网、华中电网)、西北电网和南方电网。其中,东北电网与华北电网直流互联,西北电网与华中电网、华北电网直流互联,华中电网与南方电网直流互联。西藏电网将与西北电网直流互联。

1. 输电网和配电网

电力网按其功能常分为输电网和配电网两大部分。输电网是由220 kV及以上的输电线路和与其相连接的变电所组成,是电力系统的主要网络,其作用是将电能输送到各个地区的配电网或直接输送给大型企业用户,如图1.8所示。

第一章 城市轨道交通供电系统概述

图 1.8 输电网

配电网是由 110 kV 及以下的配电线路和与其相连接的配电所（或简单的配电变压器）组成，其作用是将电能分配并短距离输送到各类用户。根据电压等级的不同，配电网通常分为高压配电网（66～110 kV）、中压配电网（1～35 kV）和低压配电网（1 kV 及以下）。

2. 变电所（站）和配电所（站）

变电所（站）由电力变压器和配电装置组成，它具有变换电压、集中电能、分配电能、控制电能以及调整电压的作用。将电压升高的称为升压变电所（站），将电压降低的称为降压变电所（站）。配电所（站）最大的特点是不变换电压，只承担分配电能的任务。一般把变电所（站）分为以下 3 种：

（1）枢纽变电所（站）。它通常都有两个或两个以上电源汇集，进行电能的分配和交换，从而形成电能传输的枢纽，如图 1.9 所示的 S_1、S_2 变电所。此类变电所（站）规模大，并采用三绕组变压器获得不同级别的电压，送到不同距离的地区。

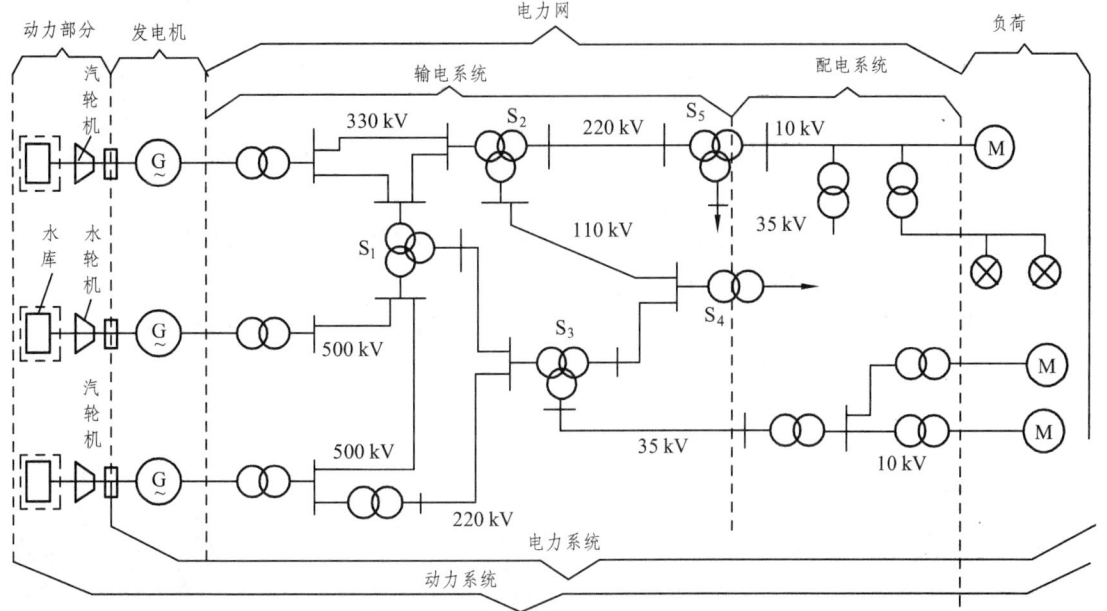

图 1.9 电力系统电气接线图

（2）地区变电所（站）。其作用是供给一个地区用电，如图 1.9 中的 S_3 等。通常也采用三绕组变压器，高压受电，中压转供，低压直配。

（3）用户变电所（站）。此类变电所属于电力系统的终端变电所，直接供给用户电能。通常采用双绕组变压器，如图中的 S_4、S_5 等。城市轨道交通供电系统中的主变电所就属于此类变电所。

（四）部分技术术语

（1）总装机容量：电力系统的总装机容量指该系统中实际安装的发电机组额定有功功率的总和，以 kW、MW、GW 计。

（2）年发电量：指该系统所有发电机组全年实际发出电能的总和，以 kW·h（千瓦时）、MW·h（兆瓦时）、GW·h（吉瓦时）等计。

（3）最大负荷：指规定时间（如一天、一月或一年）内，电力系统总有功功率负荷的最大值，以 kW、MW、GW 计。

（4）标称频率：指系统设计选定的频率。按国家标准规定，我国交流电力系统的标称频率均为 50 Hz，简称工频。

（5）系统标称电压：指用以标志或识别系统电压的给定值。

（6）电压等级：是指在电力系统中使用的标称电压值系列。

（7）系统最高电压：在正常运行条件下，在系统的任何时间和任何点上出现的电压的最高值。不包括由于系统的开关操作及暂态的电压波动所出现的瞬变电压。

（8）系统最低电压：在正常运行条件下，在系统的任何时间和任何点上出现的电压的最低值。不包括由于系统的开关操作及暂态的电压波动所出现的瞬变电压。

（9）供电点：供电部门配电系统与用户电气系统的联结点。

（10）供电电压：供电点处的线电压或相电压。

（11）供电电压范围：供电点处的电压范围。

（12）用电电压：设备受电端上的线电压或相电压。

（13）用电电压范围：设备受电端上的电压范围。

（14）额定电压：通常由制造厂家确定，用以规定元件、器件或设备的额定工作条件的电压。

（15）地理接线图：电力系统的地理接线图主要显示系统中发电厂、变电所的地理位置，电力线路的路径以及它们相互间的连接。

（16）电气接线图：电力系统的电气接线图主要显示该系统中发电机、变压器、母线、断路器、电力线路之间的电气接线，如图 1.9 所示。

二、电力系统电压等级

输电技术发展的特点是努力减少线路损失（简称线损）。减少线损的经济合理的方法是提高输电电压。由于电功率是电压和电流的乘积，电力线路输电功率一定时，输电电压越高，则电流越小，线损越小；另一方面，电流越小，则导线等载流部分的截面积越小，投资越小。但电压越高，对绝缘的要求越高。提高输电电压，与线路、变压器和断路器等的绝缘技术发展水平密切相关。

迄今为止，输电技术的发展史就是持续不断地提高电压等级、提高输送功率与输送距离的历史。1898 年，美国研制出 33 kV 电力线针式绝缘子；1910—1914 年，美国和苏联科学家发现电晕临界电压与导线直径成正比例，促使了铝线、钢芯铝绞线、扩径或分裂导线的使用；1906 年美国发明 11~500 kV 电力线悬式绝缘子，并于 1908 年和 1923 年分别建成 110 kV 和 220 kV 输变电工程；1959 年苏联建成 500 kV 输变电工程；1965 年加拿大建成 760 kV 输变电工程；1985 年苏联建成 1 150 kV 输变电工程；2010 年我国建成晋东南—南阳—荆门 1 000 kV 输变电工程。

电压越高，对绝缘的要求越高，杆塔、变压器、断路器等的投资也越大。综合考虑这些因素，对应一定的输送功率和输送距离有一最合理的电压等级。从设备制造角度考虑，为保证生产的系列性，应规定标准电压，用以确定元件、器件或设备的额定工作条件的电压。我国国家标准《GB/T 156—2007 标准电压》规定了电力系统以及相关设备的标准电压。其中，交流（或直流）系统的标准电压用"标称电压"表示；相关设备的标准电压用"额定电压"表示。该标准给出了三相交流系统的标称电压值有 1 000、750、500、330、220、110、66、35、20、10、6、3、1、0.38、0.22（单位为 kV）等电压等级。其值均为线电压。同一电力系统中往往有几种不同电压等级。最高电压等级，是指该系统中最高的标称电压值。

同一电压等级下，电力线路和用电设备的额定电压与系统标称电压相等。用电设备都是按照额定电压来进行设计和制造的，在额定工况下运行时，具有最好的技术经济性能。

线路输送电功率时，会产生电压损失，沿线的电压分布往往是始端高于末端，沿线路的电压降落一般为 10%。由于实际供电电压与系统标称电压正、负偏差绝对值之和不能超过标称电压的 10%（35 kV 及以上），所以如果线路始端电压为标称值的 105%，可以使其末端电压不低于标称值的 95% 即可。发电机往往接在线路始端，所以发电机的额定电压通常为标称电压的 105%。

变压器一次侧接电源，相当于用电设备，二次侧向负荷供电，又相当于发电机，因此变压器一次侧额定电压应等于系统标称电压（直接和发电机相连的变压器一次侧额定电压应等于发电机额定电压）。升压变压器二次侧额定电压较系统标称电压高 10%；降压变压器二次侧额定电压则有两种，一种是较系统标称电压高 10%，一种是高 5%。

设置多种电压等级主要是为了满足不同输送容量、不同输送距离和不同用户的需要。各级电压线路输送能力（输送功率和输送距离）的大致范围如表 1.1 所示。从表中可见，线路电压等级越高，能够输送的电功率越大，能够传送电功率的距离也越远。大功率长距离输电通常采用超高压或特高压线路。

表 1.1　各级电压的输送容量与距离

线路电压/kV	输送容量/MW	输送距离/km	线路电压/kV	输送容量/MW	输送距离/km
3	0.1~1	1~3	220	100~500	100~300
6	0.1~1.2	4~15	330	200~800	200~600
10	0.2~2.0	6~20	500	1 000~1 500	200~850
35	2.0~10	20~50	750	2 000~2 500	500 以上
110	10~50	50~160	1 000	4 000~6 000	1 000 以上

三、电力网结构与接线方式

1. 电力网结构

电力网主要是由变压器和不同电压等级的电力线路组成。通常一个大的电力网是由许多子电力网互连而成。电力网采用分层结构,一般可划分为输电网、高压配电网、中压配电网和低压配电网,如图 1.10 所示。

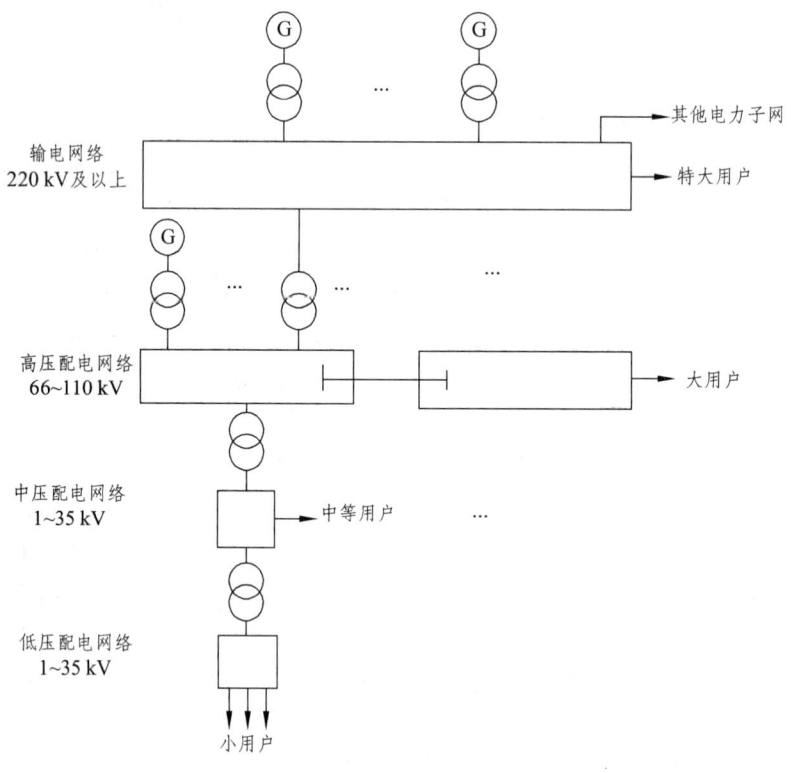

图 1.10　电力网结构示意图

一级输电网一般是由电压为 330 kV 及以上的主干电力线路组成,它连接大型发电厂、大容量用户以及相邻电力子网。二级输电网的电压一般为 220 kV,它上接一级输电网,下连高压配电网,并连接较大型的发电厂和向较大容量用户供电。配电网是向中等用户和小用户供电的网络。高压配电网通常用于城市和农村分片供电,也用于大用户供电;35 kV 与 10 kV 配电网是最为常用的中压配电网,主要用于各类中等用户的供电,也用于大工业企业的内部电网;3 kV 配电网只限于工业企业内部使用,且正在被 6 kV 配电网所代替。电压为 380/220 V 以下的低压配电网主要用于各类动力与照明用电系统。

2. 电力网的接线方式

电力网的接线方式大致可分为无备用和有备用两类。无备用接线包括单回路放射式、干线式和链式网络,如图 1.11 所示。有备用接线包括双回路放射式、干线式、链式以及环式和两端供电网络,如图 1.12 所示。

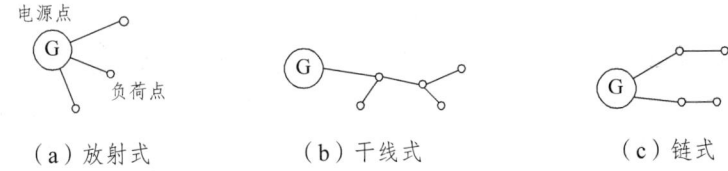

图 1.11　几种常见的无备用接线方式

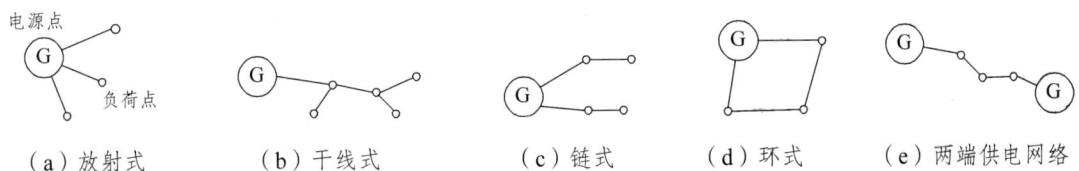

图 1.12　几种常见的有备用接线方式

无备用接线电力网又称为开式电力网，其接线简单、经济、运行方便，但供电可靠性差，通常在中低压配电网中使用较多。有备用接线电力网又称为闭式电力网，其供电可靠性高，一条线路的故障或检修一般不会影响对用户的供电，但投资大，且操作较复杂。其中，环式供电和两端供电方式较为常用，通常在高压配电网与输电网中运用。

3. 电力系统中性点接地方式

电力系统中性点接地方式是指电力系统中的变压器和发电机的中性点与大地之间的连接方式。中性点接地方式有：不接地（绝缘）、经电阻接地、经电抗接地、经消弧线圈接地（谐振接地）、直接接地等。就主要运行特征而言，可将它们归纳为两大类：① 中性点直接接地或经小阻抗接地，采用这种中性点接地方式的电力系统称为有效接地系统或大接地电流系统；② 中性点不接地或者经消弧线圈接地，或者中性点经高阻抗接地，从而使接地电流被控制到较小数值的中性点接地方式，采用这种中性点接地方式的电力系统称为非有效接地系统或小接地电流系统。

接地阻抗或接地电流的大小是相对的，因而有必要采用确切的指标来加以区分。相当多的国家（包括我国）都规定：凡是系统的零序电抗（x_0）和正序电抗（x_1）的比值 $x_0/x_1 \leq 3$ 的系统，属于有效接地系统；反之，属非有效接地系统。

现代电力系统中采用较多的中性点接地方式是：直接接地、不接地和经消弧线圈接地。在对绝缘水平的考虑占首要地位的 110 kV 及以上的高压电力系统中，均采用直接接地方式。在绝缘投资所占比重不太大的 35 kV 及以下中低压系统中，出于供电可靠性等方面的考虑，大都采用不接地或经消弧线圈接地的方式。不过，当城市配电系统中电缆线路的总长度增大到一定程度时，它会给消弧线圈的灭弧带来困难，系统单相接地易引发多相短路。所以，近几年来，有些大城市的配电系统改用中性点经低值（不大于 10 Ω）或中值（11～100 Ω）电阻接地，它们也属于有效接地系统。

四、电力系统运行基本要求与电能质量指标

电力系统运行的基本要求是：向用户提供供电可靠并符合电能质量指标的电能，保证电

力系统自身运行的安全性和提高其运行的经济性。

电力系统的负荷功率是随机并随时间变化的,而系统中任何时刻发电机生产的电功率与用户使用和电网损耗的功率要达到平衡。电力系统中发生故障时的暂态过程非常短暂,如不及时切除故障可能导致电力设备损坏,甚至危及整个系统运行的安全稳定性。电力系统是机网耦合的大规模复杂系统,受到扰动时可能出现系统不稳定,从而导致大面积停电甚至系统崩溃,给国民经济和人民生活带来巨大损失和灾难。电力系统的这些运行特点决定了电力系统运行的复杂性和对电力系统自动化水平的高要求。

频率和电压是电能质量的两个基本指标。此外,电能质量还包括谐波、三相电压不平衡、电压的波动和闪变、暂时过电压和瞬时过电压等。电能质量的有关国家标准,简述如下:

1. 电力系统的频率

我国电力系统的标称频率为 50 Hz。国家标准《GB/T 15945—2008 电能质量 电力系统频率偏差》规定:电力系统正常运行条件下频率偏差限值为±0.2 Hz,当系统容量较小时,偏差限值可以放宽到±0.5 Hz。在《全国供用电规则》中规定"供电局供电频率的允许偏差:电网容量在 300 万千瓦及以上者为±0.2 Hz;电网容量在 300 万千瓦以下者,为±0.5 Hz。"实际运行中,从全国各大电力系统运行看都保持在不大于±0.1 Hz 范围内。

2. 供电电压

国家标准《GB/T 12325—2008 电能质量 供电电压偏差》规定:35 kV 及以上供电电压正、负偏差绝对值之和不超过标称电压的 10%(如供电电压上下偏差同号时,按照较大的偏差绝对值作为衡量依据);20 kV 及以下三相供电电压偏差不超过标称电压的±7%;220 V 单相供电电压偏差不超过标称电压的-10% ~ +7%。

3. 谐波

谐波是指电气量频率为基波整数倍的正弦波分量。对于我国使用的 50 Hz 电源来说基波为 50 Hz,3 次谐波为 150 Hz,5 次谐波为 250 Hz,以此类推。

电力系统的发电机在正常稳态运行条件下,产生的电动势波形可以视为正弦波。如果电力系统中的所有元件都是线性的,电力系统中的电压和电流波形也都是正弦波。如果电力系统中的元件含有非线性元件,那么即使这些非线性元件上施加的电压是正弦的,但由于其非线性伏安特性,其电流也会发生波形畸变。由于阻抗的存在,这些畸变电流产生畸变的电压降,电网的电压波形也发生畸变,从而含有谐波。因此电力系统的非线性元件是电力系统的谐波源。

现代电力系统富含非线性元件,大功率电力电子设备的应用,大量家用电器普遍采用晶体管以及其他非线性负荷的增加,特别是化工、冶金、煤炭和电气化铁道大量电力电子非线性负荷增加,导致电力系统谐波日益严重。电力系统谐波不仅危害电力系统本身,也危害广大电力用户。谐波电流增加了电力系统和用户的损耗,并使设备温升增加,绝缘老化加速;谐波电流可能产生较高频率的电场,导致绝缘局部放电加剧,降低绝缘寿命;谐波电流和电机旋转磁场相互作用产生的脉动转矩使电机发生振动,可能损害电机设备。

对于电压谐波,最通用的指标是总谐波畸变率 THD(Total Harmonic Distortion),定义为各次谐波电压有效值平方和的平方根值与基波电压有效值的百分比：

$$THD_U = \frac{\sqrt{\sum_{n=2}^{N} U_n^2}}{U_1} \times 100\% \tag{1.1}$$

为了说明某次谐波分量的大小，常以该次谐波的有效值与基波有效值的百分比表示，称为该次谐波的含有率 HR（Harmonic Ratio）。第 n 次电压谐波含有率为

$$HRU_n = \frac{U_n}{U_1} \times 100\% \tag{1.2}$$

国家标准《GB/T 14549—1993 电能质量 公共电网谐波》对谐波的电压和电流限值做出规定。如表 1.2 所示为公用电网谐波电压限值。

表 1.2 公用电网谐波电压限值

电网标称电压/kV	电网电压总谐波畸变率/%	各次谐波电压含有率/%	
		奇次	偶次
0.38	5.0	4.0	2.0
6、10	4.0	3.2	1.6
35、66	3.0	2.4	1.2
110	2.0	1.6	0.8

4. 三相电压不平衡

电压不平衡度的表达式为

$$\varepsilon_{U_2} = \frac{U_2}{U_1} \times 100\%$$
$$\varepsilon_{U_0} = \frac{U_0}{U_1} \times 100\% \tag{1.3}$$

式中，U_1、U_2、U_0 分别为工频三相电压正序、负序和零序分量有效值；ε_{U_2} 和 ε_{U_0} 分别为负序电压不平衡度和零序电压不平衡度。

国家标准《GB/T 15543—2008 电能质量 三相电压不平衡》中的内容，适合于标称频率为 50 Hz 的交流电力系统正常运行方式下由于负序基波分量引起的公共连接点的电压不平衡，以及低压系统由于零序基波分量而引起的公共连接点的电压不平衡。该标准规定，电力系统公共连接点电压不平衡度限值为：电网正常运行时，负序电压不平衡度不超过 2%，短时不超过 4%；对接于公共连接点的每个用户引起该点负序电压不平衡度允许值一般为 1.3%，短时不超过 2.6%。

5. 电压的波动和闪变

国家标准《GB/T 12326—2008 电能质量 电压波动和闪变》规定，电压的波动和闪变指的是电力系统正常运行方式下，由波动负荷引起的公共连接点电压的快速变动及由此可能引起人对灯闪的明显感觉。

6. 暂时过电压和瞬态过电压

国家标准《GB/T 18481—2001 电能质量 暂时过电压和瞬态过电压》，对有关暂时和瞬态过电压的要求、与之相适应的电气设备绝缘水平，以及过电压保护方法等做出了规定。

第三节 城市轨道交通供电系统构成

> **本节导读**
>
> 通过本节介绍，可以从系统功能、设计任务和采购单元三个不同的角度对城市轨道交通供电系统的组成有一个初步的了解。

城市轨道交通供电系统（以下简称"城轨供电系统"）的构成可以按照系统功能、设计任务和采购单元的不同来进行划分。

一、按系统功能划分

按功能的不同，城轨供电系统一般划分成以下几个部分：外部电源、主变电所或电源开闭所、牵引供电系统、动力照明供电系统、杂散电流腐蚀防护系统和电力监控系统等。

1. 外部电源

顾名思义，城轨交通的外部电源就是为城轨供电系统的主变电所或电源开闭所供电的外部城市电网电源。外部电源方案的形式，有集中式供电、分散式供电和混合式供电等几种。

2. 主变电所或电源开闭所

主变电所的功能是接受城市电网高压电源，经过降压后再为牵引变电所与降压变电所提供中压电源。主变电所适用于集中式供电。电源开闭所的功能是接受城市中压电源，为牵引变电所、降压变电所转供中压电源，电源开闭所一般与车站牵引（或降压）变电所合建；电源开闭所适用于分散式供电。

3. 牵引供电系统

牵引供电系统的功能是将交流中压电压经降压整流变成直流 1 500 V 或直流 750 V 的电压，为电动列车提供牵引供电。它包括牵引变电所与牵引网。

牵引变电所可以分成正线牵引变电所、车辆段或停车场牵引变电所，正线牵引变电所又分为车站牵引变电所和区间牵引变电所。牵引变电所一般采用设备安装在建筑物内的形式，另外也有少量的箱式牵引变电所。作为试点，上海轨道交通 5 号线工程采用了箱式牵引变电所。

牵引网包括接触网与回流网。接触网有架空接触网和接触轨两种悬挂方式。大多数工程利用走行轨兼作回流网，少数工程单独设置回流轨。

4. 动力照明供电系统

动力照明供电系统的功能是将交流中压电压降压变成交流 220 V/380 V 电压，为运营需要的各种机电设备提供低压电源。它包括降压变电所和动力照明配电系统。

根据设置的位置不同，降压变电所可以分为车站降压变电所、车辆段或停车场降压变电所、控制中心降压变电所；根据主接线的形式不同，降压变电所又可以分为一般降压变电所、跟随式降压变电所；当降压变电所与牵引变电所合建时，将形成牵引降压混合变电所；另外，有的地面线路采用了箱式降压变电所。

5. 杂散电流腐蚀防护系统

杂散电流腐蚀防护系统的功能是减少因直流牵引供电引起的杂散电流并防止其对外扩散，尽量避免杂散电流对城市轨道交通本身及其附近结构钢筋、金属管线的电腐蚀，并对杂散电流及其腐蚀防护情况进行监测。尽管杂散电流腐蚀防护系统涉及多个专业，由于直流牵引供电系统是产生杂散电流的根源，因而通常将杂散电流腐蚀防护系统归由供电系统设计。

6. 电力监控系统

电力监控系统的功能是实时对城市轨道交通各变电所、接触网设备进行远程数据采集和监控。在城市轨道交通控制中心，通过调度端、通信通道和执行端（变电所综合自动化系统），对主要电气设备进行遥控（含遥调）、遥信、遥测，实现对整个供电系统的运营调度和管理。

二、按设计任务划分

为便于设计任务的分割及设计界面的清晰，城轨供电系统可以划分成以下设计单元：主变电所、全线系统、牵引变电所、降压变电所、接触网、电力监控系统、杂散电流腐蚀防护系统。动力照明设备则列入车站等建筑物附属设备，一般划归土建工点单位连同建筑结构一起进行设计，而不由供电系统设计单位进行设计。

1. 主变电所

主变电所设计内容包括：主接线、二次接线、设备选择、设备布置、土建设计等。主变电所与城市电网的设计界面为城市电网变电所 110 kV（或 66 kV）高压出线间隔，电源外线一般由主变电所设计单位同时设计；主变电所与全线系统的设计界面为主变电所中压馈线开关的电缆接线端，主变电所馈出电缆一般由全线系统设计单位设计。

2. 全线系统

全线系统设计内容包括：供电系统方案、中压网络、牵引变电所布点、系统运行方式、潮流分析、谐波计算、综合接地系统、再生能量吸收装置、UPS 电源整合等。全线系统与牵引变电所和降压变电所的设计界面为中压进线开关的引入端。

3. 牵引变电所

牵引变电所设计内容包括：主接线、二次接线、自用电设备平面布置、电缆敷设等。牵引变电所与接触网的设计界面为接触网隔离开关的电源端、回流箱的电源端。上网电缆及回流电缆由牵引变电所负责设计。

4. 降压变电所

降压变电所设计内容包括：主接线、二次接线、自用电、低压无功补偿、设备平面布置、电缆敷设等。降压变电所与动力照明的设计界面为降压变电所低压开关柜的馈出端子，低压馈出电缆由动力照明负责设计。

5. 接触网

接触网设计内容包括：接触悬挂、支持结构与基础、附加导线、防雷与接地、平面布置、接触网隔离开关与回流箱等。

6. 电力监控系统

电力监控系统与变电所的设计界面在变电所综合自动化屏的通信端口；变电所综合自动化由变电所设计。电力监控系统所需要的通信通道由通信专业设计。

如果采用综合监控系统，电力监控系统将被集成到综合监控系统中，作为综合监控系统的一部分而进行统一设计。

7. 杂散电流腐蚀防护系统

杂散电流腐蚀防护系统设计内容包括：排流柜设置、排流钢筋设置和监测系统设置等。

三、采购单元划分

为便于设备采购招标，城轨供电系统可以划分成以下采购单元或以下采购单元的组合：

（1）主变电所设备，包括接地变压器、消弧装置。
（2）牵引变压器及整流器。
（3）配电变压器。
（4）中压开关设备。
（5）低压开关设备，包括低压开关柜、电容补偿装置，而低压配电箱、照明灯具等属于车站机电设备，一般由土建承建商进行招标采购。
（6）直流开关设备，包括直流快速开关、负极柜、直流隔离开关、钢轨电位限制装置等。
（7）接触网设备。
（8）电缆，包括中压电缆、低压电缆、控制电缆、直流电缆。
（9）电力监控系统。
（10）其他设备，包括变电所自用电装置、控制屏、杂散电流腐蚀防护监测设备及排流柜、列车再生能量吸收装置等。

第四节 城市轨道交通供电系统的功能与特点

> **本节导读**
>
> 城轨供电系统不仅仅是具有供电服务功能,也不仅仅是满足安全可靠性的要求,那它还有哪些功能与要求?又是通过采取哪些技术满足其功能要求的呢?本节所要介绍的内容会回答上述问题。作为从事城轨供电工作的人员,对这部分内容更需要熟悉与掌握。

城轨供电系统是为城市轨道交通运营提供所需电能的系统,不仅为城市轨道交通电动列车提供牵引用电,而且还为城市轨道交通运营服务的其他设施提供电能,如照明、通风、空调、给排水、通信、信号、防灾报警、自动扶梯等。在城市轨道交通的运营中,供电一旦中断,不仅会造成城市轨道交通运输系统的瘫痪,还会危及乘客生命与财产安全。因此,高度安全可靠而又经济合理的电力供给是城市轨道交通正常运营的重要保证和前提。

一、供电系统的功能

城轨供电系统是城市轨道交通运营的动力源泉,负责电能的供应与传输,为电动列车提供牵引供电,为车站、区间、车辆段、控制中心等其他建筑物提供所需要的各种动力与照明用电,应具备安全可靠、技术先进、功能齐全、调度方便和经济合理等特点。其总体功能如下:

1. 供电服务功能

城轨供电系统的服务对象除运送旅客的电动车辆外,还有保证旅客在旅行中有良好卫生环境和秩序的通风换气、空调设施、自动扶梯、自动售检票、屏蔽门、排水泵、排污泵、通信信号、消防设施和各种照明设备等。在这个庞大的用电群体中,用电设备有不同的电压等级、不同的电压制式,既有固定的,也有时刻在变化着的,供电系统就是要满足这些不同用途的用电设备对电源的不同要求,使城轨供电系统的每种用电设备都能发挥各自的功能和作用,保证城轨系统能够安全、可靠地运营。

2. 故障自救功能

系统的安全性、可靠性是供电系统的首要因素,无论供电系统如何构成,采用什么样的设备,安全、可靠的供电总是第一位的。在系统中,发生任何一种故障,系统本身都应有备用措施(接触网除外),以保证城市轨道交通的正常运行不受影响。双电源是构成供电系统的主要原则,当一路电源故障时,另一路电源应能保证正常供电。主变电所、牵引变电所和降压变电所为双电源、双机组;动力、照明的一级负荷采用双电源、双回路供电;牵引网同一馈电区采用双边供电方式。这些都是系统故障自救功能的体现。

3. 自我保护功能

系统应有完整、协调的保护措施,供电系统的各级继电保护应相互配合和协调,当系发生故障时,应当只切除故障设备,从而使故障范围缩小。系统的各级保护应当满足可靠性、选择性、灵敏性、速动性的要求。分散式供电系统的中压交流侧保护,应和城市电网的保护相配合和协调,因此其保护选择性会受到一定制约。

4. 防误操作功能

系统中任何一个环节的操作都应有相应的联锁条件,不允许因误操作而发生故障。防止误操作的联锁条件可以是机械的,也可以是电气的,还可以是电气设备本身所具备的或在操作规程上所规定的。防止误操作,是保证系统安全、可靠地运行所不可缺少的环节。

5. 便于调度功能

供电系统应能在控制中心进行远程控制、监视和测量,并应能根据运行需要,方便灵活地进行调度,变更运行方式,分配负荷潮流,使系统的运行更加经济合理。

6. 控制、显示和计量功能

系统应能进行就地和距离控制,并可以方便地进行操作转换,同时系统各环节的运行状态应有明确的显示,使运行人员一目了然。各种电量的测量和电能的计量应准确,并便于运行人员查证和分析,牵引用电和动力照明用电应分别计量,以利于对用电指标进行考核与分析。

7. 电磁兼容功能

城市轨道交通处于强电与弱电多个系统共存的电磁环境等,为了使各种设备或系统在这个环境中能正常工作且不对该环境中其他设备、装置或系统构成不能承受的电磁干扰,各种电气和电子设备的系统内部以及和其他系统之间的电磁兼容显得尤为重要。供电系统及其设备在城市轨道交通这个电磁环境中,首先是作为电磁干扰源存在,同时也是敏感设备。在城市轨道交通电磁环境中,供电系统与其他设备、装置或系统应是电磁兼容的。这要在技术上采取措施,抑制干扰源,消除或减弱电磁耦合,提高敏感设备的抗干扰能力。

二、系统的基本要求

城轨供电系统应满足安全性、可靠性、适用性、经济性、先进性的基本要求。

1. 安全性

城轨供电系统的安全性,是指在城市轨道交通工程运营过程中的安全程度。

供电系统的安全性,关系着乘客安全、运营人员安全、行车安全和设备安全等多个方面,而且各种安全性是相互联系、不可分割的。

供电系统设计时,一般从系统安全性和设备安全性两个方面进行分析研究。系统安全性分析,一般包括联锁关系、继电保护、牵引网、直流牵引系统、综合接地系统、应急照明电源等方面;设备安全性分析,一般包括变压器、牵引整流器、断路器、隔离开关、接地开关、电缆等方面。

2. 可靠性

城轨供电系统的可靠性，是指城市轨道交通供电系统对列车及各种动力照明负荷的持续供电能力。

供电系统的可靠性，是正常运营、事故处理、灾害救援等方面的前提条件。供电系统可靠性涉及规划、设计、运行管理等各个方面，并渗透到供电、变电、配电等不同环节。每一个环节的可靠性既包括电气原理的可靠性又包括电气设备的可靠性。例如构成变电所的可靠性包括变电所主接线可靠性及组成主接线的断路器、变压器、母线等设备的可靠性。

供电系统设计时，应从各个环节着手，分析系统的故障现象，研究定性或定量的评定指标，提出提高可靠性的措施。双电源供电方式是供电系统可靠性实施的重要手段。

根据城市轨道交通可靠性要求，供电系统应满足"$N-1$准则"，又称单一故障安全准则。按照这一准则，供电系统的 N 个元件中的任一独立元件（发电机、输电线路、变压器等）发生故障而被切除后，其他元件不过负荷，电压和频率均在允许范围内，供电系统应能保持稳定运行和正常供电。

对于城市轨道交通电源网络来说，当一个电源退出时，另一个电源应能保证系统的正常供电，保证列车正常运行；当一个电源点（主变电所或电源开闭所）的两个电源都退出时，应从相邻电源点引入两路应急电源，提供一定的运输能力和必要的动力照明，维持城市轨道交通继续运行。

3. 适用性

城轨供电系统的适用性，是指城轨供电系统的建设应满足业主建设目的与性能要求。

设计是实现业主建设需求的首要环节。供电系统设计应根据业主需求进行，供电系统的建设标准、技术水平、设备档次、工期要求、投资控制等，应与城市特点、本线功能定位及特殊要求相适应。

4. 经济性

城轨供电系统的经济性，这里是指从项目全生命周期的角度实现供电系统费用的经济合理。

在满足供电系统的安全性、可靠性、适用性的前提下，要重视供电系统的经济性。经济性不但要求节省工程投资，同时还要求降低运营成本，争取得到最佳的技术经济效果。

供电系统设计应优化电源网络结构，实现外部电源资源共享；另外应尽可能地采用成熟设备、新型材料，做到经济合理与简便实用。

5. 先进性

城轨供电系统的先进性，体现在先进的设计理念、先进的系统方案、先进的设备及工艺、先进的管理手段等方面。

供电系统应具有一定的先进性，但要兼顾系统基本功能、投资规模、运营成本、环保要求、操作灵活性以及技术发展等因素，合理选择。

供电系统设计应采用先进的理念。要充分认识到环境保护与节约能源的重要性，采取必要措施进行环境保护与降低能耗。要解决好电磁辐射、噪音、温室气体和不易分解废料等问题。

三、城轨供电技术的发展

随着时代的发展、科技的进步，城轨供电技术发展非常迅速。下面从牵引网供电制式、中压网络、基础设备、控制保护与自动化等几个方面进行介绍。

1. 牵引网供电制式

牵引网供电制式主要指电流制、电压等级和馈电方式等。

1）牵引网系统的电流制

直流电相对交流馈电而言，其电动车辆具有调速范围大、调速方便、易于控制、启动制动平稳、接触网简单、投资省、电压质量高等优点，它不但适合于电阻启动控制方式，而且适用于斩波调压和变频调压等电子控制方式。目前，车辆无论采用直流牵引电动机或交流牵引电动机还是线性电动机驱动方式，牵引网系统基本上都采用了直流制。

2）牵引网系统的电压等级

世界上城市轨道交通中的直流牵引电压等级繁多，如 570 V、600 V、625 V、650 V、700 V、750 V、780 V、825 V、900 V、1 000 V、1 100 V、1 200 V、1 500 V 和 3 000 V 等，其发展趋势是采用 IEC 标准中的 600 V、750 V 和 1 500 V。中国国家标准规定为 750 V 和 1 500 V 两种，其电压允许波动范围分别为 500～900 V、1 000～1 800 V。具体选用哪种电压等级，要结合馈电方式，根据车辆、线路等工程特点综合比较确定。

3）牵引网系统馈电方式及与电压等级的关系

牵引网系统的馈电方式有架空接触网和接触轨两种方式。电压等级与馈电方式是牵引网供电制式中的关键点，两者密切相关。对于一个具体的城市，电压等级与馈电方式的选择，应该结合起来，统一考虑。我国牵引网供电制式可以选择以下四种方式：直流 1 500 V 架空接触网、直流 1 500 V 接触轨、直流 750 V 架空接触网和直流 750 V 接触轨。

4）我国城市轨道交通接触网发展应用情况简介

北京地铁 1 号线一期工程、天津地铁首期工程，采用的是直流 750 V 上部授流低碳钢接触轨系统；其后建成的北京地铁复八线、八通线、13 号线，采用的也是这一系统。

1995 年投入试运营的上海地铁 1 号线，采用了引进德国的直流 1 500 V 柔性架空接触网系统；其后上海地铁 2 号线等采用了这一形式。1999 年通车的广州地铁 1 号线、2004 年底通车的深圳地铁一期工程、2005 年通车的南京地铁 1 号线，也采用了 1 500 V 柔性架空接触网这一形式。

2002 年建成通车的长春轻轨采用了直流 750 V 柔性架空接触网系统；大连快轨 3 号线采用了直流 1 500 V 柔性架空接触网系统。

2003 年 6 月 28 日，开通运营的广州地铁 2 号线，国内首次采用了直流 1 500 V 刚性架空接触网系统；其后广州地铁 3 号线、南京地铁 2 号线、上海地铁多条线路也采用了直流 1 500 V 刚性架空接触网系统。

2005 年 6 月 28 日，建成通车的武汉轨道交通 1 号线一期工程，国内首次采用直流 750 V 下部授流钢铝复合接触轨系统。

2005 年 12 月 28 日，建成通车的广州地铁 4 号线大学城段，国内首次在正线采用直流 1 500 V 下部授流钢铝复合接触轨系统；深圳轨道交通 3 号线，其正线与车辆段都将采用直流

1 500 V 下部授流钢铝复合接触轨系统。

2007 年 9 月建成运营的北京地铁 5 号线工程，采用了直流 750 V 上部授流钢铝复合接触轨系统。随着 2008 年投运的 10 号线一期与奥运支线、建设中的 4 号线以及后续多条线路，都将采用直流 750 V 上部授流钢铝复合接触轨系统。

总之，接触轨电压等级已由 750 V 发展成为 1 500 V，接触轨悬挂方式由上部接触向着下部接触发展过渡，导电轨材料由低碳钢发展成为钢铝复合轨，同时在柔性架空接触网的基础上，刚性架空接触网在国内也得到了应用。

2. 中压网络

1）电压等级

北京地铁 1 号线一期工程建设时，因 35 kV 设备绝缘要求高、设备体积大、价格高等，中压网络的电压等级采用的是 10 kV。20 世纪 90 年代建设上海地铁 1 号线、广州地铁 1 号线与 2 号线，因设备引进原因，牵引变电所的中压开关柜采用了国外的 33 kV 设备。

20 世纪 90 年代末，随着 35 kV 中压开关柜设备小型化的发展及价格的下降，35 kV 中压开关柜应用得愈加广泛。广州、深圳、南京及上海的后续建设线路，都采用了 35 kV 中压网络。

另外，在国外广泛应用的 20 kV 中压网络，目前在我国也已经成为城市轨道交通可以使用的电压等级。

2）系统接线

随着环网技术的发展，国内城轨供电系统多采用环网接线形式。以负荷开关代替断路器作为车站变电所电源进线控制，构成环网接线系统，保护简单、运行灵活，这种接线系统已经在伊朗德黑兰城市轨道交通中成功应用，具有广阔的发展前景。

3. 控制、保护、自动化装置

随着基础设备智能化的发展，以及控制技术、网络技术、计算机技术、通信技术的发展，控制、保护、自动化装置已由分立元器件发展成微机综合保护装置，这为变电所综合自动化创造了条件。

同时，整个供电系统从以调度电话下达调度命令、人工操作，已发展为由电力监控系统实现遥控、遥信、遥测等远动系统控制。

20 纪末 21 世纪初，随着计算机技术和网络技术的进一步发展，各种分立的自动化系统走向综合集成，各种自动化系统采用统一的计算机网络平台和软件体系，构成了综合监控系统。目前电力监控系统已经被集成到综合监控系统之中，这有利于不同系统之间的数据互通、软硬件资源共享和运营管理水平的提高。

4. 基础设备

1）GIS 高压开关柜

城市轨道交通工程使用的 110 kV 和 66 kV 电压级的 GIS 高压开关柜，已由敞开式室外设备，发展为室内安装的高压 GIS 设备，并且由三相分箱发展为三相共箱，设备体积大大减小。

2）变压器

变压器从油浸式逐步发展为体积小、重量轻、性能优的环氧树脂浇注干式变压器，并由绝缘纸干式变压器向环氧树脂绝缘干式变压器发展。目前牵引变压器、配电变压器已全部采用环氧树脂绝缘干式变压器；主变压器因电压等级高、容量大，仍多采用油浸式，但已有采用干式变压器的工程实例。

3）牵引整流机组

随着大功率电子元器件的发展，牵引整流机组已由双机组等效 12 脉波整流，发展成为单机组 12 脉波整流和双机组等效 24 脉波整流。

4）中压开关柜

20 世纪 80 年代后我国开始引进国外中压断路器生产技术,有真空断路器也有 SF_6 断路器。其中中压真空断路器的技术性能如额定电流、分断能力及使用寿命已得到了很大提高。基于真空断路器的显著特点，目前城市轨道交通工程使用的中压断路器基本为真空断路器。

5）直流快速开关柜

国内直流快速开关的发展历程大致如下：从 20 世纪 60 年代上海整流器厂的 DS1、70 年代上海立新电器厂的 DS12 开始，上海立新电器厂、西安电力整流器厂、西安电器设备制造厂、上海新联电器有限公司等进行了大量工作，最近几年江苏长江电气股份有限公司，通过引进瑞士 SECHERON 技术，又将直流快速开关的国产化工作向前推动了一步。

6）低压开关柜

由最早只有一种固定式，已发展成固定式、插拔式、抽屉式并存，并各具特点，适用国内低压开关柜不同要求。低压空气断路器已发展成智能化产品，塑壳开关的分断能力与保护性能也日益提高。

7）无功补偿装置

无功补偿装置由三相共补向分相补偿发展，同时向着多功能、智能化方向发展。无功功率补偿技术改进和新技术应用归纳起来主要有以下几方面：

（1）由三相共补到分相补偿，以求达到更理想的补偿效果。

（2）由单一的无功补偿到同时具有滤波及抑制谐波功能的补偿装置，采用电抗器/电容器模块，有效防止供配电网的谐振和谐波分量。

（3）选用晶闸管开关电路投切，以及发展为等电压投、零电流切的最佳投切模式。

（4）智能型自动补偿控制器和配电变压器的运行记录仪相结合，设有通信口，在软件的支持下可进行遥控、遥测、遥信。

（5）采用先进的 DSP（数字信号处理器），补偿过程全智能化。

（6）内设故障检测和自诊断程序，一旦有故障，自动显示故障信息，供操作人员在排除故障时参考。

5. 供电设备国产化

改革开放以来，我国供电设备技术水平有了长足发展，总体水平已达到或接近当代国际水平，个别产品达到国际先进水平。城市轨道交通工程供电设备基本上实现了国产化，但个别产品还需要自主研发，如 35 kV 的 GIS 开关柜、20 kV 的 GIS 开关柜，直流开关柜内的直流快速断路器、微机保护监控单元、再生制动能量吸收装置等。

综合练习

一、单项选择题

1. 我国采用独轨交通作为城市轨道交通形式的城市是（　　）。
   A. 大连　　　　　B. 武汉　　　　　C. 重庆　　　　　D. 成都
2. 在以下城市轨道交通类型中，（　　）交通的单位能耗最大。
   A. 地铁　　　　　B. 轻轨　　　　　C. 独轨　　　　　D. 有轨电车
3. 城市轨道交通线路一般采用（　　）以上类型的钢轨。
   A. 45 kg/m　　　B. 50 kg/m　　　C. 55 kg/m　　　D. 60 kg/m
4. 截至2014年年底，世界轨道交通线路运营里程排名第1位的城市是（　　）。
   A. 北京　　　　　B. 上海　　　　　C. 纽约　　　　　D. 伦敦
5. 截至2014年年底，我国共有（　　）个城市开通运营城市轨道交通。
   A. 18　　　　　　B. 22　　　　　　C. 30　　　　　　D. 40
6. 输电网是由（　　）及以上的输电线路和与其相连接的变电所组成。
   A. 66 kV　　　　B. 110 kV　　　　C. 220 kV　　　　D. 330 kV
7. 配电网是由（　　）及以下的配电线路和与其相连接的配电所组成。
   A. 66 kV　　　　B. 110 kV　　　　C. 220 kV　　　　D. 330 kV
8. 升压变压器二次侧额定电压较系统标称电压高（　　）。
   A. 5%　　　　　B. 7%　　　　　C. 10%　　　　　D. 15%
9. 电网容量在300万千瓦及以上者的供电频率允许偏差为（　　）。
   A. ±0.1 Hz　　　B. ±0.2 Hz　　　C. ±0.3 Hz　　　D. ±0.5 Hz
10. 电网容量在300万千瓦以下者的供电频率允许偏差为（　　）。
    A. ±0.1 Hz　　　B. ±0.2 Hz　　　C. ±0.3 Hz　　　D. ±0.5 Hz
11. 35 kV及以上供电电压正、负偏差绝对值之和不超过标称电压的（　　）。
    A. 5%　　　　　B. 7%　　　　　C. 10%　　　　　D. 15%
12. 地铁当前最常用的电流制式是（　　）。
    A. DC 750 V　　B. DC 1 500 V　　C. AC 750 V　　D. AC 1 500 V
13. 220 V单相供电电压偏差为标称电压的（　　）。
    A. ±7%　　　　B. ±10%　　　　C. +7%，−10%

二、判断题

1. 位于地面和高架的城轨线路一般是轻轨，而位于地下隧道内的城轨线路一般为地铁。（　　）
2. 轻轨与地铁的标志性不同是轻轨所采用的轨道要比地铁轻。（　　）
3. 轻轨采用的车辆轴重一般比地铁车辆轴重要轻。（　　）
4. 地铁交通的客运量一般比轻轨交通要大很多。（　　）
5. 独轨交通的客运量一般比轻轨要小。（　　）
6. 不考虑储能时，发电厂任何时刻生产的电功率必须等于该时刻用电设备消耗的电功率和电力网损耗的电功率之和。（　　）

7. 中性点直接接地或经小阻抗接地的电力系统称为小接地电流系统。（　　）
8. 中性点不接地或经消弧线圈接地或经高阻抗接地的电力系统称大接地电流系统。（　　）

三、填空题

1. 城市轨道交通是一种通常以_____为动力，采取_____运转方式的快速大运量公共交通之总称。
2. 城市轨道交通已成为城市公共交通系统的一个重要组成部分，号称"_____"。
3. 城市轨道交通车辆分两大类，一类是本身无动力牵引装置，称为_____；一类是本身带有动力牵引装置，称为_____。
4. 电力网采用分层结构，一般可划分为_____、_____配电网、_____配电网和低压配电网。
5. 无备用接线电力网又称为_____电力网，其接线简单、经济、运行方便，但供电可靠性差，通常在_____配电网中使用较多。
6. 有备用接线电力网又称为_____电力网，其供电可靠性高，通常在_____配电网与输电网中运用。

四、简答题

1. 我国城市轨道交通包括哪些类型？其中主流类型是哪些？
2. 城市轨道交通具有哪些特点？
3. 城市轨道交通主要由哪些设备组成？

五、综合题

1. 如何区分地铁与轻轨？
2. 城市轨道交通供电系统的主要供电对象有哪些？
3. 标称电压与额定电压有何不同？

第二章 外部电源

【教学目标】

通过本章的学习，主要了解与掌握以下知识：
1. 熟悉外部电源的三种供电方式及特点。
2. 掌握城轨供电系统对外部电源的要求。
3. 了解功率因数与节能及运营成本的关系。
4. 掌握无功功率补偿的几种方式及避免过补偿的措施。
5. 了解城轨供电系统的谐波、谐波对电网的影响与改善措施。

主要具备以下能力：
1. 会识别外部电源供电方式，会分析其特点。
2. 会分析外部电源与城轨供电系统的关系。
3. 会分析功率因数与谐波等对电能质量的影响及应采取的措施。

【知识结构】

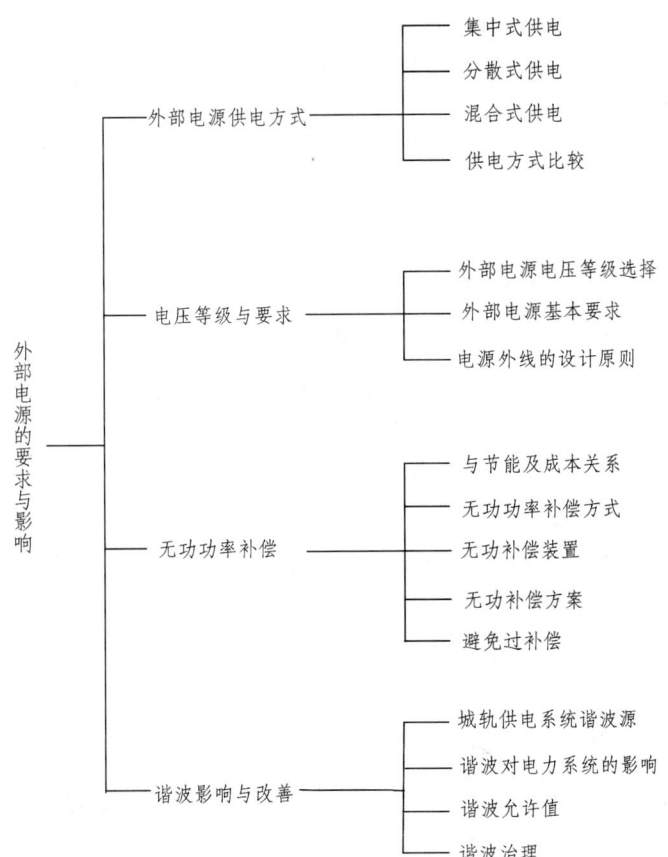

第一节 外部电源供电方式

> **本节导读**
>
> 城轨供电系统是通过城市电网来获得电能。那城市电网如何给城轨供电系统供电呢？常见的供电方式有集中式供电、分散式供电和混合式供电三种。这三种供电方式各有特点，如何选用，这与各个城市电网及各个城市的轨道交通布置等有关。

城轨供电系统需从城市电网取得外部电源，作为城市电网的特殊用户，一般用电范围多在几千米到几十千米之间，呈线状分布。采用何种供电方式，主要取决于城市电网的构成、分布及电源的容量。城轨供电系统对城市电网是用户，处于电力系统的末端，而对城轨交通的各类负荷来说它又是电源。城市电网对城市轨交通的供电方式通常有以下三种形式。

一、集中式供电

【集中式供电】 是指由专门设置的主变电所集中为牵引变电所及降压变电所供电的外部供电方式。

集中式供电方式如图 2.1 所示。每个主变电所有两路独立的进线电源。主变电所进线电压一般为 110 kV，经降压后变成 35 kV 或 10 kV（也可以是 20 kV）。牵引变电所、降压变电所均由主变电所通过中压网络引入两回独立的电源。

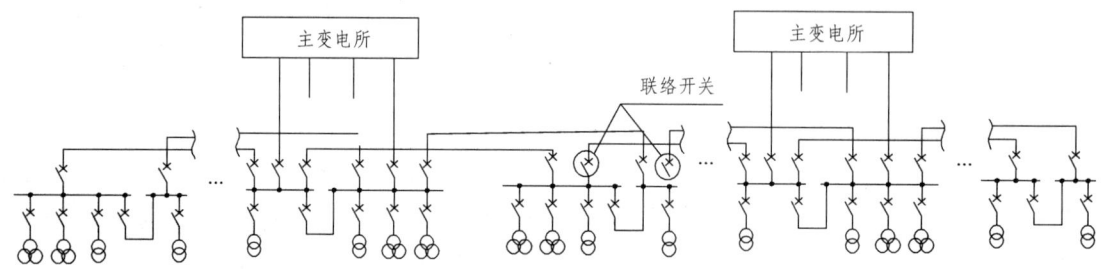

图 2.1 集中式供电方案示意图

集中式供电方案的主要特点如下：

（1）城市轨道交通沿线，建设专用主变电所，集中为牵引变电所及降压变电所供电。

（2）城轨供电系统通过专设的主变电所从城市电网引入两路独立的进线电源，外部电源电压等级一般为 110kV，与城市电网接口少。

（3）城轨供电系统相对独立，自成系统，便于运营管理。

上海、广州、南京、香港地铁等均为集中式供电方式。

二、分散式供电

【分散式供电】 是指城市轨道交通沿线分散引入城市中压电源直接（或通过电源开闭所间接）为牵引变电所及降压变电所供电的外部供电方式。

分散式供电方式如图 2.2 所示。由于城市电网 35 kV 电压等级趋于淘汰,因而分散式供电一般从城市电网引入 10 kV 中压电源,这就要求城市轨道交通沿线有足够的电源引入点及备用容量。从沿线就近引来的城市电网中压电源,经电源开闭所母线向牵引变电所和降压变电所提供中压电源。一般情况下,两个电源开闭所之间需要建立电源联系,即两个电源开闭所之间的供电分区间通过双环网电缆进行联络。

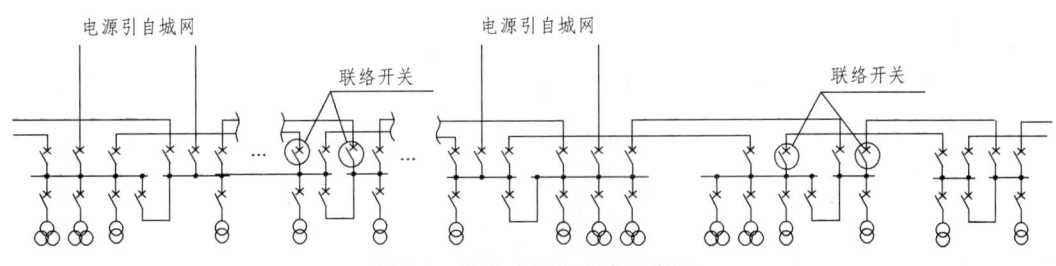

图 2.2 分散式供电方案示意图

分散式供电方案的主要特点如下:

(1)在城市轨道交通沿线,直接从城市电网分散地引入多路中压电源作为城市轨道交通电源。

(2)城轨供电系统从城市电网引入中压电源,与城市电网接口比较多,平均每 4~5 个车站就要引入两路电源。外部电源电压等级多为 10 kV 电压等级,也有少量的 35 kV 电压等级。

(3)城轨供电系统与城市电网关系紧密,独立性差,运营管理相对复杂。

分散式供电方案最早应用于北京地铁 1、2 号线。长春轻轨,大连快轨,北京地铁 4、5、9 号线及 10 号线一期等也是分散式供电方式。

三、混合式供电

【混合式供电】 多指以集中式供电为主以分散式供电为辅的供电方式。

混合式供电方式如图 2.3 所示。混合式供电方案介于集中式供电与分散式供电之间的一种结合方案,根据城市电网现状、规划以及城市轨道交通自身的需要,吸收了集中式外部电源方案与分散式外部电源方案的各自优点,系统方案灵活,使供电系统完善和可靠。

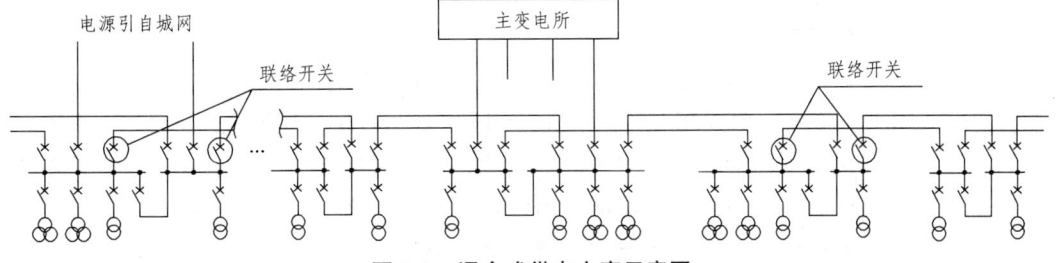

图 2.3 混合式供电方案示意图

当构建集中式供电方案时,在主变电所设置一定的情况下,如果线路末端中压网络压降不能满足要求,则可以从城市电网引入中压电源作为补充,这就构成了以集中式为主的混合式供电方案。武汉轨道交通一期工程采用了以集中式供电为主的混合式供电方案。

另外,当构建分散式供电方案时,如果沿线有城市轨道交通主变电所可以资源共享,那么也可以从该主变电所引入中压电源,作为城市电网中压电源点的补充,这就构成了以分散式为主的混合式供电方案。北京地铁10号线二期工程采用了以分散式为主的混合式供电方案。

四、供电方式的比较

1. 供电质量

集中式供电的外部电源引自城市高压电网(如110 kV),电压等级高,输电容量大,系统短路容量大,抗干扰能力强,电网电压波动小。另外,城轨主变电所一般装设有载调压装置,因此中压侧电压相对稳定,供电质量高。

分散式供电的外部电源引自城市10 kV电网,一般从距离城市轨道交通线路较近的城市电网变电所直接引入,输电线路较短,线路损耗较少。但由于10 kV电压等级较低,用户较多,所以系统网压波动较大。

2. 供电可靠性

对于集中式供电,由于主变电所进线电压等级较高,电气设备的绝缘等级、制造水平、继电保护配置等要求都比较高,线路故障率相对较低。同时,城轨供电系统相对独立,与城市电网接口少,城市其他负荷对城轨供电系统干扰较少,因而,集中式供电系统可靠性比较高。

对于分散式供电,城市轨道交通电源开闭所或车站变电所从城市电网直接引入10 kV电源,这种接线方式满足系统可靠性要求。但由于城市电网10 kV系统接入用户较多,且10 kV系统处于城市电网继电保护的中末端,因此城轨供电系统的运行会受到其他用户的干扰。

3. 中压网络电压

对于集中式供电,中压网络的电压等级,不受城市电网电压等级的限制,可根据用电负荷、供电距离等情况比选确定。目前集中式供电的中压网络电压等级较高,一般为35 kV。这样可以提高系统的供电能力与供电可靠性,同时可以降低供电线路的功率损耗。

对于分散式供电,中压网络的电压等级完全受城市电网电压等级的制约,必须选择与城市电网相同的电压等级。目前我国多采用10 kV电压等级。

4. 对城市电网影响

城轨供电系统对城市电网的影响主要表现在谐波影响和网压波动两个方面。

目前,牵引整流机组一般采用双机组等效24脉波整流装置。由谐波理论可知,牵引整流机组的脉波数越高,产生的低次谐波就越少。因此,无论采用集中式供电还是分散式供电,城市轨道交通直流牵引系统注入城市电网的谐波含量都非常低,对城市电网影响非常小。但相对而言,采用集中式供电时,高次谐波经过多级变电所变换、分流以后,注入城市电网的谐波含量将会更少。

在网压波动方面,由于城市轨道交通牵引系统是一个实时变化的移动负荷,电源电压将会受到一定的影响。采用集中式供电时,主变压器容量近期一般为20~31.5 MV·A,远期一般为40~63 MV·A之间。牵引负荷产生的电压波动和闪变在城轨供电系统内部经过两级变压器的转换,逐渐变得平衡,对城市电网其他用户的影响相对要少得多。采用分散式供电时,牵引变电所直接接入城市 10 kV 电网，牵引负荷产生的网压波动经过一级变压器转换后，就会波及与城市轨道交通相同供电系统的其他用户。如果该变压器容量较小，那么产生的影响就会更明显。

5. 资源共享

电力资源共享与满足环境保护要求是城轨供电系统的发展方向。

采用集中式供电，有利于主变电所电力资源共享的实施。具体来说，一方面两条及以上数量的城市轨道交通线路可以共享一个主变电所；另一方面城市轨道交通主变电所可与城市电网主电所合建，向城市轨道交通系统及地区用户同时提供电源。

对于中压网络资源丰富的城市，城市轨道交通采用分散式供电，可以充分利用既有外部城市电网中压资源，节省城市轨道交通主变电所的建设费用等。

6. 工程实施

采用集中式供电时，城轨主变电所与城市电网接口少，外部电源引入路径相对较少，建设单位与城市规划的协调工作也相对较少，易于实施。如上海轨道交通 3 号线工程只需找到 4 条电缆的敷设路径；而北京地铁 13 号线西段工程则需要找到 10 条电缆的敷设路径。另外，由于集中式供电系统与城市电网接口较少，相对独立，城市轨道交通系统向城市电力部门的用电申请也容易协调，操作简便。

采用分散式供电时，由于城轨供电系统与城市电网接口较多，难免有部分电源电缆的敷设路径难以解决，尤其在中心城区，地下各种管线及构筑物交错复杂，电缆路径更是难以解决。如果变更变电所（开闭所）位置或电源电缆路径，供电质量与末端电压就难以保证。另外，中心城区城市电网变电站负荷相对饱和，如果新增城市轨道交通这样的大用户，供电容量有时也难以满足需求。

7. 工程投资

对于集中式供电来说，除电源外线的投资外，还要建设主变电所。集中式供电的电源外线电压等级高，一般为 110 kV。主变电所的投资包括土建与设备两大部分。对于集中式供电，设备电压等级高，绝缘要求高，容量较大，价格较高。对于分散式供电，电源外线电压等级低，一般为 10 kV，而且电源开闭所与牵引变电所合建，设备要求也相对简单一些。

总之，综合考虑电源外线及主变电所（电源开闭所）的电压等级、绝缘水平、设备容量、土建费用等，集中式供电方案的工程投资要大一些。但是随着城市轨道交通网络化及城市轨道交通主变电所资源共享的发展，一个主变电所还可以为两条及以上线路提供电源，这样后续工程就可以减少主变电所投资。因此，从网络化发展角度来看，采用集中式供电方案整体上还是比较合适的。

8. 运营管理

当采用集中式供电时，外部电源点引入少，城轨供电系统与城市电网的接口较少，系统相对独立，如果发生故障需要改变其运行方式，那是属于系统内部调整，易于调度，操作方便，工作效率较高。

而当采用分散式供电时，因城轨供电系统与城市电网的接口较多，关系复杂，同一条城市轨道交通线路的电源引入点往往涉及城市多个行政区域，如果城轨供电系统发生故障需要改变运行方式，则需要与相关城区电力部门协调配合，才能改变其运行方式，工作效率明显降低。另外，电源开闭所进线开关与分段开关有时受着城市电力部门的管理与制约，城市轨道交通内部操作不便。

除上述调度操作外，集中式供电较分散式供电，电力部门与城市轨道交通产权划分明晰、计量计费方便、维护维修简单等。

第二节 外部电源电压等级与基本要求

> **本节导读**
>
> 城市电网有多种不同的电压等级，城轨供电系统选用哪种电压等级，与外部电源供电方式及城轨供电负荷容量等有关。城轨供电负荷作为一级负荷，对外部电源有较高的要求。因此，负责给城轨供电系统供电的外部电源需要遵循一定的设计原则。

城市轨道交通作为城市电网的一级负荷，需要引入双路高压电源对其供电系统进行供电。

【一级负荷】 《供配电系统设计规范》（GB 50052—2009）第3.0.1条规定，符合下列情况之一时，应视为一级负荷：

（1）中断供电将造成人身伤亡时。
（2）中断供电将在经济上造成重大损失时。
（3）中断供电将影响重要用电单位的正常工作。

另外，在一级负荷中，当中断供电将造成重大设备损坏或发生中毒、爆炸和火灾等情况的负荷，以及特别重要场所的不允许中断供电的负荷，应视为一级负荷中特别重要的负荷。

【二级负荷】 当符合下列情况之一时，应视为二级负荷：

（1）中断供电将在经济上造成较大损失时。
（2）中断供电将影响较重要用电单位的正常工作。

【三级负荷】 不属于一级和二级负荷者应为三级负荷。

一、外部电源电压等级的选择

1. 城市电网电压等级的现状与发展

根据国家标准《标准电压》（GB/T 156—2007）的规定，我国的电网标准电压有1 000 kV、750 kV、500 kV等15个等级。一般认为220 kV及以上电压等级的为高压输电网，110 kV、66 kV等级为高压配电网，1 kV以上35 kV及以下电压等级为中压配电网，1 kV及以下为低压配电网。

20 kV作为中压配电层，功能上可以替代35 kV与10 kV两个配电层，而造价上则与10 kV

设备差异不大。20 kV 电压等级的这种特点，适合于高密度负荷地区的城市电网。国外城轨供电系统广泛采用 20 kV 中压网络，而在我国尚处于试用阶段。

2. 集中式供电时的电压等级选择

集中式供电要求从城市电网引进高压电源。因 330 kV 及以上为地区高压输电电压等级，故不直接用于电力用户。目前 220 kV 变电所的变压器装机容量多为（2×120～3×250）MV·A，远期变压器增容一般不小于 3×180 MV·A。对于中等运量的城市轨道交通，主变压器选择多为（2×25～2×63）MV·A，一般不超过 2×63 MV·A。若城市轨道交通主变电所外部电源采用 220 kV，将不能充分发挥 220 kV 的供电能力，这将造成电力资源的浪费，而且还将增加设备投资，加大管理难度。因此对于集中式供电方案，目前外部电源电压等级一般为 110 kV。东北地区如沈阳、哈尔滨等城市则采用 66 kV。

3. 分散式供电时的电压等级选择

分散式供电需要从城市电网直接引入中压电源，故对于分散式供电方案，中压网络的电压等级应与城市电网相一致。根据城市电网情况，可以采用 35 kV，也可以采用 10 kV，如北京、长春、大连等。

二、城轨供电系统对外部电源的基本要求

1. 国家标准对一级负荷供电电源的规定

根据国家标准《供配电系统设计规范》（GB 50052—2009）第 3.0.2 条、第 3.0.3 条和《地铁设计规范》（GB 50157—2003）中第 14.1.7 条、第 14.1.11 条，城轨供电负荷属一级负荷，应满足以下规定：

（1）应由两路电源供电；当一路电源发生故障时，另一路电源不应同时受到损坏。

（2）一级负荷中特别重要的负荷，除由两个电源供电外，尚应增设应急电源，并严禁将其他负荷接入应急系统。

GB 50052—2009 第 3.0.4 条还规定了下列电源可作为应急电源：

（1）独立于正常电源的发电机组。
（2）供电网络中独立于正常电源的专用的馈电线路。
（3）蓄电池。
（4）干电池。

根据上述标准中对一级负荷供电电源的要求，城轨供电系统的主变电所、牵引变电所、降压变电所，都要求能获得 2 路电源。

2. 城轨供电系统对电源的要求

城轨供电系统对电源的基本要求如下：

（1）2 路电源要求来自不同的变电所或同一变电所的不同母线。

（2）每个进线电源的容量应满足变电所全部一、二级负荷的要求。

（3）2路电源应分列运行，互为备用，当一路电源发生故障时，由另一路电源恢复供电。

（4）为便于运营管理和减少损耗，要求集中式供电的主变电所的位置和分散式供电的电源点，要尽量靠近城轨交通线路，减少引入城轨交通的电缆通道的长度。

（5）设有两座以上主变电所的应急电源系统中，在保证城轨电动车组安全快捷地运送旅客的基本功能的前提下，要求将下列负荷纳入应急电源系统。

① 保证一定运输能力的牵引负荷。一定运输能力的负荷应是指高峰小时以下的运输能力时的负荷。

② 保证城轨交通的通信系统、信号系统、防灾报警系统、电力监控与数据采集系统、变电所操作电源和应急照明等特别重要负荷的正常运行。

三、电源外线设计的一般原则

城轨供电系统引入电源外线的设计，一般结合城市电网架空线走廊或电缆通道进行，多由当地电力部门的设计单位负责设计。一般设计原则如下：

（1）所有电源外线应就近从城市电网引至电源变电所（主变电所或电源开闭所）。

（2）对于分散式供电方案，引至同一电源开闭所的两回电源线路应从城市电网变电站不同馈电母线直接引入，电源线路在城区应采用电缆线路引入，在郊区宜采用电缆线路（也可采用架空线路）引入。

（3）对于集中式供电方案，引至同一主变电所的两回电源线路至少应有一回电源直接从城市电网变电站馈电母线专用回路引入。电源线路在城区宜采用电缆线路引入，在郊区可采用架空线路引入。

（4）对于电缆线路，引至同一电源变电所的两回电源线路应敷设在不同的电缆通路或同一通路的不同支架和管道内。

（5）电缆（架空线）导体的输送容量，应根据主变压器容量确定。

（6）电缆（架空线）线路工程设计应考虑当地气象条件。

（7）电缆（架空线）的技术条件应满足运行要求。

（8）电缆型式及导线截面积的计算应根据不同环境温度、敷设方式下的载流量等确定。

（9）电缆金属外护套的感应电压应满足《电力工程电缆设计规范》（GB50217-2007）的相关要求。

（10）电缆（架空线）线路应满足防雷要求。

（11）电缆（架空线）线路应满足防震要求。

（12）电缆线路应满足防蚁要求。

（13）电缆线路应满足防火要求。

（14）电缆在主变电所外敷设时，可以采用隧道内、电缆沟、直埋、穿管等方式。

（15）电缆在主变电所内敷设时，可以采用电缆支架等方式。

（16）电缆（架空线）线路不应干扰线路附近通信设施的良好运行，否则应采取相应措施。

（17）沿电缆线路敷设的光纤的技术性能应满足运行要求。

第三节 无功功率补偿

> **本节导读**
>
> 城轨供电系统中有不少用电设备自然功率因数较低。功率因数低不仅会降低系统的供电能力,而且会加大电压损失并增加损耗,从而加大运营成本。因此,需要采取一定的无功功率补偿措施。补偿方式有就地补偿、集中补偿、静态补偿和动态补偿等形式,具体采取哪种方式或哪几种方式的组合,需要结合用电负荷的具体实际合理选择,同时还要注意避免发生过补偿。

城市轨道交通中包含了大量的低压用电设备,其自然功率因数较低,动力设备一般为 0.8 左右,荧光灯等气体放电灯则为 0.5。供电系统中功率因数较低时,增大了供电线路中的损耗,变电设备的输出容量增大,这将会引起运营成本增加。因此,无论是从节能角度还是从降低运营成本角度,都应进行适当的无功功率补偿。目前常用无功补偿方案为集中补偿与就地补偿相结合。同时,还应防止过补偿现象。

一、无功功率与节能及运营成本的关系

1. 无功功率的来源

【无功功率】 具有电感和电容的交流电路中,电感的磁场或电容的电场在一个周期中的一部分时间内从电源吸收能量,另一部分时间内将能量返回电源。在整个周期内平均功率为零,也就是没有能量消耗,但能量是在电源和电感或电容之间来回交换的。能量交换率的最大值叫作无功功率。

凡是有电磁线圈的电气设备,都要建立磁场,利用电磁感应实现能量的转换和传递。如发电机、变压器、电动机等,就是通过磁场来完成机械能与电能之间的转换。

电动机需要建立和维持旋转磁场,使转子转动,从而带动机械运动,电动机的转子磁场就是靠从电源取得无功功率建立的,从电网吸收的无功功率在电网与电动机之间不断地进行交换。

变压器也同样需要无功功率,才能使变压器的一次线圈产生磁场,在二次线圈感应出电压。以上这些都是产生无功功率的来源。

2. 无功功率与节能的关系

当系统的有功功率一定时,系统的无功功率越大,则用电负荷的功率因数越低,这不但使变压器等供电设备的能力不能充分利用,而且对电力系统还将产生以下不利影响:

(1) 降低发电机组的输出能力和输变电设备的供电能力,使电气设备的效率降低,发电和输变电的成本提高。电气设备的视在功率为:

$$S = \frac{P}{\cos\varphi} = \sqrt{P^2 + Q^2} \qquad (2.1)$$

式中　S——电气设备输送的视在功率；
　　　P——电气设备输送的有功功率；
　　　Q——电气设备输送的无功功率；
　　　$\cos\varphi$——用电负荷的功率因数。

由上式可见，电气设备如果低于额定或规定的功率因数运行，当视在功率 S 不变时，输送的有功功率 P 就要减少。例如：$S=60\,\mathrm{kV\cdot A}$，$\cos\varphi=1$，则 $P=60\mathrm{kV\cdot A}$，如 $\cos\varphi=0.8$，则 $P=48\,\mathrm{kV\cdot A}$。视在功率不变时，功率因数低，输送的有功功率降低了，系统容量得不到充分利用，从而降低了发电设备的输出能力和输变电设备的供电能力，使电气设备的效率降低，发电和输变电的成本提高。

（2）增加输电网络中的电能损失。当电流流过输电网络时，产生的有功功率损失为

$$\Delta P = 3I^2 R \times 10^{-3}\,(\mathrm{kW})$$

$$\Delta P = 3\left(\frac{P}{U\cos\varphi}\right)^2 \times R \times 10^{-3}$$

$$= 3 \times \frac{P^2 R}{U^2 \cos^2\varphi} \times 10^{-3}\,(\mathrm{kW}) \qquad (2.2)$$

式中　ΔP——线路有功损耗，kW；
　　　I——线路中的相电流，A；
　　　R——线路每相的电阻，Ω；
　　　U——线路的相电压，kV；
　　　P——电力负荷每相有功功率，kW；
　　　$\cos\varphi$——用电负荷的功率因数。

由上式可知，有功功率损失与功率因数的平方成反比。功率因数低，将引起输电网络中的电能损失大大增加。

（3）增加输电网络中的电压损失，往往引起电力用户的供电电压不足。电压损失与电流成正比。如果功率因数低于规定值，在输送同样的有功功率情况下，视在功率要增大，与此相应的电流随之增大，从而输电网络中的电压损失增大。

3. 功率因数与成本的关系

由上述可知，用电设备无功功率所占比例大时将引起功率因数低，降低系统容量的利用率，增大电能损失。因此，当用电设备功率因数低于规定的标准值时，电力部门将额外征收一笔电费，这将大大增加城轨供电系统的运营成本。

1）功率因数标准

全国《供用电规则》关于功率因数的规定如下：

"无功电力应就地平衡。用户应在提高用电自然功率因数的基础上，设计和装置无功补偿设备，并做到随其负荷和电压变动及时投入或切除，防止无功电力倒送。用户在当地供电局规定的电网高峰负荷时的功率因数，应达到下列规定：

（1）高压供电的工业用户和高压供电装有带负荷调整电压装置的电力用户，功率因数为

0.90以上。

（2）其他100kV·A（kW）及以上电力用户和大、中型电力排灌站，功率因数为0.85以上。

（3）农业用电，功率因数为0.80。

凡功率因数不能达到上述规定的新用户，供电局可拒绝接电。未达到上述规定的现有用户，应在2-3年内增添无功补偿设备，达到上述规定。对长期不增添无功补偿设备又不申明理由的用户，供电局可停止或限制供电。"

2）力调电费标准

力调电费按国家批准的《功率因数调整电费办法》的规定执行，如表2.1所示。

按电力部门要求，城轨供电系统功率因数要求达到0.90以上。即在接入城市电网的高压侧，其月平均功率因数应达到0.90以上，高者获奖，低者受罚。根据计算的月平均功率因数，高于或低于规定标准，在按照规定的电价计算出其当月电费后，再按照"功率因数调整电费表"（如表2.1所示）所规定的百分数增加或减少电费。当功率因数低于0.90时，每低0.01，需增加电费的0.5%，以补偿功率因数偏低引起电力系统增加的电能损失等。当功率因数大于0.90时，每高0.01电费减少0.15%。这种根据负荷功率因数的高低而增加或减少的电费为功率因数调整电费，简称力调电费。

表2.1 以0.9为标准值的功率因数调整电费

	实际功率因数	0.90	0.91	0.92	0.93	0.94	0.95～1.00						
减收电费	月电费减少%	0.0	0.15	0.30	0.45	0.60	0.75						
增收电费	实际功率因数	0.89	0.88	0.87	0.86	0.85	0.84	0.83	0.82	0.81	0.80	0.79	0.78	0.77
	月电费增加%	0.5	1.0	1.5	2.0	2.5	3.0	3.5	4.0	4.5	5.0	5.5	6.0	6.5
增收电费	实际功率因数	0.76	0.75	0.74	0.73	0.72	0.71	0.70	0.69	0.68	0.67	0.66	0.65	功率因数自0.64及以下，每降低0.01电费增加2%
	月电费增加%	7.0	7.5	8.0	8.5	9.0	9.5	10.0	11.0	12.0	13.0	14.0	15.0	

二、无功功率补偿方式

提高功率因数的主要方法是采用低压无功补偿技术，通常采用的补偿方式有多种。无功功率补偿按安装位置划分有就地补偿和集中补偿，按工艺划分有动态补偿和静态补偿。

1. 就地补偿

就地补偿是将低压电容器组与电动机并接，通过控制、保护装置与电机同时投切。就地补偿适用于补偿电动机的无功消耗，以补励磁无功为主，此种方式可较好地限制城轨供电系统无功负荷。具体如下：可减小配电线路的导线截面和配电变压器的容量；可减少中压网络、配电变压器、低压配电线路的功率损耗；补偿点的无功经济当量最大，因而降低能耗效果更好；可降低电动机的启动电流。

就地补偿同样适用于荧光灯、气体放电灯的无功消耗，将低压电容器组与荧光灯、气体放电灯并接，通过保护装置与荧光灯、气体放电灯同时投切。

就地补偿的特点：用电设备运行时，无功补偿投入，用电设备停运时，补偿设备也退出，而且不需频繁调整补偿容量。具有投资少、所占空间小、安装容易、配置方便、维护简单和事故率低等特点。

2. 集中补偿

集中补偿又分为主变电所集中补偿和低压集中补偿两种方式。

1）主变电所集中补偿

针对中压网络的无功平衡，在主变电所进行集中补偿，补偿装置包括并联电容器、同步调相机、静止补偿器等，主要目的是改善高压侧电源的功率因数，提高降压变电所的电压，补偿变压器的无功损耗。这些补偿装置一般连接在主变电所中压母线上，因此具有管理容易和维护方便等优点。

2）变电所低压集中补偿

以无功补偿投切装置作为控制保护装置，将低压电容器组设在变电所低压 0.4 kV 母线上的补偿方式，根据低压负荷水平的波动投入相应数量的电容器进行跟踪补偿。

低压集中补偿主要目的是提高配电变压器的功率因数，实现无功就地平衡，对降低中压网络和配电变压器的电压损失有一定作用，也有助于保证低压配电系统的电压水平，可以替代就地补偿方式，是目前补偿无功最常用的手段之一。

集中补偿运行方式灵活，运行维护工作量小，寿命相对延长、运行更可靠。但不能降低配电线路的及电气设备的功率损耗，且控制保护装置复杂、首期投资相对较大。集中补偿方式可与就地补偿方式结合使用。

3. 静态补偿

静态补偿一般由值班人员负责手工投入或退出，投切速度慢，不适合负载变化频繁的场合，容易产生欠补偿或者过补偿，造成电网电压波动，损坏电气设备，维护量大。

4. 动态补偿

动态补偿通过自动检测相电流、相电压、功率因数等参数，对任何负载情况进行实时快速补偿，并有稳定电网电压功能，提高电网质量。有触点投切装置，投切频率高，电容器寿命受到影响；无触点零电流投切技术则可延长电容器的使用寿命。

三、无功功率补偿装置

1. 补偿装置的构成

无功功率补偿装置一般由电容器组、电抗器、投切开关以及控制器等构成。

电容器接线形式如下：

三相共补接线方式根据控制器统一取样，各相投入相同的补偿容量，适用于三相负载基本平衡、各相负载的功率因数相近的网络。三相分补接线方式就是各相分别取样，各相分别投入不同的补偿容量。适用于各相负载相差较大，其功率因数 $\cos\varphi$ 值也有较大差别的场合，造价要高于三相共补接线方式 20%~30%。

由于城市轨道交通系统中三相负荷与单相负荷并存，主要负荷为三相平衡负荷。可以采用电容器 △-Y 接线，即三相共补与三相分补相结合的接线方案，如图 2.4 所示。三相共补部分的电容器为△接线，三相分补部分的电容器为 Y 接线。这种接线方式的补偿装置，运行方式机动灵活，成套价格低于三相分补的接线方案。

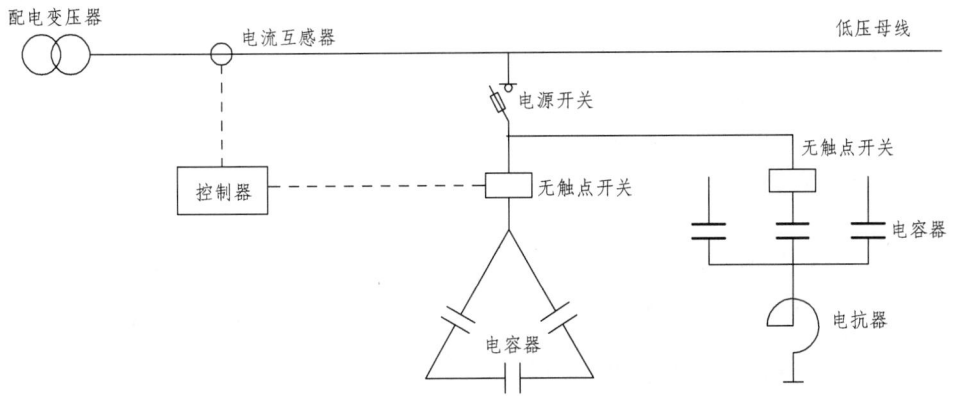

图 2.4　三相共补与三相分补相结合接线

电容器本身具备一定的抗谐波能力，但同时也有放大谐波的副作用。无功补偿时应考虑谐波治理，在有较大谐波干扰又需要补偿无功的地点，应考虑增加滤波装置。

2. 并联电容补偿的作用

1）提高功率因数

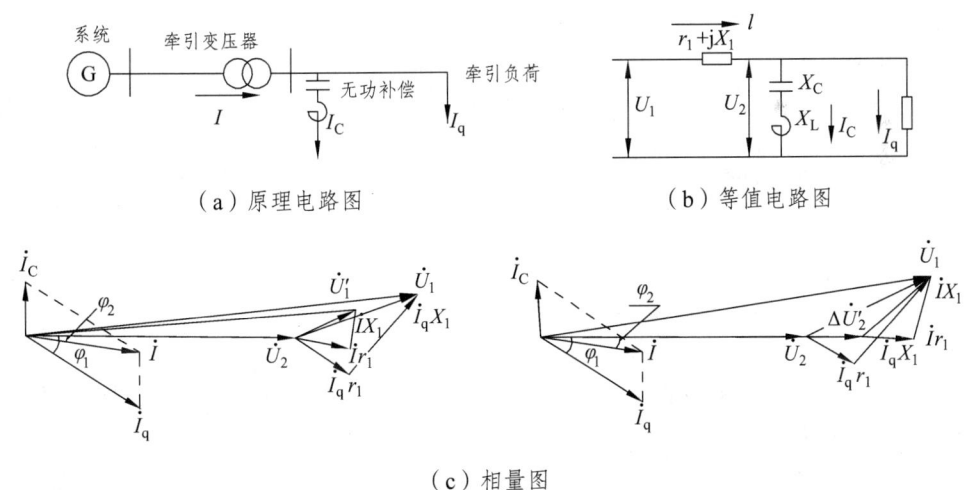

（a）原理电路图　　　　（b）等值电路图

（c）相量图

图 2.5　并联电容补偿原理电路图

如图 2.5（a）、(b)、(c) 所示，U_1 为电源电压，r_1 及 X_1 为电力系统及牵引变压器每相的电阻和电抗，U_2 为牵引变电所牵引侧母线电压，X_C 为并联补偿电容器组的容抗，X_L 为与电容器组串联的电抗器感抗，I_q 为牵引负荷电流，I_C 为并联电容器回路无功补偿电流。从图 2.5（c）相量图可明确看到，在牵引侧安装并联电容补偿装置后，牵引变压器中流过的电流 I_q 减小为 I，牵引侧的功率因数由 $\cos\varphi_1$ 提高到 $\cos\varphi_2$。

2）改善电力系统的电压质量，提高牵引变电所牵引侧母线电压

在图 2.5（c）中，如果电源电压 U_1 保持不变，则补偿前和补偿后的电压方程式分别为：

$$\dot{U}_1 = \dot{U}_2 + \dot{I}_q(r_1 + jX_1)$$

$$\dot{U}_1 = \dot{U}'_2 + \dot{I}(r_1 + jX_1)$$

可变换为

$$\dot{U}_2 = \dot{U}_1 - \dot{I}_q(r_1 + jX_1) \quad （补偿前） \tag{2.3}$$

$$\dot{U}'_2 = \dot{U}_1 - \dot{I}(r_1 + jX_1) \quad （补偿后） \tag{2.4}$$

在上式中，因为 $\dot{I} < \dot{I}_q$，则 $\dot{I}(r_1+jx_1) < \dot{I}_q(r_1+jx_1)$，所以 $\dot{U}'_2 > \dot{U}_2$，即提高了牵引变电所牵引侧母线电压。若保持 $\dot{U}_2$ 的大小不变，则补偿后，电源电压可允许降低，如图 2.5（c）中 $\dot{U}_1$ 降低到 $\dot{U}'_1$。即在保证用户电压水平的前提下，电源电压降低一些是允许的，这就意味着电力系统的电压可以在较大的范围满足用户需要。从这个意义上讲，电力系统的电压质量得到了改善。

3）减少电力系统电能损失

并联电容补偿装置提供的容性电流，不仅提高了牵引负荷的功率因数，而且使流经电力系统和牵引变压器的电流值小于补偿前的电流值。

根据电能损失与电流值的平方成正比的关系，显然，并联电容补偿后系统电流减小，从而可以减少电力系统的电能损失。

4）吸收谐波电流，具有滤波作用

影响并补装置滤波效果的因素主要取决于并联补偿装置本身的容量，即谐波阻抗的大小。合理设计 X_L 与 X_C 的匹配关系，同时注意 $\left(nX_L - \dfrac{X_C}{n}\right)$ 与系统谐波阻抗性质相一致（同为感性），可以使牵引负荷中的一部分谐波电流流入并联电容补偿装置，从而减少了这一部分谐波电流流入电力系统。

四、常用无功功率补偿方案

城轨供电系统消耗的无功功率主要为低压异步电动机和照明灯具。无功功率补偿措施应该系统地进行整体考虑，即集中补偿和就地补偿相结合。

在降压变电所设置低压集中补偿装置，对系统前端进行补偿，虽能满足电力部门对并网功率因数的要求，但对以下各级分支电路不作无功补偿，因此低压配电线路中无功电流大，从而造成线路截面和配电开关容量不能减小，且不能保证整个低压系统的供电质量。

1. 无功补偿的配置原则

总体平衡与局部平衡相结合，以局部平衡为主。

电力部门补偿指标与用户补偿要求相结合。

在配电网中，用户消耗的无功功率约占 50%~60%，其余的无功功率消耗在配电网中。因此，为了减少无功功率在网络中的输送，要尽可能地实现就地补偿，就地平衡，所以必须由电力部门和用户共同进行补偿。

2. 就地补偿方案

低压异步电动机集中布置在车站两端头的设备区以及区间泵房和通风机房，照明灯具分散布置在车站的各个角落。尤其是照明灯具，呈纵向和横向布置形式，极为分散。因此，采取就地补偿措施，效果明显。

1）电动机设置无功功率自动补偿装置

单台电动机设置无功功率补偿装置，应考虑运营成本。地下车站单台电动机工作的情况很多，如污水泵、排水泵、废水泵、电梯、自动扶梯等等，由于这些设备分散布置，分别设置无功功率自动补偿装置后，给维修管理带来不便，而且运营成本有所上升。所以，单台电动机是否设置专用的无功功率补偿装置，应对节能效果和运营成本进行综合分析后确定。

如果环控机房设备相对集中，具备设置无功功率补偿装置的条件，则可采取集中式低压配电系统补偿，这样就兼顾了运营管理的需要。

2）照明灯具自带电容补偿

如果照明灯具自带电容补偿，补偿后的功率因数达 0.9，低压配电线路的节能效果是非常明显的。

3. 集中补偿方案

个别设备（如污水泵）没有设置就地补偿装置，则根据实际需要在配电变压器二次侧（即 0.4 kV 母线）装设无功功率集中补偿装置，采用三相共补与分补相结合的接线，根据负荷变化自动投入无功补偿容量。

由于部分采取了就地补偿方式，无功功率集中补偿装置的容量需要重新核算，将已采取就地补偿的设备的功率因数看做自然功率因数，然后再根据变压器二次侧的有功功率与无功功率计算值，确定无功功率集中补偿装置的安装容量，以避免出现过补偿现象。

五、避免产生过补偿

1. 过补偿的危害

当前，城轨供电系统一方面需要考虑低压无功电容补偿，另一方面，在电源端又存在无功过补偿的问题。国内某些线路在运营初期，城市电网的公共供电点出现了无功功率过补偿现象。国内某城市轨道交通在主变电所设置了电抗器，通过电抗器抵消无功电容，但该电抗器的发热量比较大，且解决无功电容的效果不理想。

过补偿的危害往往比欠补偿更严重。补偿容量过大，在变压器空载运行时或者负荷较轻时，会造成过补偿，使功率因数角超前，无功功率向电力系统倒送，将抬升上级配电变压器出口电压，增加有功功率损耗，增加谐波震荡的发生概率以致造成电网伤害。

2. 产生过补偿的根源

制定无功功率补偿方案时，根据补偿后功率因数不小于 0.9 设计指标，简单地采用 0.4 kV 母线电容集中补偿方式，忽视了中压网络电缆电容、牵引负荷和三相不平衡等潜在因素的影响。

直流牵引供电系统采用了等效 24 脉波整流器，直流牵引供电系统的功率因数达到了 0.95

以上。牵引用电负荷对配电线路功率因数有很大的提升作用，相对于车站动力照明用电负荷而言，牵引供电负荷所占比重越大，其影响就越明显。

对于放射式、单环网和双环网中压网络结构形式，正常运行时，其电缆电容对外部电源连接点处的功率因数影响较大。为避免供电系统出现容性特征，应简化中压网络结构，减少系统电缆数量，适当增大电缆敷设的间距，这样可以减少中压网络的电缆分布电容，减少向供电系统返送无功功率。

城市轨道交通工程中大量使用了单相负荷，照明、空调风机等负荷变化随机性大，容易造成三相负载的严重不平衡。由于调节补偿无功功率的采样信号取自三相中的任意一相，因而造成未检测的两相有可能过补偿或者欠补偿。

3. 避免过补偿措施

为解决过补偿问题，应采取以下措施：

1）优化补偿容量和补偿地点

要实现有效的降低无功损耗，不能把无功补偿的关注点仅仅只放在低压侧，只注意补偿用户的功率因数，而应该从电力系统角度出发，通过计算供电系统的无功潮流，确定配电网的补偿方式、最优补偿容量和补偿地点。

2）采用分相电容自动补偿

对于三相不平衡及单相配电系统采用分相电容自动补偿是解决过补偿问题的较好办法，其原理是通过调节无功功率参数的信号取自三相中的每一相，根据每相感性负载的大小和功率因数的高低进行相应补偿，对其他相不产生影响，因而避免了产生欠补偿和过补偿。

3）设置电能质量有源恢复系统

为了解决无功过补偿问题，还可以在主变电所、电源开闭所或直接由城市电网引入外部电源的变电所设置电能质量有源恢复系统。

电能质量有源恢复系统能补偿电网的无功电流、谐波，以最大限度恢复电能质量，使电压波动率 d_u<2%。

电能质量有源恢复系统具有优良的动态特性，响应时间小于 1 ms；二相补偿谐波电流、谐波次数可达 50 次；可消除中性线电流的 3 次谐波及其他零序性质的谐波；自身功率损耗低；在既消除谐波又进行无功补偿的操作模式下 $\cos\varphi$ 可补偿到 1。

第四节　谐波影响与改善

> **本节导读**
>
> 　　城轨供电系统中的牵引供电系统与动力照明系统都会产生相应的谐波。大量的谐波电流如果注入电网会对电力系统及其他用电设备产生诸多不利影响。因此，城轨供电系统需要对谐波采取相应的综合治理措施，以减少这种影响。

城市轨道交通中存在非线性负荷，除牵引整流机组外，还存在大量荧光灯、UPS 电源、变频器及软启动装置等，这些设备产生大量的谐波，使电力系统的正弦波形畸变，电能质量降低。谐波需要综合治理，首先从谐波源头进行限制，其次采取必要技术措施以降低谐波的危害程度。

一、城轨供电系统的谐波源

在理想干净的电力系统中，电流和电压都是纯粹的正弦波。由于电力系统中某些设备和负荷的非线性特性，即所加的电压与产生的电流不成线性（正比）关系而造成波形畸变。当电力系统向非线性设备及负荷供电时，这些设备或负荷在传递（如变压器）、变换（如交直流换流器）、吸收（如电弧炉）系统发电机所供给的基波能量的同时，又把部分基波能量转换为谐波能量，向系统倒送大量的高次谐波，使电力系统的正弦波形畸变，电能质量降低。

城轨供电系统中的谐波源主要为电子开关型设备，即城市轨道交通中广泛使用各种交直流换流装置（整流器、逆变器）以及双向晶闸管可控开关设备。

谐波频率是基波频率的整倍数，根据法国数学家傅立叶（M.Fourier）的分析证明，任何重复的波形都可以分解为含有基波频率和一系列为基波倍数的谐波的正弦波分量。谐波是正弦波，每个谐波都具有不同的频率、幅度与相角。谐波可以区分为偶次谐波与奇次谐波，第 3、5、7 次等谐波为奇次谐波，而第 2、4、6、8 次等谐波为偶次谐波。对于三相整流装置，出现的是 5、7、11、13、17、19 次等谐波，而变频器主要产生 5、7 次谐波。如图 2.6 所示为基波叠加 5 次和 7 次谐波后的波形图。

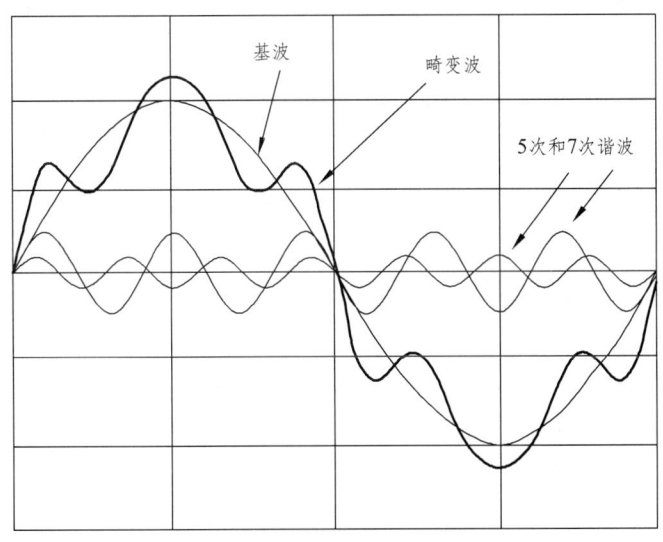

图 2.6 基波与 5 次 7 次谐波叠加图

1. 牵引供电系统谐波

牵引供电系统是城轨供电系统的主要谐波源。其中采用的牵引整流机组，属于非线性受电设备，电压畸变的程度取决于电系统对谐波频率的阻抗。当然，非正弦电压施加在线性电路上时，电流也是非正弦波。这种非正弦电流波形，由于系统的参数、牵引整流机组的相数、接线方式的不同,波形畸变程度也不同。

整流谐波有特征谐波和非特征谐波之分。特征谐波是指整流装置运行于理想条件下产生的谐波,在理想运行条件下三相交流电源是对称的纯正弦电压,交流侧三相阻抗完全相等,直流侧平均电流恒定,且没有受到直流侧负载的调制。

由于整流装置运行的三相系统出现的交流电压不对称、延迟角不对称、三相阻抗不相等、直流侧平均电流不恒定等诸多因素,将会产生非特征谐波,非特征谐波次数和幅值目前还无法用一个通用公式表达出来,但工程上可以实际测量它的数值。

整流相数(脉波数)越多,整流电压越平稳,纹波系数也低,所产生谐波的次数越高,特征谐波和非特征谐波的含量越低。若采用12脉波整流,理论上讲,12脉波整流只产生11、13、23、25次以上特征谐波,而24脉波整流只产生23、25次以上特征谐波。

实际上,由于各种非理想因素(电网电压不对称、牵引变压器三相阻抗不对称等)的存在,不可避免地产生非特征谐波,24相整流也将产生5、7、11、13次谐波,这些谐波的大小取决于牵引整流机组的制造技术。

2. 动力照明系统谐波

除牵引供电系统产生谐波外,动力照明设备也会产生谐波。以下设备是动力照明系统的主要谐波源:

(1)变频器。
(2)荧光灯。
(3)高压气体放电灯。
(4)计算机。
(5)软启动装置。
(6)电容器。

二、谐波对电力系统的影响

谐波对电力系统的影响大致可以分为两个方面:其一,过大的高次谐波电流流入电气设备,会造成过负荷、过热等现象。如使发电机、变压器、电抗器及电容器等电气设备产生附加损耗和发热,严重时可引起设备损坏;其二,对利用电压波形进行控制的设备可引误控,对仪表计量等会引起计量误差,影响准确性。具体影响分述如下。

1. 谐波电流可能引发电力系统谐振

1)并联谐振

如图2.7所示,电力系统感抗X_L与电容器容抗X_C相并联,设电源的短路容量为S(MV·A),电容器的容量Q(Mvar),电源电压为E,则有

$$S = \frac{E^2}{X_L}$$
$$Q = \frac{E^2}{X_C}$$

(2.5)

当基波频率为 f_1 时,则并联谐振频率 f_r 为

$$f_r = \frac{1}{2\pi}\sqrt{\frac{1}{LC}} = f_1\sqrt{\frac{X_C}{X_L}} = f_1\sqrt{\frac{S}{Q}} \tag{2.6}$$

并联谐振时引起高次谐波放大,容易损坏设备。

2)串联谐振

如图 2.8 所示,从谐波源向电容器看进去的回路是一个串联谐振回路,则谐振周波次数为[其中 L 为感抗的等价容量(Mvar),C 为容抗的等价容量(Mvar)]。

$$f_r = f_1\sqrt{\frac{C}{L}} \tag{2.7}$$

有时也会引起串联回路中元件过负荷发热。

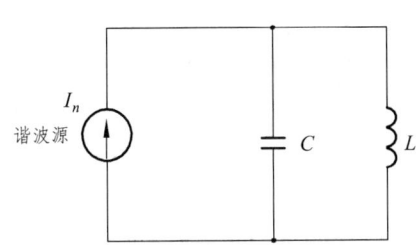
图 2.7　并联谐振等效电路图

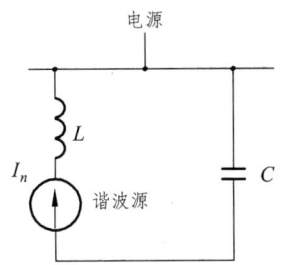
图 2.8　串联谐振等效电路图

2. 引起发电机产生额外扭矩并增大损耗

1)高次谐波产生旋转磁场,引起振动扭矩

谐波电流流入三相定子绕组时,产生旋转磁场,引起振动扭矩。谐波旋转磁场对转子以数倍同步转速的速度相交链,因此在转子回路中感应出数倍于基波频率的电压和电流。由定子的谐波旋转磁场与转子的激磁电流以及由定子的工作旋转磁场与谐波在转子中感应的电流相互作用而产生的交变电磁力矩,传到转子转轴和定子机座上,引起额外的振动扭矩。

2)高次谐波产生额外损耗

(1)谐波电流流入三相定子绕组时,增加了定子绕组和定子铁心的附加电能损失和发热。

(2)引起转子激磁绕组的附加发热。当谐波电流与负序电流同时流入三相定子绕组时,则在转子激磁绕组回路中感应出 6 倍或 12 倍基波频率的电流。该电流引起附加的电能损失和发热。

(3)引起阻尼绕组过热,以致损坏。由于谐波旋转磁场在转子上的阻尼绕组中感应出电势而引起电流。当感应电流过大时,会导致阻尼绕组过热,以致损坏。

3. 引起感应电动机损耗增大

感应电动机的谐波功率损失主要是铜损,并且和 $(U_N/X_n)^2 R_n$ 成正比。当流过感应电动机的谐波电流增大时,其铁心齿部磁饱和增大,使基波电抗 X_1 和谐波电抗 X_n 都减小,因而使谐波功率损失增大。此外,磁饱和也会引起激磁阻抗和基波负序阻抗减小。在感应电动机的端电压和基波负序电压一定时,激磁电流和负序电流引起的铜损也会增大,从而引起附加发热增大。

4. 引起电容器过电压、过热与过负荷

设电容器的额定电压为 U_{CN}，电容器额定电流为 I_{CN}，电容器基波容抗为 X_C，额定容量为 Q_{CN} 流入电容器的 n 次谐波电流为 I_n，经计算可证明，当谐波电流流入电容器后，电容器的实际电压、工作容量与合成电流等于对应的额定值乘上一个大于 1 的系数。因此，会引起电容器的电压和温升过高，负荷过大，电容器要承受额外的电和热的影响。

$$\frac{I_{CN}}{I_{C1}} \times 100\% = n \frac{U_{CN}}{U_{C1}} \times 100\% \tag{2.8}$$

另外，式（2.8）说明，n 次谐波电流畸变率为同次谐波电压畸变率的 n 倍，因此电流波形的畸变比电压波形畸变严重。故谐波对电容器的影响主要是过负荷。

5. 引起电抗器过电压与过热

经计算可证明，当谐波电流流入电抗器后，电抗器的实际电压、工作容量与合成电流等于对应的额定值乘上一个大于 1 的系数。因为串联电抗器的电抗与高次谐波的次数成正比增大，所以由于高次谐波的流入，容易引起电抗器上的电压过大，同时也加大了电抗器的损耗，引起额外的温升。

6. 引起电气计量仪表误差增大

高次谐波对电气计量仪表，特别是对电度计量仪表的影响较大。这是因为现在使用的功率表并没有关于受高次谐波和功率因数影响而产生误差的限制措施，只能计量出 $P = \sqrt{\sum I_n^2} \cdot \sqrt{\sum U_n^2}$。实际上，在谐波条件下使用的功率表应计量同次谐波电流与电压乘积之和，即

$$P = I_1 U_1 + \sum_{n>1}^{\infty} I_n U_n \cos \varphi_n \tag{2.9}$$

7. 对变压器的影响

高次谐波电流流入变压器产生的铁芯磁滞现象会引起变压器的运行噪音增大，此外，还会产生由高次谐波电流、电压而引起的铁损与铜损，使变压器的总电能损失增大，并使变压器容量利用率减小。

8. 其他影响

（1）由于电源电压波形畸变，含有高次谐波，使控制信号相位变化而引起相位控制的装置发生误控现象。

（2）影响电子计算机正常工作。

（3）影响电视机、收音机、放大器等视听效果，产生噪音及图像闪动。

三、谐波允许值

GB/T 14549—93《电能质量 公用电网谐波》是一部有关公用电网谐波的国家推荐性标准，该标准于 1994 年 3 月实施。标准明确了公用电网谐波电压（相电压）限值（见第一章表 1.2），

同时还明确了谐波电流允许值，如表2.2所示。

表2.2　注入公共连接点的谐波电流允许值

标称电压 kV	基准短路容量 MV·A	谐波次数及谐波电流允许值/A										
		2	3	4	5	6	7	8	9	10	11	12	13
0.38	10	78	62	39	62	26	44	19	21	16	28	13	24
6	100	43	34	21	34	14	24	11	11	8.5	16	7.1	13
10	100	26	20	13	20	8.5	15	6.4	6.8	5.1	9.3	4.3	7.9
35	250	15	12	7.7	12	5.1	8.8	3.8	4.1	3.1	5.6	2.6	4.7
66	500	16	13	8.1	13	5.4	9.3	4.1	4.3	3.3	5.9	2.7	5.0
110	750	12	9.6	6.0	9.6	4.0	6.8	3.0	3.2	2.4	4.3	2.0	3.7
标称电压 kV	基准短路容量 MV·A	谐波次数及谐波电流允许值/A										
		14	15	16	17	18	19	20	21	22	23	24	25
0.38	10	11	12	9.7	18	8.6	16	7.8	8.9	7.1	14	6.5	12
6	100	6.1	6.8	5.3	10	4.7	9.0	4.3	4.9	3.9	7.4	3.6	6.8
10	100	3.7	4.1	3.2	6.0	2.8	5.4	2.6	2.9	2.3	4.5	2.1	4.1
35	250	2.2	2.5	1.9	3.6	1.7	3.2	1.5	1.8	1.4	2.7	1.3	2.5
66	500	2.3	2.6	2.0	3.8	1.8	3.4	1.6	1.9	1.5	2.8	1.4	2.6
110	750	1.7	1.9	1.5	2.8	1.3	2.5	1.2	1.4	1.1	2.1	1.0	1.9

四、谐波治理

谐波治理属于综合工程。首先限制谐波源头，采取必要的技术措施，如增加整流装置的脉波数，加装交流滤波器、有源电力滤波器等，将谐波含量降到最小；其次采取辅助措施，降低谐波影响。

1. 增加牵引整流机组的脉波数

高次谐波电流与整流相数密切相关，即相数增多，高次谐波的最低次数变高，则谐波电流幅值变小。

为了减少牵引供电系统产生的谐波电流，牵引变电所采用两套带移相线圈的12脉波牵引整流机组，正常情况下，两台机组并联运行，形成24脉波整流，最大限度地限制谐波的产生。如表2.3所示为不同的整流电路谐波含量统计表。

表2.3　整流电路谐波含量统计表

脉波数 p	谐波次数 h（相对基波电流 I_1 的标幺值）							
	5	7	11	13	17	19	23	25
6	0.175	0.110	0.045	0.029	0.015	0.010	0.009	0.008
12	0.026	0.016	0.045	0.029	0.002	0.001	0.009	0.008
24	0.026	0.016	0.007	0.004	0.002	0.001	0.009	0.008

2. 安装滤波装置或谐波补偿装置

常用的滤波装置主要为两类：无源滤波装置和有源滤波装置。

1）无源滤波装置

该装置由电容器、电抗器，有时还包括电阻器等无源元件组成，对某次谐波及其以上次谐波形成低阻抗通路，以达到抑制高次谐波的作用。滤波器与动态控制的电抗器一起并联，这样既满足无功补偿，改善功率因数，又能消除高次谐波的影响。

无源滤波装置种类有：各阶次单调谐滤波器、双调谐滤波器、二阶宽频带与三阶宽频带高通滤波器等。

无源滤波器具有投资少、效率高、结构简单及维护方便等优点，现阶段广泛用于配电网中，但由于滤波特性受系统参数影响大，只能消除特定的几次谐波，而对某些次谐波会产生放大作用，甚至谐振现象。

2）有源滤波装置

有源滤波装置利用可控的功率半导体器件向电网注入与谐波源电流幅值相等、相位相反的电流，使电源的总谐波电流为零，达到实时补偿谐波电流的目的。它与无源滤波器相比，有以下特点：

（1）不仅能补偿各次谐波，还可抑制闪变、补偿无功，有一机多能的特点，在性价比上较为合理。

（2）滤波特性不受系统阻抗等影响，可消除与系统阻抗发生谐振的危险。

（3）具有自适应功能，可自动跟踪补偿变化着的谐波，即具有高度可控性和快速响应性等特点。

运营初期，客流量不大，用电负荷较小，城轨供电系统中牵引整流机组产生的谐波含量不高，必要时主变电所、电源开闭所预留滤波装置的安装位置。当供电系统谐波含量超标时，投入滤波装置。

3）谐波补偿装置

在主变电所、电源开闭所或直接从城市电网引入电源的变电所设置谐波补偿装置。有一种电能质量有源恢复系统，其装置既可补偿谐波，又可补偿无功功率。

4）荧光灯

荧光灯若选用电子镇流器，则选 L 级产品，规定其 3 次谐波含量不高于 30%。节能电感镇流器其本身的谐波含量很低，小于 10%，其配用的就地功率因数补偿电容能够对谐波电流起到分流作用，进一步降低谐波电流。

3. 其他辅助措施

1）选用 D/Y11 接线组别的三相配电变压器

三相变压器对高次谐波的响应状况取决于所用的联结方式（星形或三角形联结）。

三相变压器中把高压侧绕组接成三角形，低压绕组为星形且和中性点成"11"连接以保证相电动势接近于正弦波，从而避免了相电动势波形畸变的影响。不平衡和 $3n$ 次谐波电流在一次绕组循环流动而不会传到电源系统中去。

2）将产生谐波的供电线路和对谐波敏感的供电线路分开

因为供电系统有内阻抗，所以谐波负荷电流将造成电压波形的畸变。此阻抗有两个组成部分：PCC（公共连接点）的内部电缆的阻抗，以及在 PCC 上供电系统的固有阻抗。由非线性负荷形成的畸变负荷电流在电缆的阻抗上产生一个畸变的电压降。合成的畸变电压波形，加到与此同一电路相连的全部的其他负荷上去，而形成谐波电流在其上流过，甚至它们是线性负荷时也是如此。

因此，应将线性负荷和非线性负荷在 PCC 处用不同的电路分别馈电，以使由非线性负荷产生的电压畸变不会加到线性负荷上去。

3）加强监测管理

在主变电所与电源开闭所外部电源进线处设谐波监测装置，对谐波情况进行动态跟踪。国家标准要求在进行谐波测量时，应选择在电网正常供电时可能出现的最小运行方式，且应在谐波工作周期中产生的谐波量大的时段内进行（如运营高峰时段）。当测量点附近安装有电容器组时，应在电容器组的各种运行方式下进行测量。由于 6~110 kV 电磁式电压互感器，一般用于 1 000 Hz 以下频率测量，故国家标准中规定"测量次数一般为 2~19 次"。

由于谐波的波动性，宜用概率选值，为了实用方便，规定实测值不少于 30 个，使测量平均数的分布接近于正态分布所需的最低样本数。对于较稳定的谐波源，国家标准规定可选用 5 个接近的实测值，取算术平均值。

综合练习

一、单项选择题

1. 在我国城轨供电系统中，集中式供电方式中的主变电所进线电压一般为（　　）。
   A. 66 kV　　　B. 110 kV　　　C. 220 kV　　　D. 330 kV

2. 在我国城轨供电系统中，分散式供电方式的外部电源较多采用（　　）电压等级。
   A. 10 kV　　　B. 20 kV　　　C. 66 kV　　　D. 110 kV

3. 高压供电的工业用户和高压供电装有带负荷调整电压装置的电力用户，功率因数要求达到（　　）以上。
   A. 0.80　　　B. 0.85　　　C. 0.90　　　D. 0.95

4. 根据《功率因数调整电费办法》，当城轨供电系统功率因数低于 0.90 时，每低 0.01，需增加电费的（　　）。
   A. 0.15%　　　B. 0.2%　　　C. 0.3%　　　D. 0.5%

二、判断题

1. 相对于分散式供电方式，集中式供电方式与城市电网的接口较多。（　　）
2. 相对于集中式供电方式，分散式供电系统的供电质量较高。（　　）
3. 相对于分散式供电方式，集中式供电系统的供电可靠性较高。（　　）
4. 我国城轨供电系统已广泛采用 20 kV 中压网络。（　　）
5. 电源线路在城区应采用电缆线路引入，在郊区则可采用电缆线路，也可采用架空线路引入。（　　）
6. 对于电缆线路，引至同一电源变电所的两回电源线路应敷设在不同的电缆通路或同一通路的不同支架和管道内。（　　）

7. 无功功率就是没有用的功率。（　　　）

三、填空题

1. 城市电网对城市轨交通的供电方式通常有_____、_____、_____三种。
2. 城轨供电系统对城市电网的影响主要表现在_____和_____两个方面。
3. 无功功率补偿按安装位置划分有_____补偿和_____补偿；按工艺划分有_____补偿和_____补偿。
4. 集中补偿又分为_____集中补偿和_____补偿两种方式。
5. 常用的滤波装置主要_____滤波装置和_____滤波装置两大类。

四、简答题

1. GB 50052—2009 第 3.0.4 条规定哪些电源可作为应急电源？
2. 城轨供电系统对外部电源有哪些基本要求？
3. 并联电容补偿主要有何作用？
4. 过补偿有何危害，主要采取什么措施来避免？
5. 动力照明系统中主要的谐波源有哪些？
6. 谐波对电力系统有哪些主要影响？

五、综合题

1. 为什么用电设备的功率因数低于规定值时，电力部门要额外征收力调电费？
2. 为什么并联电容装置可以提高功率因数？
3. 标称电压与额定电压有何不同？
4. 城轨供电系统为何会产生谐波源？
5. 为什么城轨供电系统主变电所进线电源不选用 220 kV 及以上电压等级？

第三章　主变电所

【教学目标】

通过本章的学习，主要了解与掌握以下知识：
1. 了解主变电所所址选择的基本原则。
2. 熟悉主变电所数量、位置与结构形式的确定方法。
3. 掌握主变电所进线电源侧的三种接线形式。
4. 掌握主变电所中压侧主接线形式。
5. 了解主变压器台数与容量的确定方法。
6. 了解主变压器形式、阻抗、电压调整、冷却方式以及中性点接地方式的选择等。

主要具备以下能力：
1. 会识别主变电所进线侧与中压侧接线方式，会分析其特点。
2. 会分析主变电所在城轨供电系统中的作用。

【知识结构】

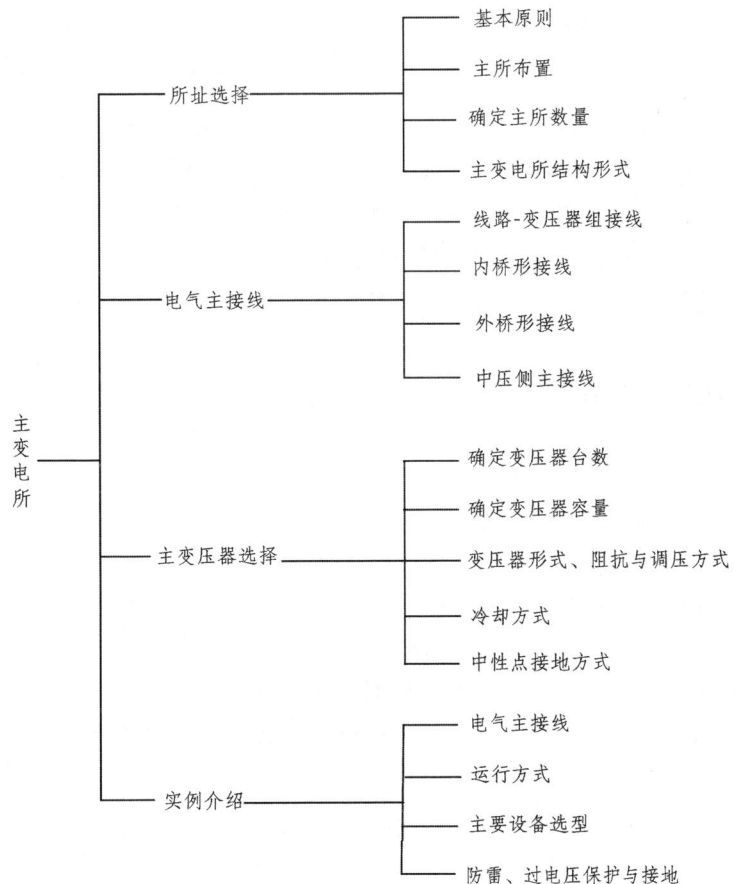

对于外部电源集中供电方式，应建设城市轨道交通用的主变电所，该主变电所的功能是接受城市电网的高压电源，经降压后为牵引变电所与降压变电所提供中压电源。

主变电所电气主接线，可以从高压侧和中压侧两个方面来描述。高压侧主接线主要有线路-变压器组、内桥形、外桥形三种接线形式；中压侧一般采用单母线分段形式，并设置母线分段开关。

需要说明的是，对于分散式外部电源方案，往往需要设置电源开闭所，负责向供电分区供电。电源开闭所一般不单独建设，而是在城市轨道交通车站与牵引（或降压）变电所合建，且共用中压母线，中压母线应采用单母线分段接线。

第一节 所址选择

> **本节导读**
>
> 城轨主变电所的所址选择一般都要遵循一定的原则，除此之外，根据城市轨道交通用电负荷特点，城轨主变电所一般沿线路布置。根据电压损失要求确定主变电所数量之后，通过与城市规划和电力等部门协商就可以确定主变电所位置。主变电所结构形式则根据主变电所所处城市位置确定，主要有半户外式结构与户内式结构等。

变电所选址是配电网规划的重要组成部分。其位置是否合理除直接影响变电所工程投资和运行经济效益外，还关系到配电网的网络结构、供电质量和运行经济性。城市电网变电所选址涉及负荷分布、现有电网状况、线路走廊、所址地形地质、与城市规划相一致等诸多因素，可以说与城市电网变电所所址有关的因素错综复杂，很难凭经验就能确定最佳位置。城市轨道交通主变电所选址，虽然涉及多个因素，但总体上来说，要比城市电网变电所选址简单。

一、所址选择的基本原则

主变电所选址应符合下列原则：

（1）靠近负荷中心，邻近城市轨道交通线路布置。

（2）满足中压网络电缆压降要求。

（3）满足城市轨道交通供电网络规划中主变电所资源共享的要求。

（4）应和城市规划、城市电网规划相协调。

（5）可独立设置，也可以合建。为节约城市土地资源，市区内主变电所宜与其他建筑合建或建于地下；当与城市电力部门合建时，也可设置在地面，但其与线路的电缆敷设距离不宜过长。

（6）便于电缆线路引入、引出。

（7）便于设备运输。

(8)周围环境宜无明显污秽。

(9)具有适宜的地质、地形和地貌条件(如避开断层、塌陷区等)。

(10)应考虑主变电所与周围环境、邻近设施的相互影响。

二、根据负荷特点确定主变电所沿线路布置

城市电网变电所的用电负荷呈区域性分布,而城市轨道交通主变电所的用电负荷则沿城市轨道交通线路走向呈线状分布。这种负荷分布的特点,就要求主变电所的位置只能在城市轨道交通沿线。主变电所位置应尽量靠近轨道线路,以便减小主变电所至城市轨道交通线路间的电缆通道距离。一般来说,主变电所位置离城市轨道交通线路的距离控制在几百米范围之内。实际工程中,许多主变电所就靠近线路布置。

三、根据电压损失要求确定主变电所数量与位置

一条城市轨道交通线路是设置一个主变电所,还是设置两个及以上主变电所,其数量取决于负荷分布及大小,即中压网络电缆的压降应满足设计要求。《地铁设计规范》(GB 50157—2003)第14.1.12条要求:"供电系统的中压网络应按列车运行的远期通过能力设计,对互为备用线路,一路退出运行另一路应承担其一、二级负荷的供电,线路末端电压损失不宜超过5%。"

据此确定主变电所数量,并初步确定主变电所的大致位置。在沿线用电负荷基本均匀的情况下,若设一座主变电所,则首选位置考虑在线路长度中心附近;若设两座主变电所,则首选位置考虑在线路长度的1/4及3/4处。在大致确定主变电所位置之后,具体位置要与城市规划部门沟通,征得城市规划部门同意,以便实现主变电所建设与城市规划相协调。另外,主变电所位置的选择还必须考虑外部电源引入方便,并与城市电网规划相协调。

当然,随着特大城市轨道交通建设的网络化发展,主变电所的位置应满足网络资源共享的要求。

四、根据所处城市位置确定主变电所结构形式

城市轨道交通主变电所多数采用户内式、半户外式或地下式,很少采用全户外式。其结构形式的选择,要根据新建主变电所位置所处城市的不同位置而进行。

1. 半户外式结构

布设在市区边缘或郊区、县的主变电所,可采用布置紧凑、占地较小的半户外式结构。随着社会经济发展与城市用电量的急剧增加,市区负荷密度迅速增高,110 kV以上高压变电所已逐渐深入市区,且布点数量越来越多。同时,市区用地日趋紧张,选址困难,环保要求严格,传统变电所通常选用的体积大、用地多的常规户外式结构形式变得越来越难以适应,迫切需要改变结构形式来减少主变电所占地和加强环保措施。国内外实践经验表明,在不影响电网安全运行和供电可靠性的条件下,通过改进布置方式,简化结线和设备选型等措施,

实现变电所户内化、小型化，可以达到减小占地改善环境质量的目的。近年来，采用紧凑型布置方式的半户外型、全户内型以及与其他建筑合建等结构形式的变电所在我国城市市区已得到迅速发展。主变电所的建设，力求做到与周围环境的协调，使市区主变电所不仅实现减少占地，而且还尽可能地满足城市建筑的多功能要求，使其除了作为为城市轨道交通供应电能的工业建筑外，还作为城市建筑的有机组成部分，在立面造型风格上和使用功能上，充分体现了城市未来的发展，适应城市现代化建设需要。同时，在市区规划建设城市轨道交通主变电所时还需要考虑有良好的消防设施，按照消防的有关规范规定，适当提高变电所建筑的防火等级，配置有效的消防装置和报警装置，妥善地解决防火、防爆、防毒气及环保等问题。

2. 户内式结构

市区内及市中心区规划新建的主变电所，宜采用户内式结构主变电所，可与其他建筑物混合建设，或建设地下主变电所。在市中心区，尤其是在大、中城市的超高层公共建筑群区、中心商务区及繁华闹市区，土地极为珍贵，地价高昂。为了用好每一寸土地，充分发挥土地的使用价值，取得良好的社会、经济、环境综合效益，国外20世纪60年代，国内20世纪80年代初，一些大、中城市已经开始发展小型化全户内变电所，有的还与其他建筑结合建设，或建设地下变电所，多年来积累了丰富的运行经验，如日本东京都，20世纪80年代共建设变电所440座，其中地下变电所为130座，约占30%。地面户内式变电所大多数都和其他建筑或公共建筑楼群相结合，其建筑立面造型，甚至色彩都考虑与周围建筑的协调。对于户内式变电所和地下变电所，消防和通风显得尤为重要。从消防角度考虑，电气设备应尽量无油化，对于地下变电所（特别是和大型公共建筑合建或在其地下），采用全封闭组合电器成套配电设备，还可采用 SF6 气体绝缘变压器，并备有先进的消防设施和隔音装置，还有防爆管，以防故障引起火灾。我国城市（如北京、上海、广州、武汉、重庆等）都有在市中心地区或繁华街区建设地面全户内型变电所或地下式变电所的实例，运行经验表明，不仅可行而且都取得了较显著的社会、经济和环境综合效益的效果。

第二节 电气主接线

> **本节导读**
>
> 城轨主变电所电气主接线分为进线高压电源侧接线与馈线中压侧接线两部分。其中进线侧接线一般有线路-变压器组接线、内桥形接线和外桥形接线三种形式，需要了解三种接线的不同特点。中压侧接线一般采用单母线分段形式。

主变电所电气主接线应与当地电力部门协商确定。城市轨道交通主变电所高压侧与城市电网之间应设明显的电气分断点。

一、线路-变压器组接线

（1）主变电所两路高压电源进线（如 110 kV），可以都是专线，也可以是一路专线、另一路"T"接。高压侧主接线采用线路-变压器组和两断路器的形式,如图3.1(a)所示。

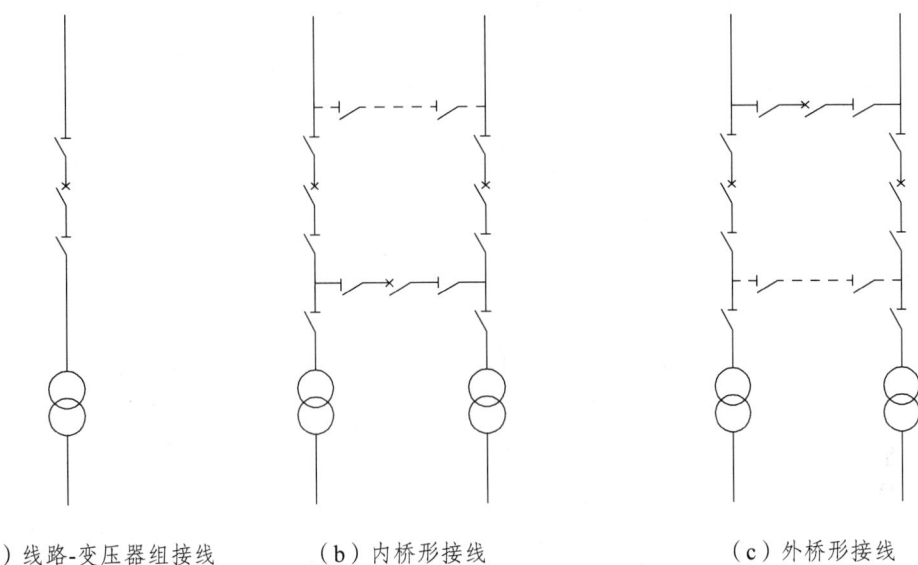

(a)线路-变压器组接线　　　(b)内桥形接线　　　(c)外桥形接线

图3.1　线路-变压器组接线及桥形接线

(2)这种接线的优点是接线简洁,高压设备少,占地少,投资省,继电保护简单。

(3)在正常运行方式下,两路线路各带一台主变压器。

(4)如主变压器一、二级负荷的负载率较低,系统发生故障时,恢复供电操作十分方便。当一台主变或一条线路故障退出运行时,只需在主变电所中压侧做转移负载操作,由另一路进线电源的主变压器承担本主变电所范围内的全部一、二级用电负荷,对相邻主变电所无影响。

(5)如主变压器一、二级负荷的负载率较高,当主变或线路发生故障时,需要通过相邻主变电所联络来转移部分负荷,实现相互支援。

(6)适用范围:主变电所不设高压配电装置,一台主变压器退出时,其他主变压器能承担本主变电所供电范围内的全部一、二级负荷。线路-变压器组接线形式被广泛应用于城市轨道交通主变电所。

二、内桥形接线

(1)主变电所两路高压进线电源,可以都是专线,也可以是一路专线、另一路"T"接。高压侧主接线采用内桥形接线形式,如图3.1(b)所示。

(2)这种接线的优点是有3台断路器,需要的断路器较少,而且线路故障操作简单方便,系统接线清晰。

(3)在正常运行方式下,桥联断路器打开,类似于线路-变压器组接线,两路线路各带一台主变压器。

(4)因内桥形接线线路侧装有断路器,线路的投入和切除十分方便。当送电线路发生故障时,只需断开故障线路的断路器,不影响另一回路正常运行。需要时也可以合上桥联断路器，由一路进线带两台主变压器。但主变压器故障时，则与该变压器连接的两台断路器都要断开，从而影响了另一回未故障线路的正常运行。另外，桥联断路器检修时，电源线路需较长时间停运；出线断路器检修时，电源线路也需较长时间停运。

（5）因主变压器运行可靠其故障率低于线路故障率，且主变压器也不需要经常切换，因此这种主接线形式应用较多。

（6）适用范围：对于电源线路较长、故障率较高的情况，采用这种接线方式可以提高供电可靠性。

三、外桥形接线

（1）主变电所两路高压进线电源，可以都是专线，也可以是一路专线，另一路"T"接。高压侧主接线采用外桥形接线形式，如图 3.1（c）所示。

（2）这种接线的优点是有 3 台断路器，需要的断路器较少。

（3）在正常运行方式下，外桥联断路器打开，类似于线路-变压器组接线，两路线路各带一台主变压器。当一路进线电源失电后，外桥联断路器合闸，由另一路进线电源向分挂在两段母线上的两台主变压器供电，承担本主变电所范围内的全部一、二级用电负荷，根据供电系统负荷变动情况，确定三级负荷的切除与保留。

（4）线路的投入和切除不是很方便，需操作两台断路器，并有一台主变压器暂时停运。桥联断路器检修时，两个回路需解列运行；主变压器侧断路器检修时，主变压器需较长时期停运。

（5）适用范围：电源线路较短，故障率较少。当电源线路有穿越功率时，也可采用。根据目前国内城市电网情况，城市轨道交通主变电所属终端变电所，没有穿越功率，因而基本不采用这种接线形式。

四、中压侧主接线形式

（1）主变电所中压侧一般采用单母线分段形式，并设置母线分段开关，如图 3.2 所示。

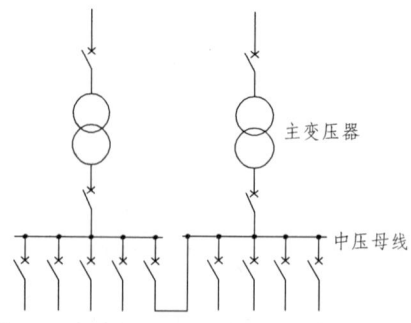

图 3.2 主变电所中压侧单母线分段主接线

（2）这种接线的优点：正常情况下，两段母线分列运行；牵引变电所和降压变电所可以从不同母线取得中压电源；当主变电所一段中压母线失电时，另一段中压母线可以迅速恢复对牵引变电所和降压变电所供电。

（3）当一路高压进线失电或一台主变压器退出后，通过中压母线分段开关迅速合闸，由另一台主压器承担本主变电所范围内的全部一、二级用电负荷，根据供电系统负荷变动情况，确定是否切除二级负荷。

（4）当一段中压母线故障时，该段母线上的进线开关分闸，同时该段母线上馈线所接的第一级牵引负荷或降压变电所进线开关也应失压跳闸；根据中压供电网络运行方式，由主变电所的另一段中压母线继续供电。

第三节 主变压器的选择

> **本节导读**
>
> 主变压器可以比喻为城轨主变电所的"心脏"。因此，主变压器的选择至关重要，本节主要介绍了主变压器台数与容量的确定、主变压器选型、主变压器阻抗的选择，主变压器电压调整方式的选择，冷却方式以及中性点接地方式的选择等。

一、主变压器台数的确定

原则上，主变压器台数应结合供电网络规划、中压网络形式、系统运行方式、主变电所容量备用要求等因素综合分析确定。

目前，国内城市轨道交通主变电所均设置 2 台主变压器，互为备用。正常情况下，2 台变压器并列运行，各负担约 50% 的用电负荷。

国外城市轨道交通主变电所中主变压器数量，不尽一致。有 2 台的，有 3 台的，还有 5 台的。德黑兰地铁 1 号线、2 号线的主变电所，高压侧为 63 kV，中压侧为 20 kV。每座主变电所共设置 3 台主变压器，其中初期安装 2 台，远期预留 1 台。当初期安装的 2 台主变压器容量不能满足远期运行需要时，将安装第 3 台主变压器，实现对该主变电所的增容。初期变电所土建设计时，就为第 3 台主变压器及需要增加的 63 kV GIS 间隔与 20 kV 开关设备预留了位置。

开罗地铁 3 号线一期工程的主变电所，高压侧为 220 kV，中压侧为 20 kV。220 kV 为双母线隔离开关分段接线，每段母线上有两路进线。一段母线上接 3 台主变压器（2 台给牵引变电所供电，1 台给降压变电所供电）；另一段接 2 台主变压器（1 台给牵引变电所供电，1 台给动力照明变电所供电）。20 kV 则有 5 个主母线段对应 5 台主变压器，其中 3 个为 20 kV 牵引母线段，2 个为 20 kV 动力照明母线段。

二、主变压器容量的确定

主变压器容量的选择，涉及供电网络资源共享、运行方式、建设时序、建设资金等多个因素，需要综合考虑确定。

1. 供电网络资源共享对主变压器容量选择的影响

对于已经完成城市轨道交通供电网络规划的城市，新建主变电所的主变压器容量的选择，应依据城市轨道交通供电网络规划进行。设计阶段要对主变电所的供电范围进行确认，并根据最新资料对主变压器容量进行核算。在供电网络资源共享的情况下，主变压器容量规格与单线建设时相比会有所增加。

对于尚未完成城市轨道交通供电网络规划的城市，作为确定主变压器容量的设计条件，应首先确定要不要考虑主变电所的资源共享。如果考虑，应明确考虑的原则，即依据资源共享方案确定主变压器容量按照多少预留。作为设计建议，主变压器容量可以按照加大一级容量规格考虑。

2. 运行方式对主变压器容量选择的影响

为描述方便，这里把运行方式简单地分成 $N-1$ 和 $N-2$ 两种运行方式。

【$N-1$ 运行方式】 所谓 $N-1$ 运行方式，是指供电系统中有一个任意元件（如电源线路、变压器等）发生故障后的运行方式。

此时按照城市轨道交通可靠性要求，供电系统应满足"$N-1$ 准则"，保证列车正常运行。

【$N-2$ 运行方式】 所谓 $N-2$ 运行方式，是指供电系统中有两个任意元件发生故障后的运行方式。

此时供电系统应能维持列车继续运行，而并不要求保证列车正常运行。因此，主变压器容量能满足"$N-1$ 准则"要求即可。

目前，国内城市轨道交通主变电所一般设置 2 台主变压器。正常运行时，2 台主变压器共同承担本所供电范围内的用电负荷。当一台主变压器退出运行时，另一台主变压器应能承担重新调度后供电范围内的一、二级负荷，保证列车正常运行，按 $N-1$ 准则，应充分考虑供电分区的重新调度与划分。主变压器容量的选择应满足该运行要求。对此《地铁设计规范》（GB 50157—2003）也做出了明确规定。另外，个别城市与线路在设计时还建议：若条件许可还应考虑当一个主变电所一台变压器退出运行时，通过调整供电分区及负荷再分配，与相邻主变电所共同承担全部负荷的供电。这样做，理论上讲是有可能的，但实施性与主变电所的位置距离有关。

当一座主变电所退出运行时，是否由其他相邻主变电所承担全线一、二级负荷的供电，这属于 $N-2$ 运行方式下的问题。从城市轨道交通可靠性要求来说，主变电所设置、主变压器容量、中压网络电缆规格，满足"$N-1$ 准则"即可满足国家标准对一级负荷电源的要求。为此，《地铁设计规范》（GB 50157—2003）并没有对上述问题进行规定。然而，在实际工程设计中，国内多数城市与线路的设计原则是：当一座主变电所退出运行时，由其他相邻主变电所承担全线一、二级负荷的供电，保证列车正常运行。只有个别城市的设计情况是：当一座主变电所退出运行时，其他相邻主变电所未能完全承担全线一、二级负荷的供电，而是通过适当降低列车发车密度，维持列车继续运行。前者对主变压器备用容量要求高、投资大、能耗大；后者对主变压器备用容量要求低、投资小、能耗小。

3. 建设资金对主变压器容量选择的影响

根据国家《地铁设计规范》（GB 50157—2003），地铁工程的设计年限分为初期、近期、远期三期。初期按建成通车后第 3 年要求设计，近期按第 10 年要求设计，远期按第 25 年要求设计。主变电所应根据远期高峰小时各类负荷的用电需求设计一次完成。经综合比较后，主变压器等设备配置可以按近、远期分期实施，也可按远期需求一次建成。但在分期实施时土建规模应按远期预留。

经计算，如果近、远期主变压器容量差别不大，初期投资相差不大，则建议主变压器等设备配置可以按远期一次到位；如果近、远期主变压器容量差别较大，结合主变压器使用寿命，则建议主变压器等设备配置按近、远期分期实施，以节省工程初期投资。

4. 用电负荷计算与主变压器容量选择

按近、远期两种情况，分别计算正常用电负荷及一台主变压器退出运行时两种不同运行方式下的用电负荷。根据两者中的大者，分别确定近、远期主变压器容量。

5. 主变压器容量对运营成本的影响

供电单位在收取电费时实际上是包括了两部分电费，一部分是用电单位按供用电合同所确定的电费单价乘以实际所消耗的电量，另一部分则是按变压器的额定安装容量（反映变压器占用电力系统资源的大小）收取的基本电费。供电力部门收取基本电费的标准一般为每个 kV·A 每个月 20 元。

举例：某地铁线路采用集中式供电方式，共设 3 座主变电所，主变电所的主变压器安装容量为 40 MV·A。则该线路每月除应按实际用电量支付供电部门的电费外，还需要上缴供电部门 4 万 kV·A×3×20 元/kV·A=240 万元的基本电费，一年要缴纳基本电费 240 万元/月×12 月=2 880 万元。当一个城市同时有几条甚至数十条地铁线路在运营时，一年要缴纳的基本电费将是一笔庞大的支出。因此，合理选择主变压器的容量，减少对电力系统资源的占用，可大大降低基本电费，减少运营成本支出，节能提效显著。

三、主变压器形式的选择

当不受运输条件限制时，在 330 kV 及以下的发电厂和变电所，均应选用三相变压器。城市轨道交通主变电所高压侧电压为 110 kV 或以下，因而均选用三相变压器。

目前，我国城市轨道交通主变压器一般采用两线圈变压器。随着 35 kV 设备的小型化及价格的降低，大多城市的城市轨道交通采用 110/35 kV 两线圈变压器，少数城市的城市轨道交通由于历史等原因仍采用 110/10 kV 两线圈变压器。

目前主变压器一般采用 Y,d 结线，有载调压开关装在高压侧。

四、主变压器阻抗的选择

变压器的阻抗实质就是绕组间的漏抗。阻抗的大小主要决定于变压器的结构和采用的材料。当变压器的电压比和结构、形式、材料确定之后,其阻抗大小随着变压器容量的增加有增大的趋势,但并不与容量增加成正比关系。

从主变压器设备自身制造来说,其阻抗过大,会使其制造成本提高。从电力系统稳定和供电电压质量考虑,也希望主变压器的阻抗越小越好,因为阻抗越小电压损失越小;但阻抗偏小又会使系统短路电流增加,造成中压电器设备选择少、造价高。主变压器阻抗的选择要考虑如下原则:各侧阻抗值的选择必须从电力系统稳定、潮流方向、功率分配、继电保护、短路电流、系统内的调压手段等方面进行综合考虑;并应以对工程起决定性作用的因素来确定。

主变压器阻抗的选择与系统短路容量、变压器额定容量密切相关。根据《城市电力规划规范》(GB/T 50293—1999)设计导则,各级电网的规划短路容量为:110 kV 为 20 kA,35 kV 为 18 kA,10 kV 为 16 kA。据统计,目前 110 kV 电网短路容量距 20 kA 尚有一定距离,但随着 110 kV 电网短路容量的不断增大,10 kV 短路容量已经接近甚至超过了 16 kA。当系统短路容量和变压器额定容量不变时,阻抗越大,低压侧短路电流越小。因此一些工程中已经开始选用高阻抗变压器。

对于 110/10 kV 主变电所来说,为把 10 kV 短路容量控制在 16 kA 以下,主变压器容量为 31.5 MV·A 及以下时,短路阻抗可取 $U_k\%=10.5\%$;主变压器容量为 40 MV·A 时,短路阻抗可取 $U_k\%=12\%$。

五、主变压器电压调整方式的选择

主变分接头应根据电网电压水平选择,根据《电力系统电压质量和无功电力管理规定》,110 kV 电源最高电压取 110(1+0.07) kV,最低电压取 110(1-0.03) kV;35 kV 系统其供电电压正、负偏差绝对值之和不超过标称电压的 10%;10 kV 母线电压合理范围为 10.0~10.7 kV。

为保证中压母线电压在合格范围内,应采用有载调压变压器。实际工程中主变压器分接头范围一般选择[(110±8)×1.25%] kV。其主分接头位置则根据城市电网的潮流计算来确定。

六、主变压器的冷却方式

主变压器一般采用的冷却方式有:自然风冷却;强迫油循环风冷却;强迫油循环水冷却;强迫油循环导向冷却。

小容量变压器一般采用自然冷却或自然风冷却,大容量变压器一般采用强迫油循环风冷却。在发电厂水源充足的情况下,为了压缩占地面积,大容量变压器也有采用强迫油循环水冷却方式的。在 100 MV·A 以上的大容量变压器中,有的也采用强迫油循环导向冷却方式。

根据目前国内变压器制造水平,对于城市轨道交通用主变压器,110 kV 等级容量 50 MV·A 以下的,一般采用自然冷却方式。

七、中性点接地方式

主变压器中性点接地方式是一个综合性问题。它与电压等级、单相接地短路电流、过电压水平、保护配置等有关,直接影响系统供电的可靠性和连续性、主变压器的运行安全以及对通信线路的干扰等。

中性点接地方式可以分成:中性点直接接地或经小电阻接地,中性点非直接接地。中性点非直接接地又可以分成:中性点不接地,中性点经消弧线圈接地,中性点经高电阻接地。

1. 确定中性点接地方式的原则

(1)单相接地故障对连续性供电的影响最小,用电设备能够继续运行较长时间。

(2)单相接地故障时,非接地相的过电压倍数较低,不至于破坏用电系统的绝缘水平,发展为相间短路。

(3)发生单相接地故障时,能将故障电流对电动机、电缆等的危害限制到最低限度,同时有利于实现灵敏而有选择性的接地保护。

2. 主变压器中性点接地方式

1)主变压器 110 kV 侧中性点接地方式

根据有关标准,我国 110 kV 及以上电力系统中性点为直接接地系统。但在实际运行中,主变压器高压侧中性点是否直接接地,则根据地区电网具体运行情况确定。有时一个主变电所的两台主变压器,其高压侧一台接地而另一台不接地。

2)主变压器 10~35 kV 侧中性点接地方式

6~66 kV 电网采用中性点不接地方式,但当接地电容电流大于 30 A(6~10 kV 电网),或 10 A(20~66 kV 电网)时,中性点应经消弧线圈接地或小电阻接地。

城轨供电系统中压网络全为电缆线路,其电容电流比较大。电容电流可按下式进行估算:

$$I_C = KUL \quad (A) \tag{3.1}$$

其中 $\qquad K = (95 + 144S)/(2200 + 0.23S)$

式中 U——电缆的额定电压,kV;

L——电缆的总长度,km;

S——电缆线芯总截面,mm^2。

3)中性点设备的选择

安装在 Y,d 接线双绕组变压器中性点上的消弧线圈的容量,不应超过变压器三相容量的 50%,并且不得大于三绕组变压器任一绕组的容量。安装在 Y,y 接线的变压器中性点上的消弧线圈的容量,不应超过变压器三相容量的 20%。

前面介绍过,主变压器大部分采用同 Y,d 结线。当主变压器无中性点或中性点未引出时,应装设专用接地变压器。选择接地变压器容量时,可考虑主变压器的短时过负荷能力。接地变压器的特性要求是:零序阻抗低,空载阻抗高,损失小。采用曲折形接法的变压器,能满足这些要求。

第四节 实例介绍

> **本节导读**
>
> 本节以某城市轨道交通线路一主变电所的电气接线图为例,详细介绍了该所主要设备的选型、防雷、过电压保护与接地等内容,同时运用本章知识,对该所的电气主接线与运行方式进行了分析。通过实例与知识的运用,加深对相关知识的理解与掌握。

如图 3.3 所示为城市轨道交通线路某主变电所的电气接线图,为全户内布置。

一、电气主接线

(1) 110 kV 侧接线采用线路-变压器组接线,由城市变电站提供两回专用电源线路,电缆进线。每回进线电源容量应能满足本所供电区域的正常供电要求,并在相邻主变电所事故情况下对相邻供电区域提供支援。

(2) 35 kV 侧接线则采用单母线分段接线,均为电缆出线。

(3) 主变压器 110 kV 侧中性点采用避雷器加保护间隙,同时也可经隔离开关接地。

(4) 35 kV 采用小电阻接地形式,接地电阻选择 20 Ω。由于主变压器接线方式为 YN,yn0+d11 接线,接地电阻直接接在主变低压侧。

(5) 在 35 kV 每段母线设所用变一台,所用变容量为 100 KV·A。

(6) 由于 35 kV 出线均为电缆,且出线较长,经计算电缆电容充电功率较大,故在每段母线设置一组并联电抗器。

二、运行方式

(1) 正常运行时,两台主变压器分列运行。每台主变压器容量应承担其供电区域内的全部一、二、三级负荷的供电。当一台主变压器退出运行时,由另一台主变压器承担本所供电分区的一、二级负荷供电,也可通过调度,实现两主变电所三台变压器带全线负荷的运行模式。当一座主变电所退出运行时(不考虑 35 kV 母线故障),另一座主变电所应能承担全线一、二级负荷的供电。

(2) 当一台变压器故障退出运行时,35 kV 母联断路器有条件地自动合闸,由另一台主变压器承担本所供电区域的一、二级负荷供电。

(3) 所内控制和监视设备采用电力监控系统提供的监控设备,按有人值守、无人值班设计。

三、主要设备选型

(1) 为便于无人值班管理,主变压器选用自冷油浸式有载调压型,型号为 SZ10-31500/110,电压等级为 110±8×1.25%/35/10.5 kV,U_k%=10.5,带平衡线圈,接线方式为 YN,yn0+d11,配 17 档油浸式有载调压开关。该型变压器的运输尺寸约为 6.0 m(长)×3.0 m(宽)×4.0 m(高),运输重量 60 t,如图 3.4 所示。

第三章 主变电所

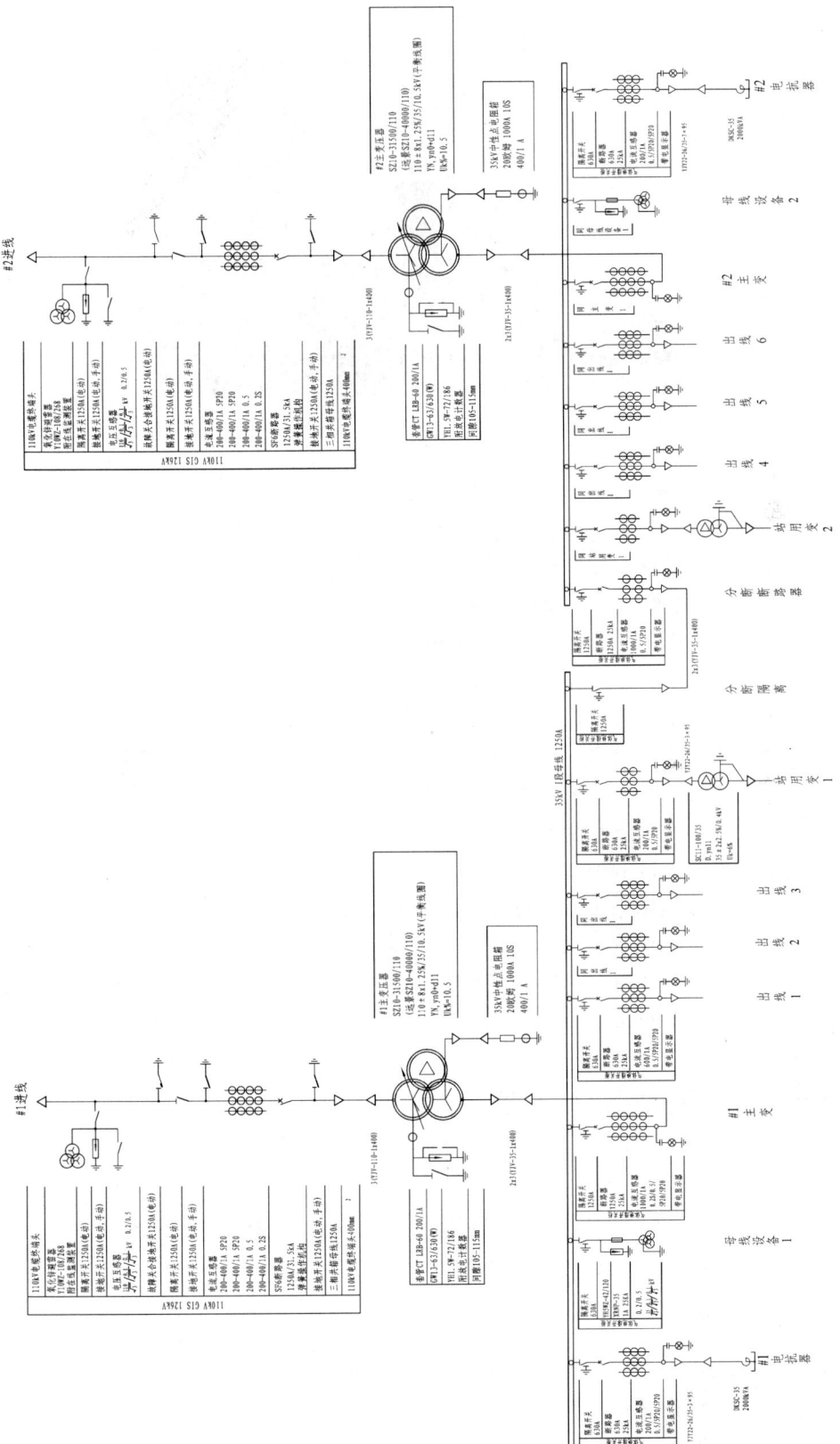

图 3.3 主变电所电气接线图

图 3.4 主变压器

（2）110 kV 配电装置采用 GIS 组合电器。

（3）主变中性点单相接地刀闸选用 GW13-72.5（W）型，配 CJ11 电动机构。

（4）主变中性点氧化锌避雷器选用 YH1.5W-72/186 型。

（5）35 kV 配电装置采用气体绝缘式高压开关柜。

（6）接地电阻选用 20 Ω，额定电流 1 000 A，选用成套柜式。

（7）所用变选用干式变压器，带 IP20 外壳，容量为 100 kV·A。

（8）110 kV 为电缆进线，与主变连接采用单芯 400 mm² 电缆。

（9）35 kV 配电装置采用气体绝缘高压开关柜，室内双列布置，全电缆出线，层高为 5.0 m。主变 35 kV 侧采用双拼单芯 400 mm² 电缆连接。

（10）35 kV 并联电抗器采用环氧浇注干式铁芯并联电抗器。与 35 kV 开关柜之间采用电缆连接，电缆截面：铜芯 3×95 mm²。

（11）35 kV 接地电阻采用成套柜式，布置在接地变室。与 35 kV 开关柜之间采用电缆连接，电缆截面：铜芯 3×95 mm²。

（12）35 kV 所用变采用干式配电变压器，带 IP20 外壳，与 35 kV 开关柜之间采用电缆连接，电缆截面：铜芯 3×95 mm²。

四、防雷、过电压保护与接地

1. 直击雷保护

全所配电装置为全户内布置，采用屋顶避雷带防直击雷，屋顶避雷带采用 40×4 镀锌扁钢，并用 60×8 镀锌扁钢引下与主接地网可靠连接。

2. 过电压保护

为防止线路侵入的雷电波过电压，在 110 kV 进线及 35 kV 每段母线上分别安装避雷器。主变压器 35 kV 侧引出线不考虑装设避雷器。为保护主变压器中性点绝缘，在主变 110 kV 中性点装设一台避雷器及放电间隙（间隙 105～115 mm）。

3. 接地

（1）全所接地方式以水平接地体为主，辅以垂直接地极，水平接地网采用 60×6 镀锌扁钢，垂直接地体采用 60×8 镀锌扁钢，垂直接地极采用 <50×5 角钢（L=2.5 m）。布置尽量利用配电楼以外的空地，深埋接地极。全所主接地网的接地电阻应不大于 0.5 m。

（2）变电所的大门处设置与主接地网相连接的均压带。

（3）考虑到微机保护、微机监控系统对接地要求较高，二次设备室接地采用铜排。由于 35 kV 保护分散在开关柜上，因此 35 kV 开关柜内接地采用铜排。110 kV GIS 接地采用 50×5 铜排。

综合练习

一、判断题

1. 目前，国内城市轨道交通主变电所均设置 3 台主变压器，互为备用。（　　）
2. 正常情况下，国内城市轨道交通主变电所的 2 台变压器并列运行，各负担约 50%的用电负荷。（　　）
3. 所谓 N-2 运行方式，是指供电系统中有两个任意元件发生故障后的运行方式。（　　）
4. 我国大多城市的城市轨道交通采用 110/35 kV 三线圈变压器。（　　）
5. 小容量变压器一般采用强迫油循环风冷却，大容量变压器一般采用自然冷却。（　　）

二、填空题

1. 高压侧主接线主要有＿＿＿＿＿＿、＿＿＿＿＿＿、＿＿＿＿＿＿三种接线形式。
2. 中压侧一般采用＿＿＿＿＿＿形式。
3. 城市轨道交通主变电所的用电负荷沿城市轨道交通线路走向呈＿＿＿＿＿＿分布。
4. 若某地铁线路设两座主变电所，则首选位置考虑在线路长度的＿＿＿＿＿＿及 3/4 处。
5. 城市轨道交通主变电所多数采用＿＿＿＿式、＿＿＿＿式或地下式。
6. 中性点接地方式可以分成：中性点＿＿＿＿＿＿接地或经＿＿＿＿＿＿接地和中性点＿＿＿＿＿＿接地等形式。
7. 中性点非直接接地可以分成：中性点＿＿＿＿＿＿，中性点经＿＿＿＿＿＿接地或经＿＿＿＿＿＿接地。

三、简答题

1. 简述主变电所选址的主要原则？
2. 分别简述线路-变压器组接线与内桥形接线的适用范围。
3. 单母线分段接线有何优点。

第四章　中压网络

【教学目标】

通过本章的学习，主要了解与掌握以下知识：
1. 了解国内中压网络现状。
2. 理解不同电压等级中压网络的供电能力与特点。
3. 掌握中压网络构成的几种不同形式。
4. 熟悉城轨供电系统的运行方式。
5. 了解环网电缆的选择与敷设要求。

主要具备以下能力：
1. 会识别中压网络图。
2. 会分析中压网络的运行方式。

【知识结构】

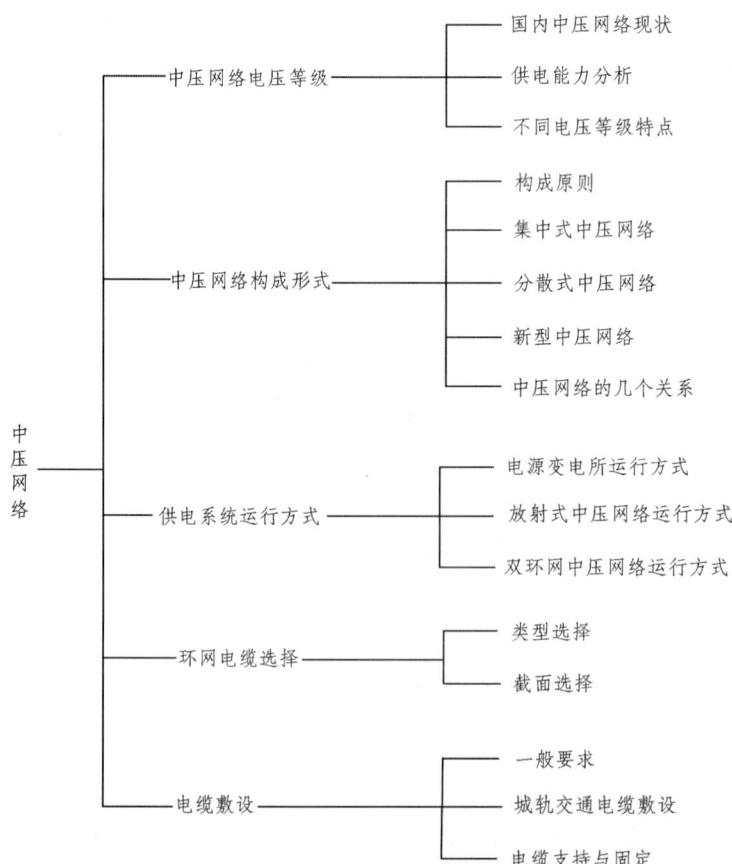

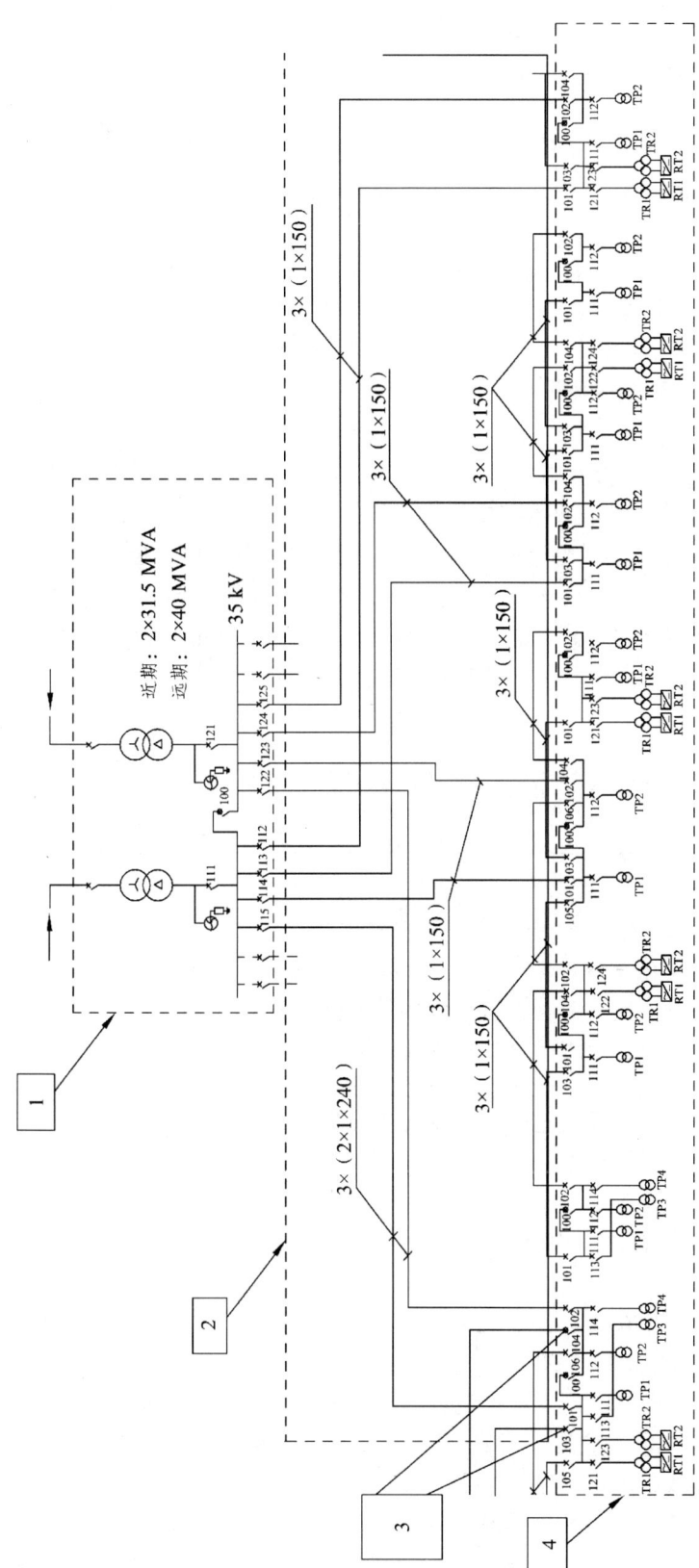

图 4.1 城郊供电系统中压网络连接示意图

1—110 kV 主变电所；2—中压网络；3—主变电所间联络开关；4—牵引降压混合变电所/降压变电所

通过中压电缆，纵向把上级主变电所和下级牵引变电所、降压变电所连接起来，横向把全线的各个牵引变电所、降压变电所连接起来，便形成了中压网络，如图 4.1 所示。其功能类似于电力系统中的输电线路。

中压网络不是城轨供电系统中独立的子系统，但它是城轨供电系统的关键内容，涉及外部电源方案、主变电所的位置及数量、牵引变电所及降压变电所的数量、牵引变电所与降压变电所的主接线等。

目前，国内城市轨道交通工程经常采用的形式有牵引动力照明混合网络与牵引动力照明独立网络。牵引动力照明混合网络采用同一电压等级，供电系统的整体性比较好。牵引动力照明独立网络既可采用不同的电压等级，也可以采用同一个电压等级，牵引网络与动力照明网络相对独立，彼此相互影响较小。

对于集中式供电系统，牵引网络和动力照明网络可以采用相对独立的形式，即牵引动力照明独立网络，也可以共用混合网络。对于分散式供电系统，则采用牵引动力照明混合网络。

【牵引网络】 为牵引变电所供电的中压网络称为牵引供电网络（简称牵引网络）。

【动力照明网络】 为降压变电所供电的中压网络称为动力照明供电网络（简称动力照明网络）。

【牵引动力照明混合网络】 通过公用电源电缆同时向牵引变电所和降压变电所提供中压电能的网络称为牵引动力照明混合供电网络（简称牵引动力照明网络）。

第一节　中压网络的电压等级

> **本节导读**
>
> 中压网络通常选用的电压等级有 35 kV、33 kV、20 kV 和 10 kV 等几种。电压等级不同，系统的输电容量、供电距离、设备体积与工程造价等有较大差别，同时选用哪种电压等级还与城市电网的衔接以及电气设备的配套等都有着紧密的联系。

电压等级是中压网络两大属性之一。下面结合我国现行中压配电标准电压等级来介绍城市轨道交通中压网络电压等级的选用。

一、国内城市轨道交通中压网络现状

我国现行中压配电标准电压等级有：35 kV、20 kV、10 kV、6 kV 和 3 kV。目前，国内既有城市轨道交通的中压网络电压等级采用了 35 kV、33 kV 和 10 kV。具体采用哪种电压等级，要结合外部电源、线路走向、运能、站点设置、设备供应情况等诸多因素，进行技术经济比较，选择适合工程实际的电压等级。上海、广州部分地铁线路由于历史条件限制成套引进国外设备，因此采用了 33 kV 电压等级，南京、深圳等城市采用了 35 kV 电压等级，北京、长春、大连等城市则采用了 10 kV 电压等级。

目前，国内城市轨道交通普遍采用牵引动力照明混合网络，电压为 10 kV 或 35 kV。如北京地铁（10 kV）、长春轨道交通 3 号线（10 kV）、武汉地铁 2 号线（35 kV）、深圳地铁 5 号线（35 kV）、重庆地铁 1 号线（35 kV）、上海地铁 13 号线（35 kV）等。随着城乡电力消费的增长，发展城乡 20 kV 配电网已提上议事日程。20 kV 是目前公认的具有发展前景的优选电压级。

对于集中式供电系统，与其他公用用户相比，它相对独立并自成系统。无论从施工建设，还是运营管理、养护维修等均相对独立。因此城市轨道交通中压网络的电压等级不一定与外部城市电网电压等级相一致。在上海地铁、广州地铁，已采用了国外的 33 kV 设备，而我国电压等级是 35 kV，并非 33 kV。另外，南京地铁、深圳地铁采用的 35 kV，也是这两座城市电网所要取消的电压等级。因此，在城市轨道交通中压网络电压等级与外部城市电网电压等级的关系上，是采用 35 kV 还是采用 33 kV、20 kV 或者 10 kV，要在综合分析线路走向、站点设置、外部电源条件、设备供应情况等诸多因素的前提下，进行技术经济比较。

二、不同电压等级供电能力分析

1. 电压等级与功率输送能力及电压损失的关系

线路输送功率计算公式如下：

$$P = \sqrt{3}UI\cos\varphi \tag{4.1}$$

式中　　P——线路输送功率，kW；
　　　　U——系统标称电压，kV；
　　　　I——线路计算电流，A；
　　　　$\cos\varphi$——负荷功率因数。

线路电压损失计算公式如下：

$$\Delta u\% = \frac{1}{10U^2}(R' + X'\tan\varphi)Pl \tag{4.2}$$

式中　　$\Delta u\%$——线路电压损失百分数，%；
　　　　R'——三相线路单位长度的电阻，Ω/km；
　　　　X'——三相线路单位长度的感抗，Ω/km；
　　　　P——有功负荷，kW；
　　　　$\tan\varphi$——功率因数角相对应的正切值；
　　　　l——线路长度，km。

假设对于同一条三相平衡负荷线路，电压损失、负荷有功功率、负荷无功功率、导线规格不变，在忽略由于电压等级变化带来的导线阻抗变化的条件下，35 kV、20 kV、10 kV 供电线路的供电长度之比为 12.25∶4∶1。电压等级越高，则供电长度越长。

计算电流不变，电压等级越高，则线路的功率输送能力越强，即线路能够输送功率量越大，具体而言，35 kV、20 kV、10 kV 供电线路的功率输送能力（输送功率量）之比为 3.5∶2∶1。

如导线长度、输送功率、导线规格不变，在忽略由于电压等级变化带来的导线阻抗变化的条件下，35 kV、20 kV、10 kV 供电线路的电压损失之比约为 1∶4∶12.25。

由此可见，就供电能力来讲，中压系统的供电能力（主要指功率输送能力和电压损失）与电压等级密切相关，而且在其他条件不变的情况下，供电线路的功率输送能力与电压成正比，电压损失与电压的平方成反比。

2. 电压等级与功率损耗的关系

线路功率损耗计算公式如下：

有功功率损耗

$$\Delta P_l = 3I^2 R \times 10^{-3} \quad （4.3）$$

无功功率损耗

$$\Delta Q_l = 3I^2 X \times 10^{-3} \quad （4.4）$$

计算负荷与计算电流的关系

$$P = \sqrt{3} UI \cos\varphi \quad （4.5）$$

以上三式中符号含义见式（4.1）、（4.2）有关部分。

根据上述三个公式表明，在负荷大小、功率因数、线路参数不变的情况下，电压等级越高计算电流越小，功率损失越小。

综上所述，对于城市轨道交通供电系统来说，在考虑可实施性的前提下电压越高，系统的功率输送能力越强，供电距离越远，功率损失越小。

当然，电压等级的选择要从工程的技术经济角度进行综合考虑，不仅仅要考虑系统的供电能力，还要考虑工程造价以及长期运营的经济性。

三、不同电压等级的中压网络的特点

（1）35 kV 中压网络，国家标准电压级。输电容量较大，距离较长；设备来源国内；设备体积大，占用变电所面积较大，不利于减小车站体量；设备价格适中；广州地铁、上海地铁等已经普遍采用。

（2）33 kV 中压网络，国际标准电压级。输电容量较大，距离较长，基本与 35 kV 一致；设备来源国外，不利于国产化；国外开关设备体积较小，价格较高，广州、上海地铁部分先期建设线路有所采用；国外 C-GIS 产品有环网单元。

（3）20 kV 中压网络，国际标准电压级。输电容量及距离适中，比 10kV 系统大。设备完全实现国产化；引进国外技术的开关设备，体积较小，占用变电所面积远小于国产 35kV 设备，有利于减小车站体量，节省土建投资；价格适中；有环网单元，能构成接线与保护简单、操作灵活的环网系统；国内城市轨道交通尚没有采用，但国外城市轨道交通普遍采用。

（4）10 kV 中压网络，国家标准电压级。输电容量较小、距离较短；设备来源国内；设备体积适中；设备价格较低；环网开关技术成熟、运营经验丰富，可用其构成保护简单、操作灵活的环网系统；国内外城市轨道交通广为采用。

不同电压等级中压网络的综合比较，见表 4.1。

表 4.1　不同电压等级中压网络的综合比较

序号	项目	35 kV	33 kV	20 kV	10 kV
1	适用标准	国家标准	国际标准	国家、国际标准	国家、国际标准
2	对外部电压等级要求	城市电网可以没有 35 kV	城市电网可以没有 33 kV	城市电网可以没有 20 kV	一般城市电网均已有 10 kV
3	设备国产化	国内	国外	国内	国内
4	环网柜情况	无环网柜	有环网柜	有环网柜	有环网柜
5	设备尺寸及占用变电所面积	较大，不利于减小车站体量	较小，利于减小车站体量	较小，利于减小车站体量，节省土建投资	较小，利于减小车站体量
6	设备价格	适中	最高	适中，比 35 kV 低	最低
7	输电容量	较大	较大	适中，比 10 kV 大	较小
8	输电距离	较长	较长	适中，比 10 kV 长	较短
9	城市轨道交通应用	国内有采用	国内外有采用	国外有采用	国内外有采用

第二节　中压网络的构成形式

本节导读

中压网络有多种构成形式。对于集中式供电系统，主要分为独立牵引网络+独立动力照明网络和牵引动力照明混合网络两大类型，每种类型又有不同接线形式；对于分散式供电系统，主要采用牵引动力照明混合网络，基本接线方式有 A 型、B 型、C 型。每种形式都各有特点，也都各有应用。中压网络的构成形式与城轨供电系统安全准则、运行方式、继电保护以及电力调度等均有关系。

城市电网中压网络常用典型接线有：单电源辐射网、电缆单环网、电缆双环网等。但在城轨供电系统中，单电源辐射网较少采用。基于消防等系统电源特殊需要，采用电缆单环网不适合于动力照明网络，目前国内城市轨道交通也已基本不采用。因此，国内城市轨道交通最为常见的中压网络接线形式是电缆双环网。

中压网络的重要指标是供电可靠性。供电可靠性是指供电系统设备对用户连续供电的能力。具体要求如下：

（1）中压网络负荷转移能力必须满足 $N\text{-}1$ 安全准则。

（2）主变电所（电源开闭所）失去任何一回进线或一台主变压器而降低供电能力时，中压网络应具有转移一、二级负荷的能力。

（3）主变电所（电源开闭所）的中压一段母线因故退出时，中压网络应具有转移其一、二级负荷的能力。

一、中压网络的构成原则

中压网络的构成形式涉及很多方面，在电压等级确定的前提下，应遵循以下原则：
（1）满足安全可靠的供电要求。
（2）每一个变电所均应有两个独立电源。
（3）满足潮流计算要求，即设备容量及电压降满足要求。
（4）满足负荷分配平衡的要求。
（5）供电分区应就近引入电源，尽量避免反送电。
（6）具有良好的经济指标。
（7）满足继电保护的要求。
（8）系统接线方式尽量简单。
（9）全线牵引变电所、降压变电所的主接线尽量一致。
（10）满足运行管理、倒闸操作的要求。
（11）满足设备选型要求。

二、集中式供电系统的中压网络

1. 独立牵引网络+独立动力照明网络

1）牵引网络的接线方式

当中压网络为两个独立网络时，牵引网络的常用接线方式有 A、B、C、D 四种类型，如图 4.2 所示。

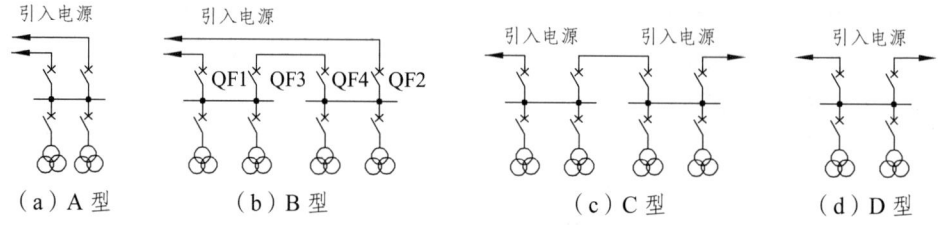

图 4.2　独立的牵引网络

A 型：牵引变电所主接线为单母线，牵引变电所的两个独立电源来自于同一个主变电所的不同母线，牵引变电所的进线与出线均采用断路器。该类型接线适用于线路始末端及紧邻主变电所的牵引变电所。

B 型：两个牵引变电所为一组，牵引变电所主接线均为单母线。这一组牵引变电所的两个独立电源来自于同一个主变电所的不同母线，每个牵引变电所均从主变电所接入一路主电源，两个牵引变电所通过联络电缆实现电源互为备用。牵引变电所的进线与出线均采用断路器。该类型接线适用于位于线路始末端的牵引变电所。

C 型：两个牵引变电所为一组，牵引变电所主接线均为单母线。这一组牵引变电所的两个独立电源来自于不同的主变电所，左侧牵引变电所从左侧主变电所接入一路主电源，右侧牵引变电所从右侧主变电所接入一路主电源，两个牵引变电所通过联络电缆实现电源互为备用。牵引变电所的进线与出线均采用断路器。该类型接线适用于位于两个主变电所之间的牵引变电所。

D 型：牵引变电所主接线为单母线。牵引变电所的两个独立电源来自于左右两侧不同的主变电所，牵引变电所的进线与出线均采用断路器。该类型接线适用于位于两个主变电所之间的牵引变电所。

B、C 型接线方式备用电源投入方式比较复杂。现以 B 型接线为例进行分析。

QF1、QF2 分别为两个牵引变电所主电源，QF3、QF4 分别为两个牵引变电所备用电源。为避免变电所合环运行，QF1、QF2、QF3、QF4 开关不得同时处于合闸状态。假设 QF1、QF2、QF3 同时处于合闸状态，当 QF1 因进线电源失压跳闸后，QF4 开关合闸，以保障该牵引变电所正常运行，故此两个牵引变电所之间需要建立联锁关系。

2）动力照明网络的接线方式

动力照明网络的基本接线方式，如图 4.3 所示。

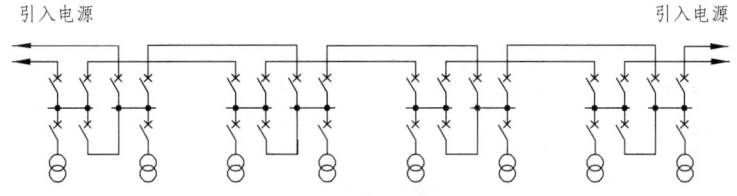

图 4.3　独立的动力照明网络

将全线的降压变电所分成若干个供电分区，每一个供电分区均从主变电所（如 35/10kV 主变压器）就近引入两个独立电源。根据负荷力矩、电压等级及节能的需要，确定每个供电分区内的降压变电所数量。中压网络采用双环网接线方式，两个主变电所各自负责的供电分区间（彼此相邻的两个供电分区）可以通过环网电缆联络，建立电源关系。降压变电所主接线一般采用分段单母线形式，其进线开关采用断路器，该接线方式运行灵活。

2. 牵引动力照明混合网络

当牵引网络与动力照明网络采用同一个电压等级时，就可以采用牵引动力照明混合网络。其基本接线方式，如图 4.4 所示。

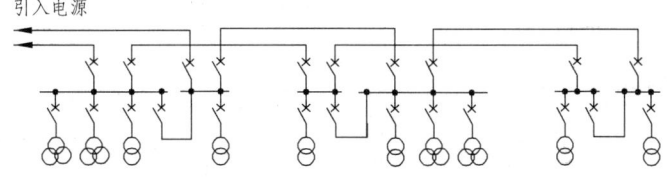

图 4.4　牵引动力照明混合网络

将全线的牵引变电所及降压变电所分成若干个供电分区，根据负荷力矩、电压等级及节能需要，确定每个供电分区内的牵引变电所和降压变电所的数量。每一个供电分区均从主变电所的不同母线就近引入两个中压电源，中压网络采用双线双环网接线方式。

牵引降压混合变电所、牵引变电所的主接线采用分段单母线加母线分段开关形式；降压变电所的主接线可采用分段单母线加母线分段开关形式，也可以取消母线分段开关，对于同一城市轨道交通线路的降压变电所，其主接线应尽量一致。

同一个主变电所供电范围内的供电分区间可以不设联络电缆（尤其是当这些供电分区分

别只有一个牵引变电所时)。

牵引动力照明混合网络接线方式运行灵活。一般情况下，35 kV 牵引动力照明混合网络因其输电容量大、距离长，一般应用于地下和运能大的线路；10 kV 牵引动力照明混合网络因其输电容量小、距离短，一般适用于地面线路。

三、分散式供电系统的中压网络

对分散式供电系统，中压网络采用牵引动力照明混合网络，这些基本接线方式可以分成 A 型、B 型、C 型三种类型，分别如图 4.5、图 4.6、图 4.7 所示。

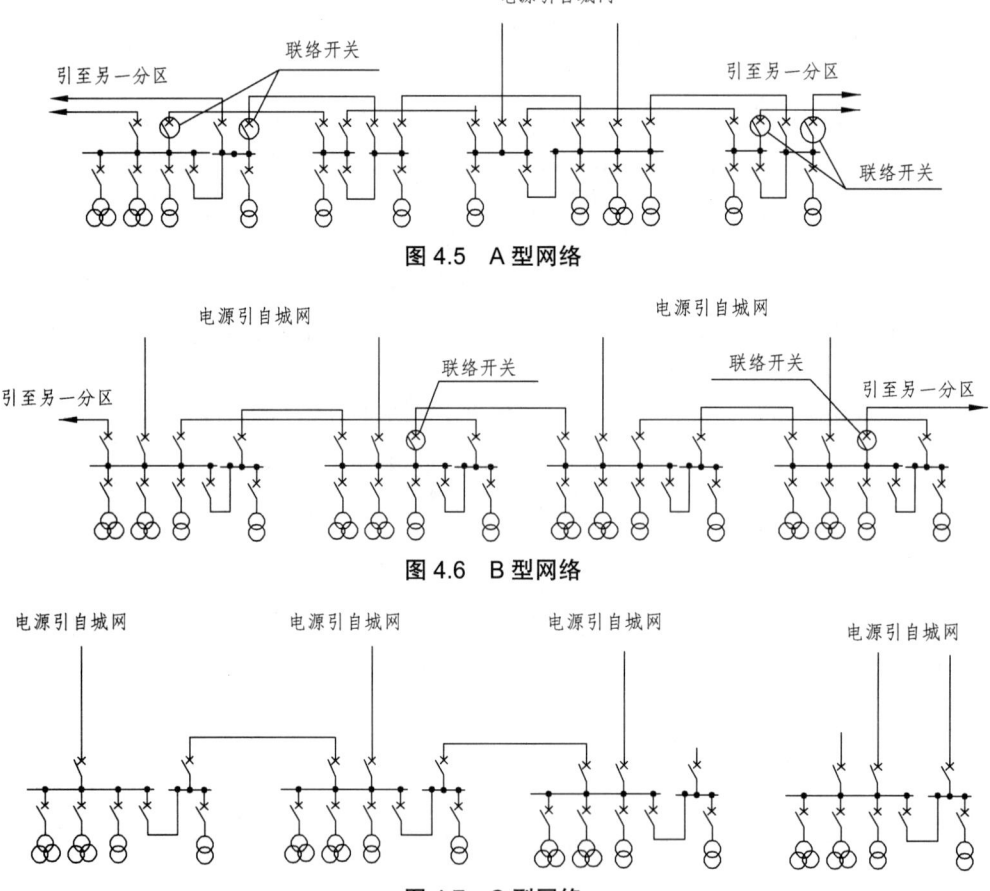

图 4.5　A 型网络

图 4.6　B 型网络

图 4.7　C 型网络

A 型：全线的牵引变电所、降压变电所被分成若干个供电分区，中压网络采用双环网接线方式，两个相邻供电分区间通过两路环网电缆联络。每一个供电分区均从城市电网就近引入两个独立电源，牵引变电所、降压变电所的主接线，均采用分段单母线加母线分段开关形式。牵引变电所、降压变电所的环网进线开关均采用断路器。

该接线方式运行灵活。同一个供电分区的外部电源可以来自不同地区的城市电网变电所，也可以来自同一地区城市电网变电所的不同母线。该方式要求城市电网有比较多的中压电源点，且不存在供电能力不足问题。

B 型：全线的牵引降压混合变电所（或牵引变电所），每两个分成一组。每一组均从城市电网引入两个独立电源，分别作为两个牵引降压混合变电所的主电源，同时同一组的两个牵引降压混合变电所间设双路联络电缆，实现电源互为备用。相邻两组牵引降压混合变电所之间设单路联络电缆，增加系统的供电可靠性。

牵引降压混合变电所、牵引变电所的主接线均采用分段单母线加母线分段开关形式。没有牵引变电所的地面车站，其降压变电所可按跟随式降压变电所考虑。没有牵引变电所的地下车站，其降压变电所的中压电源可以由相邻两组间的单路联络电缆提供，该降压变电所应采用分段单母线主接线。

该接线方式比较简洁。该方式对城市电网中压电源点的数量要求不多，但要求每组从城市电网引来的两个独立电源应来自不同地区的城市电网变电所，以增加供电的可靠性。该接线方式适合于地面线路。

C 型：全线的牵引降压混合变电所（或牵引变电所）均从城市电网引入一个独立电源，最后一个牵引降压混合变电所从城市电网直接引入两个中压电源，这路电源既是本变电所的主电源，又是前一个变电所的备用电源。当前面变电所的主电源直接来自城市电网，备用电源则来自于下一个变电所，依此满足所有变电所均有两个独立的进线电源。

牵引降压混合变电所、牵引变电所的主接线均采用分段单母线加母线分段开关形式。没有牵引变电所的车站，其降压变电所可按跟随式降压变电所考虑。

该接线方式最为简洁。N 个变电所需要 $N+1$ 路 10 kV 电源，相邻变电所间只有一路联络电源。该方式对城市电网中压电源点的数量要求不多，但要求这些城市电网引来的中压电源应来自不同地区的城市电网变电所，以增加供电的可靠性。该接线方式适合于运输能力较小的地面线路。

四、新型的中压网络

1. 既有中压网络形式比较

既有中压网络形式见表 4.2。

表 4.2　既有中压网络形式

中压网络形式	集中式供电方案			分散式供电方案
	牵引动力照明网络相互独立	牵引动力照明混合网络		牵引动力照明混合网络
牵引网络电压等级/kV	35（33，20）	35（33）	10	10
动力照明网络电压等级/kV	10（20）	35（33）	10	10
应用实例	上海地铁 1、2、3、4 号线等	南京地铁 1、2 号线，深圳地铁 1、4 号线，上海地铁 5、6、8、9 号线，广州地铁 1、2、3、4 号线等	武汉地铁 1 号线，重庆轨道交通新线，天津地铁 1 号线等	北京地铁 1、2 号线、八通线、13 号线，大连快轨、长春轻轨等

注：表中括号内"20"表示国外采用 20 kV 牵引网络+20 kV 动力照明网络的情况，如伊朗德黑兰地铁等。"33"表示以下两种情况：33 kV 牵引网络+10 kV 动力照明网络，如上海地铁 1 号线及 2 号线；33 kV 牵引动力照明混合网络，如广州地铁 1 号线等。

1）独立牵引网络+独立动力照明网络接线形式

由于城市轨道交通线路用电负荷呈线状分布，确定中压网络形式时，电压等级的选取是很重要的因素。如 10 kV 电压的负荷力矩要比 20 kV、35 kV 的小，在集中式供电系统中，10 kV 电压的供电距离受到限制，所以，将牵引供电系统和动力照明供电系统设置为两个独立的中压网络，减轻了 10 kV 中压网络的负荷力矩。

使用 35 kV、10 kV 两种电压等级，输变压的环节较多，配电线路变得复杂，变压器及配电线路损耗增加。

2）牵引动力照明混合网络接线形式

集中式供电系统中，混合网络电压等级采用 35 kV，利用了该等级供电距离长、负荷力矩大的优势，但存在造价较高的不足。混合网络电压等级采用 10 kV，设备造价较低，但负荷力矩较小，供电距离较短，主变电所之间的供电距离不宜过长或需增加 10 kV 供电分区数量。

分散式供电系统中，混合网络电压等级采用了 10 kV，利用了与城市电网电力资源共享的优势。该中压网络形式要求引入较多数量的城市电网中压电源。

3）变电所主接线形式

一般情况下，变电所主接线大都采用了分段单母线加母线分段开关形式，进线开关和母线分段开关采用断路器。

2．新型的中压网络

针对既有中压网络形式存在的种种不足，这里介绍一种新型的中压网络，即 20kV 牵引动力照明网络，如图 4.8 所示。

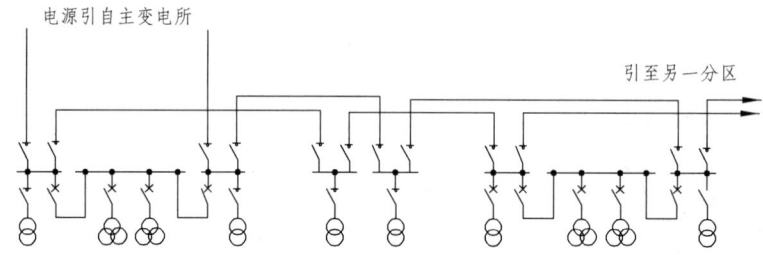

图 4.8　20 kV 牵引动力照明混合网络

全线的牵引降压混合变电所及降压变电所被分成若干个供电分区，每个供电分区车站数量根据潮流分布计算结果确定。每一个供电分区均从主变电所的不同母线就近引入两个 20 kV 电源。

牵引降压混合变电所、牵引变电所的主接线均采用分段单母线形式，即设有两段环网电源母线及一段牵引电源母线，牵引母线与两段环网电源母线间设有联络断路器，任何时候只允许一个联络断路器处于合闸位置，另一进线断路器（作为备用）投入的条件是"失压自投、过流闭锁"。两套牵引整流机组均接入牵引母线，牵引降压混合变电所的两台配电变压器则分别接入两段环网电源母线。降压变电所主接线采用分段单母线形式，配电变压器可以采用负荷开关-熔断器组合电器保护。

中压网络采用双环网接线方式。牵引降压混合变电所、牵引变电所、降压变电所的环网进线开关均采用负荷开关，需要注意负荷开关的短路耐受电流值与系统配合。两个主变电所之间的供电分区间通过双环网电缆联络,其他供电分区间可以不设联络电缆。

该接线方式特点:传统的 10 kV 动力照明网络、10 kV 牵引动力照明混合网络、35(33) kV 牵引动力照明混合网络,尽管也采用了环网接线方式,但除了 10 kV 牵引动力照明混合网络中的降压变电所可采取了负荷开关外,基本上是以断路器作为环网进线开关。20 kV 牵引动力照明混合网络,其最大构成特点是利用 20 kV 负荷开关作为环网进线开关,同时设置了两段环网电源母线,主接线简洁,投资省,充分利用 20 kV 电压级设备的特点。

该接线方式优点:当中压网络中的一个环网电缆故障时,主变电所中相应的 20 kV 馈出断路器将跳闸,相关牵引母线的联络断路器也将失压跳闸,随之备用联络断路器将自动投入,保证对牵引整流机组的不间断供电。

五、中压网络的几个关系

中压网络构成形式的确定涉及城轨供电系统安全准则、供电系统运行方式、继电保护以及电力调度等方面,这主要体现在应处理好以下几个关系:

1. 中压网络与主变电所运行方式的关系

中压网络构成及其运行方式依托于主变电所(电源开闭所)之间的电源关系,即供电系统的正常运行方式和故障运行方式。两个主变电所之间的电源关系有如下两种形式:

(1)两个主变电所之间相邻的供电分区间通过环网电缆联络,建立彼此电源关系。属于常用的一种方式。

(2)两个主变电所中压母线间设联络电源,两个主变电所之间的供电分区间不必再设联络电缆。该方式需要单独设置中压电缆,造价高,一般不采用。

2. 中压网络与供电分区的关系

根据负荷用电量、线路长度以及中压电缆电压损失允许值,确定中压电缆的规格和实际长度,由此初步确定供电分区内变电所数量。根据线路能耗与中压电缆、中压开关设备造价综合比较,最后确定供电分区内变电所合理数量。供电分区内变电所的数量主要取决于线路的负荷力矩、经济指标。

相邻供电分区之间是否设联络电源,取决于上面所讲到的主变电所运行方式。

3. 中压网络与线路继电保护的关系

中压网络与线路继电保护的关系主要体现在变电所进线与联络馈线开关形式、中压网络运行方式。

变电所进线与联络馈线开关采用隔离开关或负荷开关时,由于隔离开关不具备继电保护功能,中压网络电源电缆故障由主变电所或电源开闭所馈出开关切除,故障范围容易扩大。

变电所进线与联络馈线开关均采用断路器,由于断路器具备继电保护功能,中压网络电源电缆故障由故障电缆两端的开关切除,容易控制故障范围。

需要说明的是,供电分区内变电所的数量与线路继电保护内容及实现手段没有直接联系,线路继电保护仅是保证城轨供电系统安全可靠运行的一种辅助手段。继电保护的内容及实现手段，国家相关规范、规程另有规定。

4. 中压网络与电力调度的关系

变电所进线与联络馈线开关均采用隔离开关，隔离开关不能带负荷操作。此接线形式简单实用，经济合理。对于电力管理和调度来讲，只能实现遥信、遥测功能，不能遥控。

变电所进线与联络馈线开关均采用负荷开关，负荷开关可带负荷操作。此接线形式经济且较为合理，简单实用，能实现遥信、遥测和遥控。

变电所进线与联络馈线开关均采用断路器，断路器具备继电保护及带负荷操作功能。此接线方式可靠性高，经济性欠佳，可以实现遥控、遥信和遥测功能。

第三节　供电系统运行方式

本节导读

城轨供电系统采用什么样的运行方式，与用电负荷对系统的可靠性要求有关。本节从正常运行、故障运行和退出运行等方面分别介绍了电源变电所（指主变电所和开闭所）运行方式、放射式中压网络运行方式和双环网中压网络运行方式。

供电系统的运行方式是由城市轨道交通用电负荷等级所决定的。除非在得到当地电力部门允许的情况下，变电所可以短时间内合环运行，即短时间内两个进线开关和母线分段开关同时处于合闸状态，否则变电所两个进线电源必须分列运行。

牵引用电负荷为一级负荷，动力照明用电负荷分为一级负荷、二级负荷及三级负荷。一级负荷应由双电源双回线路供电，当一个电源发生故障时，另一个电源不应同时受到损坏。对互为备用线路，一路退出运行，另一路应承担其一、二级负荷的供电，且技术指标不降低，如电源电缆的电压损失、谐波含量等控制在允许的范围内。

城轨供电系统要满足列车与动力照明用电设备对电源的不同要求，满足灾害下电源的可靠性，使城轨的所有设备都能发挥各自的功能和作用，保证安全运营。

一、电源变电所运行方式

电源变电所运行方式，是指集中式供电系统中主变电所运行方式及分散式供电系统中电源开闭所运行方式。

（一）主变电所运行方式

主变电所有三种主要运行方式：正常运行方式，单故障运行方式和主变电所退出运行方式。两个主变电所之间的供电分区间设置环网电缆联络，如图4.9所示。

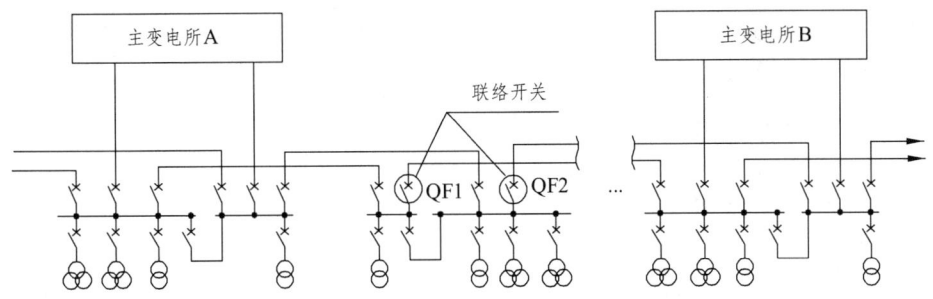

图 4.9 供电分区间联络电源示意图

1. 正常运行方式

在正常情况下，每座主变电所各自承担所辖范围内所有变电所的负荷，除中压母线分段开关、应急联络开关为分断状态外，其余进、出线开关均在闭合状态。

2. 单故障运行方式

主变电所的单故障类型有以下三种：主变电所一个进线电源失电；单台主变压器退出；主变电所一段中压母线故障。

1）主变电所一个进线电源失电

当主变电所一个进线电源失电后，内桥或外桥断路器合闸，由另一个进线电源向分挂在两段母线上的两台主变压器供电，承担本主变电所范围内的全部一、二级负荷。

如主变电所采用线路-变压器组接线形式，当主变电所一个进线电源失电后，由另一个进线电源的主变压器承担本主变电所范围内的全部一、二级负荷。

2）单台主变压器退出

当单台主变压器退出后，中压母线分段开关合闸，由另一台主变压器承担本主变电所范围内的全部一、二级用电负荷。

3）主变电所一段中压母线故障

当一段中压母线故障时，该段母线上的进线开关跳闸，同时该段母线上馈线所接的第一级变电所进线开关也应失压跳闸；主变电所的另一段中压母线继续供电。

3. 主变电所退出运行方式

当一座主变电所退出后，首先应将该主变电所所有馈出开关分闸，将该主变电所和中压网络电气隔离，使该主变电所处于无电状态；解除图4.9中的QF1、QF2应急联络开关的闭锁关系并合闸，此时，通过两个主变电所之间的供电分区间的联络电缆，由相邻主变电所向该主变电所的供电分区供电，承担该主变电所所辖范围内一定的用电负荷。

（二）电源开闭所的运行方式

1. 正常运行方式

在正常情况下，每座电源开闭所各自承担所辖范围内所有变电所的负荷，除中压母线分段开关为分断状态外，其余进、出线开关均在闭合状态。相邻电源开闭所之间的供电分区间通过环网电缆联络，供电分区间应急联络开关处于分闸位，并与所在中压母线的进线开关、母线联络开关有闭锁关系。

2. 单故障运行方式

当电源开闭所一路进线电源失电后，启动备用电源自投装置，母线分段开关合闸，由另一路进线电源承担本电源开闭所范围内的全部一、二级用电负荷。

3. 电源开闭所退出运行方式

当电源开闭所退出（两段中压母线无故障）后，首先应将该电源开闭所进线开关和母线分段开关全部分闸，防止向城市电网反送电；解除应急联络开关的闭锁关系并合闸，此时，通过相邻电源开闭所之间的供电分区间的联络电缆，由相邻电源开闭所向该电源开闭所供电，承担该电源开闭所所辖范围内一定的用电负荷。

此时，根据退出后的电源开闭所所辖范围内的用电负荷大小，需要界定左右相邻电源开闭所的供电范围。为避免合环运行，由控制中心严格管理新供电分界点的维护和操作。

二、放射式中压网络运行方式

放射式中压网络供电，变电所之间没有直接的电气联系，变电所电源可靠性较差，另外投资较高。但当任意一回中压电缆故障时，不影响其他回路供电，且操作灵活方便，易于实现保护和自动化。这种网络结构在中、大运量城轨交通中不采用，在小运量的新交通制式中有类似单回路接线方式。

放射式中压网络不存在中压电缆故障后的负荷转移，可以不考虑线路的备用容量，每回线路可满载运行，即正常最大供电负荷不超过该线路安全载流量。

放射式中压网络有两种形式：单回路放射式和双回路放射式。

（一）单回路放射式

单回路放射式中压网络如图 4.10 所示。

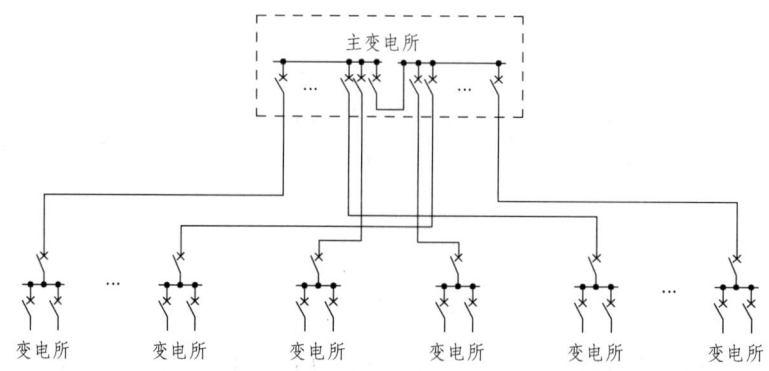

图 4.10　单回路放射式单母线中压网络

1. 正常运行方式

在正常运行情况下，主变电所（电源开闭所）分别馈出一回中压电源为城轨各变电所直接供电，主变电所（电源开闭所）的中压母线分段开关处于分闸状态，变电所进线开关处于合闸。

2. 进线电源退出运行方式

变电所进线电源故障时，主变电所（电源开闭所）相应的馈出开关跳闸，由于该变电所仅有一个进线电源，故此时该变电所退出运行。

3. 变电所母线退出运行方式

当变电所的母线退出时，其进线开关或者主变电所（电源开闭所）相应的馈出开关跳闸，该变电所退出运行。其后果和进线电源退出时运行方式相同。

（二）双回路放射式

1. 单母线接线

双回路放射式单母线中压网络如图 4.11 所示。

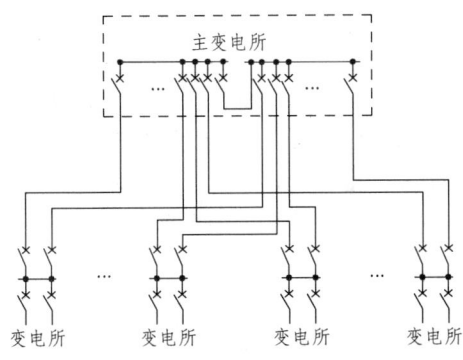

图 4.11 双回路放射式单母线中压网络

1）正常运行方式

在正常运行情况下，主变电所（电源开闭所）分别馈出两回中压电源为城轨各变电所直接供电，此时两个进线电源均接于同一段母线。正常情况下只有一个进线电源投入运行，为变电所提供电源，另一个进线电源备用。

2）一进线电源退出运行方式

当变电所正常工作的一个进线电源退出运行时，另一个备用的电源将投入运行。

3）两个进线电源退出运行方式

变电所的两个进线电源均退出运行时，主变电所（电源开闭所）相应的馈出开关跳闸，该变电所退出运行。

4）变电所中压母线故障运行方式

由于变电所中压侧为单母线接线形式，当中压母线故障时，正常工作的进线开关跳闸，备用进线开关被闭锁,该变电所退出运行。

2. 分段单母线接线

双回路放射式分段单母线中压网络如图 4.12 所示。这种网络结构在靠近主变电所的牵引变电所有所采用。

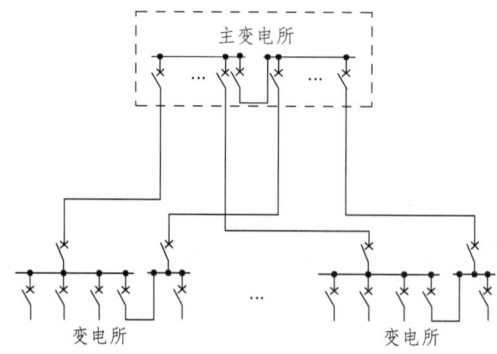

图 4.12 双回路放射式分段单母线中压网络

1)正常运行方式

在正常运行情况下,主变电所(电源开闭所)分别馈出两回中压电源为城轨各变电所直接供电,两个电源分别接于两段不同的母线。正常情况下,母线分段开关处于分闸状态,两个电源正常分列工作,共同承担该变电所范围内的全部负荷。

2)一进线电源退出运行方式

一个进线电源退出运行时,该变电所进线开关跳闸,启动备用电源自投装置,母线分段开关合闸,由另一个进线电源承担该变电所范围内的全部一、二级用电负荷。

3)两进线电源退出运行方式

变电所的两个进线电源均退出运行时,主变电所(电源开闭所)相应的馈出开关跳闸,该变电所退出运行。

4)变电所中压母线故障运行方式

变电所一段中压母线退出时,本段母线上的进线开关跳闸,分段开关被闭锁不合闸,由另一个进线电源承担该变电所范围内动力照明系统的一、二级负荷。若牵引整流机组所挂母线故障,则该牵引整流机组将退出运行。

三、双环网中压网络运行方式

两个供电分区间设联络电源,如图 4.13 所示。目前,这种网络结构在大、中运量城轨中被广泛采用。

1. 正常供电方式

主变电所(电源开闭所)为各变电所提供两个独立电源,两个电源分列运行,主变电所(电源开闭所)母线分段开关、变电所 C 的联络开关及变电所母线分段开关处于断开状态。

2. 一个进线电源退出运行方式

以变电所 I 段母线进线电源退出为例。

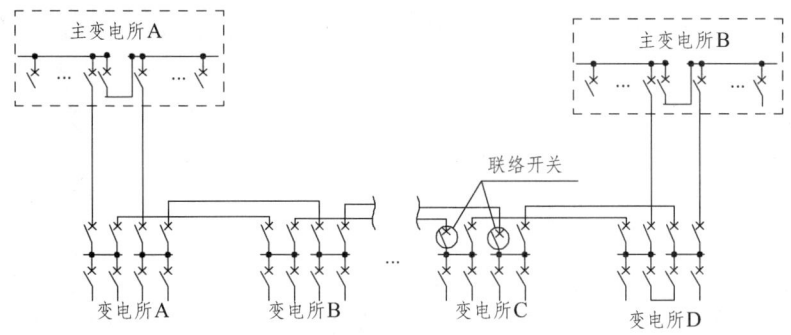

图 4.13 双环网中压网络

Ⅰ段母线进线电源退出运行时，分断该中压电缆两端的两个开关，由Ⅱ段母线进线电源承担本变电所范围内的全部一、二级负荷。受影响的下级环接各变电所有以下两种常用运行方式。

（1）自投延时启动（延时时间比上一级略长），由上级变电所向下级变电所Ⅰ段母线提供进线电源，此时，下级各变电所Ⅰ、Ⅱ段母线均保持分列运行方式。

（2）备用电源自投不启动，母线分段开关不合闸，此时，受影响的下级各变电所Ⅰ段母线均退出运行。

3. 变电所一段中压母线退出运行方式

变电所Ⅰ（Ⅱ）段中压母线退出时，母线分段开关被闭锁不合闸，由另一个进线电源承担本变电所范围内的全部一、二级负荷。如牵引整流机组所接的母线故障，则该牵引整流机组退出运行。

受影响的下级环接各变电所一般采用备用电源自投延时启动（延时时间比上一级略长）、母线分段开关合闸运行方式，此时，下级各变电所Ⅰ（Ⅱ）段母线均保持分列运行。

4. 变电所两段中压母线退出运行方式

变电所两段中压母线退出时，该变电所退出运行。

当该变电所介于两个供电分区之间时，可通过调整两个供电分区的分界点，重新划分用电负荷，恢复受影响的各变电所正常运行方式。如该变电所不属于供电分区末端变电所，且本供电分区无联络电源，将导致其下级环接各变电所退出运行，对线路运营造成严重影响，甚至造成运行中断。

第四节　环网电缆选择

本节导读

城市轨道交通供电系统中，有电力电缆和控制电缆。电力电缆可分为交流电力电缆和直流电缆；交流电力电缆有高压电力电缆、中压电力电缆和低压电力电缆；直流电缆主要指直流牵引电缆。电缆选择直接关系着供电系统的可靠性和经济性，是城轨供电系统的重要内容。本节主要介绍电力电缆的类型选择与截面选择。

电力电缆的选择主要包括电缆类型、电缆截面、电缆附件的选择及配置。其中电缆类型的选择应考虑导体材料、电缆芯数、绝缘水平、绝缘材料及护套等；电缆截面的选择应考虑电缆载流量、电缆经济电流特性、电压损失、热稳定等因素；电缆附件的选择及配置包括电缆终端头及中间头的设置、类型、绝缘特性、机械强度、金属护层和接地方式等。根据城市轨道交通特点，电力电缆选择分为高压电力电缆、中压电力电缆、直流电缆和低压电力电缆选择。

高压电力电缆选择，应满足当地电力部门要求；中压电力电缆选择，应按照城市轨道交通高峰小时负荷电流有效值进行选择，每回进线电源电缆选择应满足供电分区的一、二级负荷的供电要求；直流电力电缆选择，应满足供电分区的远期高峰小时牵引负荷要求；低压电力电缆选择，按照负荷特点进行选择。

一、电力电缆类型选择

1. 导体材料选择

用作电缆的导电材料通常有铜和铝两种。铜的导电率高，20 ℃时的电阻率为 $1.72×10^{-6}$ Ω·cm，铝线芯 20 ℃ 时的电阻率为 $2.86×10^{-6}$ Ω·cm，约为铜线芯的 1.66 倍；载流量相同时，铝线芯截面约为铜线芯的 1.5 倍，铜线芯损耗比较低。铜的机械性能优于铝，抗疲劳、延伸性好，便于加工和安装。但铝比重小，在电阻值相同时，铝线芯的质量仅为铜线的一半。

目前城市轨道交通中均采用铜作为电缆的导电材料。

2. 电缆芯数选择

在城轨供电系统中，35 kV 及以上电力电缆通常采用单芯电缆，如图 4.14（a）所示；10 kV 电力电缆通常采三芯电力电缆，如图 4.14（b）所示；低压电力电缆在 150 mm² 及以下截面采用五芯电力电缆，185 mm² 及以上电力电缆大部分采用单芯电缆；直流电缆采用单芯电缆。电缆芯数选择见表 4.3。

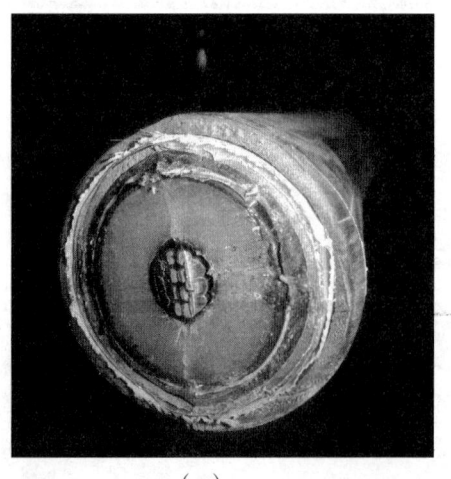

（a）

（b）

图 4.14 单芯和三芯电缆截面图

第四章 中压网络

表 4.3 电缆芯数选择

电压	系统制式	电缆芯数		说明
		3 根单芯	多芯	
35kV 交流	三相	3 根单芯		
10 kV 交流	三相		3 芯	
<1 kV 交流	三相四线制		4 或 5 芯	TN-C 系统的 PEN 线应和相线在同一电缆内，即用 4 芯
	三相三线制		3 或 4 芯	
	单相两线制		3 芯	
750 V 或 1 500 V	直流	单芯		

35 kV 单芯交联聚乙烯电缆结构如图 4.15 所示。

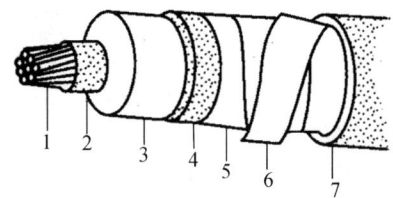

图 4.15 单芯交联聚乙烯电缆结构

1—线芯；2—内半导体层；3—交联聚乙烯绝缘层；4—外半导体层；5—铜屏蔽层；6—金属护层；7—外绝缘护层

3. 电力电缆绝缘水平选择

正确地选择电缆的额定电压值是确保长期安全运行的关键之一。电缆绝缘水平的选择见表 4.4。

电缆缆芯对地（与绝缘屏蔽层或金属护套之间）的额定电压 U_0 应满足所在电力系统中性点接地方式及其运行要求的水平。中性点非有效接地（包括中性点不接地和经消弧线圈接地）系统中的单相接地故障持续时间在 2 h 之内，应选用第 II 类的 U_0。当系统中的单相接地故障能很快切除，在任何情况下故障持续时间不超过 1 min 时，选用第 I 类的 U_0。一般情况下，220/380 V 系统只选用第 I 类的 U_0，10～35 kV 系统可选用第 II 类的 U_0。电缆缆芯之间的额定电压 U 应大于或等于系统标称电压 U_n。电缆设计用缆芯之间的工频最高电压 U_{max} 应按大于或等于系统的最高工作电压选择。

表 4.4 电缆绝缘水平选择

系统标称电压 U_n/kV		0.22/0.38	3	6	10	35
电缆的额定电压 U_0/U	U_0 第 I 类/kV	0.6/1 (0.3/0.5) (0.45/0.75)	1.8/3	3/6	6/10	21/35
	U_0 第 II 类/kV		3/3	6/6	8.7/10	26/35
缆芯之间的工频最高电压 U_{max}/kV			3.6	7.2	12	42
缆芯对地的雷电冲击耐受电压的峰值 U_{p1}/kV			60 75	75 95	200	250

二、电力电缆截面选择

1. 按照载流量选择

电力电缆的选择应满足系统载流量的要求以及在系统潮流分布下的最大运行方式计算容量的载流要求,并按远期高峰小时牵引负荷有效值进行电缆截面选择。电缆载流量易受材质、敷设处环境温度、敷设方式、土壤热阻系数、敷设回路的影响。材质不同,线芯导电材料的损耗大小、绝缘材料的允许长期工作温度和允许短路温度也不同。环境温度系指电缆无负荷时周围介质温度。一般手册中的电缆载流量是指,空气中敷设以环境温度30 ℃为基准,埋地敷设以环境温度20 ℃为基准。在不同的环境温度下,采用不同的敷设方式,以及采用多回路敷设时,电缆允许的载流量均应乘以相应的校正系数。

2. 按远期高峰小时负荷有效值选择

1)中压电力电缆选择

系统电缆载流量应满足远期高峰小时负荷的要求,即在正常运行方式下,满足所在供电分区的牵引负荷及全部动力照明负荷的供电要求。

城轨供电系统中的各种变电所均应有两路独立电源,每路电源的容量应满足变电所全部一、二级负荷的要求。这两路电源可以来自不同变电所,也可来自同一变电所的不同母线。

城轨供电系统的中压网络应按列车运行的远期通过能力设计,对互为备用的中压电缆,一路退出运行,另一路应承担其一、二级负荷的供电,线路末端电压损失不宜超过5%。

电缆截流量应满足系统在最大运行方式下的负荷需要,并留有一定裕量。电缆应能承受系统在各种运行方式下的短路电流。电缆类型的选择应考虑工程实施的方便性。电缆选型应满足城市轨道交通安全性要求和不同敷设环境的要求。

2)直流电缆选择

直流电缆的一般要求:城轨供电系统直流上网电缆、回流电缆的根数及截面应根据大双边供电方式下的远期高峰小时牵引负荷计算确定,每个回路的电缆根数不得少于两根。变电所内的直流电缆不宜采用铠装形式,对于变电所外的直流电缆为避免敷设损伤可采用铠装形式,应处理好外铠与接地的关系。直流电缆截面和载流量的要求,应满足Ⅵ类重牵引负荷的要求。

直流电缆与交流电缆的特点:交联聚乙烯绝缘电缆在交、直流电压下的电场分布不同。交联聚乙烯绝缘层是采用聚乙烯交联而成,属整体型绝缘结构,其介电常数为2.1~2.3,受温度变化的影响较小。在交流电压下,交联聚乙烯电缆绝缘层内的电场分布是由介电常数决定的,即电场强度是按介电常数反比例分配,这种分布比较稳定。在直流电压作用下,其绝缘层中的电场强度是按绝缘电阻系数正比例分配,其绝缘电阻系数分布是不均匀的。这是因为交联聚乙烯电缆在交联过程中不可避免地溶入一定量的副产品,它们具有相对小的绝缘电阻系数,在绝缘层径向分布是不均匀的,所以在直流电压下交联聚乙烯电缆绝缘层中的电缆分布不同于理想的圆柱体绝缘结构,与材料的不均匀性有关。

直流单极性电荷对电缆寿命影响较大。交联聚乙烯绝缘电缆在直流电压下会积累单极性电荷,释放由直流电压引起的单极空间电荷需要很长时间。电缆如果在直流残余电荷未完释放之前投入运行，直流电压便叠加在电压峰值上，电缆上的电压值将超过其额定电压，这会导致电缆绝缘老化加速，使用寿命缩短，严重的会发生绝缘击穿。

交联电力电缆可以应用于直流牵引系统。根据电力电缆及其应用手册，在具有最大运行电压 U_{bmax}=1.8 kV 的直流系统中，VDE 标准允许使用额定电压 U_n=3 kV 交流电力电缆。另外，从 IEC502 有关电压试验的规定来看，当使用直流电压试验时，所加的电压应为工频试验电压的 2.4 倍。据此，标称电压为 750 V 及 1 500 V 的直流系统中的电缆，均可采用 3 kV 的交流电力电缆。目前，国内很多运营线路采用的大多是交流电缆以替代直流电缆。所以，如果采用交流电缆替代直流电缆，应在技术参数、运行管理方式上加以注意，避免电缆出现老化加速、寿命缩短的情况。针对直流电源特性的电缆生产企业很少，交联聚乙烯绝缘电缆性能优良、制造工艺简单、安装方便，已成为直流绝缘电缆的替代品。

第五节 电缆敷设

> **本节导读**
>
> 在城轨供电系统中电缆主要包括中压电缆、低压电缆、直流电缆、控制电缆和光纤等，其中电缆在支架上的敷设顺序按照电压等级由上至下、先高压后低压的顺序进行布置。一般最上层为中压电力电缆，下面为直流电缆，然后为低压电力电缆，最后为控制电缆、接地电缆和纵差光纤电缆。每层电缆之间的距离应满足敷设便利和电磁兼容的原则。本节结合城轨交通不同地段的具体实际，介绍了与电缆敷设相关的详细要求。

在城市轨道交通工程中，区间电力电缆一般敷设在行车方向的左侧。针对不同的线路形式，电缆敷设的方式各不相同。对于双洞双线，电力电缆一般采用支架方式敷设在中墙上；对于单洞双线，电力电缆一般采用沟槽方式敷设在道床两侧；对于地下道岔区，电力电缆一般敷设在隧道顶部；对于 U 形槽地段，电力电缆采用支架方式敷设在左侧壁中部；对于高架桥，电力电缆采用电缆槽或支架方式敷设；对于地面线，采用电缆沟、支架或管井方式敷设；对于车站，电缆敷设在车站站台板下；对于跨越轨道的电缆，采用隧道顶部卡固或轨道底部穿管的敷设方式；车辆段的干线电缆采用电缆沟或电缆隧道敷设方式，对于支线电缆采用管井或直埋敷设方式。

一、电缆敷设一般要求

（1）对于城市轨道交通电缆敷设，各相关尺寸及距离要求见表 4.5。

表 4.5 电缆敷设的相关尺寸及距离　　　　　　　　　　　　单位：mm

名称		电缆通道		电缆沟	
		水平	垂直	水平	垂直
两侧设支架的通道净宽		≥1 000	—	≥300	—
一侧设支架的通道净宽		≥900	—	≥300	—
电缆支架层间距离	电力电缆	—	≥150（200）	—	≥200（250）
	控制电缆	—	≥100	—	120
电缆支架之间的距离	电力电缆	1 000	1 500	1 000	
	控制电缆	800	1 000	800	
车站站台板下电缆通道净高	人通行部分	—	≥1 900	—	
	电缆敷设部分	—	≥1 300	—	
变电所内电缆通道净高		—	≥1 900	—	
电力电缆之间的净距		≥35	—	≥35	—

注：①表中括号内数字为 35 kV 电缆标准。
②电力电缆与控制电缆混敷时，电缆支架之间的距离宜采用控制电缆标准。
③当确有困难时，地下车站站台板下电缆通道人通行部分的净高可适当降低，但不得低于 1 300 mm。

（2）35 kV 电缆在主变电所至地铁车站的电缆隧道内和车辆段的电缆隧道、电缆沟内及高架区间道岔梁的箱体内均不允许做中间接头；电缆中间接头不应设置在车站范围内；并列敷设的电缆，其中间接头应错开放置，同一回电缆的 A、B、C 相中间接头应布置在相邻电缆支架上。

（3）电缆端头、电缆进出车站端部、拐弯处、垂直敷设及电缆跨越轨顶时，采用经防腐处理的电缆卡子进行刚性固定；其余各处采用电缆绑带与每个支（吊）架固定。拐弯处的绑扎固定要求如图 4.16 所示。

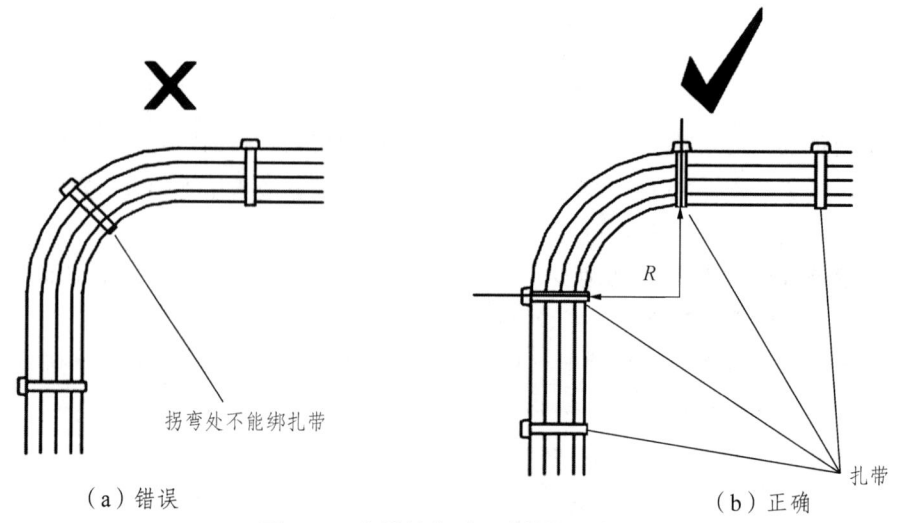

图 4.16 电缆转弯时正确绑扎示意图

（4）电缆在同一通道中位于同侧的多层支架上敷设时，宜按电压等级由高压至低压、由强电至弱电的顺序排列。当条件受限时，1 kV 及以下电力电缆可与控制电缆敷设在同一层支架上。

（5）同一重要回路的工作与备用电缆应适当配置在不同层次的支架上。

（6）单洞单线隧道内的电力电缆和控制电缆宜敷设在沿行车方向的左侧；单洞双线隧道内的电力电缆宜布置在隧道两侧。

（7）高架桥上的电力电缆与控制电缆应敷设在电缆支架上或电缆槽内。

（8）电缆在高架桥上或地面线路采用支架明敷时，宜有罩、盖等遮阳措施。地面线路的电力电缆与控制电缆宜敷设在电缆沟内。

（9）电力电缆与通信信号电缆并行明敷时，两者间距应不小于 150 mm；两者垂直交叉时，其间距应不小于 50 mm。

（10）电缆穿越轨道时，可采用轨道下穿管敷设，也可采用刚性固定方式沿隧道顶部敷设。

（11）干线电缆在室内敷设时，宜沿吊顶内电缆桥架敷设；支路电缆在室内敷设时，宜通过埋管敷设。

（12）直埋电缆进入城市轨道交通隧道时，应在隧道外适当位置设置电缆检查井。

（13）接地装置至变电所的接地电缆的截面应不小于系统中保护地线截面的最大值。

（14）电缆支（吊）架中零部件间的连接方式包括螺栓连接和焊接。对于螺栓连接，螺栓应满足抗震、防松要求，材质为不锈钢；对于焊接，应焊接牢固，焊缝厚度不小于 5 mm。

（15）电缆支（吊）架在焊接及钻孔加工完毕后，整体应进行热浸镀锌，镀锌后表面应光滑，锌层厚度不小于 86 μm，镀锌重量不小于 610 g/m，均匀性应满足 GB 13912—2002 和 GB 2694 的规定。

（16）所间 35 kV 电缆外铠和屏蔽层均应双端可靠接地，金属电缆支架应有可靠的电气连接并接地。

（17）电缆构筑物中电缆引至电气柜、盘或控制屏的开孔部位，电缆贯穿隔墙、楼板的孔洞处，均应实施阻火封堵。

（18）中压电缆由于外直径较大，并且配有外铠等原因，要求弯曲半径一般不小于 20 倍直径。电力电缆层架之间距离一般为 200 mm，控制电缆与电力电缆层架之间为 150 mm，中压电缆最上层距离顶板等障碍物一般不小于 240 mm。

（19）电缆敷设时，不应使电缆在电缆支（吊）架及地面上摩擦拖拉，并应防止电缆局部压力过大损伤电缆；在一些重要的部位，如转弯处、井口等处应安排有敷设经验的人员进行监护，避免电缆敷设出现差错，并应防止电缆遭受铠装压扁、电缆绞拧、护层折裂、绝缘破损等机械损伤。

（20）电缆终端和电缆中间接头制作安装时，从剥切电缆开始应连续操作直至完成安装，以缩短绝缘暴露时间。剥切电缆时，不应损伤铜芯和原有的绝缘层。

二、城市轨道交通电缆的敷设

城市轨道交通电缆敷设断面形式较多，存在单洞单线地下线路、单洞双线地下线路、U 形槽、地面线、高架线、岛式车站、侧式车站、车辆段等。

电力电缆在地下区间敷设时，一般敷设在行车方向的左侧边墙上，跨越渡线位置采用过顶敷设方式。在岛式车站位置，直接由区间经由站台板下电缆通道进入变电所。在侧式车站位置，电缆由行车方向左侧跨越车站端部的线路顶部，之后进入侧式站台板下电缆通道进入变电所。在穿越区间和车站人防隔断门地段时应在人防门预留管孔，以便电缆顺利穿越进入站台板下。

电缆在高架桥敷设时，一般设置在高架桥两侧，采用电缆支架或者电缆槽的敷设方式。由于电缆槽占用桥面积较大，因此主要采用电缆支架敷设。电缆支架的布置应满足电力电缆和控制电缆的敷设要求，局部地段需有效与声屏障立柱结合。

电缆在车辆段敷设时，主要采用电缆沟和直埋方式，当采用电缆沟敷设时，应考虑排水要求。

1. 高架线路

在高架桥段为节省土建投资，多采用电缆支架沿线路两侧敷设。少量线路由于高架桥有条件，则采用电缆槽的敷设方式。

当高架桥段采用电缆槽敷设方式时，电缆槽顶盖的强度应满足行人疏散要求。

当高架桥段采用电缆支架敷设方式时，若电缆支架设置在疏散平台的下方，则要满足电缆敷设数量的要求，并注意便于电缆施工及电缆检修。

电缆在长时间进行紫外线照射过程中容易老化，影响电缆寿命。因此，明敷电缆应考虑在电缆支架上设置防护罩，以防雨雪、防晒、防紫外线等。

双线高架线路电缆敷设断面如图4.17所示。一般情况下，电力电缆敷设在高架桥两侧的电缆支架上，通信信号电缆敷设在电缆支架下部的电缆槽内，电缆支架上部设置疏散平台。电力电缆和通信信号电缆在有电缆沟槽隔板的情况下可以间隔200 mm。

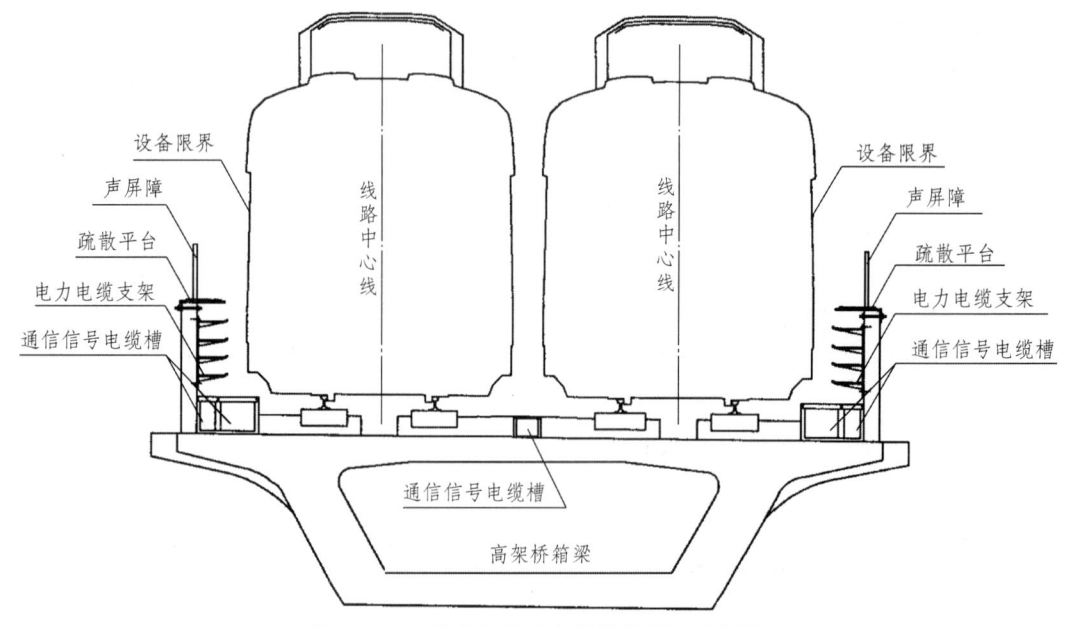

图4.17 双线高架线路电缆敷设断面示意图

2. 地面线路

在城市轨道交通地面线路中通常采用电缆沟敷设方式或直埋敷设方式。对于全封闭地面线路通常采用电缆沟敷设方式，对于局部开放式地面线路则采用直埋方式，以节省工程投资。

1）采用电缆沟方式

通常在路基下设置电缆沟,电缆沟下设置排水沟,以便排除电缆沟内积水,但应特别注意电缆沟的沟底标高应高于排水沟的沟底标高。从电缆沟过渡到电缆支架的敷设方式时,应设置电缆井。地面线路电缆沟方案电缆敷设断面如图 4.18 所示。

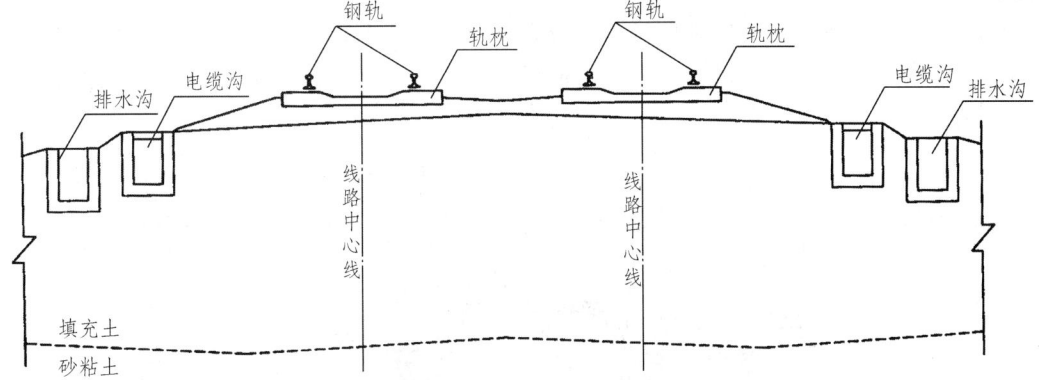

图 4.18　地面线路电缆沟方案电缆敷设面示意图

2）采用直埋方式

对于开放式地面线路和远郊区地面线路,电缆敷设可以采用直埋敷设方式。直埋敷设时,应注意在穿越平交道口地段或者有重大承重地段时需考虑电缆穿管承压防护。穿越平交道口电缆敷设如图 4.19 所示。

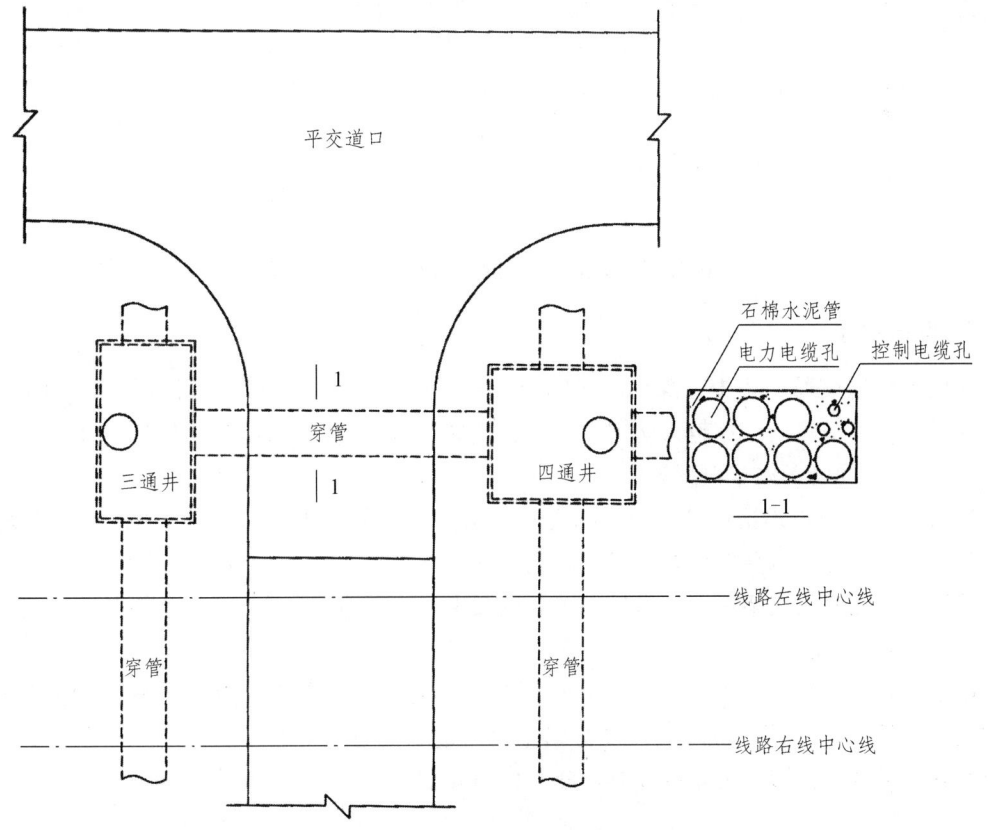

图 4.19　穿越平交道口处电缆敷设示意图

3. 地下线路

对于单洞单线隧道，电缆敷设在行车方向左侧的结构墙电缆支架上。对于单洞双线隧道，中压电缆可敷设在隧道底部的电缆沟槽中，低压电缆敷设在侧墙电缆支架上。电缆敷设时应注意避免侵入设备限界。

跨越渡线位置电缆敷设应采用过顶敷设方式，当电缆截面较小、电缆数量较少时，也可采用在走行轨底部过轨的敷设方式，但应征得轨道专业同意。区间单线隧道电缆敷设断面如图 4.20 所示。

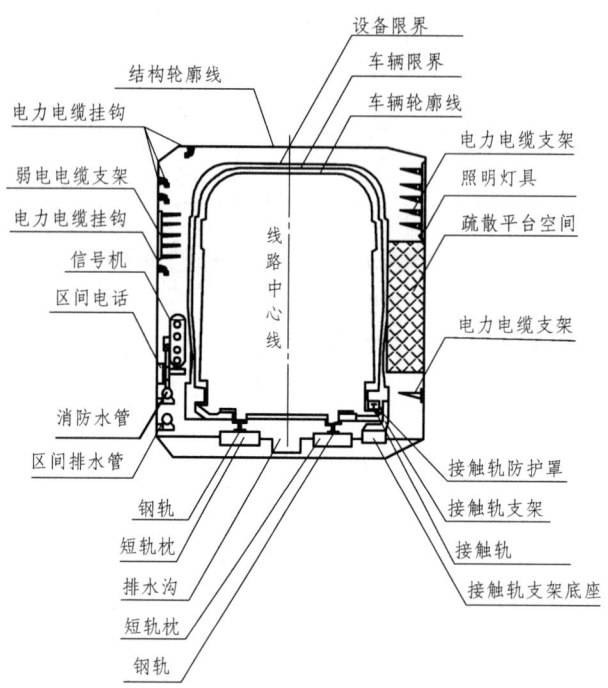

图 4.20 区间单线隧道电缆敷设断面示意图

4. 特殊地段

在城市轨道交通工程中，除标准区间地段外，还存在一些特殊地段，如高架区间与车站过渡区段、U 形槽区段、穿越人防门区段。在这些地段，电缆敷设有一定的特殊性。

1）高架区间与车站过渡区段

当高架车站为侧式站台时，因区间桥面的宽度小于车站站台的宽度，因而电缆支架在此处应为延展式支架，以便电缆敷设通畅。高架区间与车站过渡区段电缆敷设平面如图 4.21 所示。需要注意延展式支架强度除满足电缆敷设要求外，还应满足支架上人员站立的承重要求。

2）U 形槽区段

在地下和地面过渡区段，一般采用 U 形槽进行处理。电缆敷设用区间隧道内电缆支架方式敷设一直延续到 U 形槽区段，在过 U 形槽之后过渡到电缆沟的敷设方式，应处理好电缆过渡时的高程配合。U 形槽区段电缆敷设断面如图 4.22 所示。

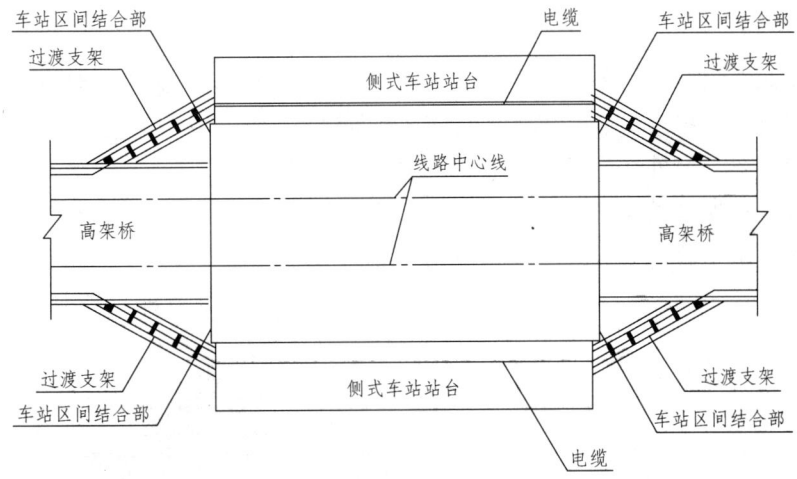

图 4.21 高架区间与车间过渡区段电缆敷设平面示意图

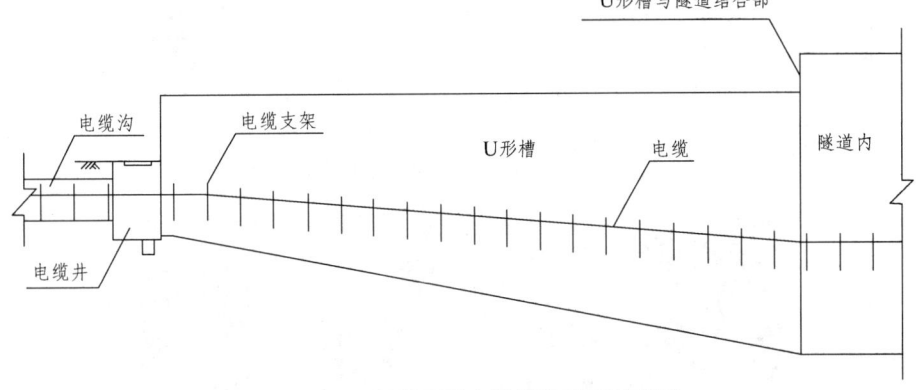

图 4.22 U 形槽区段电缆敷设断面示意图

3）穿越人防门区段

根据人防要求，通常在车站与区间结合部设置人防门。电缆在穿越人防门处应进行穿管处理。电缆在区间沿中墙敷设，在穿过人防门之后继续进入车站，至站台板下敷设，应处理好电缆敷设高程的配合。因中压电缆弯曲半径较大，为保证中压电缆从区间顺利敷设过渡至站台板下，多选择中压电缆在人防门的底部穿管敷设。穿越人防门区段电缆敷设断面如图 4.23 所示。

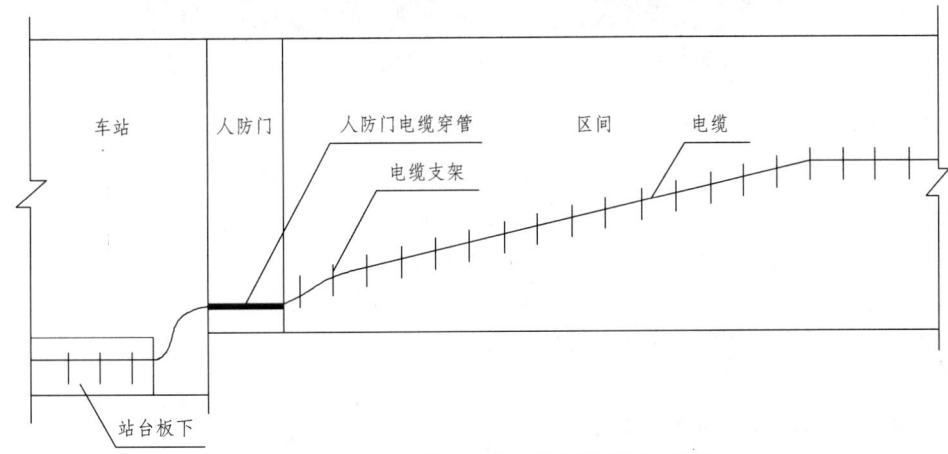

图 4.23 穿越人防门区段电缆敷设断面示意图

5. 车站

电缆在穿越车站时，沿站台板下敷设，除与站台板下的回风道位置配合外，还应避开扶梯基坑、电梯基坑等。穿越车站站台层电缆敷设平面如图4.24所示，图4.25为某地铁线路35 kV环网电缆敷设实景。另外，要求结构专业将中梁根据需要局部设计为下反梁形式，以保证电缆敷设路径通畅。尤其是在变电所夹层部分，结构应全部处理为下反梁形式，以便于变电所人员维护检修方便，进出车站端部电缆孔洞应进行防火封堵。

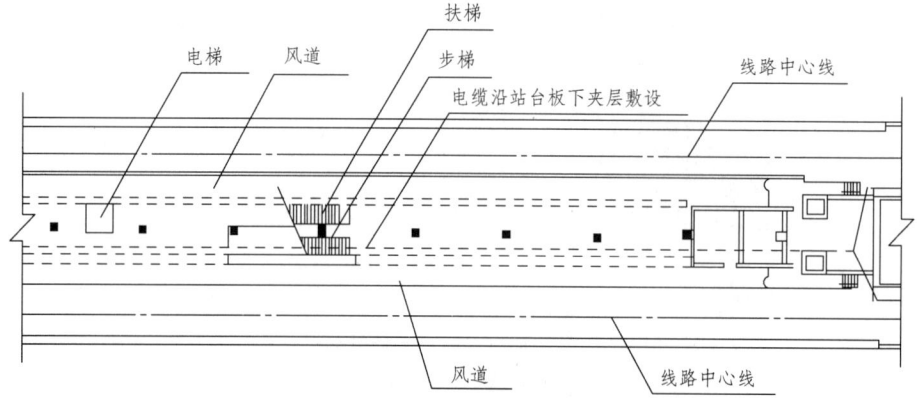

图4.24 穿越车站站台层电缆敷设平面示意图

图4.25 穿越车站站台层35 kV环网电缆"品"字形安装

6. 车辆段

车辆段电缆敷设相对繁杂，主要有：地下出入段线U形槽与车辆段过渡段电缆敷设，车场区内直埋和穿管电缆敷设，车库内电缆敷设。下面分别介绍。

1）地下出入段线U形槽与车辆段过渡段电缆敷设

在出入段线过渡段通常采用电缆沟的敷设方式，电缆敷设在支架上，按照高压到低压的顺序排列。从电缆支架明敷过渡到电缆沟内敷设应设置双通电缆井，之后电缆进入电缆沟，然后沿岔区外侧进入变电所。

2）车场区内直埋和穿管电缆敷设

车场区内电缆沟敷设方式比较困难时，可以采用电缆直埋的方式。通常电缆根数较少时，长距离直埋敷设方式相对比较经济。穿越轨道和平交道口位置应进行穿管防护。

3）车库内电缆敷设

在车库内电缆敷设通常可采用两种方式：电缆沟敷设和穿管直埋敷设。车库内电缆多为接触网用直流电缆，采用穿管敷设方式是比较经济的。如采用电缆沟敷设方式，电缆沟盖板强度、防排水要求都需要考虑，比较复杂，不经济。因此，车库内接触网用的直流电缆一般采用沿轨道侧进行穿管直埋的方式敷设。

三、电缆的支持与固定

在城市轨道交通中，电缆的支持与固定装置主要为电缆挂钩、电缆支架、吊架、托盘、桥架等，电缆支架方式是最常用的。下面介绍采用电缆支架敷设时需要考虑的因素和电缆支架的技术要求。

1. 一般规定

（1）电缆明敷时，一般采用电缆支架、挂钩或吊绳等支持装置。最大跨距应符合下列规定：
① 应满足支持件的承载能力和无损电缆的外护层及其缆芯。
② 使电缆相互间能配置整齐。
③ 适应工程条件下的布置要求。

（2）直接支持电缆用的普通支架（臂式支架）、吊架的允许跨距见表4.6。

表4.6　普通支架、吊架的允许跨距　　　　　　　　　　　　　单位：mm

电缆特征	敷设方式	
	水平	垂直
未含金属套、铠装的全塑小截面电缆	400*	1 000
除上述情况外的中、低压电缆	800	1 500
35 kV 以上高压电缆	1 500	3 000

注：*能维持电缆较平直时该值可增加1倍。

（3）35 kV 及以下电缆明敷时，应设置适当固定部位，并符合下列规定：
① 水平敷设，应设在电缆线路首、末端和转弯处以及接头的两侧，且应在直线段间隔不少于100 m 处，电缆支架间距一般为1 m。
② 垂直敷设，应设在上、下端和中间适当数量位置处，垂直固定间距一般为1.5 m。
③ 斜坡敷设，应遵照水平敷设和垂直敷设因地制宜。
④ 当电缆间需保持一定间隙时，宜设在每隔约10 m 处。
⑤ 交流单相电力电缆还应满足按短路电动力确定所需预固定的间距。

（4）35 kV 以上高压电缆明敷时，加设固定的部位除应遵照规范要求外，还应符合下列规定：
① 在终端、接头或转弯处紧邻部位的电缆上，应有不少于1 处的刚性固定。
② 在垂直或斜坡的高位侧，宜有不少于 2 处的刚性固定。使用钢丝铠装电缆时，还应使铠装丝能夹持住并承受电缆自重引起的拉力。
③ 电缆蛇形敷设的每一节距部位，宜预挠性固定。蛇形转换成直线敷设的过渡部位，宜

预刚性固定。

（5）35 kV 以上高压电缆的终端、接头与电缆连接部位，宜有伸缩节，伸缩节应大于电缆容许弯曲半径，并满足金属护层的应变不超出容许值。未设伸缩节的接头两侧，应预刚性固定或在适当长度内电缆实施蛇形敷设。

（6）电缆蛇形敷设的参数选择应使电缆因温度变化产生的轴向热应力不致对电缆金属套长期使用产生应变疲劳断裂，且宜按允许拘束力条件确定。

（7）固定电缆用的夹具、扎带、捆绳或支托件等部件，应具有表面平滑、便于安装、足够的机械强度和适合使用环境的耐久性。

（8）电缆固定用部件的选择应符合下列规定：

① 除交流单相电力电缆情况外，可采用经防腐处理的扁钢制夹具或尼龙扎带、镀塑金属扎带。

② 交流单相电力电缆的刚性固定，宜采用铝合金等不构成磁性闭合回路的夹具；其他固定方式，可用尼龙扎带、绳索。

③ 不得用铁丝直接捆扎电缆。

（9）交流单相电力电缆固定部件的机械强度应验算短路电动力条件。

2. 电缆支架

（1）电缆支架应符合下列规定：

① 表面光滑无毛刺。

② 适应使用环境的耐久稳固。

③ 满足所需的承载能力。

④ 符合工程防火要求。

（2）电缆支架除支持单相工作电流大于 1 000 A 的交流系统电缆情况外，宜用钢制。在强腐蚀环境，选用其他材料电缆支架应符合下列规定：

① 电缆沟中普通支架（臂式支架）可选用耐腐蚀的刚性材料制。

② 电缆桥架组成的梯架、托盘，可选用满足工程条件难燃性的玻璃钢制。

③ 技术经济综合较优时，可用铝合金制电缆桥架。

（3）金属制的电缆支架应防腐蚀处理，一般要求进行热浸镀锌防腐，镀锌后表面应光滑。同时应符合下列规定：

① 在城市轨道交通中配置钢制电缆桥架，应通过一次性防腐处理且具有耐久性，按工程环境和耐久性要求，选用适合的防腐处理方式，宜采用热浸镀锌等耐久性较高的防腐处理措施。

② 型钢制臂式支架、轻腐蚀环境或非重要性回路的电缆桥架可用涂漆处理。

（4）电缆支架的强度应满足电缆及其附属件荷重和安装维护的受力要求，且应符合下列规定：

① 有可能短暂上人时，按 900 N 的附加集中荷载计。

② 机械化施工时，计入纵向拉力、横向推力和滑轮重量等影响。

③ 在户外时，计入可能有覆冰、雪和大风的附加荷载。

（5）电缆桥架的组成结构应满足强度、刚度及稳定性要求，且符合下列规定：

① 桥架的承载能力不得超过使桥架最初产生永久变形时的最大荷载除以安全系数为 1.5

的数值。

② 梯架、托盘在允许均布承载作用下的相对挠度值，对钢制不宜大于 1/200，对铝合金制不应大于 1/300。

③ 钢制托臂在允许承载下的偏斜与臂长比值不宜大于 1/100。

（6）电缆支架种类的选择，应符合下列规定：

① 明敷的全塑电缆数量较多，或在电缆跨越距离较大、高压电缆为蛇形安置方式时，宜用电缆桥架。

② 除此之外，可用普通支架、吊架直接支持电缆。

（7）梯架、托盘的直线段超过下列长度时，应留有不少于 20 mm 的伸缩缝：钢制，30 m；铝合金或玻璃钢制，15 m。

（8）金属制桥架系统应有可靠的电气连接并接地。

（9）位于振动场所的桥架系统，包括接地部位的螺栓连接处，均应装置弹簧垫圈。

综合练习

一、单项选择题

1. 计算电流不变，35 kV、20 kV、10 kV 供电线路的功率输送能力（输送功率量）之比为（　　）。

  A. 3.5∶2∶1 B. 2∶3.5∶1 C. 1∶2∶3.5 D. 12.25∶4∶1

2. 放射式中压网络主要运用于（　　）运量的城轨交通中。

  A. 小 B. 中 C. 大

3. 双环网中压网络主要运用于（　　）运量的城轨交通中。

  A. 小 B. 中 C. 大 D. 大、中

4. 20 ℃ 时铜导线的电阻率为（　　）。

  A. $1.72×10^{-6}$ Ω·cm B. $1.27×10^{-6}$ Ω·cm

  C. $2.27×10^{-6}$ Ω·cm D. $2.86×10^{-6}$ Ω·cm

5. 20 ℃ 时铝导线的电阻率为（　　）。

  A. $1.72×10^{-6}$ Ω·cm B. $2.27×10^{-6}$ Ω·cm

  C. $2.68×10^{-6}$ Ω·cm D. $2.86×10^{-6}$ Ω·cm

6. 埋地敷设的电缆载流量是以环境温度（　　）为基准。

  A. 15 ℃ B. 20 ℃ C. 25 ℃ D. 30 ℃

7. 空气中敷设的电缆载流量是以环境温度（　　）为基准。

  A. 15 ℃ B. 20 ℃ C. 25 ℃ D. 30 ℃

8. 电力电缆之间的最小水平净距不得小于（　　）

  A. 20 mm B. 35 mm C. 100 mm D. 120 mm

9. 电力电缆与通信信号电缆并行明敷时，两者间距应不小于（　　）

  A. 50 mm B. 100 mm C. 150 mm D. 200 mm

10. 电力电缆与通信信号电缆垂直交叉时，其间距应不小于（　　）。

  A. 50 mm B. 100 mm C. 150 mm D. 200 mm

11. 中压电缆要求弯曲半径一般不小于（　　）倍直径。
    A. 10　　　　　B. 15　　　　　C. 20　　　　　D. 25
12. 电缆在高架桥敷设时，一般采用（　　）的敷设方式。
    A. 电缆支架或电缆槽　　　　　B. 电缆沟或直埋
    C. 电缆支架或电缆沟　　　　　D. 电缆槽或直埋

二、判断题

1. 牵引动力照明独立网络既可采用不同的电压等级，也可以采用同一个电压等级。（　　）
2. 牵引动力照明混合网络一般采用不同的电压等级。（　　）
3. 国内既有城市轨道交通的中压网络电压等级采用了 35 kV、33 kV、20 kV 和 10 kV。（　　）
4. 在其他条件不变的情况下，供电线路的功率输送能力与电压成正比，电压损失与电压的平方成反比。（　　）
5. 城轨供电系统中的动力照明用电负荷均为一级负荷和二级负荷。（　　）
6. 放射式中压网络供电时变电所之间没有直接的电气联系，变电所电源可靠性较差。（　　）
7. 双环网中压网络中各变电所两个电源正常供电方式是分列运行。（　　）
8. 城轨供电系统中的直流电缆主要指直流控制电缆。（　　）
9. 在相同温度时，铜的电阻率比铝的电阻率高。（　　）
10. 电缆中间接头不应设置在车站范围内；并列敷设的电缆，其中间接头应错开放置。（　　）
11. 同一重要回路的工作与备用电缆应适当配置在不同层次的支架上。（　　）
12. 交流单相电力电缆的刚性固定，宜采用铝合金等不构成磁性闭合回路的夹具。（　　）

三、填空题

1. 为牵引变电所供电的中压网络称为_____供电网络；为降压变电所供电的中压网络称为_____供电网络；通过公用电源电缆同时向牵引变电所和降压变电所提供中压电能的网络称为_____供电网络。
2. 主变电所运行方式分为_____运行方式，_____运行方式和_____运行方式三种。
3. 目前，城市轨道交通中均采用_____作为电缆的导电材料。
4. 电缆穿越轨道时，可采用轨道下_____敷设，也可采用刚性固定方式沿隧道_____敷设。
5. 直埋电缆进入城市轨道交通隧道时，应在隧道外适当位置设置_____。
6. 电缆支（吊）架在焊接及钻孔加工完毕后，整体应进行_____。

四、简答题

1. 为满足供电可靠性，对中压网络有哪些具体要求？
2. 直流电缆与交流电缆各有何特点？

五、综合题

1. 请根据图 4.1，分析图中的牵引降压混合所与降压变电所采用的是哪种中压网络接线形式？降压变电所的电压等级是多少？并分析该接线方式有何特点？
2. 请根据图 4.1，分析图中的主变电所共有几个供电分区？图中共有几个牵引降压混合变电所，共有几个降压变电所？
3. 请分析图 4.15 中的单芯电力电缆为何要设置内半导体层与外半导体层？

第五章　牵引供电系统

【教学目标】

通过本章的学习，主要了解与掌握以下知识：

1. 了解牵引变电所设置的总体要求与布点及选址的具体要求。
2. 熟悉牵引变电所中压主接线与直流主接线方式，并掌握中压主接线与直流主接线运行方式。
3. 掌握纵向隔离开关的应用与负极隔离开关的操作联锁要求。
4. 掌握牵引变电所联跳保护与框架保护的原理。
5. 了解接触网的组成、分类与供电方式以及交流传动原理与直线电机在地铁的应用等。

主要具备以下能力：

1. 会识别牵引变电所中压主接线与直流主接线方式。
2. 会分析牵引变电所中压与直流系统运行方式。
3. 会分析牵引变电所联跳保护与框架保护。

【知识结构】

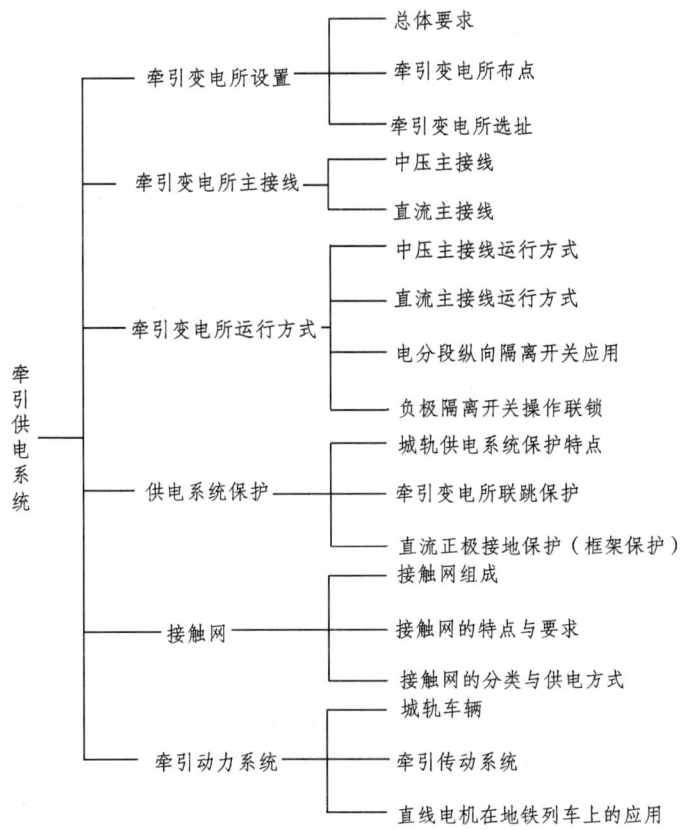

第一节　牵引变电所的设置

> **本节导读**
>
> 牵引变电所的布置不仅与车站站台形式有关，而且与具体的工程条件和牵引供电系统需求有关，同时还需要统筹考虑牵引网电压等级、牵引网电压损失、杂散电流腐蚀防护、线路能耗、电缆敷设、土建造价及运营管理等诸多因素，方能选出比较科学合理的位置。

牵引变电所引入两个独立的中压交流电源，并将交流电能转换为直流电能，承担着向电动列车提供直流牵引电能的功能。

一、总体要求

牵引变电所的数量与直流牵引电压等级、牵引网最大电压损失允许值等多个因素有关。牵引网最大电压损失允许值一般发生在双边供电分区中部或单边供电分区末端，该值应能保证列车的正常启动。牵引供电系统设计容量应满足远期高峰小时的用电负荷要求。正常运行方式下，牵引供电系统的电能损耗应最小。

正线牵引变电所一般与车站合建，在长大区间也有单建形式或箱式牵引变电所形式。车辆段（停车场）牵引变电所一般紧邻咽喉区布置。大多数情况下，牵引变电所与车站降压变电所合建，形成牵引降压混合变电所。

牵引变电所的布置与车站站台形式有关。常见的车站站台形式有岛式、侧式和岛侧混合式等几种。其简单示意图如图5.1所示。

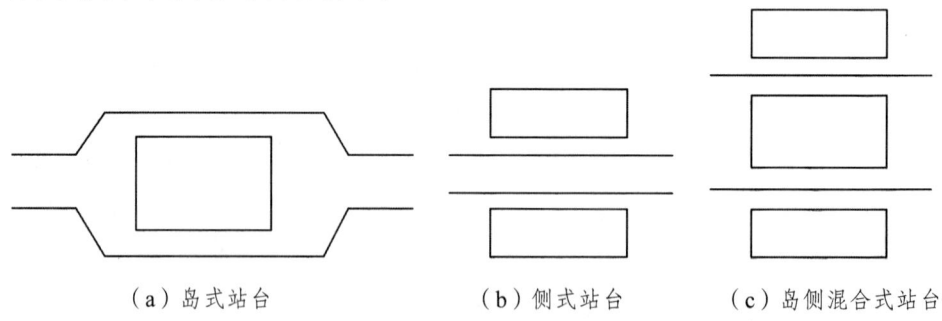

（a）岛式站台　　　（b）侧式站台　　　（c）岛侧混合式站台

图5.1　城轨车站站台形式示意图

1. 地下岛式站台车站

地下岛式站台车站是站台位于上下行两线路的中间。牵引降压混合变电所应设在站台层并位于车站的一端，应设置通向线路的设备运输门洞，可方便轨道车运进运出大型设备。

如因站台宽度不够时，可将牵引降压所布置在线路外侧。设备通过轨道车运进运出，巡视、维修人员通道与站厅层连通。

2. 地下侧式站台车站

地下侧式站台车站上下行两线路位于车站站台中间，站台位于线路两侧。牵引降压混合变电所应设在某一端的站台层。

3. 地面岛式站台车站

站台层位于地面一层，站厅层位于地下一层或地面二层。与地下岛式站台布置基本相同，只是车站长度控制不像地下车站那么严格，设备可全布置在站台层。

4. 地面侧式站台车站

站台层位于地面一层，站厅层位于地下一层或地面二层。与地下侧式站台布置基本相同，只是车站长度控制不像地下车站那么严格，设备可全布置在站台层。

5. 高架车站

1）牵引降压混合变电所布置在高架车站的地面站厅层

设置贯通到站台板下的电缆竖井，使牵引降压混合变电所电缆直接通到车站站台板下。如是岛式站台，则可在车站中心设置一个电缆竖井，如是侧式站台，则可在车站中心两侧各设置一个电缆竖井。

2）牵引降压混合变电所布置在高架车站的旁边地面层

变电所与车站之间的电缆通道，一般不采用地面道路下电缆沟的方式，而是通过车站的人行天桥，由电缆桥架敷设至车站，再引至站台板下。

6. 区间

当区间较长时，则在区间设置牵引变电所。对于地面线路，可布置在线路旁，对于高架线路，可布置在高架桥下。方式有整体箱式和常规建筑式两种。具体采用何种方式需要综合比选。

7. 车辆段或停车场

一般设在车辆段或停车场的咽喉区。

二、牵引变电所布点

牵引变电所的设置取决于：牵引网电压等级与牵引网电压损失，同时应对杂散电流腐蚀防护、线路能耗、电缆敷设、土建造价及运营管理等加以统筹考虑。

牵引变电所分布应尽量均匀，便于牵引整流机组规格统一，便于设备维护管理以及降低维护成本。简单地为减少牵引变电所数量，而设置过长供电分区，将不利于牵引网电压改善，不利于杂散电流腐蚀防护等。

安全性与可靠性是城市轨道交通的根本，为保障正常的运营和运输能力，当技术性能与经济指标发生矛盾时，优先考虑技术因素，并在此基础上优化技术方案，力求技术方案具有整体合理性。

（一）满足直流牵引供电系统运行方式要求

1. 单牵引整流机组双边供电

各牵引变电所设置一套牵引整流机组，同一供电分区由相邻牵引变电所各经一路馈线同时馈电，牵引网电压质量较好且能耗较低。

单牵引整流机组双边供电时，按照Ⅵ级重牵引负荷特性，牵引整流机组应具有150%过负荷、连续运行 2 小时的供电能力。该接线形式在法国巴黎、日本东京等城市地铁被采用，国内尚无应用实例。

2. 双牵引整流机组双边供电

各牵引变电所的两套牵引整流机组均投入运行，馈电方式和单牵引整流机组双边供电形式相同，牵引网电压质量好，牵引网能耗低。

一套牵引整流机组故障或检修退出后，另一套牵引整流机组若继续运行，牵引变电所整流方式将由双机组等效 24 脉波变成了单机组 12 脉波，谐波含量增加。一般来说，对于集中式外部电源系统某牵引变电所只有一套牵引整流机组运行时，谐波含量的增加一般能控制在许可范围内。对于分散式外部电源系统则需要认真核算。若经校核后确认谐波含量没有超标，那么另一套牵引整流机组可以继续运行。因为双边供电无论是对线路损耗的降低还是对再生能量利用，均为有利；同时双边供电方式对杂散电流腐蚀防护也是有利的。

3. 大双边供电

【大双边供电】 当某个中间牵引变电所退出运行时，相关正线接触网由与该牵引变电所相邻的两个牵引变电所通过直流母线或纵向联络开关等方式越区供电，即大双边供电方式。

正常工作状态下，正线接触网由两个相邻牵引变电所构成双边供电方式。实现大双边供电有以下两种方式：

1）利用解列牵引变电所的直流母线构成大双边供电

该构成方式要求具备如下条件：

牵引变电所两套牵引整流机组退出运行时，其直流母线、上下行 4 路馈线开关及其二次回路完好且能正常运行，如图 5.2 所示。

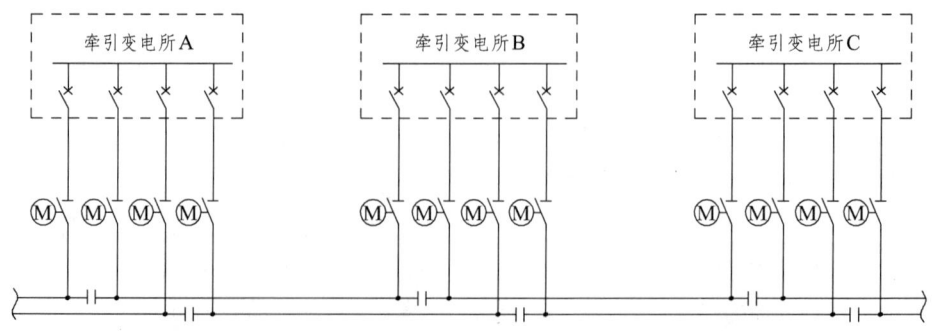

图 5.2　直流母线构成大双边供电示意图

这种大双边供电方式的优点是简单方便，容易实现；缺点是故障涉及故障变电所的直流母线或馈线开关时都不适用。

利用故障变电所的直流母线将上下行的接触网并联起来，改善了牵引网电压质量，但同时也会扩大事故范围，因为此时当接触网一点再发生短路故障时，可能引起多路馈线开关跳闸，从而使事故范围扩大。

2）利用纵向电动隔离开关构成大双边供电

当牵引变电所故障解列时，利用电分段处的纵向电动隔离开关构成大双边供电，使整座牵引变电所可以退出运行（含上网开关），运行不受故障牵引变电所的影响，如图5.3所示。

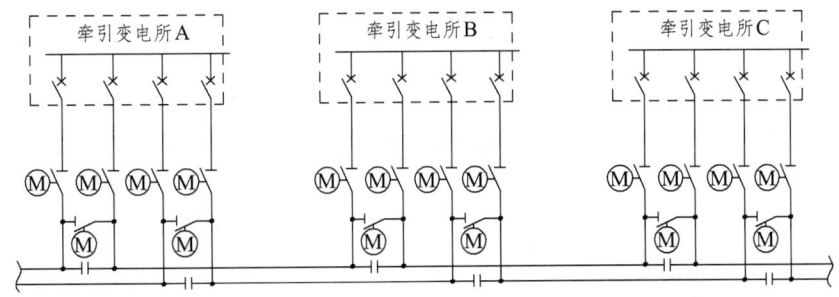

图5.3　纵向电动隔离开关构成大双边供电示意图

这种大双边供电方式的优点是简单方便；缺点是纵向电动隔离开关不能带负荷操作，对线路正常运营有短时间的影响。

4. 双牵引整流机组单边供电

线路末端牵引变电所A向线路末端供电分区馈电，或牵引变电所A解列、牵引变电所B向线路末端供电分区馈电，此时牵引网电压质量较差，牵引网能耗较大，如图5.4所示。

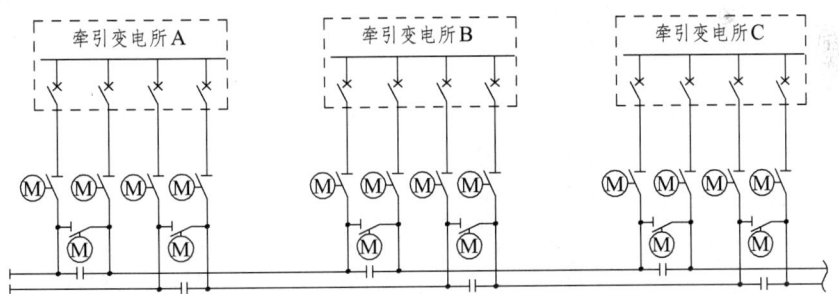

图5.4　线路末端牵引变电所单边供电

沿线中间某牵引变电所B退出运行后，该牵引变电所左、右侧供电分区各由相邻牵引变电所A、C经一路馈线单边馈电。此时牵引网电压质量较差、能耗较大，如图5.5所示。

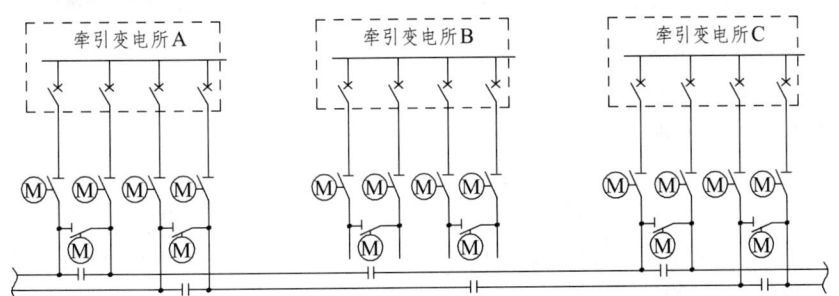

图5.5　线路中间牵引变电所单边供电

对于线路中间供电分区，由于单边供电时的牵引网电压质量较差，能耗也较大，必要时还将增加牵引变电所数量。因此，单边供电只作为牵引供电系统运行中一种特殊处理手段和临时供电方式，而不能成为直流牵引供电系统经常运行方式。

由于线路末端的牵引变电所，其末端供电分区长度较小，牵引网最大电压损失值将小于允许值，线路末端供电分区正常运行时允许采用单边供电方式。

（二）满足牵引网电压损失允许值要求

国际电工委员会（IEC）标准及国家相关规范规定了牵引电压的波动允许范围，见表5.1。

表5.1 牵引电压波动允许范围

序号	标称电压	最高电压/V	最低电压/V
1	直流750	900	500
2	直流1 500	1 800	1 000

牵引网电压损失包括牵引网平均电压损失和最大电压损失。其中，牵引网最大电压损失值是影响牵引变电所数量的关键因素，平均电压损失值对牵引网能耗影响较大。

就牵引变电所数量而言，在牵引网回路阻抗一定的条件下，牵引变电所之间距离的大小主要由牵引网电压允许波动范围及允许载流量确定。直流750 V电压级的波动范围比直流1 500 V电压级的波动范围小。直流750 V系统为了保证供电臂末端电压满足要求，必须减小牵引变电所的间距，所以全线牵引变电所数量相对较多。

无论正常双边供电，还是故障大双边供电，牵引网最大电压损失都不能超过允许值。至于单边供电情况，应该区别对待。线路末端单边供电时，牵引网最大电压损失不能超过允许值；或者线路末端牵引网上下行并联时，牵引网最大电压损失也不能超过允许值。线路中间牵引变电所单边供电时，牵引网最大电压损失尽量不要超过允许值，当超过允许值时，应该采用故障大双边供电，或减少列车运行对数。

依据牵引网最大电压损失不能超过允许值，以确定牵引变电所供电分区的长度。供电分区距离越短，牵引网电压质量就越好。相反，供电分区距离越长，牵引网电压质量就越差。

（三）兼顾杂散电流腐蚀防护需要

在城轨直流牵引供电系统中，电动列车所需电能由牵引变电所提供，通过接触网向列车授电，并利用走行轨兼做回流网，返回到牵引变电所。

直流牵引电流流经走行轨时，因走行轨存在内部电阻，在走行轨上产生纵向电位。纵向电位的大小与直流牵引电流、走行轨电阻和供电分区长度有关。

在相同条件下，牵引变电所的供电分区长度越短，走行轨上产生的纵向电位差越小，杂散电流泄漏量则越少。相反地，供电分区长度越长，走行轨上产生的纵向电位差越大，杂散电流泄漏量则越多，不利于杂散电流腐蚀的防护。在日本，将杂散电流腐蚀防护需要，列为牵引供电分区长度确定的首要条件。

（四）兼顾线路能耗需要

刚性接触网的单位阻抗一般为 0.013 Ω/km，低碳钢接触轨的单位阻抗一般为 0.02 Ω/km，钢铝复合接触轨的单位阻抗一般不超过 0.01 Ω/km。柔性接触网因受结构、材质的影响，其单位阻抗一般为 0.02～0.03 Ω/km。用作回流的走行轨上下并联后单位阻抗一般为 0.01 Ω/km。所以，牵引网的单位电阻比较大，一般为 0.02～0.04 Ω/km。

另外，车站的站间距实施时可能优化调整，线路网络化运营也存在线路贯通需求，所以牵引变电所布点时，单一方法可能不会解决问题，需要几种方法配合使用，以便满足牵引供电系统技术要求的同时，又具有良好的经济指标。

三、牵引变电所的选址

1. 基本要求

牵引变电所选址应遵循以下要求：
（1）电源引入方便。
（2）尽可能靠近城市轨道交通线路。
（3）尽可能与降压变电所合建。
（4）土石方工程量较少，并避免设在坍塌或高填方地区。
（5）维护管理和生活条件方便，尽量避免设在空气污秽和土壤电阻率过高以及有剧烈振动的地区。
（6）设备运输方便。
（7）应和城市规划相协调。

在地上车站、地下车站以及区间等处均可以设置牵引变电所。城市轨道交通属于复杂的市政工程，包含众多设备系统，受到车站建筑规模和地面规划的制约。牵引变电所的选址应结合具体的工程条件和牵引供电系统需求，选择合理位置。

2. 地下牵引变电所

牵引变电所设置在地下时应与地下车站结合，有多种设置形式，如可将牵引变电所设置在站台端部、端头井、线路外侧或傍建于车站风道。

考虑到潮湿环境对电气设备有影响，不利于杂散电流腐蚀防护等因素，牵引变电所应尽量和车站主排水站分别设于车站两端。

牵引变电所应考虑左右供电分区的长度，将牵引变电所设置在临近供电分区较长的车站一端，尽量缩短左右供电分区长度的差异，改善牵引网的电压质量。

1）设置于车站站台端部

牵引变电所设置在车站站台端部，房间可以根据车站功能布局以及车站规模设计为一层或两层。设置两层时，牵引整流机组应该设置在站台层，便于设备运输。开关柜室与控制室可以设置在任何一层。

牵引变电所设置在车站站台端部时，虽然可能增加车站规模，但不存在外部规划协调等不定因素，容易实现。如果将牵引变电所设置在车站端头井，效果更好。

牵引变电所不宜紧靠厕所、污水泵或废水泵等给排水设备，否则不利于杂散电流腐蚀防护。

设置在车站站台端部方案具有以下优点：直流馈出电缆相对较短，有利于牵引网电压质量改善，节省直流电缆投资；便于笨重设备从站台层运输；紧邻站务房间，有利于运营管理。但占用车站空间较大。

2）傍建于车站通风道

在条件允许的情况下，可以在车站通风道边傍建牵引变电所。但要重点解决设备运输通道和电缆通道问题。

傍建于车站通风道方案，避免了结构柱梁后面土建面积无法利用的情形，提高了牵引变电所的空间利用率。但是，牵引变电所远离线路，直流电缆长度有所增加，投资增加；如单独考虑地面设备运输通道，涉及地面规划落实问题，而通过风道运输设备带来诸多不方便；另外远离站务房间，不利运营管理。

3）设置于车站线路外侧

在条件允许的情况下，在线路外侧单独设置牵引变电所，并通过牵引变电所内部楼梯将牵引变电所和车站站厅层联系起来。

设置于车站线路外侧方案具有以下优点：直流馈出电缆相对较短，利于牵引网电压质量改善，节省直流电缆投资；便于笨重设备从站台层运输；牵引变电所的空间利用率相应提高；避免了牵引变电所设在站台层时和通风管线、结构柱梁以及外围房间、设施发生矛盾的情况。但是，涉及规划落实问题，存在不定因素；另外，站厅层需要设计牵引变电所对外安全紧急出口通道，会对站厅平面布局造成一定影响。

3. 地上牵引变电所

因各种客观原因，若有下列三种情况之一，则可以考虑设置地上牵引变电所：

（1）城市规划条件许可时，其经济性能非常明显。

（2）因地下车站没有空间安排牵引变电所，而不得不移至地面。

（3）地面或高架线路需要设置牵引变电所。

技术上，牵引变电所的间距容易做到较为均匀，牵引网的电压质量将大大改善；通风空调系统将简单化，可以通过风机和分体式空调实现设备机房通风、降温要求，或者采用自然通风；不再需要设置气体自动灭火系统；利于设备抢修。

经济上，地面工程造价要小于地下工程造价；节省了气体自动灭火系统的投资；降低或节省了通风系统的投资。虽然中压电缆、直流电缆以及控制电缆数量有所增加，但与土建节省的投资相比，仍具有明显的经济效益。

牵引变电所设置在地上，具有许多便利条件，形式多种多样。一是可与车站结合，二是也可独立于车站，三是独立建于车辆段。当牵引变电所设置于车辆段时，考虑馈出电缆较多，一般靠近咽喉区设置。

4. 地下区间牵引变电所

地下区间牵引变电所可以傍建在区间风道外侧，有条件时可以利用盾构竖井。上述条件都不具备时，应优先考虑将牵引变电所移至地面，但又涉及用地规划落实问题，移至地面的做法不可取，除非别无他法。

5. 箱式牵引变电所

箱式牵引变电所是一项成熟技术，在国外有不少应用。国内个别线路也已经采用了箱式牵引变电所。

箱式牵引变电所结构主要由箱体、温度调节装置、微增压装置及其内部供电设备等构成。

内部供电设备主要包括牵引变压器、整流器、中压交流开关柜、直流开关柜、负极柜、排流柜、交流屏、直流屏、综控屏及所用变等。

箱式变电所体积小，占地面积小，可以节省土建投资，选址灵活、对环境适应性强。同容量箱式牵引变电所的占地面积仅为传统牵引变电所占地面积的 1/5～1/10，可以大大减少工程设计量和施工量。

箱式牵引变电所虽然具有诸多优点，但也有其不足之处。箱式变电所内部空间有限，多个设备处于同一个狭窄的密闭空间内，不利于散热。由于箱变安装在地面土建基础上，其土建基础应充分考虑排水问题。

线路试运营期间，以至运营初期，直流牵引供电系统需要一个稳定周期，需要安排值班人员就地监视、维护甚至抢修。但箱式变电所不具备值班人员的工作生活条件，不利于运营管理。

第二节　牵引变电所主接线

> **本节导读**
>
> 牵引变电所的主接线主要分为两大部分，一部分是以交流中压开关设备为主要设备的中压主接线，主要分为单母线、分段单母线和三段母线等几种接线形式；另一部分则是以直流设备为主要设备的直流主接线，它主要分 A 型、B 型、C 型和 D 型等常见接线方式。

牵引变电所主接线由交流中压开关设备、牵引整流机组、直流开关设备等几部分组成。主接线应满足可靠性、灵活性和经济性的基本要求。

主接线的可靠性包括一次部分和相应二次部分综合的可靠性，其很大程度取决于设备的可靠性，采用可靠性高的电气设备可以简化接线。具体要求为：开关故障或检修时，不影响或减少对牵引负荷的供电；母线故障或检修时，短时间内恢复送电，对列车正常运行影响降到最小。

主接线应满足调度、检修的灵活性要求。在故障运行方式、检修运行方式以及特殊运行方式下，调度时可以灵活地投入和退出开关或整流机组，检修时可以方便地停运开关及其继电保护设备而不致影响系统运行。

主接线在满足可靠性、灵活性要求的前提下还应做到经济合理。

一、中压主接线

国内大部分城市轨道交通采用牵引动力照明混合网络，分段单母线接线形式，设置母线分段开关。对于牵引变电所，两套牵引整流机组设置有两种形式：一是分别接至两段母线（目前，已不再采用）；二是同接一段母线。对于中压网络，考虑牵引负荷均衡性，相邻牵引变电所的牵引整流机组应交叉挂在不同母线上。当供电分区内某一回中压电源失电导致所有牵引变电所同母线短时退出时，仍能保证部分牵引变电所继续运行，为避免牵引整流机组超出允许的过载能力，调度中心应及时调整中压网络运行方式。

1. 两套牵引整流机组分别接至两段母线

在牵引变电所两段母线电压平衡或差别甚微情况下，两套牵引整流机组分别接至两段母线，单套牵引整流机组为12脉波整流。如图5.6所示。当牵引变电所两段母线电压不平衡时，容易引起两套牵引整流机组输出负荷不均衡，有时差别比较大，造成一套重载另一套轻载。在两套牵引整流机组输出侧设置平衡电抗器，实现两套牵引整流机组的输出负荷一致性。

经实践证明，这种接线形式效果不理想，电源电压误差将导致牵引整流机组选择困难。

2. 两套牵引整流机组同接一段母线

为了平衡两套牵引整流机组的输出负荷，将两套牵引整流机组接在同一段中压母线上，构成等效24脉波整流，利于谐波治理。当一套牵引整流机组故障退出后，另一套牵引整流机组在过负荷允许的情况下，可以继续维持运行。

3. 单母线接线

牵引变电所中压侧单母线不分段。母线引入两个电源，并根据工程实际条件和需要组建中压网络结构方案，如图5.7所示。

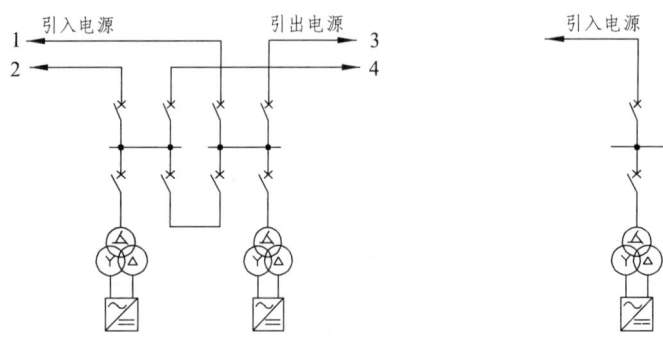

图5.6 两套牵引整流机组分接两段母线示意图　　图5.7 单母线接线示意图

正常运行时，一个进线电源供电，并向相邻牵引变电所供电。

中压部分包括中压开关、电压互感器、电流互感器、微机综合测控保护装置等主要设备。设备配置如下：

中压开关：进线、联络以及馈线开关采用真空断路器，有利于继电保护设置和运行灵活性。进线、联络开关也可以采用负荷开关，应注意负荷开关的短时耐流能力不得小于开关下口的短路容量，由于该方式无法设置继电保护，对系统恢复送电的及时性有一定影响。

电压互感器：主要为测量（计量）提供电压信号，为联锁提供电压信号。

微机综合测控保护装置：集保护、控制、联锁、测量为一体的综合装置，配有与变电所综合自动化系统连接的通信接口，是变电所综合自动化系统的基础设备。

单母线不分段接线简单,造价低,但可靠性较低。

4. 分段单母线接线

牵引变电所中压侧采用分段单母线接线方式,设分段开关。每段母线各引入一个进线电源,并根据中压网络结构方案在牵引变电所中压母线上设置联络开关或应急联络开关,如图5.8所示。

正常运行时,两个独立的进线电源同时供电,两段母线分列运行。

中压部分包括中压开关、隔离手车、电压互感器、电流互感器、微机综合测控保护装置等主要设备。

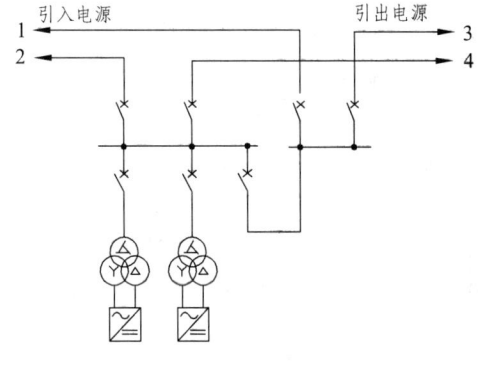

图 5.8 分段单母线接线示意图

设备基本配置参见单母线接线。

分段单母线接线较为复杂,造价较高,但可靠性大为提高。

5. 三段母线接线

设两段进线电源母线和一段牵引整流机组工作母线。两段进线电源母线分别接至Ⅰ段和Ⅲ段母线,两套牵引整流机组接于牵引整流机组工作母线。两段进线电源母线和一段牵引整流机组工作母线分别用断路器分段,通过分段断路器进行两路进线电源的自动切换,如图 5.9 所示。

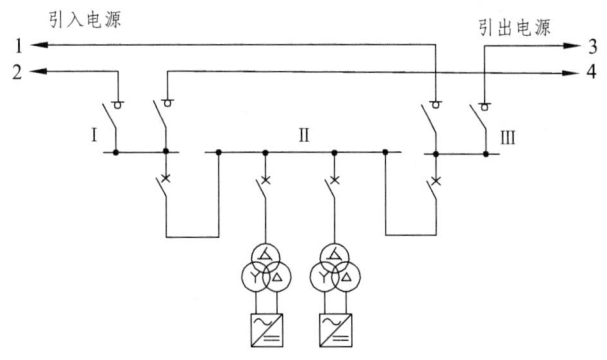

图 5.9 三段母线接线示意图

正常运行时,一台分段断路器合闸,另一台分段断路器分闸,两路中压进线电源分列运行。

中压部分包括中压开关、隔离手车、电压互感器、电流互感器、微机综合测控保护装置等主要设备。

设备基本配置参见单母线接线。

三段母线接线形式造价较高,但可靠性很高。

二、直流主接线

直流侧主接线按照母线形式有单母线系统、双母线系统两种主要形式,因设备配置及运行方式的差异,可以演变出多种形式。

A 型单母线系统,进线为直流断路器,设置纵向电动隔离开关。

B 型单母线系统,进线为电动隔离开关,设置纵向电动隔离开关。

C 型双母线系统,进线为直流断路器,不设置纵向电动隔离开关。

D 型双母线系统,进线为直流断路器,设置纵向电动隔离开关。

A、B、C、D 四种类型属于常用接线形式,还有一些其他形式,如双母线系统,进线为电动隔离开关,设置纵向电动隔离开关;双母线系统,进线为电动隔离开关,不设置纵向电动隔离开关;单母线系统,进线为直流断路器,不设置纵向电动隔离开关;单母线系统,进线为电动隔离开关,不设置纵向电动隔离开关。由于这些类型是从 A、B、C、D 型接线形式中演变出来,且应用很少,因而下面仅描述 A、B、C、D 型接线形式。

1. A 型单母线系统

A 型主接线为单母线系统,两路进线采用直流断路器,设置四路直流馈出线。牵引整流机组的负极采用电动隔离开关,为实现自动化、远动调度操作提供条件。同一馈电区电分段处上行和下行之间设有纵向电动隔离开关,如图 5.10 所示。

除北京地铁外,国内其他线路多采用 A 型主接线系统。接线形式简单实用,可靠性高。

在上行、下行同一馈电区电分段处设置一台纵向电动隔离开关,当牵引变电所退出运行时,可以通过它实现大双边供电。

A 型单母线系统无论是在牵引整流机组、直流进线、直流母线、直流馈线开关故障或检修退出时,均能实现不影响直流牵引供电系统运行的要求,系统运行的可靠性很高,造价较低。

由于没有直流馈线备用开关,可采用较为简单的运行方式:任一台馈线开关退出时需要相邻牵引变电所进行大双边供电。

由于隔离开关的电气特性,使纵向电动隔离开关的操作限制条件较多,操作判断时间较长,正常双边供电转为大双边供电时间也较长。

2. B 型单母线系统

在 A 型单母线系统基础上,将进线直流快速断路器改为电动隔离开关,如图 5.11 所示。

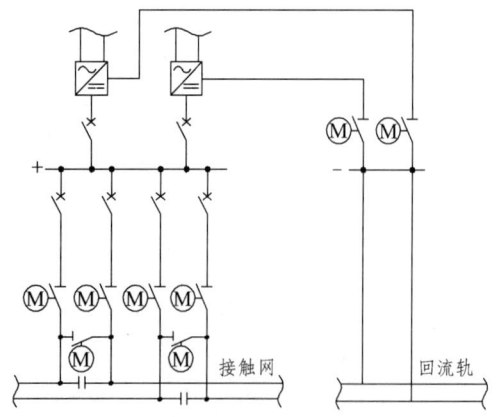

图 5.10 A 型单母线系统示意图

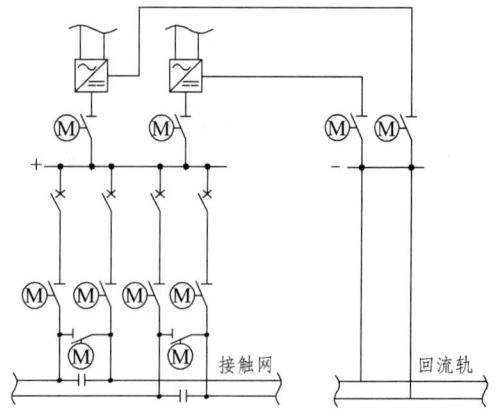

图 5.11 B 型单母线系统示意图

进线开关采用电动隔离开关,设备造价较低。由于其进线开关采用了电动隔离开关,联锁关系复杂,另外母线发生故障时,中压开关跳闸时间较长,一般为 65ms,不利于母线故障的迅速切除。

3. C 型双母线系统

C 型主接线为双母线系统,设有工作母线、备用母线和旁路开关。两路进线采用直流断路器,设置四路直流馈线,工作母线和备用母线之间设有备用直流断路器。牵引整流机组的负极采用电动隔离开关,为实现自动化、远动调度操作提供条件,如图 5.12 所示。

备用直流断路器可以代替四路馈线开关中的任何一个,具备馈线开关的所有功能,包括合闸线路测试功能、与相邻牵引变电所相同供电分区馈出线的双边联跳以及所内故障联跳功能等,属于热备用的直流馈线开关。

如牵引变电所两套牵引整流机组退出,可利用主母线构成大双边供电。如其中馈线开关(断路器)同时退出,而备用母线完好,仍可利用备用母线构成大双边供电。

4. D 型双母线系统

在 C 型双母线系统基础上,同一馈电区电分段处上行和下行增加了纵向电动隔离开关,当牵引变电所整体退出运行时,可以通过它构成大双边供电。D 型双母线系统联络关系比较复杂,如图 5.13 所示。

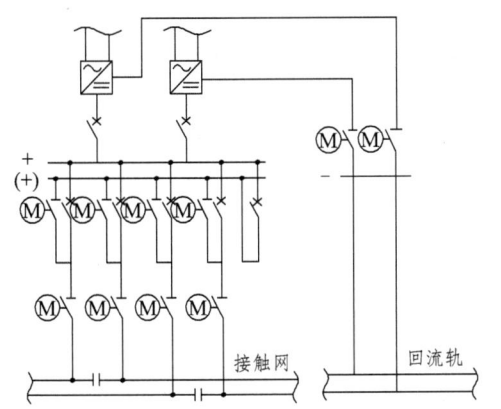

图 5.12　C 型双母线系统示意图

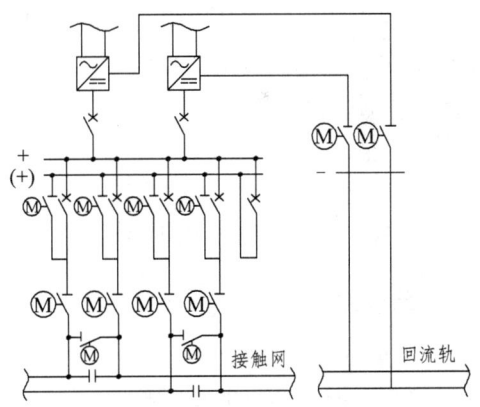

图 5.13　D 型双母线系统示意图

D 型双母线系统无论是在牵引整流机组、直流进线、直流母线、直流馈线开关故障或检修退出时,均能实现不影响直流牵引供电系统运行的要求,系统运行的可靠性很高,但造价也高。

设置备用直流断路器后,使每个馈线开关柜增加一台旁路电动隔离开关。电动隔离开关较多,增加了操作联锁的复杂性。

由于隔离开关的电气特性,使纵向电动隔离开关的操作限制条件较多,操作判断时间较长,正常双边供电转为大双边供电时间也较长。

主接线类型简单比较见表 5.2。

表 5.2 类型简单比较表

内容	A 型	B 型	C 型	D 型
可靠性	较高	较高	很高	很高
灵活性	较高	较高	很高	很高
经济性	较好	好	较差	差
联锁	简单	较简单	较复杂	复杂

第三节 牵引变电所运行方式

本节导读

牵引变电所的运行方式与主接线方式密切相关,主要分为两大类,一类是交流中压主接线运行方式,对应单母线、分段单母线和三段母线三种主要接线方式,本节分别介绍了不同接线方式下的正常运行、进线电源失电运行和母线故障运行等方式;另一类就是直流主接线运行方式,重点介绍了单母线、C 型双母线和 D 型双母线系统对应的运行方式。另外还介绍了电分段纵向电动隔离开关的应用与负极隔离开关的操作联锁等内容。

牵引变电所通过直流快速断路器分别向上下行接触网供电,以保证列车安全可靠地运行。根据运行需要,牵引变电所可以双机组运行或单机组运行,并对牵引网实行双边供电或大双边供电。牵引供电系统中,一座或相隔的多座牵引变电所退出运行,不应影响城市轨道交通的运输能力。

一、中压主接线运行方式

1. 单母线接线

1)正常运行方式

正常运行时,一路进线电源供电,并向相邻牵引变电所供电。

2)进线电源失电运行方式

当该进线电源失电退出后,经过解除相关联锁,出线电源可以自动转变成进线电源,由相邻变电所反向提供中压电源。

3)母线故障运行方式

当母线故障后,该牵引变电所退出运行,由相邻牵引变电所实施大双边供电方式。从直流双边供电方式倒换到直流大双边供电方式,需要一定的切换操作时间,这将对列车正常运行造成短时间的影响。

2. 分段单母线接线

1)正常运行方式

正常运行时,两个独立的进线电源同时供电,两段母线并列运行。

2）进线电源失电运行方式

一个进线电源失电退出运行方式：分段开关自动投入运行，由另一个进线电源向本牵引变电所的两段母线供电。

两个进线电源同时失电退出运行方式：通过调度命令进行倒闸操作，由相邻变电所反向提供中压电源。采用这种方式时，倒闸操作需要一定时间。在倒闸期间，进线电源失电的本段母线上的牵引整流机组暂时退出，但对线路运营影响很小。

当牵引整流机组所在母线上的进线开关检修而不能影响两段母线运行时，可以采用短时间的合环运行方式。正常运行时，合环转换开关置于退出位。在合环工作状态时，合环转换开关置于合环选跳位，合环选跳任一进线开关或母线分段开关。

3）母线故障运行方式

当一段母线退出后，闭锁分段开关自投功能，分段开关不投入运行，另一段母线继续运行。此时，若牵引整流机组在该段母线上，则该牵引变电所的整个牵引直流系统退出运行，直流牵引供电系统则通过直流系统内部的控制操作，相邻牵引变电所实施大双边供电方式。

当两段母线退出后，本牵引变电所退出运行。直流牵引供电系统的运行方式与一段母线退出的情况相同。

3. 三段母线接线

1）正常运行方式

正常运行时，一台分段断路器合闸，另一台分段断路器分闸，两路中压进线电源分列运行，两套牵引整流机组并联运行。

2）进线电源失电运行方式

一个进线电源失电退出运行方式：失电线路的分段开关退出，另一个分段开关自动投入运行，维持两套牵引整流机组的并联运行。

两个进线电源同时失电退出后运行方式，与分段单母线接线形式相同。

3）母线故障运行方式

正常运行时不带牵引整流机组供电的母线故障，对直流牵引供电系统没有影响。

正常运行时带牵引整流机组供电的母线故障时，牵引整流机组中压母线与故障母线分段开关跳闸，则该牵引变电所的整个牵引直流系统退出运行，运行方式与分段单母线接线相同。

两个进线电源母线故障时，该牵引变电所退出运行。直流牵引供电系统则通过直流系统内部的控制操作，相邻牵引变电所实施大双边供电方式。

二、直流主接线运行方式

直流主接线运行方式主要体现在备用母线、上下行纵向电动隔离开关的设置上，与直流进线开关的类型无关。车辆段牵引网正常运行方式下为单边供电，当车辆段牵引变电所退出运行时，由正线牵引变电所通过出入段线联络开关（电动隔离开关）向车辆段提供直流牵引电源，仍为单边供电。

下面详细论述正线牵引变电所直流主接线运行方式，车辆段牵引变电所直流主接线运行方式可以参照之。

1. 单母线系统运行方式

1）正常运行方式

牵引变电所采用双机组等效加脉波整流方式，双机组并列运行方式。

直流进线开关、馈线开关及上网电动隔离开关均闭合，纵向电动隔离开关处于断开状态。该牵引变电所与相邻牵引变电所对同一供电分区实施正常的双边供电。

2）单套牵引整流机组退出运行方式

见图 5.14。其中一组（上行线/下行线）上网电动隔离开关与纵向电动隔离开关安装如图 5.15 所示。牵引整流机组交流进线开关 QF1（QF2）因牵引整流机组 U1（U2）故障而跳闸时，进线直流断路器 QF3（QF4）则被联动跳闸；如直流进线为电动隔离开关，则逆流保护联跳所有馈出开关，然后控制中心遥控断开进线开关。此时所有馈线开关均被联跳开，并不进行自动重合闸，而且不进行邻站馈线开关联跳。另一套牵引整流机组 U2（U1）在其过负荷能力允许的情况下承担全部牵引负荷，该牵引变电所与相邻牵引变电所对同一供电分区维持正常的双边供电。

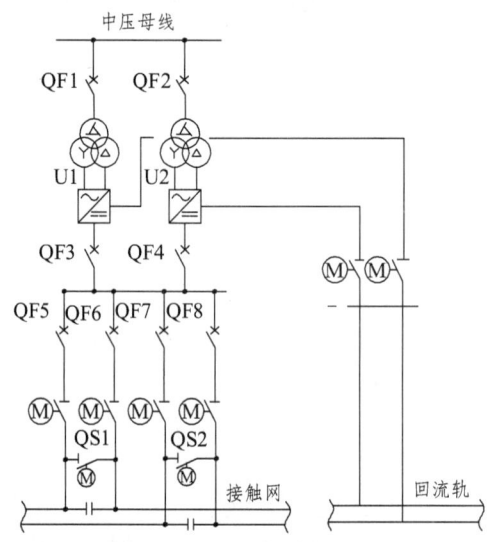

图 5.14 A 型主接线运行方式

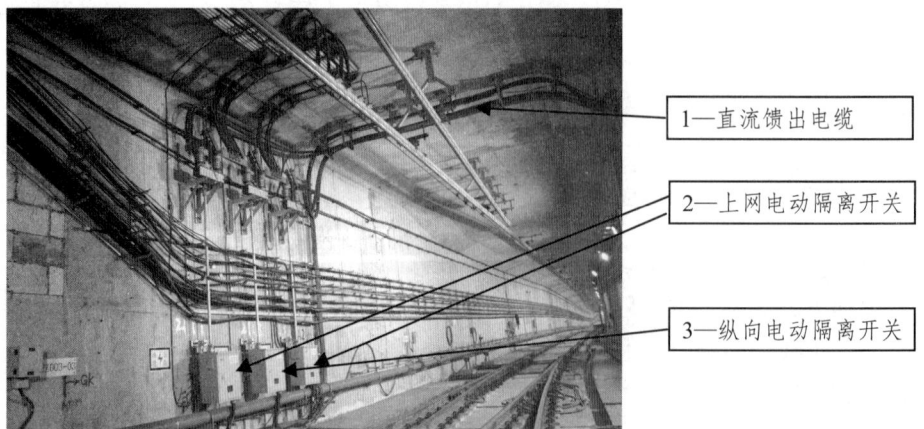

图 5.15 上网隔离开关与纵向隔离开关安装

故障牵引整流机组对应的直流进线开关断开,馈线开关及上网电动隔离开关均闭合,纵向电动隔离开关处于断开状态。该牵引变电所与相邻牵引变电所对同一供电分区实施正常双边供电。

3)两套牵引整流机组退出运行方式

两套牵引整流机组 U1、U2 退出时的运行方式与单套牵引整流机组退出时运行方式相同。

控制中心对上传的保护信号等信息进行判别,若非直流母线短路或框架保护动作时,该牵引变电所直流进线开关 QF3、QF4 及纵向电动隔离开关 QS1、QS2 处于断开状态,馈线开关 QF5、QF6、QF7 及 QF8 处于合闸状态。

4)直流母线退出运行方式

为切除开关柜直流母线碰壳故障,设有框架泄漏电流保护(简称"框架保护")。

开关柜直流母线发生故障时,框架保护联跳全部馈线开关和两套牵引整流机组交流进线开关。

由于框架保护不能辨别故障点是发生在开关柜内还是其他部位,框架保护将同时联跳上下行相邻牵引变电所相关馈出开关,允许被联跳的上下行相邻牵引变电所相关馈出开关进行人工合闸。如果人工合闸成功,表明故障点未发生在该牵引变电所馈出端及以下电缆。

控制中心遥分上网电动隔离开关。在满足纵向电动隔离开关合闸条件的情况下,如纵向电动隔离开关连接两端的牵引网电压为无压时,可遥合纵向电动隔离开关 QS1、QS2,相邻牵引变电所通过本牵引变电所纵向电动隔离开关构成大双边供电。

5)单台馈线开关退出运行方式

牵引变电所单台馈线开关 QF5(QF6、QF7、QF8)退出时,控制中心遥分对应的上网电动隔离开关及同一方向的馈线开关及上网电动隔离开关。在满足纵向电动隔离开关合闸条件的情况下,如纵向电动隔离开关连接两端的牵引网电压为无压等,可遥合纵向电动隔离开关 QS1(QS2),相邻牵引变电所通过该牵引变电所纵向电动隔离开关构成双边供电。

该牵引变电所退出的馈线开关和对应的上网电动隔离开关均处于断开状态,相关联的纵向电动隔离开关处于合闸状态。

6)电分段两侧上(下)行两台馈线开关退出运行方式

牵引变电所电分段两侧上(下)行的两台馈线开关 QF5、QF6(QF7、QF8)退出,在满足纵向电动隔离开关 QS1(QS2)合闸条件的情况下,遥合纵向电动隔离开关 QS1(QS2),相邻牵引变电所通过该牵引变电所纵向电动隔离开关 QS1(QS2)构成大双边供电。

该牵引变电所退出的馈线开关及上网电动隔离开关均处于断开状态,纵向电动隔离开关处于合闸状态。

如果退出的馈线开关位于上行/下行供电分区,则下行/上行馈电分区的另两台馈线开关仍处于合闸状态,与相邻牵引变电所保持正常的双边供电。

2. C 型双母线系统运行方式

1)正常运行方式

牵引变电所采用双机组构成 24 脉波整流方式,双机组并列运行方式。

直流进线开关、馈线开关及上网电动隔离开关均闭合,馈线开关柜旁路电动隔离开关及备用开关处于断开状态。本牵引变电所与相邻牵引变电所对同一供电分区实施正常双边供电。

2）单套牵引整流机组退出运行方式

如图 5.16 所示，单套牵引整流机组退出时运行方式与 A 型单母线系统相同。

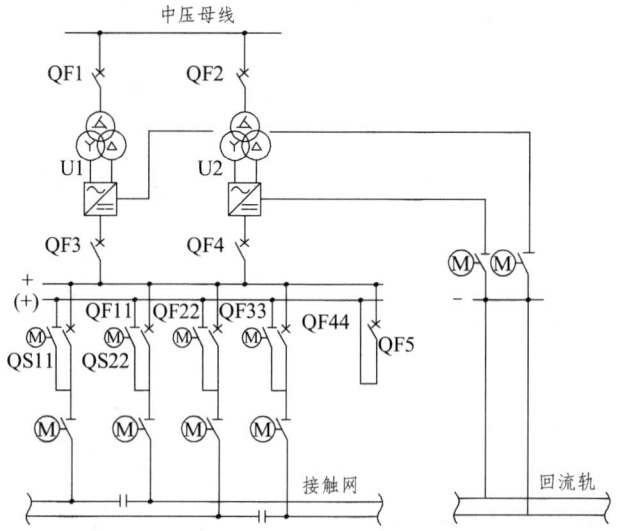

图 5.16　C 型主接线运行方式

退出的牵引整流机组对应的直流进线开关断开，馈线开关及上网电动隔离开关均闭合。馈线开关柜旁路电动隔离开关及备用开关处于断开状态。该牵引变电所与相邻牵引变电所对同一供电分区实施正常双边供电。

3）两套牵引整流机组退出运行方式

两套牵引整流机组退出运行方式与 A 型单母线系统相同。

该牵引变电所直流进线开关、馈线开关柜旁路电动隔离开关及备用开关处于断开状态，馈线开关处于合闸状态。

4）直流母线退出运行方式

直流母线退出时的联跳、分闸方式和时序与 A 型单母线系统相同。

在保证所有馈线开关 QF11、QF22、QF33、QF44 分闸情况下，控制中心遥分上下行相邻牵引变电所同一馈电分区的馈线开关。然后，按顺序依次遥合该牵引变电所旁路电动隔离开关、上下行相邻牵引变电所同一馈电分区的馈线开关，通过旁路电动隔离开关和备用母线构成大双边供电。

该牵引变电所直流进线开关（QF3、QF4）、馈线开关（QF11、QF22、QF33、QF44）及备用开关 QF5 处于断开状态，馈线开关柜旁路电动隔离开关及上网电动隔离开关处于合闸状态。

5）单台馈线开关退出运行方式

牵引变电所单台馈线开关 QF11 退出，由备用开关 QF5 通过与该馈线开关并联的旁路电动隔离开关 QS11 代替该馈线开关继续运行，与相邻牵引变电所对同一供电分区仍实施正常双边供电。

该牵引变电所退出的馈线开关柜内旁路电动隔离开关 QS11 及备用开关 QF5 均处于闭合状态，退出的馈线开关 QF11 及非故障馈线开关柜内的旁路电动隔离开关处于断开状态。

6）电分段两侧上（下）行两台馈线开关退出运行方式

牵引变电所电分段两侧上（下）行的两台馈线开关 QF11、QF22（QF33、QF44）先后退出，可以通过相对应的旁路电动隔离开关和备用母线构成双边供电，与单台馈线开关退出时运行方式相同。

7）馈线开关与备用开关同时退出运行方式

牵引变电所一台馈线开关 QF11 和备用开关 QF5 先后退出，对应的馈电分区可以通过旁路电动隔离开关和备用母线构成双边供电，也可以由相邻牵引变电所实施单边供电。其余馈线开关 QF22、QF33、QF44 与相邻牵引变电所保持正常的双边供电。

电动隔离开关 QS11 和 QS22 处于闭合状态，退出的馈线开关 QF11、备用开关 QF5 及非故障馈线开关柜内的旁路电动隔离开关（QS22 除外）处于断开状态。

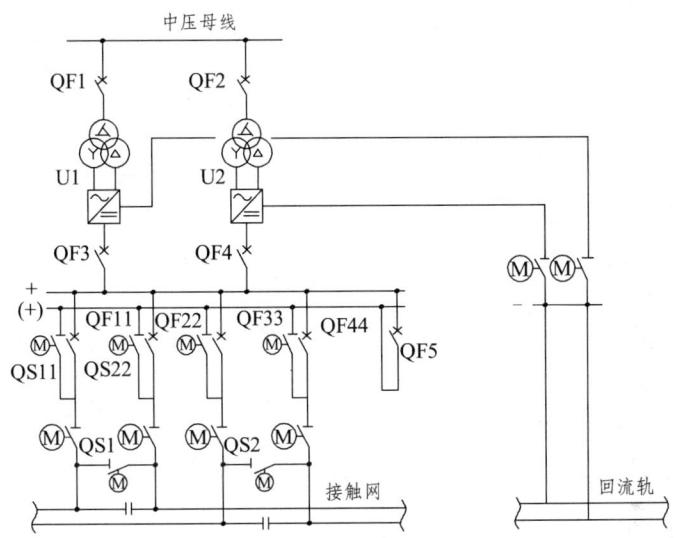

图 5.17　D 型主接线运行方式

3. D 型双母线系统运行方式

1）正常运行方式

正常运行方式与 C 型双母线系统相同，纵向电动隔离开关处于断开状态，如图 5.17 所示。

2）单套牵引整流机组退出运行方式

单套牵引整流机组退出运行方式与 C 型双母线系统相同。

3）双套牵引整流机组退出运行方式

双套牵引整流机组退出运行方式有两种：一种运行方式与 A 型单母线系统相同，对列车正常运行不构成影响；另一种方式可通过该牵引变电所纵向电动隔离开关 QS1、QS2 构成大双边供电，倒闸期间，对列车正常运行有短时间的影响。

4）直流母线退出运行方式

直流母线退出运行方式有两种：一种运行方式与 C 型单母线系统相同，对列车正常运行不构成影响；另一种方式可通过该牵引变电所纵向电动隔离开关 QS1、QS2 构成大双边供电，倒闸期间，对列车正常运行有短时间的影响。

5）单台馈线开关退出运行方式

单台馈线开关退出运行方式与 C 型双母线系统相同。

6）电分段两侧上（下）行两台馈线开关退出时运行方式

电分段两侧上（下）行两台馈线开关退出时运行方式与 C 型双母线系统相同。

7）馈线开关与备用开关退出运行方式

馈线开关与备用开关退出运行方式与 C 型双母线系统相同。

三、电分段纵向电动隔离开关的应用

电分段两侧上（下）行的上网电动隔离开关下口通过纵向电动隔离开关进行电气连接，为相邻牵引变电所提供大双边供电的条件。

1. 作用

1）作为牵引变电所 4 台馈线开关的备用开关

当牵引变电所电分段两侧上（下）行任何一台或两台直流馈线开关退出时，控制中心遥控合闸纵向电动隔离开关，此时上（下）行供电分区为大双边供电；而下（上）行供电分区仍为正常双边供电。牵引变电所直流侧不需要设置备用开关。

2）构成正常双边供电

当牵引变电所只有一个馈线开关退出时，将对应的上网电动隔离开关分闸、纵向电动隔离开关合闸，构成正常的双边供电。

3）作为牵引变电所的备用开关

当牵引变电所退出运行时，由纵向电动隔离开关构成大双边供电，保障列车正常运行。

2. 大双边联跳的自动转换

纵向电动隔离开关构成大双边供电的同时，应能自动完成大双边联跳的转换。

与纵向电动隔离开关对应地设置一个转换中间继电器，纵向电动隔离开关的合闸状态作为转换中间继电器的唯一启动条件。当纵向电动隔离开关合闸后，该合闸信号传给转换中间继电器，转换中间继电器的常开接点闭合，将电分段两侧上（下）行相邻牵引变电所的馈线开关联跳保护装置电气连接，自动实现大双边联跳的转换功能。也可以采用 PLC 替代转换中间继电器。

四、负极隔离开关的操作联锁

牵引供电系统的直流侧因运行需要，设置了一些必要的隔离开关，无论是电动的还是手动的，都不能带负荷操作，为保证设备和人身安全，都应设置必要的操作联锁。如回路中必须是直流快速断路器处于分闸位置时隔离开关才能进行操作；而整流器负极隔离开关则应和正极快速断路器相互联锁，硅整流器正极断路器和负极隔离开关在操作程序上应有下列联锁条件：

（1）只有负极隔离开关合闸后，正极开关才能进行合闸操作。如正极开关先合闸，而负极隔离开关不合闸，会导致停在线路的电动列车车体带电。这样进行联锁的目的就是为了人身安全和行车安全，避免负极不合闸而正极送电，从而使列车车体带电，威胁乘客人身安全。

（2）只有正极开关处于分闸位置，负极开关才能进行操作。避免负极隔离开关带负荷操作。

第四节 牵引供电系统保护概述

> **本节导读**
>
> 城轨牵引供电系统保护主要分为交流中压系统保护和直流牵引系统保护两大部分。交流中压系统保护,与通常的电力系统保护相似,而城轨牵引供电系统,由于系统的"多电源"与保护的"多死区"特点,使保护也具有其独特性。本节重点介绍了正常双边联跳、一路馈出开关退出运行时的双边联跳、牵引网大双边联跳和牵引网单边联跳等 4 种联跳保护,同时还介绍了直流正极接地保护(又称框架保护)。

一、城轨牵引供电系统保护特点

城轨牵引供电系统可分为两个部分:交流中压系统和直流牵引系统。交流中压系统保护,有一套完整的国家规程和行业规范。而城轨直流牵引供电系统保护,则参考资料较少。它可分为两个部分:牵引整流机组保护和直流馈出保护。最大特点是系统的"多电源"和保护的"多死区"。

【多电源】 城轨牵引供电系统的"多电源"是指当牵引网发生短路时,并非仅双边供电两侧的牵引变电所向短路点供电,而实际上是全线的牵引变电所皆通过牵引网向短路点供电。

而所谓"多死区",是因牵引供电系统本身的特点和保护对象的特殊性而形成保护上的"死区"。具体原因:地铁列车为多辆电动车组编组,其起动电流大于牵引网最小短路电流;电动列车是随时在运动的,其位置在不断移动、变化,作为电动列车的远后备保护,牵引变电所的保护应延伸至电动列车主回路末端。

当发生短路故障时,首先要"切断电源",切断电源对直流系统至关重要。因为一旦形成电弧,如不断电则可以长期维持。

对直流牵引供电系统,速动性与可靠性同等重要。直流侧保护均采用 ms 级的电器设备,如直流快速熔断器、直流快速断路器、di/dt 保护和 ΔI 保护等,都是以 ms 做计算单位。目的就是在直流短路电流上升过程将其遮断,不允许短路电流到达稳态值。至于选择性,在直流牵引供电系统中则处于次要位置,其保护的设置原则应当是"宁可误动作,不可不动作"。误动作可以用自动重合闸进行矫正。

从图 5.18 中可以看出,牵引网发生短路时,短路点的短路电流

$$I_k = I_{kz} + I_{ky}$$

而

$$I_{kz} = I_{k1} + I_{k2} + I_{k3} + I_{k4} + I_{k5}$$

式中 I_{kz}——左侧牵引变电所短路电流;

I_{ky}——右侧牵引变电所短路电流;

I_{k1}——1 号整流机组短路电流;

I_{k2}——2 号整流机组短路电流;

I_{k3}——下行牵引网短路电流;

I_{k4}——上行牵引网短路电流；

I_{k5}——右侧下行牵引网短路电流。

由上式可以看出，流经馈出开关的短路电流 I_{kz} 是由 $I_{k1} \rightarrow I_{k5}$ 5 个短路电流组成的。这就说明，如果馈线开关失灵拒动，要切断短路点的电源，只跳掉直流进线 QF1、QF2 是不够的，还要跳掉 QF3、QF4、QF5 等 5 路开关，既必须跳掉牵引变电所直流母线上的所有开关，同时还要跳掉右侧牵引变电所对应的馈线开关，才能保证切断电源。

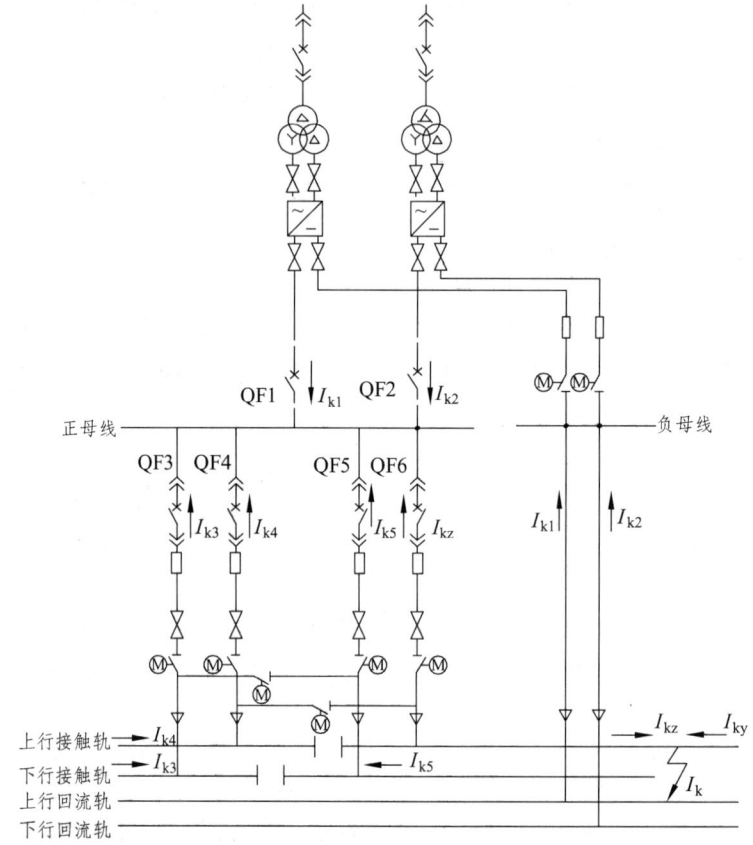

图 5.18　牵引变电所主接线图

二、牵引变电所联跳保护

城轨牵引供电系统包括牵引变电所和牵引网，有其自身的特点：电源多、供电方式多、回路多、参数多，这就决定了其短路计算、保护设置不同于交流供电系统，牵引供电系统设置的联跳保护就是其中的一种，联跳保护是在实践中总结事故经验的基础上产生的，是牵引供电系统重要的保护之一。

1. 联跳保护的概念

【联跳】　所谓联跳，就是一个开关事故跳闸后，去强迫与其相关的所有开关跳闸。这是目前解决牵引供电系统直流开关没有远后备保护的唯一可靠的办法。

【联跳保护】　所谓联跳保护，就是当发生短路时，及时地切断给短路点供电的所有电源。

【双边联跳保护】 所谓双边联跳保护，就是及时地切断向短路点供电的双边供电电源。

【变电所联跳保护】 所谓变电所联跳保护，就是及时地切断变电所向短路点供电的所有电源。

双边联跳保护功能是在故障情况下，为确保相邻变电所同一故障区间供电的断路器可靠跳闸而增设的后备保护。在故障情况下，距离短路点较近的变电所则先动作，对较远的变电所，因故障电流达不到保护定值而不跳闸，这将使接触网过流而过热，一旦时间过长，导致这一供电臂的接触网全部退火，利用双边联跳保护解决上述问题。当一侧直流断路器跳闸后，同时启动联跳装置发跳闸信号。

正常双边联跳，距离短路点较近的变电所应先动作，同时向本所联跳装置发跳闸信号，通过所间的联跳电缆，向相邻变电所的联跳装置发送跳闸信号。

顺序相邻的三座牵引变电所 A、B、C，当 B 变电所解列退出运行而实现越区供电时，通过 B 变电所连接在越区隔离开关上的辅助节点，接通大双边联跳回路电缆，构成大双边供电。

当牵引变电所两台整流机组的直流（或交流）进线开关故障跳闸时，同时联跳四路直流馈出开关，称之为变电所联跳。

牵引变电所联跳保护适用于以下两种情况：

（1）牵引变电所的两套整流机组开关同时因故障跳闸。

（2）牵引变电所任何一路直流馈出开关失灵拒动。

牵引变电所联跳是解决牵引供电系统无远后备保护的唯一可靠的方法。

【远后备保护】 所谓远后备保护，即保护开关的上一级开关的保护。

【近后备保护】 所谓近后备保护则指保护开关本身所设置的后备保护。

设置牵引变电所联跳的根本原因就是因为牵引变电所的直流断路器失灵拒动时，没有远后备保护，因为地铁牵引供电系统短路的特点就是多电源、多回路、多参数。牵引变电所 6 台直流开关中任意一台失灵拒动，只跳其上级断路器是不能切断电源的，还有五路开关向短路点供电。因此，解决牵引变电所直流断路器的远后备保护，只有实现牵引变电所联跳，如图 5.19 所示。

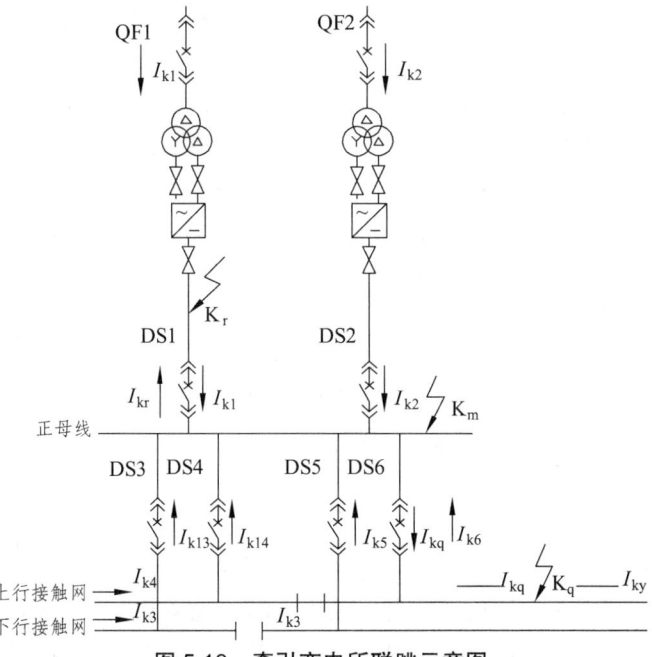

图 5.19 牵引变电所联跳示意图

（1）当直流进线开关上口至整流器出口处短路时，如短路点 K_r，则流向短路点的短路电流共有 6 路，即 2 路整流机组、4 路馈出回路的短路电流。

当 K_r 点发生短路时，如果直流开关失灵拒动，即便是短路电流使直流开关 DS2 跳闸，并使交流开关 QF1、QF2 也同时跳闸，也不能切断短路点的电源，还有 I_{k3}、I_{k4}、I_{k5}、I_{k6} 四路短路电流通过牵引网向短路点 K_r 继续供电，要迅速切断电源，必须同时使四路馈出开关 DS3、DS4、DS5、DS6 同时跳闸，即实现牵引变电所联跳。

（2）当直流母线短路时，如短路点 K_m，则流向短路点的短路电流也是 6 路，即 2 路整流机组、4 路馈出回路。

此时只断交流侧断路器 QF1、QF2 亦不能切断短路电流，还有 I_{k3}、I_{k4}、I_{k5}、I_{k6} 四路短路电流向短路点继续供电，要迅速切断电源，也必须同时使四路馈出开关跳闸，即实现牵引变电所联跳。

（3）当牵引网发生短路时，如短路点 K_q，流入短路点的短路电流也为 6 路。

由上面的分析可以看出，无论牵引供电系统何处发生短路，直流开关都没有远后备保护，因为它的上一级有多路电源、多路开关。尽管馈出开关设置了多种保护，但这些保护均属近后备保护，当开关失灵拒动时，只有实现牵引变电所联跳才能及时而迅速切断电源，保证列车运行安全。

2. 联跳保护的几种形式

牵引供电系统联跳保护有以下 5 种：牵引网正常双边联跳、一路开关退出运行时仍实行双边联跳、大双边联跳、上下行牵引网并联时单边联跳、牵引变电所联跳，而后者就是从根本上解决牵引供电系统的直流开关没有远后备保护的问题，下面分别介绍牵引网 4 种联跳保护方式。

1）正常双边联跳

正常双边联跳，是指原有联跳条件不做任何变动，牵引网正常双边联跳，可以分以下两种情况：

（1）牵引网正常双边供电。当牵引网正常双边供电时，为保护运行列车的安全，供电区一侧断路器事故跳闸，同时联跳同一供电区另一侧的断路器，以使短路点及时切断电源。而人为操作不进行联跳，保证列车正常运行，如图 5.20 所示。

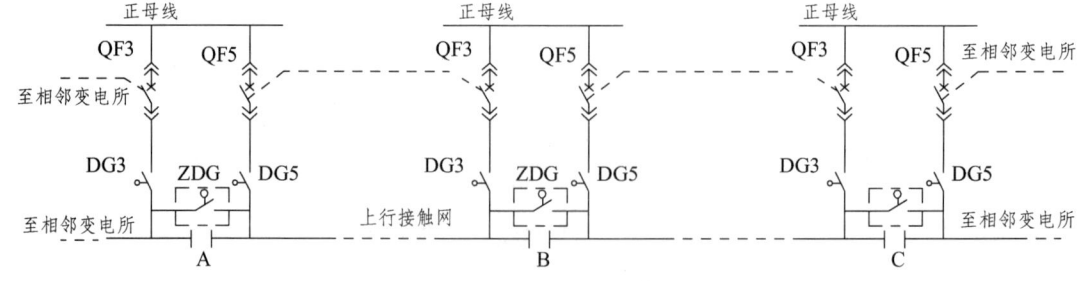

图 5.20 正常双边联跳示意图

为便于简化，图中只画出上行牵引网双边联跳示意图，虚线框中的纵向电动隔离开关 ZDG 处于分闸位置，同一供电区的馈出开关实行双边联跳，这是目前普遍采用的一种保护方式。

（2）利用牵引变电所母线构成大双边供电。当采用这种供电方式，仍实行正常双边联跳，

联跳条件不做任何变动。利用牵引变电所直流母线构成大双边供电的条件是:
① 牵引变电所只有整流机组退出运行。
② 直流母线、上下行 4 路馈出开关运行正常,如图 5.21 所示。

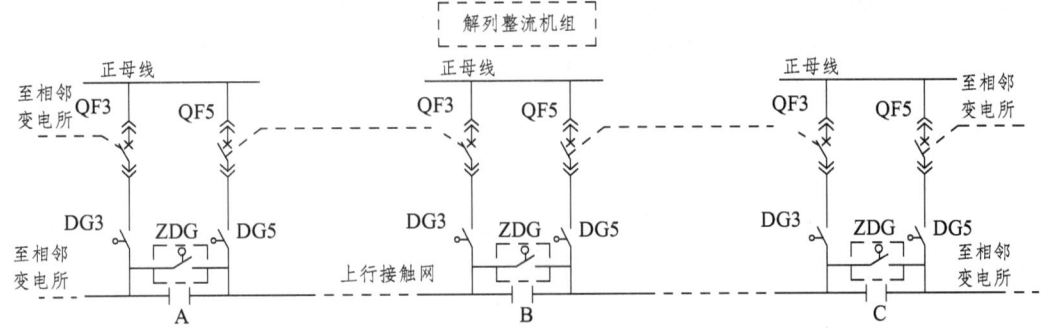

图 5.21 利用牵引变电所母线构成大双边供电示意图

图 5.21 中,纵向电动隔离开关 ZDG 处于分闸状态,这样构成大双边供电的优点是简单方便,容易实现,通过直流母线将上下行牵引网并联,使供电回路电阻降低,改善电压质量。缺点是一点发生短路故障时,可能引起多路馈出开关跳闸,从而使事故范围扩大。

2) 一路馈出开关退出运行时的双边联跳

当牵引变电所一路馈出开关退出运行时,为保证列车运行时的电压质量仍和正常双边供电时一样,可以继续实行正常双边供电,并实行双边联跳,双边联跳条件需进行自动转换。即由相邻变电所来的联跳条件从退出运行开关 QF3 转换至同一电分段另一侧开关 QF5。这种保护方式适用于上行或下行一路馈出开关故障退出运行时的保护,也适用于两路(不同电分段的两路)开关故障退出运行的保护,如图 5.22 所示。

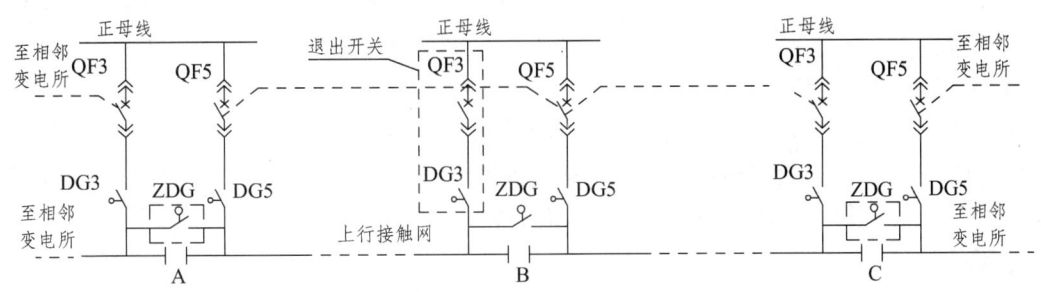

图 5.22 一路馈出开关退出运行双边联跳示意图

图 5.22 中 B 牵引变电所馈出开关 QF3 因故退出运行。另一路馈出开关 QF5 继续运行,纵向电动隔离开关 ZDG 处于合闸位置,此时牵引网仍实行正常双边供电。将从 A 牵引变电所来的联跳条件自动转换至馈出开关 QF5,即 B 牵引变电所的馈出开关 QF5 同时与 A 所和 C 所均实现联跳。一路馈出开关退出运行仍实行正常双边联跳,有以下优点:

(1) 各牵引变电所负载率不变,因 B 牵引变电所没有退出运行。A、C 区间的牵引负荷仍然由 A、B、C 三个变电所分担。

(2) 电压损失比大双边供电时小 1/2。

(3) 功率损失比大双边供电时小 1/2。

(4) 杂散电流比大双边供电时小 1/2。

这种运行方式无疑可以减小运营费用,对运营有利,这是运营中可以采用的一种方式,牵引变电所设计时应满足这个运营条件。当牵引变电所上行或下行只一路馈出开关故障退出运行时，避免采用大双边供电方式而实行正常双边供电。图 5.22 中，一路馈线开关（QF5）为左右两个区间供电，其整定值也无需做大的调整，因为只需躲过一列车的起动电流即可。在牵引变电所的四路馈线开关中，只有两路列车出站的馈线开关承担起动电流，而另外两路列车进站的开关则不承担列车起动电流。

3）牵引网大双边联跳

这种保护适用于以下两种情况：

（1）牵引变电所 B 故障解列、退出运行。

（2）牵引变电所同一电分段的两路馈出开关故障退出运行，如图 5.23 所示。

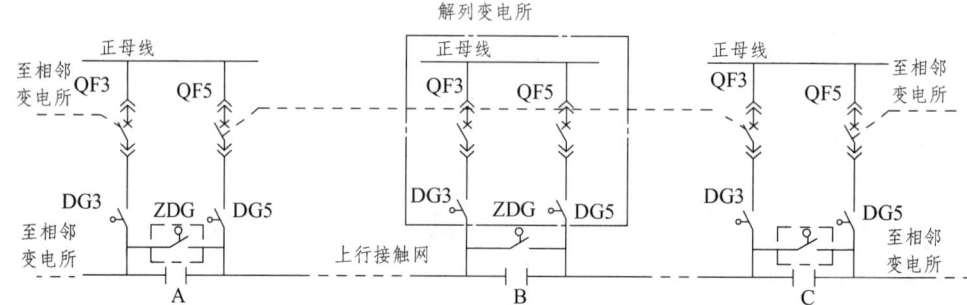

图 5.23　牵引变电所退出运行大双边联跳示意图

牵引变电所 B，合纵向电动隔离开关 ZDG，由相邻牵引变电所（A、C）对牵引网实行大双边供电，一侧断路器跳闸同时引起同一供电区另一侧断路器也跳闸，同时其联跳条件也应自动转换。

通过以上分析可以看出，在运营中，应尽量采用双边供电方式，以改善列车运行条件、减小能量损耗和减小杂散电流。

4）牵引网单边联跳

所谓单边联跳，指当线路终端牵引变电所故障解列、或一路馈线开关故障退出运行时，如因单边供电距离长，允许最大电压损失超过国家标准，为减小牵引网回路电阻，可在终端变电所处将上、下行接触网并联，并联方式有 3 种：

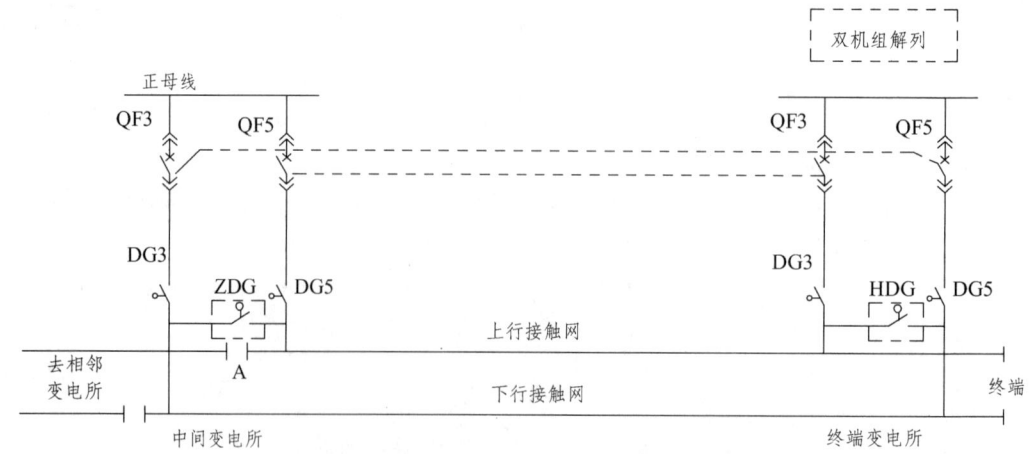

图 5.24　利用直流母线将上下行接触网并联

（1）牵引变电所只整流机组退出运行，可利用直流母线和馈出开关将上下行接触网并联，如图 5.24 所示。图 5.24 中，变电所只两套整流机组退出运行，横向隔离开关 HDG 处于分闸状态，利用变电所直流母线将上下行接触网并联。

此时，相邻牵引变电所双边联跳关系不变，只是从一个变电所供电，仍属单边供电。

（2）牵引变电所故障解列、或一路馈线开关故障退出运行时，可利用横向电动隔离开关（HDG），将上下行接触网并联，如图 5.25 所示。

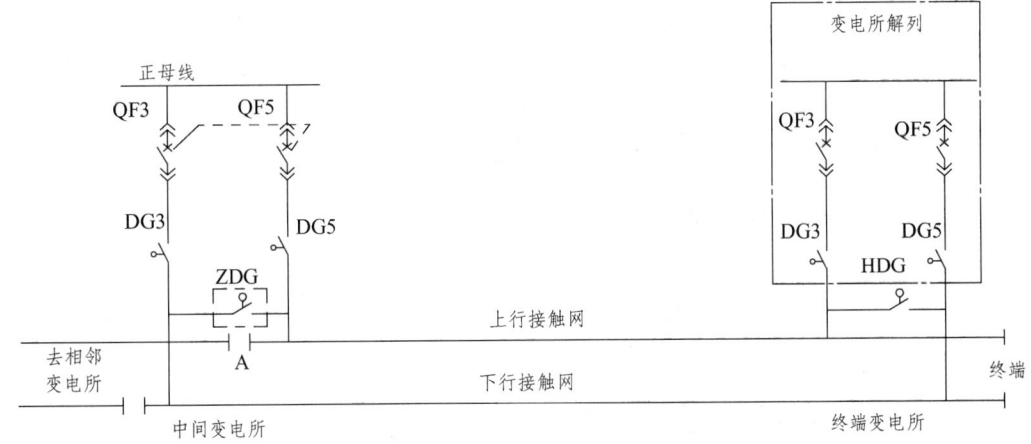

图 5.25　利用横向隔离开关（HDG）将上下行接触网并联

图 5.25 中，横向隔离开关 HDG 处于合闸状态，上下行接触网并联运行。图 5.25 中，中间变电所馈出开关向终端变电所的联跳条件，转换至本变电所的馈出开关。无论图 5.24 还是图 5.25 所示，皆可使列车在终端变电所起动时，牵引网中最大电压损失减少 25% 以上，如 750 V 牵引网允许最大电压损失为 250 V，则上、下行接触网并联后，最大电压损失可减小为 187.5 V；1 500 V 牵引网允许最大电压损失为 500 V，上、下行接触网并联后，最大电压损失减小为 375 V 即可满足要求。

5）用直流快速断路器代替纵向电动隔离开关时的联跳保护

目前国内地铁多在牵引网电分段处设纵向电动隔离开关，以保证在牵引变电所解列时实行大双边供电。在实际运行中，操作电动隔离开关联锁条件太多，要实现大双边供电的时间较长，给值班员快速实现倒闸作业带来不便。如果用直流快速开关代替电动隔离开关，则会取消所有的联锁条件，调度人员可以根据需要随时操作纵向直流快速断路器开关，任何一路馈出开关故障退出、或牵引变电所解列，都可以用它代替，为运行中电力调度操作带来极大的便利和快捷，如图 5.26 所示。

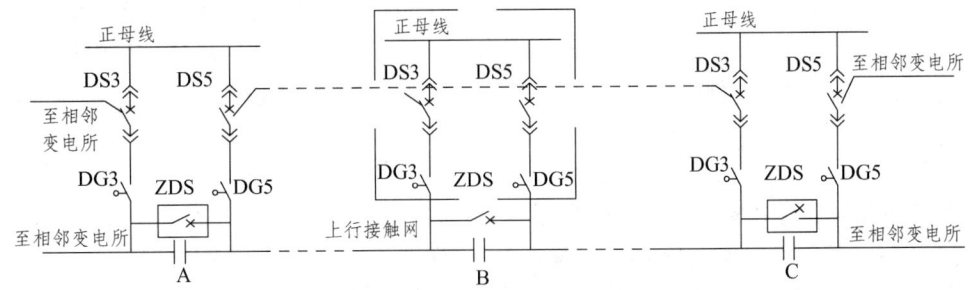

图 5.26　用 ZDS 代替 ZDG 大双边联跳示意图

用 ZDS 代替 ZDG 的最大优点就是操作无需联锁条件,为运营操作迅速实现大双边供电提供了有利条件,ZDS 的作用实际上就是牵引变电所的备用开关。

三、直流正极接地保护(框架保护)

直流正极接地保护,也称直流框架保护。因为牵引供电系统的正极、负极均不接地,为悬浮安装,对地面牵引变电所,当直流正极碰壳时,属小电流接地系统,其接地短路电流受牵引变电所接地电阻与走行轨对地过渡电阻的制约,不足以使保护开关动作,故专为此而设置框架保护。框架保护保护装置与系统构成如图 5.27 所示。

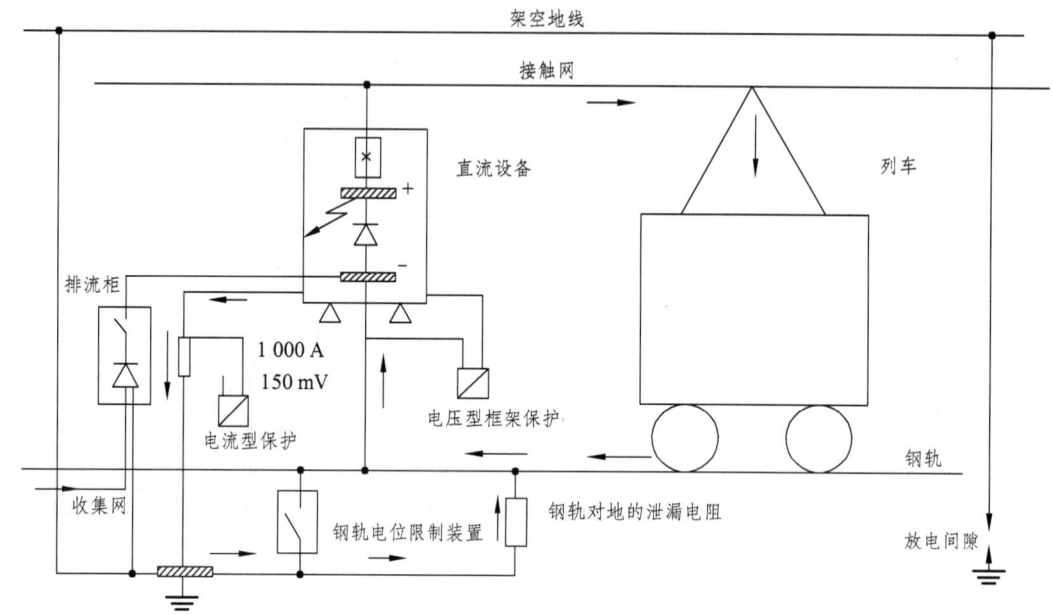

图 5.27 框架泄露保护装置与系统构成示意图

1. 保护原理

电流测量元件一端接设备外壳,另一端接地,用于检测外壳与地之间流过的故障电流。电压测量元件用于测量设备外壳与直流设备负极之间的电压,一端接于负极,另一端接设备外壳。

当任意一个直流设备内正极对外壳短路时,对地电流通过电流测量元件流入地网,再通过钢轨与地之间的过渡电阻(或排流柜)回到钢轨(负极)。当对地电流达到整定值时,框架保护的电流元件动作;同时电压测量元件检测负极与设备外壳间的电压值,当电压大于整定值时,电压元件在整定的时间内动作,使相应的交、直流断路器跳闸,切除故障。

2. 整定原则

电压型框架保护整定原则:电压型框架保护定值和时间要与钢轨电位限制装置相互配合,电压与时间整定值使得电压型框架保护滞后于钢轨电位限制装置。其配合原理见电压型框架保护与钢轨电位配合电压、时间曲线图。电压型框架保护动作后,本所内直流馈线断路器跳闸，相邻所仅作为报警。

电流型框架保护整定原则：电流型框架保护在直流系统主绝缘击穿时，产生小电流接地故障时动作，其电压和电流检测对故障点的定位都比较困难，选择性较差。电流型框架保护定值精度要求较高，电流元件由于灵敏度过高，可调整定值，定值为一般 35~85 A，动作时限为 0 s。

电流型框架保护动作后，本所内整流机组高压侧断路器及所有直流馈线断路器跳闸，同时联跳相邻牵引变电所直流馈线断路器，并闭锁本所直流馈线断路器，但不闭锁相邻所直流馈线断路器。

为了避免发生电流型框架故障而将两组整流机组联跳，也就是说只切除故障整流机组，每套整流机组设置独立的电流型框架保护较合适。当该保护动作时，仅切除故障整流机组相应的高压断路器和进线直流断路器。

3. 几点说明

（1）通过大量实验证实，在地下车站，直流正极接地并不是小接地电流系统，而是大接地电流系统。流经外引接地装置的短路电流只是总短路电流的 3% 左右，约 97% 的接地短路电流是通过地下结构钢筋流到走行轨，从而流回牵引变电所的负母线。其短路电流之大，完全可以依靠开关本身的保护动作跳闸，无需专门设置框架保护。同时由于地下牵引变电所正极接地电流很大，如设置框架保护也易烧毁框架保护内的电流线圈，故框架保护更多的是适用于地面牵引变电所，地下牵引变电所直流设备可以不做绝缘安装。

（2）当走行轨不明原因电位升高时，或当某一个牵引变电所发生框架泄漏故障时，整条线路的钢轨对地电位都会升高。此时，各个牵引变电所框架保护电压元件都会检测到负极与地之间较高的电压值，并同时起动框架保护。如此，没有发生框架泄漏故障的牵引变电所很易产生框架保护误动作，扩大了事故停电范围。当接触网对架空地线发生短路时，其动作情况与其相同。为此，大多取消了电压测量元件。

（3）由于框架保护的电流测量元件线圈电阻很小，并不起限制电流的作用，直流设备之所以绝缘安装，主要目的就是当正极碰壳时，让对地小电流集中流过框架保护的电流线圈。因此，直流设备的外壳名义上是绝缘安装，实际上是通过设备的金属外壳与框架保护的电流线圈（小电阻）接地的。

第五节 接触网概述

本节导读

接触网是一种沿着轨道架设并通过弓网接触取流实现给机车供电的线路，是城轨牵引供电系统的重要组成。本节只是简单概述了接触网的组成、特点、基本要求、分类与供电方式，不涉及接触网的具体结构及其详细内容。

接触网是城轨供电系统的重要组成部分，架设在轨道的上方（或边上），是一种特殊的输电线。机车通过受流装置（受电弓或集电靴）从接触网中获得电能。所以，接触网受流质量的好坏，对机车运行起着重要的作用。本节只对接触网进行简单概述，详细内容见接触网的相关教材。

一、接触网的组成

牵引网是包括了接触网、钢轨回路（包括大地）、馈电线和回流线的一个大的范畴，它是城轨供电系统中向电动车组供电的直接环节。

接触网是一种悬挂在轨道上方（或侧面）沿轨道敷设的和铁路轨顶保持一定距离的输电网。通过电动车组的受流装置和接触网的滑动接触，牵引电能就由接触网进入电动车组，驱动牵引电动机使列车运行。

馈电线是连接牵引变电所和接触网的导线，它把经牵引变电所变换成合乎牵引制式用的电能馈送给接触网。

轨道在非电牵引情形下只作为列车的走行轨。在电力牵引时，轨道除仍具有走行轨功能外，还需要完成导通回流的任务。因此，电力牵引的轨道还需要具有畅通导电的性能，称为"回流轨"。

回流线是连接轨道和牵引变电所的导线，通过回流线把轨道中的回路电流导入牵引变电所。

接触网占牵引网的绝大部分，因而在牵引网的讨论中，主要是针对接触网而言的。

二、接触网的工作特点

1. 没有备用

牵引负荷是重要的一级负荷，向牵引变电所供电的电源线均设置两个回路，牵引变所内主变压器及其他重要设备也在设计中考虑了备用措施，一旦主电源、主要设备故障时，备用电源、备用设备可及时（自动）投入运行，以保证对接触网的不间断供电。接触网由于与电动车组在空间上的关系，和轨道一样无法采取备用措施。所以，一旦接触网故障，整个供电区间即全部停电，在其间运行的电动车组失去电能供应，列车停运。

2. 高速接触取流，故障率高

和一般的电力线路只在两点间固定传输电能的作用不同，有许多电动车组与接触网进行高速运动取流。电动车组受流装置以一定的压力和速度与接触网接触摩擦运行，通过接触网的电流很大。运行中不可避免地会产生受电弓离线而引起电弧，再加上在露天区段还要承受风、雾、雨、雪及大气污染的作用，使接触网昼夜不停地处在振动、摩擦、电弧、污染、伸缩的动态运行状态之中。这些因素对接触网各种线索、零件都产生恶劣影响，使其发生故障的可能性较一般电力线路的概率要大得多。

3. 结构复杂，技术要求高

接触网的运行环境和运行特点决定了接触网的结构较一般电力线路有很大的不同。为了保证电动车组安全、可靠、质量良好地从接触网取流，接触网的结构比较复杂。技术要求也较高，如对接触网导线的高度、拉出值,定位器的坡度,接触网的弹性、均匀度等都有定量的要求。

三、对接触网的基本要求

接触网的工作状态主要是指接触线和电动车组受流装置滑板的接触和导电情况。从电路要求上,为保证良好的导电状况,滑板与接触线的接触应保持一定的接触压力。在电动车组静止时,接触压力可以保持不变。当电动车组运行时,滑板跟着运动,与接触网形成滑动摩擦接触。这时,如能继续保持一定的接触压力,接触网才处于良好的工作状态,才能不间断地向电动车组供电。

实际上,上述要求是不容易做到的。由于电动车组的振动和接触线高度变化等因素,往往造成滑板和接触线间的压力变化很大,有时甚至产生脱离现象,致使滑板和接触线之间的脱离处发生电弧。如果接触线本身不平直而出现小弯或是悬挂零件不符合要求超出接触面时,滑板滑到此处将发生严重冲击或电弧,这是很不利的,这种引起受电弓运行状态瞬间改变的各类因素的总称称为接触线的硬点。因为冲击和电弧会造成接触网和受电弓的机械损伤和烧伤,严重者将造成断线事故,而且取流不良对电动车组上的电机和电器产生不利的影响,所以应该尽量避免。因此,为了尽量保证对电动车组良好的供电,对接触网有一些基本的要求。

(1)接触网悬挂应弹性均匀、高度一致,在高速行车和恶劣的气象条件下,能保证正常取流。

(2)接触网结构应力求简单,并保证在施工和运营检修方面具有充分的可靠性和灵活性。

(3)接触网的寿命应尽量长,具有足够的耐磨性和抗腐蚀能力。

(4)接触网的建设应注意节约有色金属及其他贵重材料,以降低成本。

四、接触网的分类

接触网分为架空式接触网和接触轨式接触网。架空式接触网用于城市地面或地下、铁路干线、工矿的电力牵引线路。接触轨式接触网一般仅用于净空受限的地下电力牵引。我国在城轨交通系统中,架空式和接触轨式的接触网均有采用。

架空式接触网的悬挂类型大致为三种:简单悬挂、链形悬挂、刚性悬挂。不同类型其电线粗细、条数、张力都是不一样的。架空接触网的悬挂方式,要根据架线区的列车速度、电流容量等输送条件以及架设环境进行综合勘察来决定要采取什么方式。

接触轨式接触网是沿轨道线路敷设的附加接触轨,从电动客车转向架伸出的受流器通过滑靴与第三轨接触而取得电能。接触轨可以有三种方式,即上接触式、下接触式和侧接触式。

一般,牵引网电压等级较高时,为了安全和保证一定的绝缘距离,宜采用架空式接触网。在净空受限的线路和电压等级较低时多采用接触轨式接触网。北京地铁采用的是接触轨式接触网,上海和广州地铁则采用了多种接触网形式。

五、接触网的供电方式

牵引变电所是沿铁路线布置的,每一个牵引变电所有一定的供电范围。供电距离过长,会使末端电压过低及电能损耗过大；供电距离过短，又使变电所数目太多而不经济。

牵引变电所向接触网供电有两种方式：单边供电和双边供电。接触网通常在相邻两牵引变电所间的中央断开，将两牵引变电所之间两供电臂的接触网分为两个供电分区。每一供电分区的接触网只从一端的牵引变电所获得电流，称为单边供电。

如果在中央断开处设置开关设备，可将两供电分区连通，则相邻牵引变电所间的两个接触网供电分区均可同时从两个变电所获得电流，这称为双边供电。一般来说，车辆段内采用单边供电方式，正线采用双边供电方式。正常运行时，列车从牵引变电所以双边供电方式获得电能。正线上任何牵引变电所故障退出运行时，均由相邻牵引变电所越区供电。在越区供电方式下，供电末端的接触网（或接触轨）电压较低，电能损耗较大，因此，视情况要适当减少同时处在该供电区段的列车数量。另外，直流馈线保护整定时还需考虑大双边供电方式下的灵敏度。因此，越区供电只是在事故状态下短时采用的一种运行方式。

第六节 牵引动力系统概述

> **本节导读**
>
> 本节主要介绍了城市轨道交通车辆、牵引传动系统和直线电机在城轨列车上的应用等内容。城轨列车是城轨供电系统最重要的用电设备之一，作为供电人员，也需要对这些内容有所了解。

城市电力牵引交通发展初期是地面有轨电车，网压制式为 DC 550~600 V，后来进入地下，此时网压制式一般为 DC 1 500 V。由于大城市发展，客流量也越来越大，为满足大客流量的需要以及安全的考虑，在 20 世纪 80 年代以后，轨道交通车辆一般采用 DC 750 V 或 DC 1 500 V 供电方式。

一、车辆简介

城市轨道交通车辆作为城市公共交通的旅客运载工具，不仅要保证车辆运行的安全、准点、快速，而且要为乘客提供良好的服务条件，使乘客乘车舒适、方便，同时还考虑对城市的景观和环境的影响。为了达到这些要求，近代在设计、制造城市轨道交通车辆上采用了大量的高新技术，例如，车体结构、材料的轻量化、线性电机驱动、再生制动技术、走行装置的低噪声和高平稳性设计以及交流变频调压技术等。

不同的城市轨道交通模式，所采用的车辆类型之间有很大的差异。但不论是地铁车辆、轻轨车辆或是独轨车辆，均为电动车组编列运行，都有动车和拖车及带驾驶室车和不带驾驶室车之分。上海地铁车辆共分 3 种车型：A 型带驾驶室的拖车，B 型带受电弓的动车，C 型不带受电弓的动车。编列运行时，带驾驶室的 A 型车始终编在列车的两端，其他车型在列车中的位置可以互换。例如 6 节编组的形式可以为 A-B-C-C-B-A，也可以编成 A-B-C-B-C-A。当为 8 节编组时，可以编成 A-B-C-B-C-B-C-A，也可以是 A-B-C-C-B-B-C-A。对于轻轨交通常采用铰接式车辆，有单铰六轴车和双铰八轴车，车辆两端均设驾驶室，可以单节运行，也可以多节连挂编组运行。

二、牵引传动系统

牵引传动系统需要满足车辆动力性能、故障运行、救援能力及实现预期的旅行速度等，并考虑系统各参数匹配和满足地铁车辆特殊的运行工况（运行站距短、启/制动频繁且启/制动加/减速度大）及电气性能要求（启/制动力矩大、启/制动峰值功率大以及导致的直流供电电压变化范围大）。

牵引传动系统如图 5.28 所示。

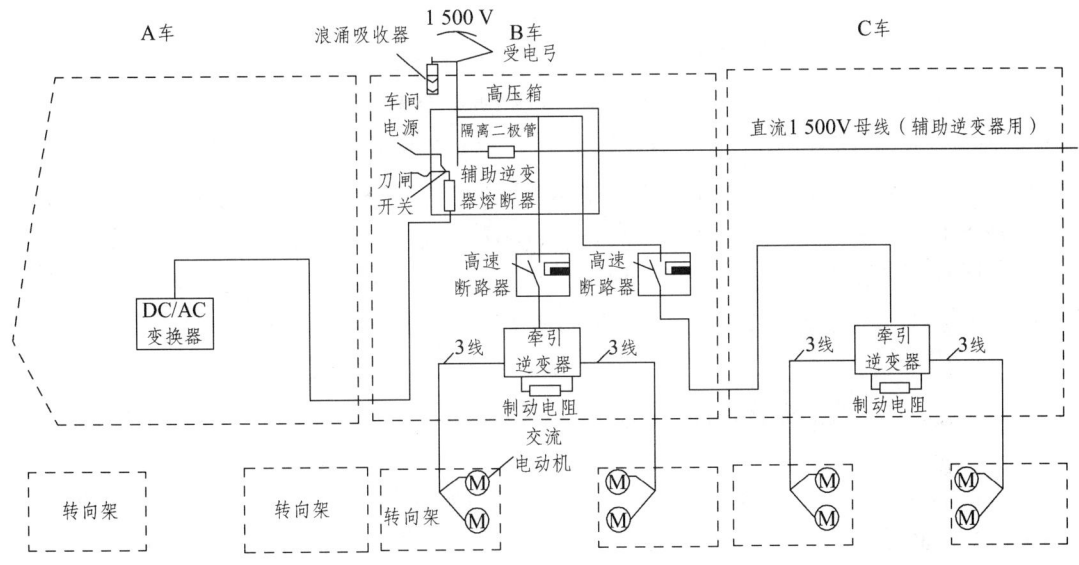

图 5.28 牵引传动系统示意图

随着科技进步，尤其是电力电子装置技术发展，全控型电力电子器件与功能强大的微处理器芯片成功地开发应用，加之少维护、结构简单又坚实牢固的交流异步牵引电机的发展及其控制理论不断完善，20 世纪 90 年代中后期起，逐步采用异步牵引电机的交流传动取代直流牵引电机的直流传动。

牵引系统的基本工作原理是将接触网（轨）的高压直流电通过逆变器转换成频率和电压均可调的三相交流电，供给驱动用牵引电机。交流笼型电机具有坚固耐用，维修少、体积小、质量轻等优点，但同时需要通过调频才能更便捷地调节其转速，通过调压才能使其恒力矩或恒功率的牵引特性。随着大功率电力电子器件和微型计算机的出现与应用，使交流电动机良好的牵引特性更加易于实现。

如图 5.29 所示，列车受电弓从接触网接受电流，通过高速断路器后，将直流电流送入 VVVF 牵引逆变器。VVVF 牵引逆变器采用脉宽调制（PWM）模式，将直流电逆变成频率、电压可调的三相交流电，平行供给车辆四台交流笼型异步牵引电机，对电动机进行调速，实现列车的牵引与制动功能。其半导体变流元件采用大功率晶闸管，输出可调频、调压的电源供牵引电机使用。

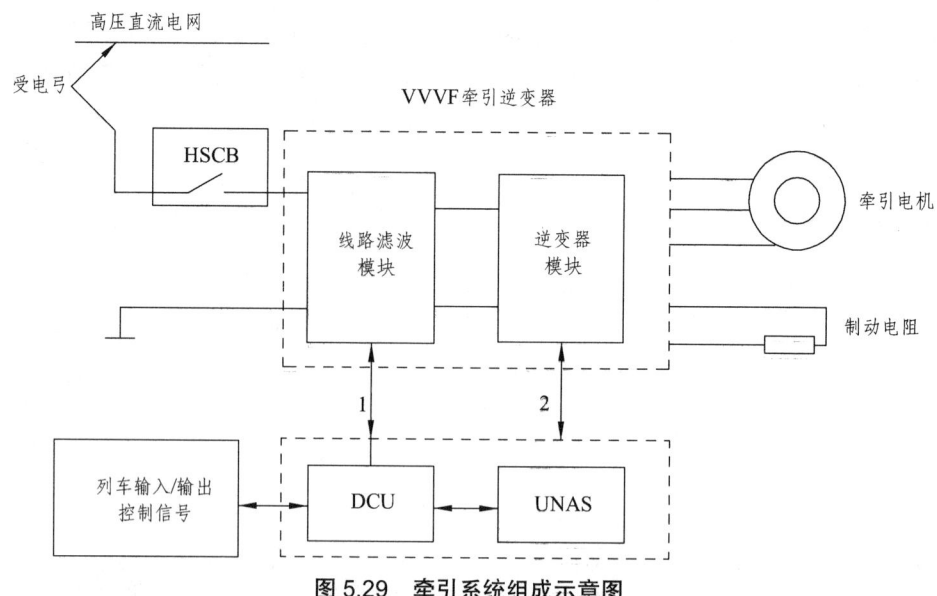

图 5.29 牵引系统组成示意图

1—DCU 对 VVVF 牵引逆变器的线路电容器充/放电控制；2—DCU/UNAS 对 VVVF 牵引逆变器及电机转矩控制

牵引电机为三相交流感应电机，由于采用这种电传动方式，可使车辆具有良好的制动性能。在制动时，电动机变为发电机状态运行，将车辆动能变为电能，经逆变器整流成直流电反馈回接触网，可供其他车辆牵引或作他用。当无其他装置吸收时，可全功率转变为电阻制动，低速或紧急时还有空气制动投入，车辆制动十分可靠。

三、直线电机在城轨列车上的运用

20 世纪 80 年代后，加拿大、日本、美国、马来西亚等国均在部分城市轨道交通线路上开始采用了直线感应电机驱动的轮轨交通系统。我国则在广州地铁 4 号线、5 号线和北京地铁国际机场线等开始采用。现简单介绍直线电机的原理及其在地铁列车的应用。

1. 工作原理

与旋转电动机不同，直线电动机是能够直接产生直线运动的电动机，但它却可以看成是从旋转电动机演化而来，如图 5.30 所示。设想把旋转电动机沿径向剖开，并将圆周展开成直线，就得到了直线电动机。旋转电机的定子、转子在直线电机中称为初级和次级。

直线电动机的工作原理与旋转电动机相似。以直线感应电动机为例：当初级绕组通入交流电源时，便在气隙中产生行波磁场，次级在行波磁场切割下，将感应出电动势并产生电流，该电流与气隙中的磁场相作用就产生电磁推力。如果初级固定，则次级在推力作用下做直线运动；反之，则初级做直线运动。

当初级线圈通以三相交流电时，由于感应而产生电磁力，直接驱动车辆前进，改变磁场移动方向，车辆运动的方向也随之改变。车辆平稳运行时，定子与感应轨之间的间隙一般保持在 10 mm 左右。

直线电机在地铁列车上的运用实物如图 5.31 所示。

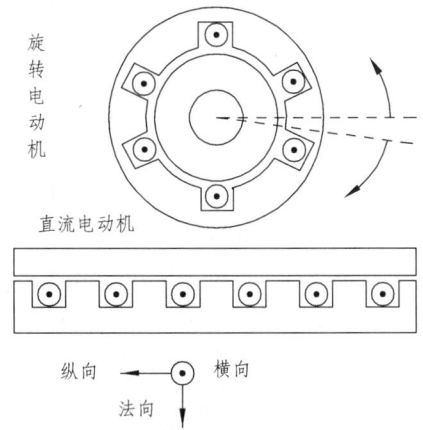

图 5.30　从旋转电动机到直线电机电动机的演化

图 5.31　直线电机在地铁列车上的运用

2. 使用直线电机牵引的优点

（1）省去了把旋转运动转换为直线运动的中间转换机构，节约了成本，缩小了体积。

（2）不存在中间传动机构的惯量和阻力的影响，直线电动机直接传动反应速度快，灵敏度高，准确度高。

（3）直线电动机容易密封，不怕污染，适应性强。由于电机本身结构简单，又可做到无接触运行，因此容易密封，可在有毒气体、核辐射和液态物质中使用。

（4）直线电机散热条件好，温升低，因此负荷和电流密度可以取得较高，可提高电机的容量定额。

（5）装配灵活性大，往往可以将电机与其他机件合成一体。

（6）某些特殊结构的直线电动机也存在一些缺点，如大气隙导致功率因数和效率降低，存在单边磁拉力等等。

（7）减少隧道及高架的过渡段，减少拆迁工作量，隧道断面小，大大降低工程投资。

3. 使用直线电机牵引存在的不足

由于车载定子与地面转子是处在一个相对直线运动的弹性（轴箱垂向弹性定位）系统间，不可避免地会造成相互间隙变化，因此气隙设计得不能太小，否则会导致不安全因素，一般定在 10 mm 左右（比德国磁悬浮列车的气隙 8 mm 要高一些）；再加上直线电机是有端部的（旋转电机是闭环），因此漏磁场较大，机电能量转化率低，所以直线电机的效率较低，一般在 0.7～0.8 之间，功率因数也较低，一般在 0.5～0.6 之间；对于直线电机气隙的安装、运行、保养、维护较困难，如何确保运行中气隙的精度是直线电机驱动地铁应给予高度关注的技术难题，为此所需的工作量和维护成本较高，也容易引发安全性问题。

综合练习

一、单项选择题

1. 当采用 750 V 制时，其电压允许波动范围分别为（　　）。
   A. 500～900 V　　　　　　B. 500～1 000 V
   C. 600～1 000 V　　　　　D. 600～1 100 V
2. 当采用 1500V 制时，其电压允许波动范围分别为（　　）。
   A. 900～1 600 V　　　　　B. 900～1 700 V
   C. 1 000～1 600 V　　　　D. 1 000～1 800 V
3. 影响牵引变电所数量的关键因素是（　　）
   A. 牵引网最大电压损失值　　B. 平均电压损失值
   C. 线路能耗　　　　　　　　D. 工程造价
4. 国内大部分城市轨道交通采用（　　）
   A. 牵引动力照明独立网络　　B. 牵引动力照明混合网络
5. 电流型框架保护整定的动作时限一般为（　　）s。
   A. 0　　　　B. 0.3　　　　C. 0.5　　　　D. 1.0
6. 当前城轨列车牵引动力采用的是（　　）。
   A. 交流传动　　　　　　　　B. 直流传动
7. 我国直线感应电机驱动的轮轨系统，其定子与感应轨之间的间隙在车辆平稳运行时一般保持在（　　）左右。
   A. 5 mm　　　B. 8 mm　　　C. 10 mm　　　D. 15 mm

二、填空题

1. 城市轨道交通系统常见的车站站台形式有＿＿＿＿、＿＿＿＿和＿＿＿＿混合式等几种。
2. 牵引变电所分布应尽量＿＿＿＿，便于牵引整流机组规格统一，也便于设备维护管理以及降低维护成本。
3. 纵向电位的大小与＿＿＿＿、走行轨电阻和＿＿＿＿有关。

4. 牵引变电所向接触网供电有两种方式：_____供电和_____供电。
5. 城轨列车一般由有带驾驶室的_____，带受电弓的_____，不带受电弓的_____。

三、简答题

1. 什么是大双边供电？
2. 简述电分段纵向电动隔离开关的主要作用。
3. 城轨牵引供电系统为什么会存在保护上的"死区"？
4. 什么是联跳？什么是变电所联跳保护？
5. 什么是远后备保护？什么是近后备保护？
6. 图 5.27 为直流牵引供电系统框架保护系统构成示意图，请说明该保护的原理。

四、综合题

1. 为什么两套牵引整流机组一般都要接同一段母线？
2. 为何框架保护并不适用于地下牵引变电所？为何框架保护的电压测量元件易引起误动作？
3. 图 5.19 为牵引变电所联跳保护示意图，如果图中 K_r 点短路而 DS1 开关失灵拒动，则联跳保护应同时使哪些开关跳闸；如果在 I_k 点发生短路而 DS6 开关拒动时，则联跳保护应该是又使哪些开关同时跳闸？
4. 图 5.32 为某牵引降压混合变电所主接线图。看图回答以下问题。
（1）图中牵引变电所的中压主接线为哪种接线形式？每段母线各有几路进线电源，几路出线电源？
（2）图中牵引变电所的直流主接线为哪种接线形式？
（3）简述牵引变电所中压主接线正常运行方式、进线电源失电运行方式和母线故障运行方式。
（4）简述牵引变电所直流主接线的正常运行方式和单台馈线开关退出运行方式。
（5）简述接触网电分段两侧上（下）行两台馈线开关退出运行方式
（6）说明图中 201（202）断路器与 2012（2022）隔离开关应该具备怎样的联锁关系，并说明理由。

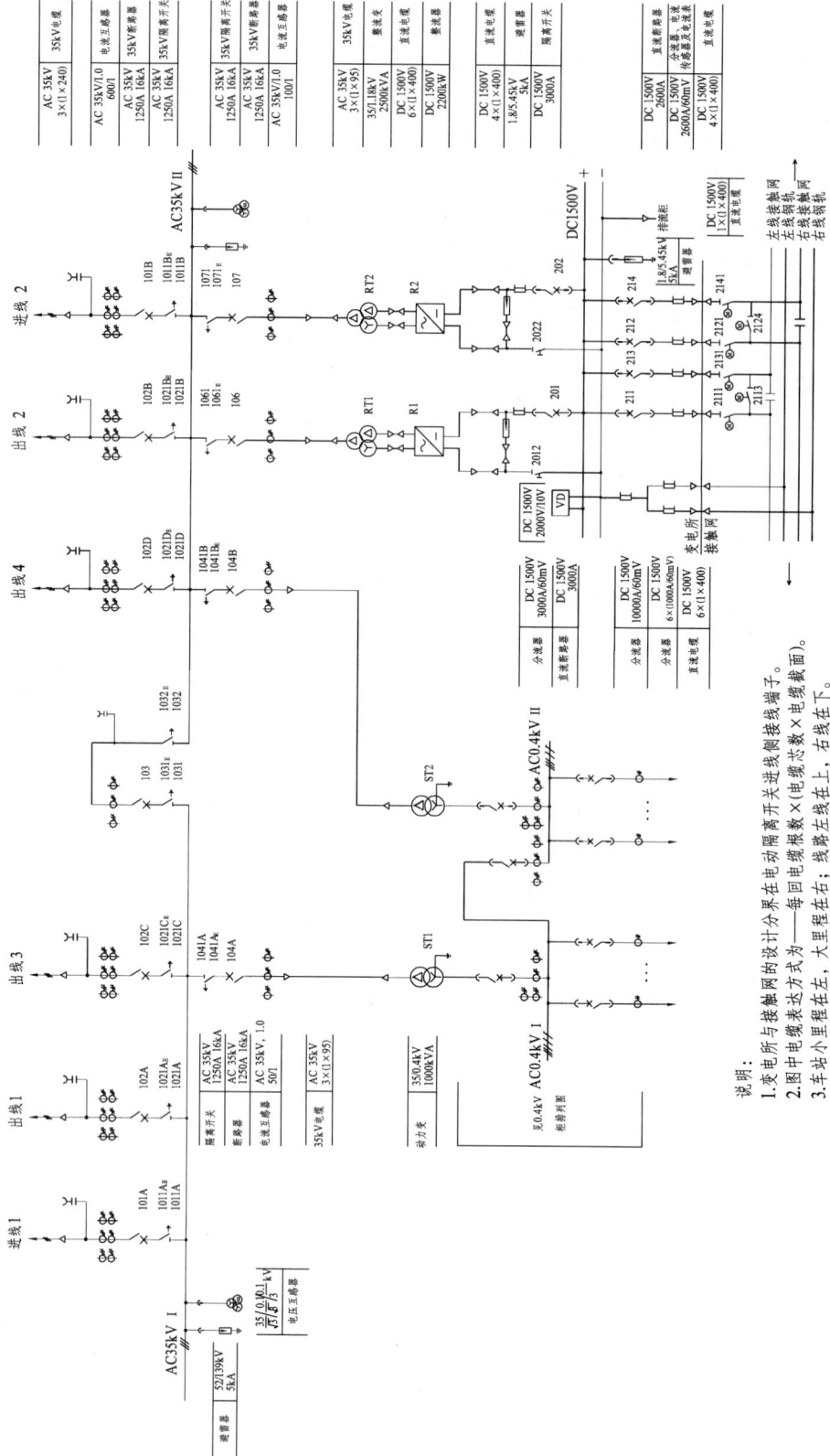

图 5.32 某牵引降压混合变电所主接线图

第六章 动力照明系统

【教学目标】

通过本章的学习，主要了解与掌握以下知识：

1. 了解降压变电所的布点与选址要求，了解车站与区间动力照明配电与控制方式。
2. 熟悉降压变电所中压与低压主接线及运行方式。
3. 掌握低压配电系统上下级开关保护的选择性与动力照明系统的负荷等级划分。
4. 熟悉主变电所、牵引变电所与降压变电所的自用电系统。
5. 掌握应急电源的几种形式与设置方案。

主要具备以下能力：

1. 熟知动力照明系统的主要负荷及对应的负荷等级。
2. 会看降压变电所主接线图，会分析其不同的运行方式。
3. 会控制车站与区间动力照明配电，会使用与维护应急电源装置。

【知识结构】

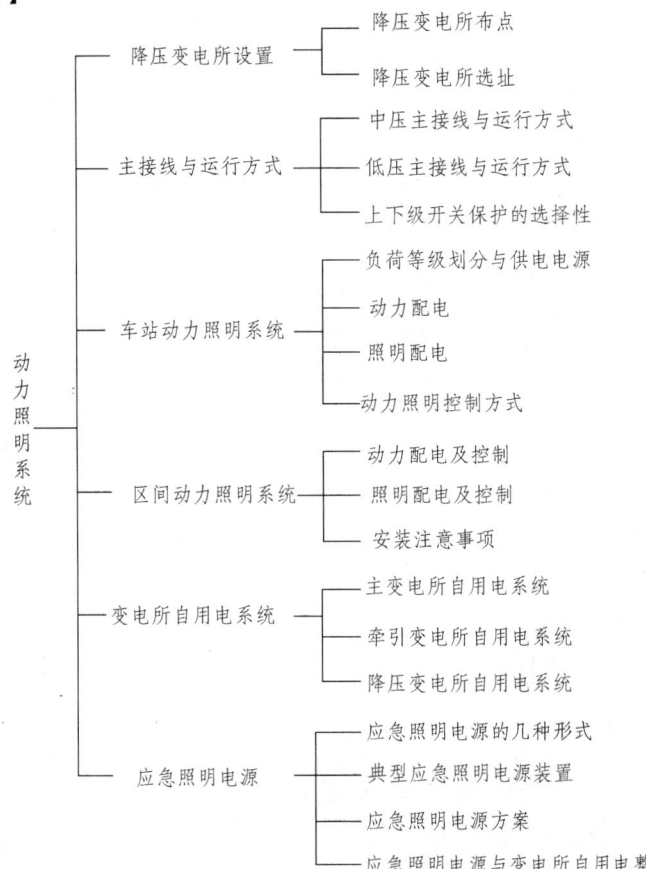

第一节 降压变电所的设置

> **本节导读**
>
> 降压变电所的位置应靠近负荷中心，考虑电缆进出方便与设备运输方便，同时还应综合考虑低压用电负荷的分布与大小以及车站规模等来合理确定车站降压变电所的数量及位置。区间是否设置跟随式降压变电所，取决于直供低压电源电缆和跟随式降压变电所的经济技术比较。本节详细介绍了降压变电所设置的有关具体要求。

降压变电所将中压电能转换为低压电能，向车站、区间、车辆段（停车场）、控制中心所有低压用电负荷提供电源，是城市轨道交通运营安全、行车安全、防灾安全以及应急处理等动力照明供电的保障。降压变电所和牵引变电所同等重要。

一、降压变电所的布点

需要设置降压变电所的场所有车站、区间、车辆段（停车场）、控制中心大楼等，其数量取决于低压用电负荷的分布与大小、车站规模与综合经济指标等。

降压变电所的位置应综合考虑以下因素：接近负荷中心；进出线方便；设备吊装与运输方便；不应设在有剧烈振动的场所；不宜设在多尘、水雾（如大型冷却塔）或有腐蚀性气体的场所，如无法远离时，不应设在污染源的下风侧；不应设在厕所、浴室或其他经常积水场所的正下方或邻近；不应设在爆炸危险场所内和不宜设在有火灾危险场所的正上方或正下方；降压变电所为独立建筑物时，不宜设在地势低洼和可能积水的场所；车站存在牵引变电所时，降压变电所应与牵引变电所合建。

1. 车站

地面或高架车站由于建筑规模较小，通风空调系统用电量大幅减少，用电负荷比地下车站小了许多，设置一座降压变电所即可满足低压用电负荷的需要。

地下车站的土建造价较高，设置降压变电所时，应充分注意到这一点。当地下车站长度不超过 200 m 时，可设置一座降压变电所。由于车站两端均设有配电室，照明末端配线距离相对较短，设两座降压变电所的优势得不到发挥。对于动力负荷，其中 70% 以上是环控设备，每个地下车站在环控用房区均设有专为环控设备供电的环控电控室，这也替代了设两座变电所深入配电负荷中心的优势。

当地下车站建筑规模较大时，如车站长度为 230 m 或建筑面积达 10 000 m² 以上，且低压用电负荷分布较均匀，基于节省低压配电线路投资及能耗，可以考虑设置一座降压变电所和一座跟随式降压变电所。

【**跟随式降压变电所**】 一般在有换乘或折返的车站或动力与照明负荷较大的车站，为减少低压配电线路电缆的敷设数量与损耗，除在车站 A 端设置降压变电所外，还在车站 B 端考虑设置一座变电所，该所进线电源引自 A 端的降压变电所，负责车站 B 端（包括站内和临近区间）电气设备的供电。设在 B 端的这座变电所通常称为跟随式降压变电所。

2. 车辆段（停车场）

车辆段（停车场）占地规模大，设置了综合维修基地以及综合办公楼等，总的低压用电量比车站大，且用电负荷分散。

一般设置两座降压变电所，其中一座与车辆段牵引变电所合建，主要为办公区、信号楼等提供低压电源。另一座为跟随式降压变电所，为维修车间、停车库及邻近场所提供低压电源。如确实需要，也可以设置更多降压变电所，但应充分论证。

3. 控制中心大楼

在实际工程中，控制中心大楼除具有调度指挥功能外，一般具有办公功能，其中办公建筑面积还会占大部分。控制中心大厅及其设备区服务于线路、车站、车辆段、停车场等全部场所的运营与管理，在运营中具有非常重要的地位，它对电源安全性和可靠性要求很高。控制中心大厅及设备区的低压用电量并不大，但如考虑办公等其他功能需求，低压用电量将增大许多。

控制中心大楼设置一个降压变电所，可以满足低压用电负荷的需要。考虑到办公等功能的用电需要，配电变压器容量要适当增容。控制中心降压变电所不宜与正线降压变电所合建，目的在于充分保障控制中心供电的独立性、安全性和可靠性。

4. 区间

一般情况下，区间不设置降压变电所。隧道区间低压用电负荷主要为检修电源、照明、风机、排水泵。地面区间低压用电负荷只有检修电源和照明。这些低压用电负荷可以由邻近车站降压变电所直接供电。

个别地下区间安装了大容量风机，或长大区间安装了排水泵等，这种情况下经综合比选，可考虑设置区间跟随式降压变电所。

二、降压变电所的选址

地上车站、地下车站以及区间均可以设置降压变电所，但往往受车站建筑规模和用地规划的制约。降压变电所的选址应结合具体条件和低压配电系统自身需求，选择合理的位置。在有牵引变电所的车站，降压变电所应与牵引变电所合建。

1. 正线

1）地面（高架）车站降压变电所

降压变电所应与车站合建。地面/高架车站低压用电负荷分布均匀，可以设置在车站的任一端头。对于地面车站，设备机房一般设置在站台层，便于设备运输。对于高架车站，根据车站建筑功能布局，设备机房可设置在站台层或站厅层，应注意便于设备运输和电缆敷设。

2）地下车站降压变电所

降压变电所应与车站合建。地下车站低压用电负荷分布均匀时，可以设置在车站的任一端头。设备机房一般设置在站台层，便于设备运输。

地下车站低压用电负荷分布非常不均匀时，降压变电所应设置在低压用电负荷较重的一端。

3）地下区间降压变电所

安装了机械通风、排水泵等设备的长大区间，当由邻近车站降压变电所提供低压电源不经济时，可以设置跟随式降压变电所。

降压变电所可以傍建在区间风道外侧，有条件时也可以利用盾构竖井。

2. 车辆段（停车场）

车辆段（停车场）有停车列检库、月修库、运用库、架修库等维修车间及办公设施。牵引变电所一般靠近场区，离办公区较近，降压变电所可以和牵引变电所合建，为办公区、信号楼等提供低压电源。

其他降压变电所应靠近生产维修用电的负荷中心，并与车间附属用房合建。

3. 控制中心

降压变电所可设置在控制中心大楼地下一层或地上某一层，具体位置要有利于电缆敷设和设备运输。

第二节　降压变电所主接线与运行方式

> **本节导读**
>
> 本节主要介绍了降压变电所中压主接线与低压主接线形式以及不同接线形式的运行方式，同时还对低压配电系统中上下级开关保护的选择性方案进行了比较。

降压变电所有独立式、跟随式和混合式三种类型。按构筑物形式不同，有与车站合建式、单建式、箱式三种类型。在满足各种用电负荷供电要求的情况下，同一个车站内，降压变电所与牵引变电所应合建。车辆段降压变电所应尽量与牵引变电所合建。

对于独立式和混合式降压变电所，采用分段单母线中压接线形式。两台配电变压器分别接在不同母线上，分列运行。降压变电所电源应有两个独立的引入电源。主接线的确定和动力照明配电系统、降压变电所本身运行的可靠性、灵活性和经济性密切相关，并且对动力照明配电系统设备选择、设备布置、继电保护配置和控制方式设置有较大影响。

低压主接线直接服务于低压用户，低压用户中存在大量的一、二级负荷，其中包含应急照明等特别重要负荷，所以低压主接线采用分段单母线（设母线分段断路器）形式。单台配电变压器容量应满足本降压变电所供电范围内一、二级负荷的用电要求。因近、远期低压用电负荷容量变化可能较大，应充分考虑系统的增容与扩展性。

一、中压主接线与运行方式

降压变电所中压主接线形式与降压变电所的位置、中压网络构成形式、运行方式及服务对象有关。

降压变电所主接线由交流中压开关设备、配电变压器、交流低压开关设备等几部分组成。主接线应满足可靠性、灵活性和经济性的基本要求。

主接线的可靠性包括一次部分和相应二次部分的综合可靠性，其很大程度取决于设备的可靠性，采用可靠性高的电气设备可以简化接线。当开关故障或检修、单段母线故障或检修时，不应影响一级负荷的供电连续性。

主接线应满足可靠性、先进性、灵活性要求的前提下，做到经济合理。

中压主接线一般为分段单母线，根据系统运行需要，可设或不设母线分段开关。跟随式降压变电所一般采用线路-变压器组接线。单台配电变压器正常负载率宜在70%左右，并应满足本降压变电所一、二级低压负荷的用电要求。

1. 中压主接线形式

1）分段单母线接线（设母线分段开关）

降压变电所中压电源侧为分段单母线，设母线分段开关，母线分段开关可手动和自动操作。降压变电所两段母线上各设一台配电变压器，其接线组别采用 D,Yn11，如图 6.1 所示。

中压部分包括中压开关、中压隔离手车、电压互感器、电流互感器和微机综合测控保护装置等主要设备。

中压开关：进线、联络、馈出以及分段开关可采用真空断路器，利于继电保护设置和提高运行方式灵活性。进线、联络以及分段开关也可以采用负荷开关，应注意负荷开关的短时耐流能力不得小于开关下口的短路容量，存在弊端是由于无法设置继电保护，对系统恢复送电的及时性有一定影响。馈出开关也可以采用负荷开关加配熔断器组合电器。

中压隔离手车：母线分段开关连接两段母线时，由于制造工艺的需要，隔离手车起母线转换作用。

电压互感器：主要为测量（计量）与联锁提供电压信号。

微机综合测控保护装置：集保护、控制、联锁、测量为一体的综合装置，配有与变电所综合自动化系统连接的通信接口，是变电所综合自动化系统的基础设备。

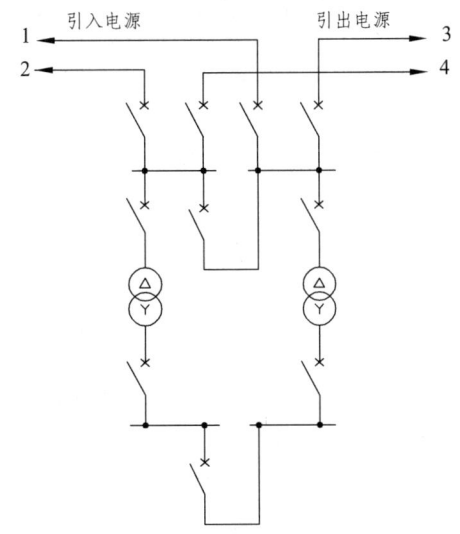

图 6.1 分段单母线接线示意图（1）

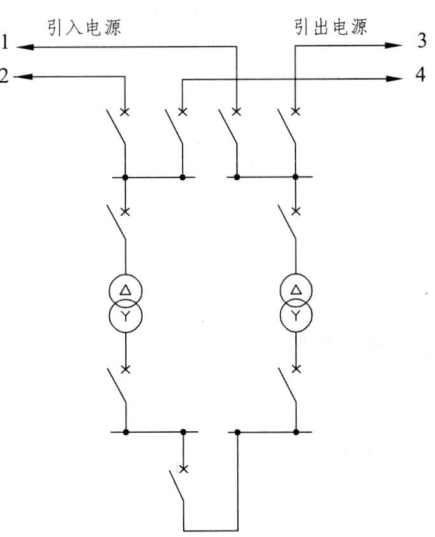

图 6.2 分段单母线接线示意图（2）

2）分段单母线接线（不设母线分段开关）

降压变电所中压电源侧为分段单母线，不设母线分段开关。降压变电所在两段母线上各设一台配电变压器，变压器接线组别采用 D,Yn11，如图 6.2 所示。

中压部分包括中压开关、电压互感器、电流互感器和微机综合测控保护装置等主要设备。除无母线分段开关外，其余设备配置参见设置母线分段开关接线。

城轨供电系统的中压网络一般为单环网、双环网结构形式，也有采用放射式结构形式的，以保证降压变电所两个独立电源进线的要求。单台配电变压器容量应满足降压变电所全部一、二级用电负荷的用电要求，当只有单台配电变压器运行时，对车站、区间、控制中心以及车辆段、停车场的正常运营不应构成影响。母线分段开关在技术上没有设置的必要性，取消母线分段开关，可以节省供电系统投资，但中压网络运行方式略欠灵活。

此类主接线形式应用较为广泛。

3）线路-变压器组接线

线路-变压器组接线是由带熔断器的负荷开关（或断路器）和配电变压器组成。此接线形式一般用在跟随式降压变电所，如图 6.3 所示。

中压部分包括中压负荷开关、熔断器等主要设备。

（1）中压负荷开关：可以带负荷操作，但不能切除故障，应注意负荷开关的短时耐流能力不得小于开关下口的短路容量。

（2）熔断器：与负荷开关配合，切除故障。

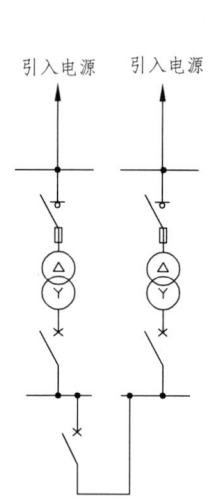

图 6.3 线路-变压器组接线示意图　　图 6.4 分段单母线接线示意图（1）

2. 中压主接线运行方式

正常运行时，两个独立的进线电源同时供电，两台变压器分列运行，负载率应尽量接近。下面仅分析中压主接线在各种非正常情况下的运行方式。

1）分段单母线接线（设母线分段开关）

分段单母线接线（设母线分段开关）如图 6.4 所示。

一个进线电源 QF1（QF2）失电退出后运行方式一：根据低压负荷情况，自动或手动切除三级负荷，另一台配电变压器 TM2（TM1）承担本降压变电所全部一、二级负荷的正常用电。

一个进线电源 QF1（QF2）失电退出后运行方式二：分段开关 QF5 投入运行，由另一个进线电源 QF2（QF1）向本降压变电所的两段母线供电。

当进线开关断电检修而不能影响两段母线运行时，可以采用短时间的合环运行方式。正常运行时，合环转换开关置于退出位。在合环工作状态时，合环转换开关置于合环选跳位，合环选跳任一进线开关或母线分段开关。

两个进线电源 QF1、QF2 失电退出后，通过调度命令进行倒闸操作，由相邻变电所反向提供中压电源 QF3、QF4。采用这种方式时，倒闸操作需要一定的时间。在倒闸期间，本降压变电所暂时退出，对线路运营有短时间的影响。

当一段母线退出后，闭锁分段开关 QF5 的投入功能，分段开关不投入运行，另一段母线继续运行。根据低压负荷的使用情况，自动或手动切除三级负荷，另一段母线上的配电变压器承担本降压变电所全部一、二级负荷的正常用电。

当一台配电变压器 TM1（TM2）退出后，根据低压负荷情况，自动或手动切除三级负荷，另一台配电变压器 TM2（TM1）承担本降压变电所全部一、二级负荷的正常用电。

当两段母线或两台配电变压器同时退出后，本降压变电所退出运行。

2）分段单母线接线（不设母线分段开关）

分段单母线接线（不设母线分段开关）如图 6.5 所示。

一个进线电源 QF1（QF2）失电退出后运行方式一：根据低压负荷情况，自动或手动切除三级负荷，另一台配电变压器 TM2（TM1）承担本降压变电所全部一、二级负荷的正常用电。

一个进线电源 QF1（QF2）失电退出后运行方式二：通过调度命令进行倒闸操作，由相邻变电所反向提供中压电源 QF3（QF4）。采用这种方式时，倒闸操作需要一定时间。在倒闸期间，本降压变电所的全部一、二级负荷由另一段母线上的配电变压器承担。

当一段母线或配电变压器 TM1（TM2）退出后，运行方式和设置母线分段开关的分段单母线接线相同。

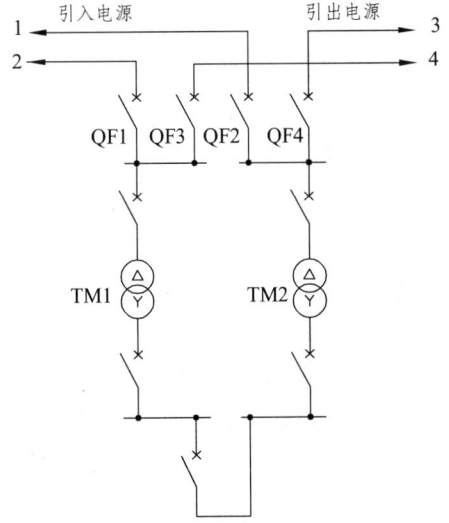

图 6.5 分段单母线接线示意图（2）

两个进线电源 QF1、QF2 失电退出后，通过调度命令进行倒闸操作，由相邻变电所反向提供中压电源的 QF3、QF4。采用这种方式时，倒闸操作需要一定时间。在倒闸期间，本降压变电所暂时退出，对线路运营有短时间的影响。

当两段母线或两台配电变压器同时退出后，本降压变电所退出运行。

3）线路-变压器组接线

当一个进线电源失电或一台配电变压器退出后，根据低压负荷的使用情况，自动或手动切除三级负荷，本段的配电变压器容量满足本降压变电所全部一、二级负荷的正常用电需要。

当两进线电源或两台配电变压器同时退出后，本降压变电所退出运行。

二、低压主接线与运行方式

1. 低压主接线形式

0.4 kV 配电系统直接面向车站、区间的低压用户，从用电设备负荷分类来讲，一、二级负荷占绝大多数，对低压电源的可靠性要求高。主变电所、电源开闭所、中压网络等输变电环节采取了一系列措施以提高供电系统的可靠性，在 0.4 kV 配电系统这一环节采用分段单母线接线，设母线分段开关，如图 6.6 所示。

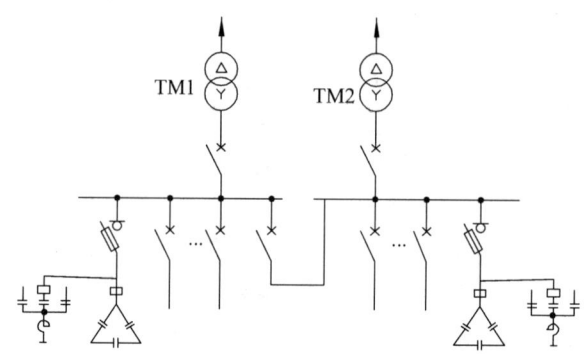

图 6.6　低压主接线示意图

两段低压母线上的负荷应尽量均衡分配，与配电变压器安装容量相匹配。

采用低压集中补偿，0.4 kV 低压母线设电力电容器组，电容器通过无功功率补偿控制器进行分组循环投切。

2. 低压主接线运行方式

正常运行时，两个独立的低压进线电源同时供电，两段母线分列运行。

当一个低压进线电源失压时，进线开关与母线分段开关可以采用"自投自复、自投手复、手投手复"等投入方式。

1）自投自复运行方式

当一个低压进线电源失压延时跳闸时，母线分段开关自动投入，另一个低压进线电源向两段母线供电。该低压进线电源来电时，母线分段开关自动分闸，该低压进线开关自动合闸，恢复正常运行方式。该方式属于常用的一种运行方式。

2）自投手复运行方式

当一个低压进线电源失压延时跳闸时，母线分段开关自动投入，另一个低压进线电源向两段母线供电。该低压进线电源来电时，母线分段开关手动分闸，该低压进线开关手动合闸，恢复正常运行方式。

3）手投手复运行方式

当一个低压进线电源失压延时跳闸时，母线分段开关手动投入，另一个低压进线电源向两段母线供电。该低压进线电源来电时，母线分段开关手动分闸，该低压进线开关手动合闸，恢复正常运行方式。

三、上下级开关保护的选择性

降压变电所 0.4 kV 低压开关柜的馈出开关和下一级开关是否考虑保护的选择性，取决于低压配电形式和低压负荷重要性。

1. 低压配电形式

低压配电常用形式：树干式配电、放射式配电与链式配电。

1）树干式配电形式

在正常环境的场所内，当大部分用电设备为中小容量且无特殊要求时，可以采用树干式配电形式，如图 6.7 所示。

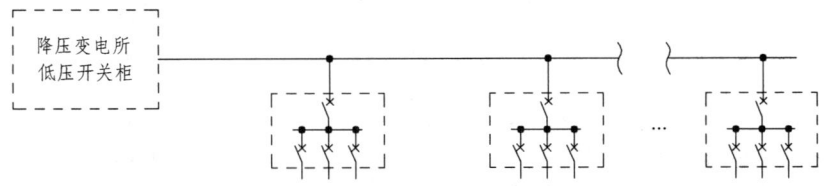

图 6.7　树干式配电示意图

树干式配电形式的配电级数较多，某级发生故障时，可能会引起降压变电所 0.4 kV 低压开关柜馈出开关越级跳闸，从而影响了其他设备的正常用电，降低了配电系统的可靠性和安全性。

降压变电所 0.4 kV 低压开关柜馈出开关故障退出，导致低压负荷断电时，如果对运行安全构成一定危害或严重影响服务水平，则降压变电所 0.4 kV 低压开关柜馈出开关与下一级电源开关之间应具有保护选择性，上下级开关应采用断路器或负荷开关加熔断器等具有保护选择性的电气元件。上下级开关保护具有选择性，同时满足了迅速查找故障点、及时维修和恢复送电的管理要求。

否则，基于经济上的考虑，可不考虑上下级开关保护的选择性，以减少配电干线的截面，节省铜材，降低开关与配电线路的整体造价。

2）放射式配电形式

当用电设备为大容量，或负荷性质重要，或在有特殊要求的场所内，可采用放射式配电形式，如图 6.8 所示。

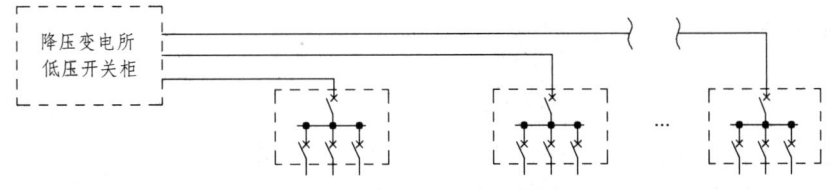

图 6.8　放射式配电示意图

放射式配电形式属于降压变电所 0.4 kV 低压开关柜馈出开关与下级电源开关之间一对一的电源关系，可以不考虑彼此之间的保护选择性。当发生越级跳闸时，发生的后果与避免越级跳闸是相同的，都面临用电设备退出、断电维修等问题。

当降压变电所 0.4 kV 低压开关柜馈出开关跳闸时，断开下一级电源开关后，合闸 0.4 kV 低压开关柜馈出开关，如果 0.4 kV 低压开关柜馈出开关再次跳闸，一般可以判断为故障点发生在 0.4 kV 低压开关柜馈出电缆上。如果 0.4 kV 低压开关柜馈出开关没有跳闸,故障点一定发生在下一级配电系统中。利用电力监控系统或低压电能管理系统,很容易实现远方判断故障功能。

3)链式配电形式

对距降压变电所较远,而彼此相距很近、容量很小的次要用电设备,可采用链式配电形式,如图 6.9 所示。

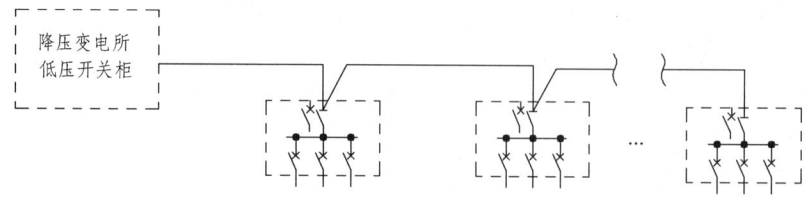

图 6.9 链式配电示意图

链式配电形式的配电级数较多,某级发生故障时(末级除外),将影响其后面链接设备的正常用电。基于链式配电形式的应用范围,可不考虑上下级开关保护的选择性。

2. 传统的选择性方案

降压变电所 0.4 kV 低压开关柜馈出开关保护和下一级电源开关保护之间的选择性涉及动力照明配电系统的形式及运营管理要求等。实现上下级开关保护选择性的条件:上下级保护装置均具有保护选择性,且保护曲线基本吻合。上级开关保护定值一般为下级开关保护定值的 1~3 倍,准确的保护定值应根据具体选用的产品而定。

降压变电所 0.4 kV 低压开关柜馈出开关长延时脱扣电流应小于馈出电缆允许的持续电流,避免馈出电缆过负荷运行。电缆长期过负荷运行容易导致电缆加速老化,缩短使用寿命,严重时会因电缆外皮过热而造成电气火灾。此时,降压变电所 0.4 kV 低压开关柜馈出开关的额定电流已经不受下级低压负荷电流大小的制约,因与下级电源开关的级联关系,其额定电流已经提高,相应地必须加大馈出电缆的截面。所以,由于保护选择性的设置,将出现小负荷、大容量开关、大截面电缆的现象,造成资金严重浪费。

3. 新型的选择性方案

随着现代电器制造技术的发展,断路器的不断更新,保护选择性技术的不断改进,推出了各种保护选择性技术。

1)逻辑选择性

上、下级开关之间设置逻辑联锁,当下级开关保护区发生故障,故障电流大于脱扣整定值时,给上级开关发出逻辑等待命令,使上级脱扣延时跳闸而下级开关立即脱扣跳闸,切除故障。当上级开关保护区内发生故障时,不会接收到等待命令,开关立即跳闸,迅速切除故障,保证了各级间保护的选择性。

2)能量选择性

当故障电流均超过上、下级脱扣器的整定电流时,开关同时动作,但开关设了能反映短路电流能量的脱扣器,而且下级开关的额定电流小于上级断路器,启动下级开关脱扣器所需能量也小于上级开关。下级开关下口故障时,上、下级开关同时检测到故障电流,上级开关产生的能量使脱扣器动作所需时间大于下级开关，上级开关保持短时闭合，下级开关先行跳闸，上、下级开关的保护选择性得到了配合。

第三节　车站动力照明系统

> **本节导读**
>
> 本节明确了城轨动力照明系统各类用电负荷的等级及供电电源要求，同时本节还详细介绍了车站动力配电与照明配电以及控制方式。

动力照明配电系统设计应满足安全可靠、技术先进、经济合理、接线简单、操作灵活以及方便运营维护等要求。动力负荷和照明负荷应分开配电。动力照明配电应将单相负荷尽量均匀地分配到三相电源的各相上，使三相负荷趋于平衡。动力照明配电系统设置的各类插座回路均应设置人身保护的漏电保护开关。

一、负荷等级划分和供电电源

动力照明等用电负荷分为一级、二级、三级负荷，细划分如下：

1. 一级负荷

【城轨供电系统一级负荷】　在城轨供电系统中，以下设备的用电均为一级负荷：通信系统、信号系统、乘客信息系统、防灾报警系统、设备监控系统、自动售检票系统、电力监控与数据采集系统、消防系统、气体灭火、兼做疏散用的垂直电梯和自动扶梯、变电所操作电源、变电所维修电源、排烟系统用风机及相关电动阀门、车站排水泵、雨水泵、屏蔽门及安全门、防火卷帘门、防淹门、地下站公共区照明、地下区间照明、应急照明（含疏散照明）等。
　　其中通信系统、信号系统、变电所操作电源、电力监控与数据采集系统、防灾报警系统、应急照明为特别重要负荷。

一级负荷应由双电源双回路供电。当有一路电源发生故障时，另一路电源应保证对其正常供电，如站台、站厅公共区正常照明由变电所两段低压母线分别供电，各带约一半的照明负荷。一级负荷中特别重要负荷，除由双电源供电外，尚应增加应急电源，下列电源可作为应急电源：
（1）蓄电池。
（2）独立于正常电源的发电机组。
（3）独立于正常电源的专用供电线路。

2. 二级负荷

【城轨供电系统二级负荷】　在城轨供电系统中，以下设备的用电均为二级负荷：地上站厅站台照明、附属房间照明、出入口排水泵、非消防疏散用的自动扶梯、普通风机、重要电气设备用房的空调机、电梯、污水泵、设备房检修电源、区间检修电源等。

二级负荷宜由双电源单回路供电。变电所母线引一路电源至用电设备,电源在变电所母线处切换,供配电系统规范要求,宜由两回线供电,在负荷较小或地区供电条件困难时,可由一回 6 kV 及以上采用架空线路或电缆供电。

3. 三级负荷

【城轨供电系统三级负荷】 在城轨供电系统中,以下设备的用电均为三级负荷:冷水机组、空调制冷及水系统设备、电热设备、广告照明、清扫及维修机械等以及一、二级负荷以外的其他负荷系统。

三级负荷可由一路电源供电(通常取自 0.4 kV 三级负荷母线),必要时可自动或手动切除(当电源故障或变压器检修时)。

4. 电压偏差允许值

正常运行情况下,用电设备端电压偏差允许值(以额定电压的百分数表示)应符合下列条件:

(1)动力设备,正常情况:±5%。
(2)照明设备,一般情况:±5%。
(3)区间照明,5% ~ 10%。

二、动力配电

按负荷分级原则进行配电,动力系统采用放射式的供电方式为主,部分容量较小、相对集中的二、三级负荷也可采用树干式供电,变电所内的动力与车站的分开。重要负荷,如消防、通信等专用设备采用专用的供电回路,车站同一套冷水机组及辅助设备电源应接入同一段 0.4 kV 母线。其配电设备应设有明显标志,全线同类动力设备的控制箱(柜)接线设计应统一。

(1)车站站厅层环控负荷中心附近设置环控电控室,环控设备由环控电控室集中配电。

(2)冷水机组等单机负荷,虽属三级负荷,但因为容量特别大,通常直接由降压变电所的一、二级负荷母线供电,也可取自 0.4 kV 三级负荷母线,必要时自动/手动切除。

(3)环控电控室设备宜采用智能化低压配电装置。环控配电系统的一次主要元件应力求统一,二次控制应按通用图要求设计。

(4)降压变电所及车站动力照明 0.4 kV 低压断路器额定电流选择时,应以同一回路计算电流为依据,按计算电流的 1.1 ~ 1.2 倍选择,适当考虑大容量低压断路器降容使用的因素。

(5)同一回路动力第一受电点(简称下级)低压断路器的额定电流整定值必须小于等于降压变电所内 0.4 kV 出线(简称上级)回路低压断路器的额定电流整定值。

(6)同一回路上下级配电开关应选用低压断路器,并进行设计配合;下级配电回路若仅起隔离作用时,可选用负荷开关。

(7)若下级配电使用负荷开关(或熔断器),则其后一级的配电必须是能够与之相配合的低压断路器。

(8)在车站站台端部左右线洞口处应各设一个区间检修电源配电箱,便于进出隧道时控制检修电源的分合。

（9）区间动力配电以区间中心线为界，一般由相邻就近的车站降压变电所供电，如长距离隧道设有区间风井及风井降压变电所，可以考虑由就近的风井降压变电所供电。

（10）环控电控室内成排布置的低压柜，其长度超过 7 m 时，柜后的通道应设两个出口，并应布置在通道的两端。当两个出口之间的距离超过 15 m 时，应增加一个中间出口。

（11）成排布置的低压配电柜，其柜前柜后的通道最小宽度应不小于下表所列数据。

（12）道岔附近、区间每隔 100 m 左右设一动力插座箱，供区间维修用电，容量为 15 kW，每路仅考虑一组使用，插座箱应设漏电开关保护，防护等级为：IP55。

（13）车站公共区应每隔 30 m 左右设置供清扫机械等使用的单相电源插座。

（14）位于区间风机、车站排热风机房内的配电控制箱及电线电缆应满足该处环境的特殊要求。

（15）在发生火灾时，应在变电所或动力配电箱按 FAS（防灾报警系统）要求切除与消防电源无关的馈线回路。

三、照明配电

照明系统采用放射式和树干式相结合的供电方式，以树干式供电方式为主，站台、站厅公共区照明和变电所工作照明的一级负荷供电采用两段不同母线交叉供电方式。应急照明、疏散诱导照明正常供电时为双电源自动切换交流供电，当双电源失电后，由 EPS 交流供电，其容量必须满足 90 分钟供电需要。EPS 装置一般设在车站两端，其中一端设在变电所内。新线直流自用电系统的电池容量包含应急照明 EPS 的容量。变电所与车站应急照明分开设置，站台、站厅两端各设一照明配电室，作为照明配电和控制用。在配电柜、配电箱处留有适当数量的备用回路，一般为总回路的 25% 预留。

（1）车站照明设计应选择节能型光源及高效灯具，合理选择照明方式和控制方式，照明标准应符合现行国家标准 GB/T 16275《城市轨道交通照明》的规定。

（2）车站照明包括站台站厅一般照明、设备房与管理房照明、标志照明、应急照明（备用照明、疏散照明）、出入口照明、广告照明、安全照明及区间照明等。

（3）变电所、配电室、站长室、车站控制室、消防泵房、环控电控室、通信机房、信号机房等火灾时需要继续工作的房间备用照明照度应不低于正常照明照度值的 50%。

（4）车站公共区照明宜由站厅、站台二端照明配电室内的配电装置按照供电范围及照明种类要求分回路供电。

（5）站厅、站台、出入口、换乘通道、车站附属房间等照明配电回路应分别设置，车站导向照明由照明配电总箱的专用回路供电。

（6）以照明等单相负荷为主的低压配电线路，中性线截面不应小于电流最大一相导线的截面，同时应考虑谐波电流的影响。

（7）变电所电缆夹层、站台板下（高度低于 1.8 m）和折返线检查坑内的照明应采用 36 V 安全电压供电，采用防水、防潮的 36 V 灯，同时站台板下 36 V 照明配电箱设在配电室内。

（8）车站站台、站厅、楼梯、安全通道及通道转弯处应设置灯光安全疏散标志，布置间距不应大于 15 m；袋形走道区，不大于 10 m；走道转弯区，不大于 1 m。

（9）车站站台端部上、下行线洞口处各设一个区间照明总配电箱，可就地控制和远程控制。

（10）渡线、岔线、折返线等地下区间隧道内应增设工作照明灯。

（11）正常情况下，车站公共区及区间的应急照明由变电所交流电源供电。在两路电源均失电的情况下，由降压变电所直流电源屏或车站蓄电池屏直接为应急照明提供电源。

（12）在车站各房间设有一定的单相安全插座，个别房间设三相插座。

（13）车站公共区照明光源应采用光效高、寿命长、显色性好的细管径、配用电子镇流器的新型节能灯。应急照明灯具宜选用交直流电源两用的 LED 防水型灯具。

（14）照明灯具采用一类灯具时，其灯具的外露可导电部分应可靠接地。

（15）在发生火灾时，照明配电箱按 FAS 要求切除与消防电源无关的馈线回路。

（16）照明的灯具及附件均应布置在车辆限界以外。

四、动力照明的控制方式

1. 动力控制

（1）根据各专业工艺要求选择对动力设备的控制方式，可采用就地控制、距离控制和自动控制。同类环控设备的控制原理及接线应全线统一。

（2）自动控制应采用可编程控制器（PLC）完成。

（3）车站动力设备的启动要求应满足规范规定；当单机容量较大（≥55 kW），启动时产生电压降影响其他供电负荷时，应采用软启动方式。

（4）区间动力设备以直接启动为主，直接启动的压降影响其他设备运行时，应采用软启动方式或其他补偿措施。

（5）车站内设有多台事故风机时，应考虑事故风机的错时启动。

（6）环控设备中回排风机、组合式空调箱及排热风机等应结合工艺要求采用变频控制、车站内电扶梯采用变频控制。

（7）车站冷水机组、冷冻水泵、冷却水泵及冷却塔等应结合工艺要求采用变流量智能控制技术进行控制。

（8）车站控制室或防灾报警室内应设置消防设备的直接启动装置。

（9）根据各专业工艺特点及控制要求预留与 BAS（环境与设备监控系统）、FAS 系统的接口。

（10）低压配电柜至单、双电源动力配电箱之间采用电缆配电。动力配电箱至用电设备间采用绝缘导线配电（特殊情况除外）。低压配电柜采用上出线时，从柜顶部到电缆桥架部分应采用金属槽保护。

（11）车站站台、站厅公共区，在适当位置设置插座箱（公共区要加锁防护），容量不小于 2 kW。车站管理及设备用房墙上设置至少 2 个单相两孔、三孔组合插座，插座回路电流不超过 16A，其配电回路应设置漏电保护，电源可从房屋照明配电箱接引。

（12）站厅至站台的自动扶梯由动力照明专业设双电源切换电源箱，其余的自动扶梯设单电源箱，电源箱均应就近设置。

（13）垂直电梯由动力照明专业根据需要设双电源切换电源箱，电源箱位置应与土建专业配合，以土建专业所提资料为准。

（14）消防泵、喷淋泵专用消防设备的控制线应引至车站综合控制室 IBP 屏，由 FAS 专业设手动直接控制装置，控制线芯数预留 25% 的备用芯。

（15）环控设备由环控电控室集中供电（特大负荷可直接由降压变电所直配），如需系统控制的排风机配电回路需设接触器和热元件一对一供电，不需系统控制的排风机配电回路不需设接触器和热元件。远离配电箱的设备按实际情况考虑设就地手操箱控制。

（16）车站配电控制应满足建筑物的防火分区划分要求，火灾时按防火分区切除非消防电源。配电箱进、出线断路器应设分立元件及辅助触点，并为 FAS 系统提供接线端子。

2. 照明控制

（1）在照明分支回路中不应采用三相低压断路器对三个单相分支回路进行控制和保护。

（2）地下车站公共区及区间隧道的应急照明应连续工作，不设就地控制。

（3）车站公共区照明以车站站厅或站台中心线为界，半个站厅或站台为一个控制单元。站厅层可做到 1/6~1 共分 6 挡灵活可控，站台层可做到 1/4~1 共分 4 挡灵活可控，且都要求做到照度均匀。

（4）车站出入口、高架车站站厅站台等照明，在有自然采光的区段应设单独照明回路且采用光控方式。

（5）为满足运营管理及节能要求，除照明配电室内开关分组集中控制外，宜采用智能照明控制系统对车站照明、区间照明进行多种模式的控制，并留有与 BAS 系统通讯的接口，BAS 系统可对车站、区间照明系统进行模式选择控制。

（6）由低压配电柜至配电箱间采用电缆配线。室内照明由配电箱至灯具采用绝缘导线配线，室外照明由配电箱至灯具采用电缆配线。PE 线要配到灯具，照明线路严禁采用包布包扎。

（7）根据照明（使用功能）分类控制的需要，照明按种类分别设配电箱，照明分为一般照明、应急照明（疏散诱导照明-LED 及事故工况需继续工作场所的备用照明）、广告照明-LED、泛光照明、广场照明、标志照明、安全照明等。兼有的照明功能应在说明中进行叙述。公共区一般照明控制可按设计照度的 100%、50%、10%（10% 为应急照明兼作值班照明）分区分别控制，并能达到均匀照度。

（8）车站照明配电箱设于照明配电室，并按照明的供电范围及照明的种类要求分回路供电。公共区两路电源交叉供电，供电在照明配电室内集中设置，集中管理。根据车站功能及面积，一般馈出 6~9 个回路，尽量做到各回路、各相间负载平衡。每一单相分支回路的电流不宜超过 16 A，所控光源数不宜超过 25 个。

（9）一般房屋设工作照明，重要设备机房及管理用房屋、站厅和站台公共区设应急照明。电缆夹层及电缆通道净高小于规范要求的地方，照明设安全照明，安全照明供电电压为 36 V 或 24 V。

（10）公共区一般照明控制采用就地控制和在车站控制室经 BAS 系统控制。应急照明采用就地控制和 FAS 系统控制。需 FAS、BAS 监控的配电箱的进线要设置接触器，并配置接线端子。过街地道照明增加 PLC 控制。

（11）车站配电控制应满足建筑物的防火分区划分要求，在火灾时切除非消防电源，照明配电箱进、出线断路器应设分立元件及辅助触点，并为 FAS 系统提供接线端子。

（12）车站综合控制室、消防泵房、配电室以及发生火灾时仍需坚持工作的房间的应急照明（兼值班照明），应保证足够照度。

（13）为方便乘客和工作人员在灾害情况下顺利疏散，出入口及通道必须设应急照明和疏散标志发光贴膜。在通道转弯处、太平门顶部及直线段不大于 20 m 处设疏散诱导灯，广告照明、诱导灯为 LED 型 1×3 W。安全出口标志宜设在出口的顶部；疏散诱导灯宜设在疏散走道及其转角处距地面 1 m 的墙面上。走道疏散应急灯的间距不应大于 20 m，灯具应满足《消防应急灯具》（GB 17945—2000）；《应急照明灯具安全要求》（GB 7000.2—1996）的要求。

（14）车站照明灯具应简洁实用、便于维修，并应与车站装修风格相协调。光源以荧光灯为主，白炽灯为辅。所有灯具均需单灯补偿，补偿后功率因数不小于 0.9。应急照明采用节能型荧光灯。

（15）金属卤化物灯和超过 100 W 的白炽灯泡的吸顶灯、槽灯、嵌入式灯的引入线应采取保护措施。白炽灯、金属卤化物灯、高压钠灯、镇流器等不应直接设置在可燃装修材料或可燃构件上。

（16）站厅层两侧各设广告照明配电箱于照明配电室，每箱 6 回路预留，容量按 30 kW 计。站台层两侧各设广告照明配电箱于照明配电室，每箱 6 回路预留，容量按 30 kW 计。站台层广告照明管线过轨位置应及时与轨道专业配合。

（17）照明同类设备系统图及二次控制图应全线统一。

第四节 区间动力照明系统

> **本节导读**
>
> 本节主要介绍了区间动力配电及控制、区间照明配电及控制的有关具体要求以及安装的有关注意事项等内容。

一、动力配电及控制

（1）区间动力设备配电设计以区间中心线为界，由相邻就近的车站降压变电所给车站左右各半个区间内动力负荷供电。区间动力电压偏差值为±5%。

（2）区间废水泵、雨水泵、防淹门和射流风机为一级负荷，由降压变电所两段母线各提供一路电源，末端自切。

（3）区间动力检修箱电源引自车站内端头（井）处区间动力检修总箱。各类区间动力设备配电箱、控制箱不得侵入设备限界。

（4）区间动力设备以直接启动为主，直接启动的压降影响其他设备运行时，应采取降压启动和其他补偿措施。

（5）区间每隔 100 m 左右处以及道岔附近设动力检修插座箱作为维修电源，容量为 15 kW，只考虑一处使用，应设漏电保护。

（6）区间应杂散电流专业要求，区间线路两侧每隔 250 m 左右设杂散电流监测电源箱一处,电源由检修插座箱内引出,电源T接自检修插座箱。如有通信专业要求,在区间的光纤直放站和区间中继器需设置电源,电源引至通信电源配电箱的上端头,并满足接地要求。

(7)区间涉及地下、地上、地面段,地形较为复杂,因此电缆支架安装形式不一,根据现场情况选择合适的安装方式,保证供电线路的畅通、安全、可靠。在进站、出站以及地形过渡的地区更应该注意。

(8)动力设备根据具体情况及控制要求采用就地控制或自动控制等方式。区间废水泵控制箱内应留有提供给BAS系统监控设备运行状态的干节点。

(9)区间废水泵房、雨水泵设就地、远程(BAS)和水位自动控制。

(10)区间射流风机设就地、远程(BAS)和水位自动控制,自动控制宜采用可编程控器PLC完成。

(11)各级断路器根据需要设瞬时速断(短延时速断)、过载长延时及接地保护,插座(箱)及移动式等用电设备设漏电保护。

二、照明配电及控制

(1)区间隧道内照明以区间中心里程为界,分别由相邻就近车站的降压变电所供电,区间照明电压偏差值为+5%,-10%。照明配电采用树干式为主的方式。

(2)区间一般照明用电引自车站降压变电所,应急照明和疏散诱导照明引自车站EPS。

(3)区间一般照明和应急照明采用AC 380/220 V供电,疏散指示采用36 V安全电压供电。

(4)区间照明电源引自车站内端头(井)处区间照明配电总箱。

(5)区间应急照明(含疏散指向照明)电源引自车站内端头(井)处的区间应急照明配电总箱(中间风井除外)。

(6)地下区间每隔100~150 m设一个一般照明配电箱,为附近的工作照明供电;每隔100~120 m设一个应急照明配电箱,为附近的应急照明和疏散指向标志照明供电;配电箱应采用不锈钢材质,外壳防护等级IP65。

(7)地下区间一般照明每隔5 m设一盏照明灯具,应急照明每隔15 m设一盏应急照明灯具,一般照明与应急照明灯具比例为2:1。区间疏散指向(双向)标志照明灯具在列车运行方向左侧,每隔15 m设一盏。

(8)区间工作照明平均照度5 LX,区间应急照明平均照度3 LX。

(9)在车站与区间接口处设工作照明配电总箱进行控制,区间工作照明设有现场控制、BAS联动控制(含车控室和OCC控制)。

(10)疏散指向(双向)标志照明由设在站台层照明配电室的应急照明配电总箱控制,有三种控制方式,现场控制、车控室IBP控制、防灾FAS系统控制,在火灾工况下通过送风方向,人工控制指示方向(也可以联动),动态调整疏散指向标志,正常时光源不点亮。应急照明采用常明方式,不设开关。

(11)区间工作照明灯和应急照明灯采用荧光灯或LED灯光源,功率不宜超过20 W,单灯功率因数不应低于0.9,疏散指向标志灯采用LED光源,功率不宜超过3 W,灯具防护等级IP65。

(12)工作照明灯具布置在行车方向的左侧上方墙上,区间每隔5 m设一盏节能型灯具(满足照度要求，通常在 11 W），灯具安装高度根据具体的车辆限界要求确定。

（13）区间在敞开段和进出洞口的部位应设置过渡照明。

（14）区间照明电缆与照明灯具的转接采用预分支线夹，减少了现场施工难度，但是图纸精确度需要提高，电缆供货商需要现场实际测量。转接方式也有采用绝缘穿刺线夹，分支线采用穿普利卡管保护。

（15）地面及高架区间宜采用与接触网支柱共杆设置照明灯具的方式。

三、安装注意事项

（1）穿越人防门的区间电缆要严格按照人防门设计单位指定的孔洞施工敷设。

（2）区间照明灯具所用接线盒的大小应根据实际的电缆尺寸定制。

（3）区间动力照明电缆的敷设位置以供电专业的施工图为准。

（4）双圆盾构区间废水泵的电力电缆敷设时每个区间敷设一根至废水泵房，并做好防火封堵。

（5）一边施工一边对区间工作及应急照明的照度进行测量，并做好记录，如不满足要求应及时通知并采取措施。

（6）本段区间电力电缆均沿电缆支架、电缆爬架、电缆桥架敷设，须保证电缆平直。电缆在区间曲线及过渡段敷设困难处需增加支架、爬架。

（7）电缆敷设在支架上应绑扎牢固，不得松动。

（8）所有电气设备的金属外壳、配线钢管等均应与 PE 线可靠联接。

第五节　变电所自用电系统

> **本节导读**
>
> 　　变电所自用电系统的可靠性直接影响变电所的可靠运行，是变电所的重要组成。本节分别介绍了主变电所、牵引变电所和降压变电所的自用电设备、自用电设备负荷分级与供电制式以及自用电设备的供电等内容。

变电所设备及附属设备的正常运行需要低压电源，这些设备的用电称为变电所自用电。变电所自用电设备分为交流用电设备和直流用电设备，供电电压等级为 220 V 及以下。

变电所照明、通风设备、开关设备电加热、开关设备内部照明等需要交流电源，由交流电源屏提供。对于主变电所和独立牵引变电所，所内没有配电变压器及其低压配电设备，自用电系统需要设置所用变压器，以得到低压交流电源；牵引降压混合变电所或降压变电所的所用低压交流电源可由所内低压配电设备提供。低压电源均引至交流电源屏。交流电源屏的主接线一般为单母线接线，通过电源自动转换装置引入低压电源。

变电所内开关设备操作机构、继电保护设备、变电所自动化设备等一般需要直流电源，该负荷等级为一级负荷中的特别重要负荷，由直流电源屏提供主用电源，备用电源多采用蓄电池组。直流电源屏由整流设备和蓄电池组成，整流设备以往采用三相桥式整流设备，目前一般采用整流模块，并采用 N+1 冗余配置。直流电源屏的交流输入电源一般引自交流电源屏。

一、主变电所自用电系统

地面或地下城轨主变电所，这两种情况下其自用电设备内容有所不同，主要差异在于地下变电所设置有气体灭火系统。自用电的服务对象为主变电所操作电源、检修电源、照明、通风系统、主变电所综合自动化系统等。

1. 自用电设备

主变电所自用电设备包括：变电所的照明，变电所的通风设备，变电所的空调，变电所的检修设备，开关设备柜内的照明及电加热器，主变压器温控器，开关设备的操作与继电保护，综合自动化设备，火灾报警设备，气体灭火及排气设备（仅地下主变电所设置）等。

2. 自用电设备负荷分级和供电制式

变电所自用电设备负荷分级与供电制式如表 6.1 所示。

表 6.1　变电所自用电设备负荷分级和供电制式

序号	自用电设备		供电制式	负荷等级	主要功能
1	照明设备	正常照明	交流	二级（地面）一级（地下）	为工作人员的值班与检修等提供视觉条件。
		应急照明	交流	一级（特别重要负荷）	在正常照明失效时应能保证主变电所正常运行和设备检修所需要的照度要求。
		开关柜内照明	交流	二级	为设备维护检查、查找故障隐患提供视觉条件。
2	通风设备		交流	二级	保证主变电所电气设备正常运行的温度、湿度环境要求。
3	空调设备		交流	二级	一般设于值班控制室和蓄电池室，用于保障运行人员的工作环境条件，保持蓄电池室适宜的环境温度，维持蓄电池的正常使用寿命。
4	检修设备		交流	二级	当电气设备出现故障时，为维护、检修提供电源，及时解决电气设备的故障，保证电气设备运行的冗余度。
5	电加热器		交流	二级	用于开关设备除湿，保障设备正常运行。
6	温控器		交流	一级	属于继电保护的基础设备，为变压器的温度保护提供报警和跳闸信号。
7	设备的操作和继电保护		直流	一级（特别重要负荷）	为各种开关设备与继电保护装置提供工作电源。
8	综合自动化设备		交流	一级	为远方电力调度中心的控制、监视以及故障的判断处理提供条件。
9	火灾报警设备		交流	一级（特别重要负荷）	属于消防设备，发生火灾时及时报警和控制火情，为避免或减少生命与财产损失创造条件。
10	气体灭火及排气设备		交流	一级	用于电气设备发生火灾时的灭火和火灾后灭火气体的排出。报警主机还设有直流备用电源。

3. 自用电设备的供电

自用电设备均为低压供电，交流供电设备的负荷等级为一级负荷，因此需要两路低压电源。

由于主变电所没有低压开关设备，自用电所需要的交流低压电源需要设置所用变压器。因自用电中有一级用电负荷，这对电源可靠性的要求很高，因而主变电所设置两台所用变压器。两台所用变压器分接在中压配电系统的不同母线上，变压器中性点直接接地。所用变压器低压侧接至交流电源屏，作为两路交流进线电源。

根据主变电所自用电设备中存在消防负荷的情况，低压交流接线一般采用单母线分段设分段开关方式。每段母线为消防负荷提供一路电源，消防末级配电设备实施双电源切换。

自用电各设备的馈出回路独立设置，为三相四线制放射式配电。进线开关与各馈出开关具备馈出回路过负荷和短路情况下的全选择性。低压配电接地型式采用 TN-S。

为消防设备配电的馈出开关，过负荷保护动作于报警而不跳闸。

一级负荷中的特别重要负荷，增设蓄电池作为备用电源，如开关设备所需的直流操作电源、继电保护装置电源，由设置的直流电源屏提供。

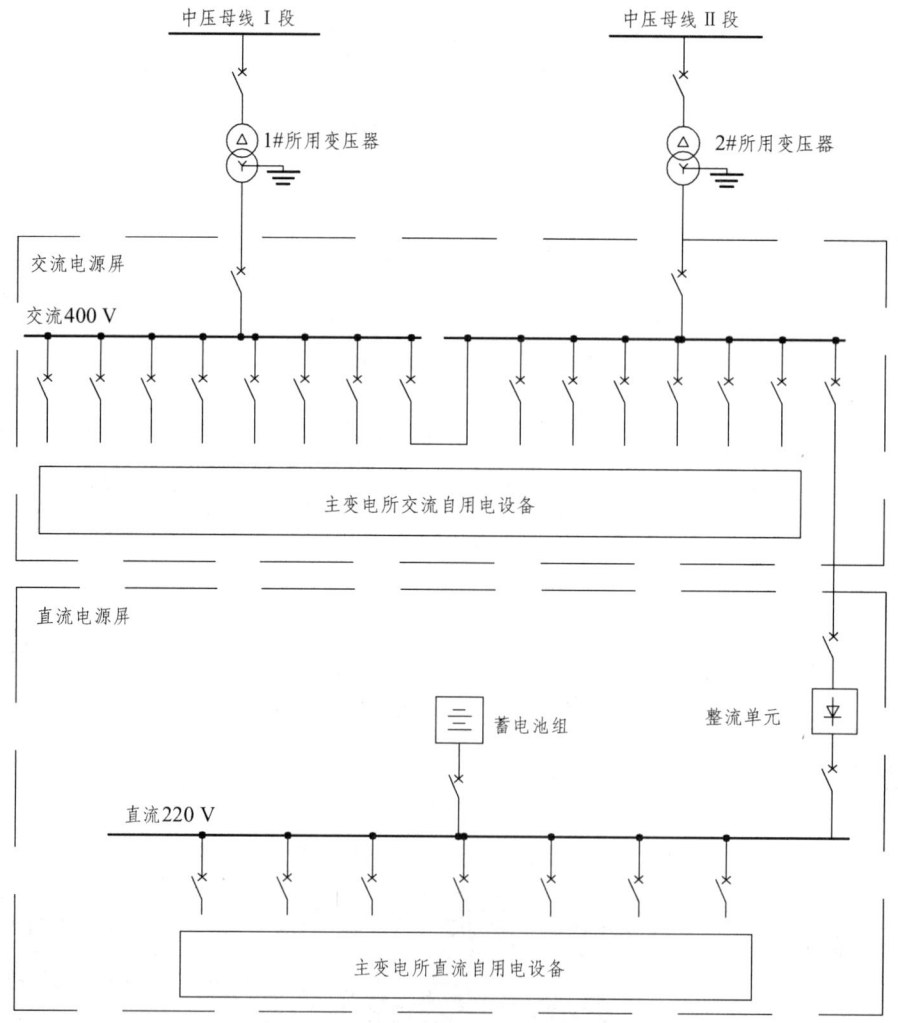

图 6.10 主变电所自用电接线示意图

交流电源屏为直流电源屏提供交流电源，直流电源屏采用高频开关电源模块将交流电源整流为所需的直流电源，增设的蓄电池组正常处于在线浮充状态，待交流电源全部失电时，蓄电池放电实现不间断供电。

交流电源全部失电，蓄电池容量应满足规定时间内全所直流设备运行的容量要求，且应满足在蓄电池放电末期最大冲击负荷容量的要求。按照《35～110kV变电所设计规范》（GB 50059—92）的要求，蓄电池容量满足全所事故停电的时间为1h。

主变电所自用电接线如图6.10所示。

二、牵引变电所自用电系统

牵引变电所可独立设置或与车站、车辆段、停车场降压变电所合建为牵引降压混合变电所。牵引变电所既可设于地面也可设于地下。地面牵引变电所可独立设置或采用箱式牵引变电所。不同的设置方式，自用电的内容也不同。

牵引变电所主要电气设备有：中压交流开关设备、牵引变压器、整流器、直流开关设备。若土建为牵引降压混合变电所，电气设备还有配电变压器和低压开关设备。

1. 自用电设备

牵引变电所自用电设备包括：变电所的照明，变电所的通风设备（仅独立牵引变电所设置），变电所的空调（仅独立牵引变电所设置），变电所的检修设备，开关设备柜内的照明及加热器，牵引变压器温控器，整流器温控设备，配电变压器温控器（仅牵引降压混合变电所设置），中压、直流开关设备的操作与继电保护，低压开关设备的操作（仅牵引降压混合变电所设置），变电所综合自动化设备，气体灭火及排气设备（仅地下牵引变电所设置）。

2. 自用电设备负荷分级和供电制式

与主变电所相比较，牵引变电所或牵引降压混合变电所的自用电设备，没有火灾自动报警设备，其余的负荷种类是相同的，只是有些设备的名称不同，如温控设备，在主变电所中为主变压器温控器，牵引变电所中为牵引变压器、整流器和配电变压器的温控设备。同类负荷的负荷等级和供电制式与主变电所的相同。

3. 自用电设备的供电

独立的牵引变电所当采用所用变压器提供交流所用电源时，所用变压器设置情况与主变电所相同。由于地面牵引变电所没有消防负荷，由两个所用变压器分别引入电源，低压接线一般采用单母线接线方式，引入端设置电源自动转换装置。独立牵引变电所自用电接线如图6.11所示。

牵引降压混合变电所自用电的交流电源引自所内低压开关设备的不同母线，一般采用单母线接线方式，引入端设置电源自动转换装置。牵引降压混合变电所自用电接线如图6.12所示。其余内容同主变电所。

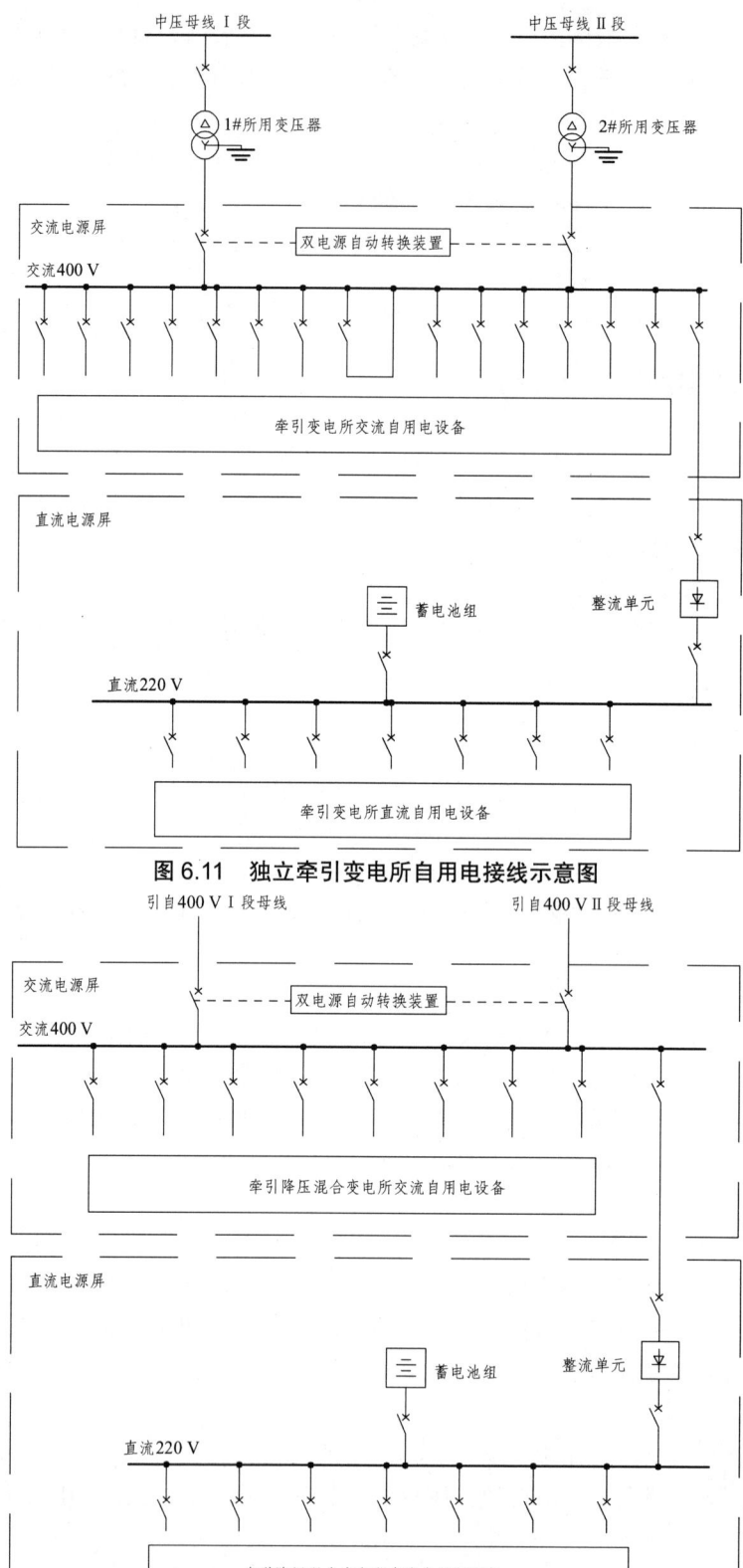

图 6.11 独立牵引变电所自用电接线示意图

图 6.12 牵引降压混合变电所自用电接线示意图

三、降压变电所自用电系统

城市轨道交通工程降压变电所的土建工程一般不独立建设，而设于车站内和车辆段、停车场的某个建筑物内。

降压变电所电气设备主要有：中压与低压交流开关设备，配电变压器等。

1. 自用电设备

降压变电所自用电设备包括：变电所的检修设备，开关设备柜内的照明及电加热器，配电变压器温控器，中压开关设备的操作与继电保护（采用断路器），变电所综合自动化设备，气体灭火及排气设备（仅地下变电所设置）。

2. 自用电设备负荷分级和供电制式

与主变电所相比较，降压变电所的自用电设备减少了火灾报警系统、变电所照明、通风和空调设备等。中压开关设备采用断路器作为分断设备时，其操作和继电保护的电源属于一级负荷中特别重要的负荷，采用直流供电。若采用电动隔离开关，其操作电源为一级负荷，可采用交流供电。其余的负荷种类是相同的。同类负荷的负荷等级和供电制式与主变电所的相同。

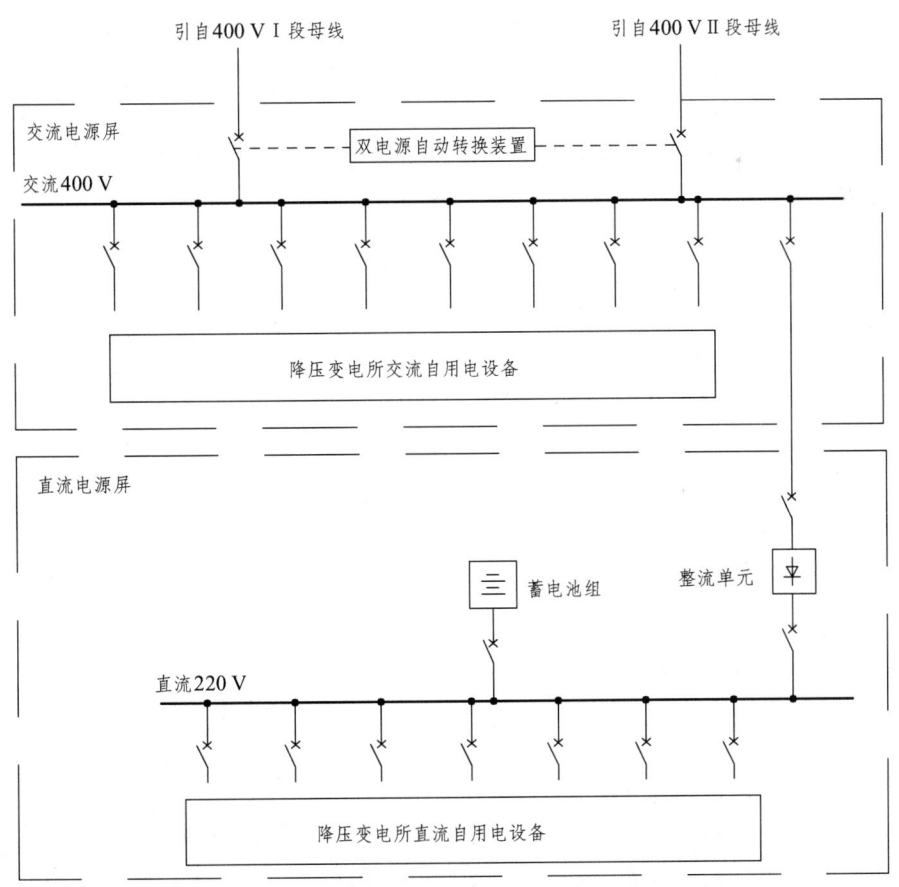

图 6.13 降压变电所自用电接线示意图

3. 自用电设备的供电

交流电源屏的两路交流进线电源由低压开关设备不同母线提供。交流电源屏低压接线采用单母线接线形式，在电源进线处设置电源自动转换装置。

其余相关内容与主变电所相同。

降压变电所自用电接线如图 6.13 所示。

第六节 应急照明电源

> **本节导读**
>
> 应急照明是一级负荷中的特别重要负荷，除要求正常双路电源外，还需要有独立于正常电源的备用电源。备用电源根据不同的负荷性质、负荷容量和电源切换时间的要求，可采用独立于正常电源的其他交流电源、蓄电池或发电机组等。本节介绍了应急照明的几种形式、典型应急照明电源装置、应急照明电源方案和变电所自用电与应急照明电源的整合。

应急照明是在正常照明因故熄灭的情况下，供暂时继续工作、保障安全或人员疏散用的照明，包括疏散照明、备用照明等。疏散照明用于正常电源失电时，为乘客安全撤离出车站提供条件，另外当发生火灾时，保障乘客及管理人员安全撤离。变电所、通信和信号机房内的应急照明属于备用照明，用于在正常电源故障时，进行故障检修或灾害情况下维持机房设备继续运行。

应急照明的正常电源引自车站低压配电系统，备用电源可引自相邻车站的低压配电系统或采用蓄电池供电。采用蓄电池供电时，蓄电池的安装形式可分为分散式安装和集中式安装。分散式安装即应急照明灯具自带蓄电池；集中式安装即将蓄电池集中设置，构成应急照明电源系统，分别为各应急照明回路提供电源。

一、应急照明电源的几种形式

1. 独立于正常电源的发电机组

提供交流应急电源，包括应急燃气轮机发电机组、应急柴油发电机组。快速自启动的发电机适用于允许中断供电时间为 30 s 以内的负荷。

发电机组由于其动力来源都是可燃性物质，并为了满足规定时间内的供电需要应储存一定的数量，而城市轨道交通车站规模相对于大型民用建筑工程要小得多，人员密集程度高，对城市轨道交通工程尤其是地下消防安全不利。快速自启动的发电机需要 30 s 以内的时间，如果应用于应急照明电源，还需要和其他电源系统配合使用。虽然国外城市轨道交通工程中有采用，但目前国内城市轨道交通工程尚没有采用发电机组用作应急电源的实例，也没有单独用作应急照明电源。

2. UPS（Uninterruptable Power Supply）

即不间断电源，保护意外断电数据丢失的一种备用电源设备，可以在交流电断开的情况下，保证短时间的工作。适用于允许中断供电时间为毫秒级的负荷，以蓄电池和逆变器作为备用电源。

UPS 一般用于精密仪器负载（如电脑、服务器等负载）等要求供电质量较高的场合，强调逆变切换时间短、输出电压及频率稳定性、输出波形的纯正、无各种干扰等。城市轨道交通工程控制调度相关系统和自动清分结算系统等采用计算机设备的重要系统，一般采用 UPS 不间断电源。而应急照明电源一般不采用 UPS 装置。

3. EPS（Emergency Power Supply）

即应急电源装置，提供交流应急电源，以蓄电池和逆变器作为备用电源，多用于允许中断供电时间为 0.25 s 以上的负荷。

EPS 装置多用于应急照明电源，也可用于消防用电设备，如应急照明灯、标志灯、消防电梯、消防水泵、防火卷帘、防火门、排烟风机等或其他供电质量相对要求不高的用电设备，强调能持续供电这一功能。但不可用于计算机、交换机、服务器等精密仪器负载，以免出现数据丢失的情况。

4. 带有自动投入装置而有效独立于正常电源的专用馈电回路

适用于允许供电中断时间 1.5 s 或 0.2 s 以上的负荷。可用于应急照明电源，目前北京地铁某些既有线路使用这种方式。

5. 蓄电池

适用于容量不大的特别重要负荷，并要求采用直流电源，如变电所直流操作电源。由于蓄电池直接接在直流母线上，交流电源正常时为浮充状态，因此由交流电源经高频开关装置供电转为蓄电池直接供电，没有转换时间。也可采用正常由高频开关供电，在有冲击负荷时由蓄电池放电。在直流操作电源屏的输出回路增设逆变器可用于提供应急照明电源。在应急照明灯具内也可直接设置蓄电池，作为备用电源。

按照现行国家标准《地下铁道照明标准》（GB/T 16275—1996）的要求，城市轨道交通工程应急照明由正常电源切换到应急电源的允许时间为不大于 5 s。

二、典型应急照明电源装置

1. EPS 应急电源

1）EPS 的工作原理

EPS 应急电源由充电器、逆变器、蓄电池、隔离变压器、切换开关、监控器、保护装置等和机箱组成。相对于 UPS 来讲，EPS 均为离线式。由于采用不同形式的切换开关，EPS 的切换时间是不同的，切换开关可采用接触和静态旁路开关等。

当交流电源正常时，由电源经过 EPS 装置的交流旁路给重要负载供电，同时进行电源检测及蓄电池充电管理，然后再由电池组向逆变器提供直流能源。在此，充电器是一个仅需向蓄电池提供相当于 10% 蓄电池组容量（Ah）的充电电流的小功率直流电源，它并不具备直接向逆变器提供直流电源的能力。此时，交流电源经由 EPS 的交流旁路和转换开关所组成的应急电源系统向用户的各种应急负载供电。同时，在 EPS 的逻辑控制板的调控下，逆变器停止工作处于自动关机状态。用户负载实际使用的电源是来自电网的交流电，EPS 应急电源也是通常说的一直工作在睡眠状态，可以有效地达到节能的效果。

当交流电源供电中断或电压超限（如±15%或±20%额定输入电压）时，切换开关将投切至逆变器供电，在蓄电池所提供的直流能源的支持下，用户负载所使用的电源是通过 EPS 的逆变器转换的交流电源。

当交流电源电压恢复正常工作时，EPS 的监控装置发出信号对逆变器执行自动关机操作，同时还通过它的转换开关执行从逆变器供电向交流旁路供电的切换操作。EPS 在经交流旁路供电通路向负载提供交流电源的同时，还通过充电器向电池组充电。

EPS 工作原理如图 6.14 所示。

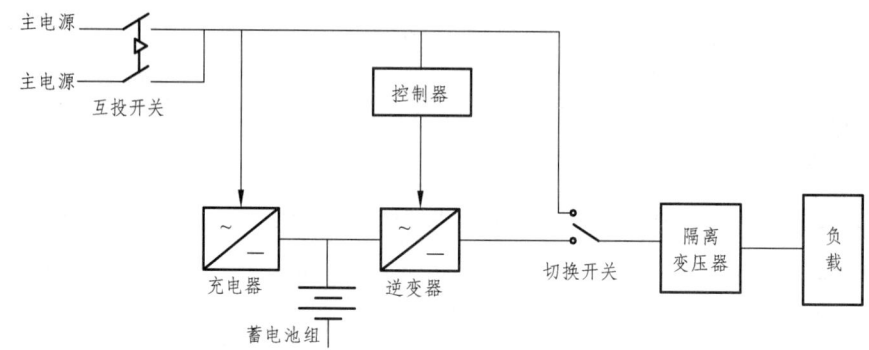

图 6.14　EPS 工作原理框图

EPS 装置较多用于应急照明电源，它也可作为消防动力的电源。不同的供电对象，对 EPS 装置的要求也有不同。EPS 作为应急照明电源的一般要求如下。

（1）向应急照明灯供电的 EPS，供电中断时间小于 5 s。

（2）为尽可能地利用正常交流电源，减少 EPS 的能耗，当交流电源电压在 187～242 V（220 V：-15%，+10%）的范围内，EPS 允许仍为交流旁路供电，而不采用逆变器供电。

（3）EPS 配置蓄电池的容量，应满足在交流电源供电中断时，保证应急照明的供电时间要求：对于地下车站和控制中心不小于 60 min，对于地面车站等建筑物，不小于 30 min。

2）EPS 的容量及选择

在交流供电正常时，EPS 是通过交流旁路向负载供电。原则上，它可以带具有各种不同功率因数的负载，但在交流供电中断或电压或频率超限时，则是由 EPS 中的逆变器来供电的。因此 EPS 的承载能力不仅要考虑逆变器在不同功率因数值负载时的下降额度输出特性，而且还要根据所使用的应急照明灯具的不同来选配 EPS 的输出功率和机型。

（1）应急照明灯具光源为白炽灯：由于应急照明的功耗是用有功功率 P（kW）来标注的，而 EPS 逆变器的输出功率是用功率因数 $\cos\varphi=0.8$（滞后）时的视在功率 S（kV·A）来标注的，实际选用 EPS 的满载输出功率应为 $S=P/0.8$。

（2）应急照明灯具光源为荧光灯：由于荧光灯启动时存在较大的"启动浪涌"电流。EPS 满载输出功率应为 $S=(1.3～1.5)P/0.8$。

（3）应急照明灯具的光源也可采用为高压气体灯，但城市轨道交通工程目前尚未使用。此时宜选用切换时间小于 20 ms 的 EPS 设备。因为，如果对高压气体灯的供电中断时间超过 20 ms 时，就有可能致使气体灯中的放电电弧"熄灭或中断"。一旦发生放电电弧中断现象，即使马上恢复供电也可能导致长达数分钟的黑灯现象，因为需要足够长时间来重新预热高压气体灯中的灯丝。

2. 电源自动转换装置

所谓电源自动转换装置（ATSE），是由两个或几个转换开关电器和其他必需的联锁、控制设备组成，用于监视电源，并在特定条件下，将负载设备从一个电源自动转换到另一个电源的电器设备。它主要由开关转换电器、联锁设备和转换控制电器组成。

根据 IEC-60947-6 国际标准规定，自动转换装置可分为 PC 级或 CB 级两个级别。根据采用转换开关电器的不同可分为四种，接触器式、断路器式、负荷开关式、专用转换开关式。按照转换控制电器的不同分为电磁继电器和数字控制器。

PC 级指能够接通、承载但不用于分断短路电流的自动转换装置。CB 级指采用断路器并配备过电流脱扣器的自动转换装置，它的主触头能够接通并用于分断短路电流。因此，只有转换开关电器采用了断路器，能够在短路情况下分断短路电流，才称为 CB 级自动转换装置，其余不采用断路器，不能分断短路电流的，都称为 PC 级。

因此采用负荷开关、接触器和专用转换开关的 ATSE 都属于 PC 级，本体只能作为自动转换开关使用，不具备过载和短路以及其他保护功能。

电源自动转换装置由开关电器本体和转换控制器组成。开关电器采用断路器时，即为 CB 级，由两台或以上断路器和机械联锁机构组成，具有过载、短路保护功能，体积较大，切换时间一般为 1.5 s 以上。PC 级开关电器为一体式结构（二进一出），体积小，转换速度较快，一般在 0.2 ~ 1.3 s 之间。

由传统的电磁式继电器构成的转换控制器，优点是成本低，但存在性能单一、体积大的缺点。数字电子式转换控制器，可根据用户要求设定产品参数，具有精度高、体积小、使用方便的特点。

三、应急照明电源方案

在城市轨道交通工程中，应急照明电源方案可能是一种形式，也可能是几种形式的组合。如地下车站的应急照明电源采用 EPS 应急电源系统，而在地面独立设置的变电所，其应急照明电源也可采用分散式安装的蓄电池。

1. 独立设置的变电所

对于主变电所及独立设置牵引变电所，其应急照明电源是独立考虑的，与城市轨道交通车站的应急照明电源没有联系。它有三种方案可供选择。

方案一：考虑到应急照明灯具数量不多，容量不大，可以采用分散设置于应急照明灯具的蓄电池作为应急电源。应急照明灯具采用三线制，当正常电源失电时，由灯具自带的蓄电池继续供电，供电时间不小于 60 min。应急照明灯具的交流电源引自变电所交流电源屏，馈出回路与正常照明分开，避免正常照明回路故障对应急照明供电造成影响。为保证应急照明灯具可靠工作，需对蓄电池进行维护。由于蓄电池分散布置，其维护工作量比蓄电池集中设置或采用 EPS 应急电源略大。

方案二：在变电所中设置较小容量的 EPS 应急电源，应急电源的交流电源引自变电所交流电源屏，为单独馈出回路。EPS 的馈出回路接至应急照明灯具。EPS 应急电源的供电时间不小于 60 min。此方案造价较高。

方案三：在变电所直流操作电源屏的馈出回路中加装逆变器，为应急照明提供交流电源。正常交流电源失电，由蓄电池放电后继续供电，供电时间不小于 60 min。这需要加大操作电源屏的高频开关电源及蓄电池的容量。

2. 车站内牵引变电所与降压变电所

由于变电所处于车站内，变电所与车站的应急照明电源应统一考虑。主要有以下三个方案。

方案一：在车站配电室设置 EPS 应急电源。应急电源的交流输入电源引自车站消防配电系统。EPS 引出若干回路为变电所应急照明提供电源，应急照明的供电时间不小于 60 min。

方案二：采用独立于正常电源的第三路电源作为应急电源。在变电所内设置应急照明电源柜，由变电所交流电源屏提供正常双路电源，应急的第三路电源由相邻车站引入，并向另一相邻车站提供备用电源。应急照明电源柜提供若干馈出回路分别引至变电所与车站应急照明设备。当本车站变电所双路低压电源失电，自动切换至应急电源后继续供电。本方案的优点在于应急电源的供电时间不受限制。

方案三：在变电所直流操作电源屏的馈出回路中加装逆变器，为应急照明提供交流电源。其他同独立设置的变电所中的方案三。

3. 车辆段、停车场内的牵引变电所与降压变电所

当降压变电所独立设置或与之合建的建筑物没有应急照明时，应急照明电源方案同独立设置的变电所。合建建筑物设置应急照明时，可有以下两个方案：

方案一：在建筑物内配电室设置 EPS 应急电源。应急电源的交流输入电源引自建筑物消防配电系统或照明配电系统独立馈出回路。EPS 引出若干回路为变电所应急照明提供电源。应急照明的供电时间不小于 60 min。

方案二：在变电所直流操作电源屏的馈出回路中加装逆变器，为应急照明提供交流电源。正常交流电源失电，由蓄电池放电后继续供电，供电时间不小于 60 min。

四、变电所自用电与应急照明电源的整合

变电所自用电由交、直流电源屏提供电源，应急照明电源多采用 EPS。虽然交流电源屏能够为应急照明提供出两路交流电源，但不具有备用电源，不能满足变电所应急照明作为一级负荷中特别重要负荷的供电要求。

直流电源屏有蓄电池作为备用电源，但它服务对象是变电所内的开关设备，提供开关设备的控制、合分、信号等所需要的直流电源。只需在直流馈出回路中加装逆变器，就可以输出交流电源，为应急照明进行供电。

1. 整合特点

变电所自用电和应急照明电源的整合是电源设备的整合，在上海、北京和伊朗德黑兰地

铁都有过工程应用。即利用变电所直流操作电源屏的蓄电池及馈出回路为应急照明提供备用电源，不再设应急照明备用电源设备。设备整合有利于减少设备投资，方便电源设备的统一管理、维护，有利于延长设备的使用寿命。

整合后电源系统供电的负荷为变电所开关设备直流操作设备和应急照明，均为一级负荷中特别重要负荷，所需要的电源既有交流也有直流。

整合电源系统共用整流装置、蓄电池和控制装置，整流装置可采用高频开关电源，并采用 $N+1$ 冗余配置，正常均投入运行，通过控制装置实现均流。当某一个高频开关电源发生故障，控制装置自动将其切除，不影响整合装置的正常使用。

整流装置将交流输入电源整流为需要的直流电源，为蓄电池充电。整流直流电源经稳压后，提供开关设备直流操作电源，经逆变器提供应急照明所需交流电源。

当交流输入电源出现故障，则蓄电池放电，继续提供直流操作电源和应急照明电源。蓄电池容量的选择需满足直流操作电源、应急照明容量和时间的要求。

2. 接线方案

整合电源屏的接线如图 6.15 所示。

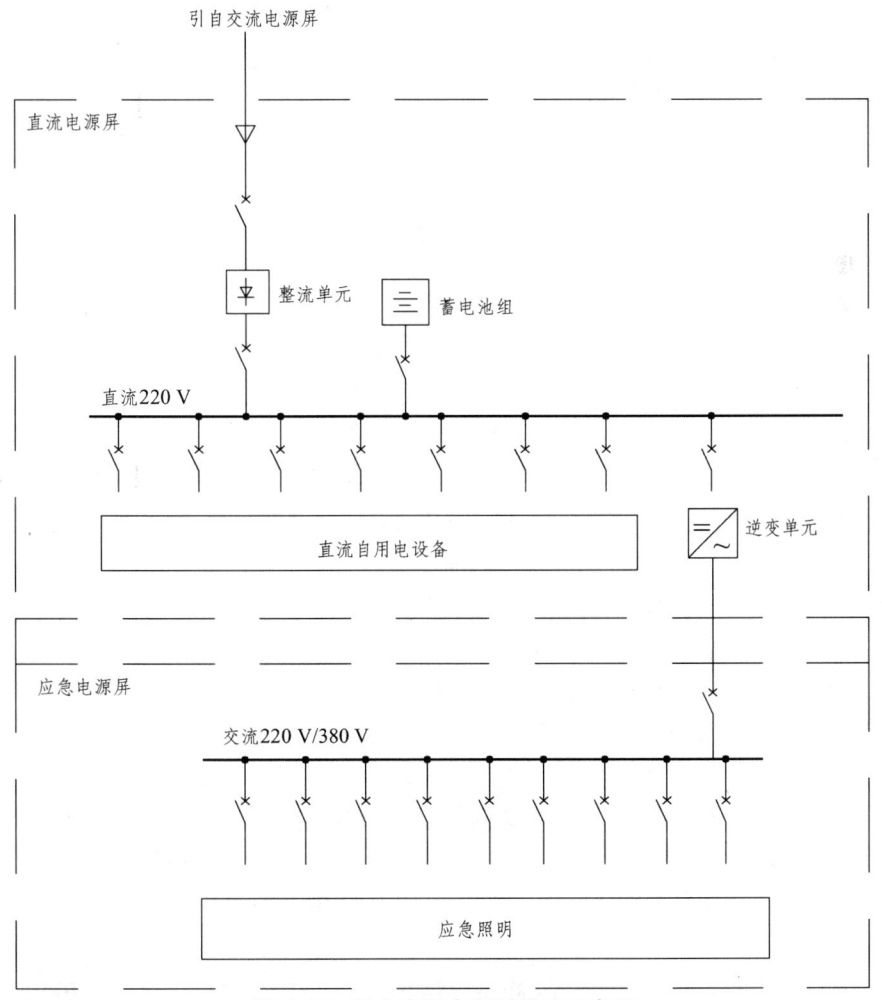

图 6.15 整合直流电源屏接线示意图

3. 车站蓄电池电源整合

城市轨道交通工程通信、信号、AFC（自动售检系统）等系统设备都需要蓄电池作为交流失电后的应急电源，常用的做法是各专业、各设备系统单独设置并单独采购。产生的结果是电源设备的品牌不一致、设备投资高、蓄电池总容量大，各个专业都要考虑蓄电池的活化和日常维护问题，维护维修的工作量大、运营成本高。

目前城市轨道交通工程正在实施综合设置蓄电池，即在满足各设备系统对电流制式、电压等级要求的基础上，统一考虑备用电源系统，实现 UPS 电源的整合设置、统一管理和综合监控，这有利于资源共享，降低建设投资和运营费用。

车站蓄电池电源整合应结合车站平面布局和设备用房位置进行，整合后蓄电池电源室应位于其服务对象的负荷中心。根据设备用房的分布，可设置一个整合蓄电池电源室或在站台两端设备机房区各设一个蓄电池电源室。

综合练习

一、选择题

1. 当大部分低压用电设备为中小容量且无特殊要求时，一般采用（　　）配电形式。
   A. 树干式　　　　B. 放射式　　　　C. 链式
2. 当用电设备为大容量，或负荷性质重要时，一般采用（　　）配电形式。
   A. 树干式　　　　B. 放射式　　　　C. 链式
3. 当距变电所较远而彼此相距很近、容量很小的次要用电设备，一般采用（　　）配电形式。
   A. 树干式　　　　B. 放射式　　　　C. 链式
4. 下列（　　）电源可作为应急电源。
   A. 蓄电池　　　　B. 独立于正常电源的发电机组
   C. 独立于正常电源的专用供电线路
5. 变电所操作电源与应急照明属于（　　）负荷。
   A. 一级　　　　B. 二级　　　　C. 三级　　　　D. 一级负荷中特别重要负荷
6. 正常运行情况下，动力设备和照明设备端电压偏差允许值应符合（　　）条件：
   A. ±5%　　　　B. ±8%　　　　C. ±10%　　　　D. +5%～10%
7. 正常运行情况下，区间照明设备端电压偏差允许值应符合（　　）条件：
   A. ±5%　　　　B. ±8%　　　　C. ±10%　　　　D. +5%～10%
8. 照明配电柜处一般预留总回路的（　　）作为备用回路。
   A. 10%　　　　B. 15%　　　　C. 20%　　　　D. 25%
9. 变电所电缆夹层、站台板下和折返线检查坑内的照明应采用（　　）安全电压供电。
   A. 12 V　　　　B. 24 V　　　　C. 36 V　　　　D. 48 V
10. 地下区间一般照明每隔（　　）设一盏照明灯具，应急照明每隔（　　）设一盏应急照明灯具。
    A. 5 m，10 m　　B. 10 m，15 m　　C. 5 m，15 m　　D. 10 m，20 m

11. 按照《35~110 kV 变电所设计规范》(GB 50059—92)的要求,蓄电池容量应满足全所事故停电的时间为( )。
    A. 0.5 h   B. 1 h   C. 1.5 h   D. 2 h

12. ( )电源适用于允许中断供电时间为毫秒级的负荷。
    A. UPS   B. EPS   C. 蓄电池

13. ( )电源多用于允许中断供电时间为 0.25s 以上的负荷。
    A. UPS   B. EPS   C. 蓄电池

14. 城市轨道交通工程应急照明由正常电源切换到应急电源的允许时间为不大于( )。
    A. 1 s   B. 3 s   C. 5 s   D. 10 s

15. EPS 配置蓄电池的容量,对于地下车站和控制中心,应满足在交流电源供电中断时保证应急照明的供电时间要求不小于( )。
    A. 30 min   B. 60 min   C. 90 min   D. 120 min

二、填空题

1. 低压配电常用的形式有_____配电、_____配电与链式配电。
2. 车站动力电源一般按_____原则进行配电,动力系统采用_____的供电方式为主。
3. 车站照明系统采用_____和_____相结合的供电方式,以_____供电方式为主。
4. 站台、站厅公共区照明和变电所工作照明的一级负荷供电采用两段不同母线_____供电方式。
5. 照明包括正常照明和_____照明(备用照明),采用交流供电,其中地面主变电所正常照明为_____级负荷,地下主变电所正常照明为_____级负荷。

三、简答题

1. 降压变电所的位置一般要综合考虑哪些因素?
2. 城轨供电系统中,哪些设备的用电属于一级负荷?其中哪些属于特别重要的负荷?
3. 简述变电所自用电与应急照明电源的整合方法。

四、综合题

1. 为什么在大型车站一般都要设置跟随式降压变电所?
2. 图 5.32 为某牵引降压混合变电所主接线图。看图回答以下问题。
(1)图中降压变电所的中压主接线为哪种接线形式?
(2)图中降压变电所的中压部分的设备主要有哪些(写出设备代号或编号)?
(3)简述降压变电所中压主接线运行方式。
(4)图中降压变电所采用的是哪种低压主接线形式?

第七章 电力监控与数据采集系统

【教学目标】

通过本章的学习,主要了解与掌握以下知识:

1. 了解 SCADA 系统的作用与构成。
2. 熟悉 SCADA 系统与其他系统的接口。
3. 熟悉 SCADA 系统监控的基本内容与主要设备的监控点。
4. 了解供电复示系统的功能。
5. 了解 SCADA 系统的主要技术指标。
6. 了解自动化系统集成的有关内容。

主要具备以下能力:

1. 会阐述 SCADA 系统的构成与作用。
2. 会分析 SCADA 系统功能与监控点设置间的关系。

【知识结构】

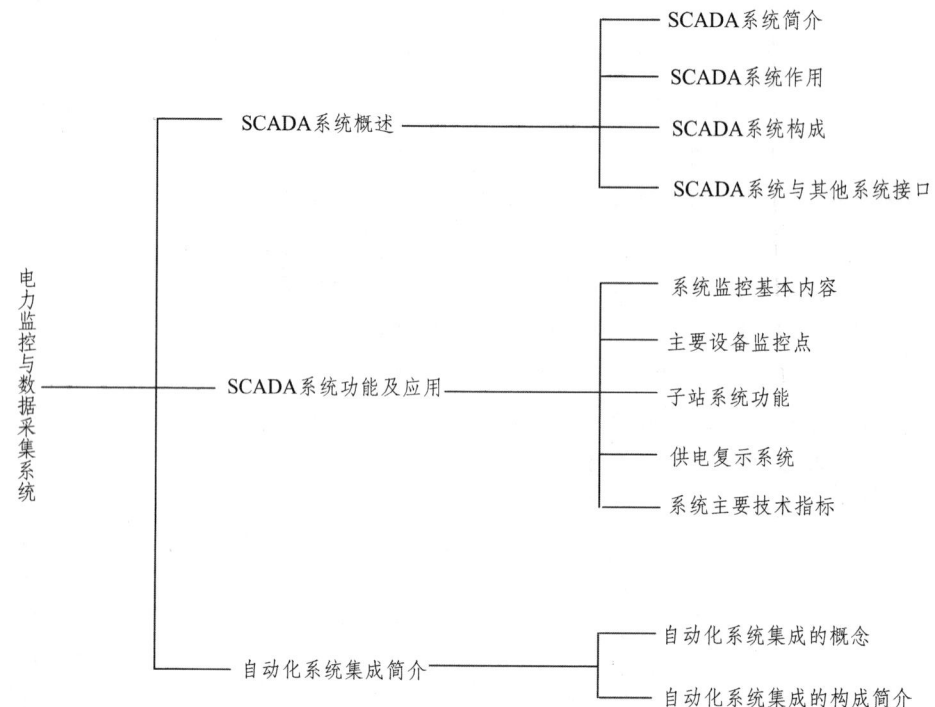

第一节 SCADA 系统概述

> **本节导读**
>
> SCADA 系统又称为电力监控与数据采集系统。本节主要介绍了 SCADA 系统的发展历程、作用、构成以及 SCADA 系统与其他系统的接口等内容。

一、SCADA 系统简介

【SCADA 系统】 电力监控与数据采集系统又称电力 SCADA（Supervisory Control and Data Acquisition System）系统或远动系统，又称 SCADA 系统，有时也称 PSCADA 系统。它对城轨供电系统主变电所、牵引变电所、降压变电所等不同类别变电所内的高压 66~110 kV 设备、中压 10~35 kV 设备、直流 750 V 或直流 1 500 V 设备、低压 400 V 设备、交直流电源屏、排流柜、轨道电位限制装置等对象进行监控，实现对各种设备的控制、信息采集、数据分析处理、远方维护、统计报表、事故报警、画面调阅、历史数据查询等功能。

城市轨道交通供电系统的远动系统或电力监控与数据采集系统又简称 SCADA 系统，该系统已经历了三个发展阶段：人工监控、电力监控分立系统（PSCADA）和综合监控系统（ISCS）电力监控子系统。

早期的城轨供电系统由于技术的局限，没有条件设立电力监控系统，其监控管理以人工为主，辅以调度电话方式来实现供电系统的运行管理。这种监控方式要求变电所内设置当地报警设备，当系统发生故障时值班人员能够及时发现并上报调度部门。

从 20 世纪中后期开始，通过应用计算机技术、网络技术，建立了自动化程度较高的电力监控系统。目前，典型的电力监控系统由四部分组成：位于控制中心的电力调度中心主站系统（即中央监控系统）、位于变电所的远程终端（RTU，即变电所综合自动化系统）、通信网络以及位于供电维修基地的供电复示系统。电力调度中心主站系统通过设置在变电所的 RTU 采集处理数据，并经过通信网络将信息传送至电力调度中心的电力监控系统服务器，从而实现电力监控系统的遥控、遥信和遥测功能。供电复示系统实现对供电系统的远程监视功能。电力监控系统与其他系统分立，系统的运行不干扰其他自动化系统，也不受其他自动化系统的影响。这种常规的系统构成方式适用于没有设置综合监控系统的工程。

20 世纪末，随着计算机技术和网络技术的快速发展，各个分立的自动化系统逐步走向综合集成，城市轨道交通各专业的自动化系统采用统一的计算机网络平台和统一的软件体系，构成综合监控系统，从而实现不同自动化系统的集成。按目前的技术水平，典型的综合监控系统一般集成电力监控系统、环境与设备监控系统等自动化系统，这种方式有利于不同系统之间的数据信息互通、软硬件资源共享。综合监控系统运行所依赖的底层基础依然是原先各分立系统的远程终端数据采集处理系统或者设备。电力监控系统集成于综合监控系统后，电力监控系统设计范围包括电力调度中心主站系统及供电复示系统的功能设计、变电所综合自动化系统的软硬件设计，而电力调度中心主站系统、供电复示系统的硬件及软件则由综合监控系统统一建设。双方的硬件接口一般位于变电所综合自动化系统与综合监控系统的通信连接装置的通信端子。

二、SCADA 系统的作用

电力监控与数字采集（SCADA）系统的作用是保证调度人员在控制中心对供电系统中的主变电所、牵引供电系统及供配电系统的供电设备运行状态进行监视、控制及数据采集，直观了解所有运行设备的工作状况，使供电系统安全、可靠、经济地运行。SCADA 系统主要作用有以下 3 个方面：

（1）对供电系统安全运行状态进行在线监控。城轨供电系统正常运行时，通过调度管理人员对电网的电压、潮流、负荷、设备运行状态及各项工况指标进行监视和控制，保证供电质量和用户的用电要求。

（2）对供电系统运行实现经济调度。在实现对供电系统安全监控的基础上，通过 SCADA 系统实现电网的经济调度，达到降低损耗、节约电能的目的。

（3）对供电系统运行实现安全分析和事故处理。在供电系统发生事故之前、之后或发生事故时的信息进行及时采集、及时分析和处理，缩小事故范围。提供事故处理对策和相应的监控手段，以使事故发生于未然，及时处理事故或故障，以减少事故造成的损失。

三、SCADA 系统的构成

SCADA 系统由主站监控系统（调度端）、设置在变电所内的子站系统（执行端）和信息通道 3 部分组成。

（一）主站监控系统

SCADA 系统在控制中心设有电力调度系统（主站监控系统），如果采用综合监控系统，电力监控与数据采集系统将被集成到综合监控系统中。

主站监控系统可采用客户/服务器（Client/Server）网络结构，通过以太网形成计算机监控网络，配置专用服务器，采用双机冗余工作方式，并具有软硬件自诊断功能。

在控制中心设置一套电力调度模拟屏，用于实时显示供电系统的运行状态和供电设备的运行状态。控制中心同时设置调度员工作站、维护工作站、系统用终端、供电系统管理计算机、图像监控计算机、打印机等设备。控制中心应设置不间断电源（UPS），以保证监控设备的不间断供电。

1. 局域网

控制中心局域网结构由双以太网构成，互为备用。正常情况下，一个网络用于监控计算机之间的通信，另一个处于热备用状态，当主用网络发生故障时，系统在规定的时间内自动切换到备用网络。

通信网络采用分布式实时网络，网络传输媒介可为同轴电缆。网络服务器管理整个系统资源，要求系统安全性高，网络扩展性好。

传统以太网为总线结构，传输媒介为同轴电缆或双绞线，虽然结构简单，但系统设备不易扩展、不易维修。随着网络技术的发展，由总线结构逐步采用星型网络结构，星型网络结构不但安全可靠，而且便于运行维护和系统扩充。

2. 网络服务器

控制中心一般配备两套功能完全相同的专用网络服务器，采用热备用的方式实现互为备用，以保证整个系统安全可靠地运行。两套服务器通过局域网实现数据交换。正常情况下，一主一备。当主用服务器发生故障时，备用服务器将自动切换并承担全部功能，故障信息在打印机上打印，并在监视器上显示故障系统画面。

3. 调度员工作站

配置两套功能完全相同且互为备用的调度员工作站，每个工作站均可单独承担整个系统的实时监控和调度管理工作，也可同时工作，分区监控和管理。两套调度员工作站互为备用，其中一台发生故障，另一台可自动切换并承担全部功能。

4. 维护工作站

维护工作站用于维护、扩展、开发系统软件，定义系统运行参数、系统数据库，修改用户画面，在线或离线检测等工作。

5. 模拟显示设备

作为整个 SCADA 系统的信息集中显示设备，实时显示供电系统主要设备的运行状态。有下列两种显示方式：一种是光电模拟屏显示系统，一次投资和运营费用较低；一种是背投式大屏幕显示系统，一次投资和运营费用较高。

6. 图像显示器及控制器

作为变电所主要设备房间的图像监视设备，可显示变电所实时多媒体信息和历史多媒体信息，并可将多媒体信息转存到光盘上。图像显示器及控制器纳入地铁专用闭路电视监控系统。

7. 供电系统管理计算机

作为供电系统管理用终端，供电系统管理人员可直接查阅供电系统的各种实时信息、供电设备的各种报表，并能制定各种检修计划、工作计划，打印各种报表。

8. 不间断电源（UPS）

控制中心 SCADA 系统应设置一套不间断电源（UPS），在交流电源失电后，能维持供电的时间不小于 60min。根据需要也可各专业共用一套不间断电源。

9. 打印机

调度员工作站配有打印机，用于操作、事故和测量数据的实时记录。系统应配有报表打印机，可进行统计报表打印、画面复制等打印工作。管理人员工作站配备一台供电管理打印机,用于打印各种管理信息。

10. 通信处理机

系统应配备两套通信处理机,组成功能等价的热备用通信系统,用于远方通信的处理,实现控制中心与变电所自动化系统的信息交流。

(二)子站系统

子站系统又称为综合自动化系统,设在主变电所、电源开关站、牵引降压混合变电所、降压变电所。变电所综合自动化系统采用全分布开放式系统结构,各子控制单元均可接入变电所网络。变电所综合自动化系统由变电所综合控制屏内的主控制单元和对应于开关柜内子监控单元及实时通信网络连接构成。

变电所内每台主要供电设备对应于一个子监控单元,监控装置用于设备的控制、保护、监视和测量。变电所内的继电保护装置动作与运行不受通信网络和变电所主监控单元运行情况的制约。

SCADA 系统的底层结构是按供电设备进行设计的,监控装置直接安装在开关柜上,监控装置与主控单元之间通过同轴电缆或双绞线进行通信联络。一般通信方式主要有总线型和星型两种连接方式。

1. 变电所综合自动化系统结构

1) 星型接线

通信方式是以监控屏为中心,以放射式接线分别通过通信线缆与分散在开关柜内或供电设备附近的监控单元进行连接,形成 1∶N 连接型式。星型方式如图 7.1 所示。

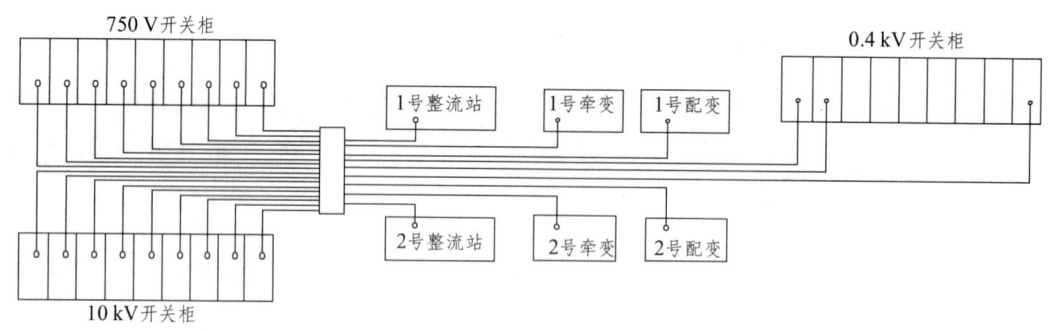

图 7.1 星型结构网络

星型结构特点:各监控单元与主控单元单独通信,互不影响、可靠性高。可采用串行通信实现互联,线路简单,但由于连线多,施工复杂,效率低。

2) 总线型接线

为克服星型接线方式接线复杂、效率低的缺点,用一条总线将所有分散布置的监控单元与主控单元连接起来。总线型接线方式如图 7.2 所示。

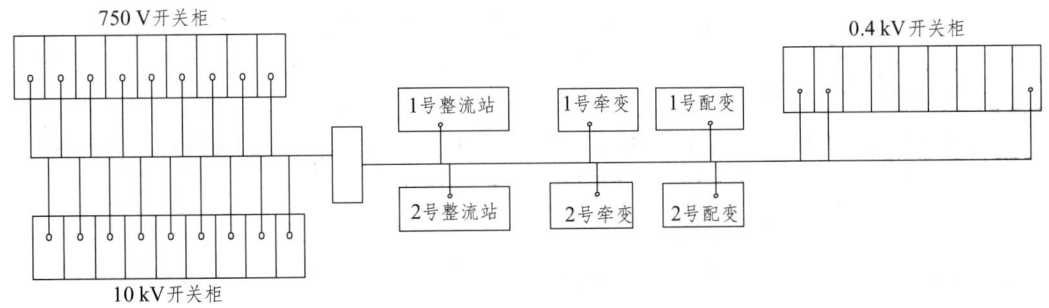

图 7.2 总线型结构网络

3）混合型接线

总线型和星型通信方式各有优缺点，考虑到地铁变电所中的中压成套设备（含继电保护装置）、直流成套设备、低压成套设备、配套设备（温控箱、控制器）及排流柜、自用电源屏等，不可能由一家设备厂商提供，采用同一种网络的可能性很小。为此，变电所 SCADA 网络结构宜为混合型，即成套电气设备采用总线型结构，配套电气设备等宜采用星型结构，混合型网络结构图，如图 7.3 所示。

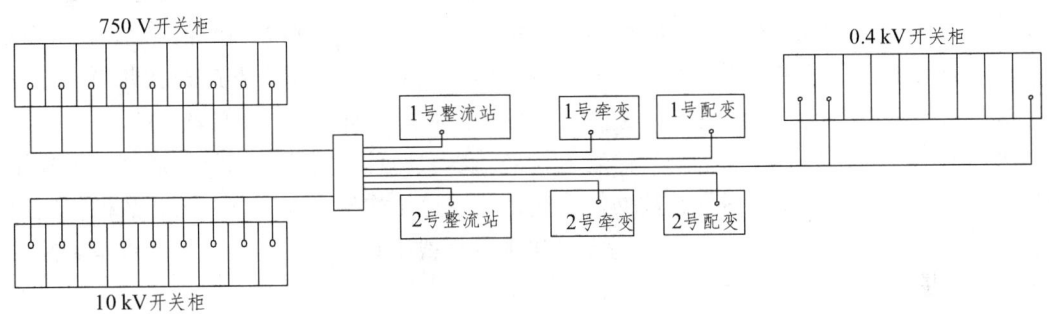

图 7.3 混合型网络结构

2. 综合控制屏

综合控制屏具有事故音响、预告音响和其他信号显示功能，综合控制屏由主控制单元和液晶显示屏（器）组成。主控制单元由通信控制器和 CPU 组成，它和液晶显示屏（器）、键盘共同实现变电所综合自动化系统的各种信息的显示和调用。

3. 子监控单元

子监控单元为变电所综合自动化的基础设备、直接与电气设备的控制回路、测量回路和保护回路相连，实现遥控、遥测、遥信及远方定值修改工作。

4. 摄像头、监视器

摄像头为彩色、光学镜头倍数不小于 12 倍，具有较高的分辨率和较好的可靠性与稳定性。监视器应适应变电所环境要求，具有抗过电压、抗电磁干扰和防污等功能。

5. 通信网络

子监控装置通过实时通信网络同变电所综合控制盘内主监控单元相连。主监控单元通过通信网络从现场设备的子监控单元获取信息。通信网络采用现场总线方式。

6. 综合自动化维护设备

综合自动化系统应设有必要的维修维护设备，以便于综合自动化系统软件、硬件的维护。

1）维护计算机

具有对各种设备的控制、监视、测量数据的显示和统计的功能。具有对通信网络和监控单元编程的功能，可对各子监控单元的软件进行日常维护。维护计算机应采用便携式工业控制计算机，主频不低于 500 MHz。

2）模拟操作器

具有对变电所及车站主要机电设备的各种输入、输出和测量装置进行模拟操作功能，模拟操作器应为便携式。

（三）信息通道

主站监控系统与子站系统之间的通信通道，应包括通道结构形式，主/备通道的配置方式、信息传输通道的接口形式和通道性能要求等。通信通道一般采用光缆，由通信专业统一设置，地铁各子系统均在车站接入通信通道，所以应采用统一的接口型式，并应遵守共同的通信规约，满足通信专业的统一技术要求。通信骨干网应有主备双通道，并能自动切换。

采用通信专业配置的专用数据传输通道，采用以太网传输方式数据传输通道，或采用光纤构成冗余的光纤以太双环网作为数据传输通道，通道结构形式采用点对点的数据传输或共享和点对点相结合的数据传输，主/备通道间实现自动或手动切换。电力监控系统也可采用与继电保护差动光缆合用的传输通道。

四、SCADA 系统与其他系统的接口

1. 与地方供电部门调度系统的接口

与地方供电部门调度系统的接口分界在主变电站的站内通信光端机上，站内通信光端机由供电部门负责。

2. 与牵引降压混合变电所和降压变电所的接口

与变电所的接口分界在各设备的通信端子排处。

3. 与杂散电流防护系统的接口

与杂散电流防护系统的分界在变电所综合自动化系统盘内的监控单元通信端子处。综合自动化系统盘由电力监控系统专业负责。

4. 与接触网的接口

与接触网的接口在接触网电动隔离开关通信端子排处。

5. 与综合监控系统接口

与综合监控系统的接口以车站（车辆段）综合监控设备室配线架外线侧为界。电力监控系统负责全线所有变电所内的综合自动化系统，控制中心电力调度系统、供电车间电力监控系统复示终端的软硬件由综合监控系统提供，但系统功能要求则由电力监控系统提出。

6. 与主变电站的接口

与主变电站的接口分界在 110 kV 线路保护盘、110 kV GIS 组合电器、110 kV 主变保护盘、35 kV 交流开关柜微机保护监控装置的通信端子排上。

7. 与通信系统的接口

各变电所（含主变电所）电力监控系统与各车站通信系统进行对时，分界点为通信机房配线架外侧。电缆由电力监控专业敷设，敷设通道由通信专业设置。

第二节　SCADA 系统功能及应用

> **本节导读**
>
> SCADA 系统可以实现"四遥"等功能，而实现这些功能的基础是完成对相应对象的监控。监控的基本内容包括控制、监视与测量。本节详细介绍了城轨供电系统各监控对象的主要设备监控点，同时还介绍了子站系统的功能、供电复示系统的功能，最后列举了 SCADA 系统的主要技术指标等。

电力监控与数据采集系统要实现遥控、遥信、遥测、遥调等功能，以监控对象为基础进行系统的构建。首先应明确供电系统需要监控的范围和具体对象，然后根据这些对象的具体运行方式与控制模式等要求确定系统的功能及软件硬件。

电力监控系统监控对象随不同地区外电源电网现状、不同类型供电系统建设形式而不同，监控对象需要按照供电系统的具体内容而定。

一、系统监控基本内容

（一）控制范围

1. 控制开关范围

以集中式供电方式和主变所进线电压为 110 kV、输出电压为 35 kV，牵引变电所直流输出电压为 1 500 V 为例介绍。

1）主变电所

110 kV 进出线断路器、主变 110 kV 侧断路器、主变 35 kV 侧断路器、35 kV 母联开关、

35 kV 馈线开关、35 kV 隔离开关、主变有载调压分接开关和自动装置投切开关等。

2）牵引降压混合变电所

35 kV 断路器、35 kV 隔离开关、1 500 V 断路器、1 500 V 接触网电动隔离开关、1 500 V 进线电动隔离开关、0.4 kV 进线断路器、母联断路器、三级负荷总开关、大容量直供冷水机组回路开关、重合闸投切开关和自动装置投切开关等。

3）降压变电所

35 kV 断路器、自动装置投切开关、0.4 kV 进线断路器、母联断路器、三级负荷总开关和大容量直供冷水机组回路开关等。

4）跟随所

35 kV 环网断路器和隔离开关、0.4 kV 进线断路器、母联断路器和三级负荷总开关等。

2. 其他控制范围

继电保护整定组转换和全所信号复归。

（二）监视范围

0.4 kV 母线以上断路器、负荷开关（含三级负荷总开关）、隔离开关、接地开关位置信号与开关当地/远动操作位置信号；邻所 35 kV 与 1 500 V 断路器等位置信号；事故信号和预告信号、自动装置投入/撤除信号、交直流装置信号、钢轨电位限制装置信号、单向导通装置信号、机构故障信号与负荷变化信号等；110 kV 进出线保护、主变压器保护、35 kV 进出线与 35 kV 馈线保护、1 500 V 馈线保护及 1 500 V 框架保护动作信号；0.4 kV 进线、母联和三级负荷总开关保护动作信号等。

（三）测量范围

1. 主变电所

主要包括 110 kV 进出线电流、有功功率、无功功率、有功电度、无功电度；主变 110 kV 侧电流、有功电度、无功电度；主变 35 kV 侧电流、有功功率、无功功率；主变油温和主变温度；35 kV 母联电流与母线电压、35 kV 线路电流、35 kV 滤波器电流；系统频率；所用直流母线电压；所用变低压侧电压、电流等参数。

2. 牵引降压混合变电所

主要包括 35 kV 进线电流与进线（母线）电压；牵引整流机组 35 kV 侧电流、有功功率、有功电度；直流 1 500 V 母线电压与馈线电流；回流线电流；35/0.4 kV 配电变压器 35 kV 侧电流、有功功率、有功电度；0.4 kV 进线电流、功率因数、有功功率、有功电度、无功功率、无功电度；0.4 kV 母线电压；直流屏直流母线电压等参数。

3. 降压变电所

主要包括 35 kV 进线、出线电流；35 kV 母线电压；35/0.4 kV 配电变压器 35 kV 侧电流、有功功率、有功电度；0.4 kV 侧电流、功率因数、有功功率、有功电度、无功功率、无功电度；0.4 kV 母线电压；直流屏直流母线电压等参数。

4. 跟随式降压变电所

主要包括 0.4 kV 进线电流、有功功率、有功电度、无功功率、无功电度、功率因数和 0.4 kV 母线电压等参数。

二、主要设备监控点

以下各表列出了城轨供电系统典型监控对象的主要设备监控点（包括控制、测量与监视范围），可用于参考。具体到某个工程时，需结合各工程供电系统的实际情况与具体需求进行修改、补充，以满足电力调度的需要。

1. 66~110 kV 设备

66~110 kV 设备监控点见表 7.1。

表 7.1　66~110 kV 设备监控点

设备	监控要求	监控类型
进线开关柜	断路器的合闸、分闸控制，保护复归控制	控制
	断路器的合、分状态	监视
	断路器手车的工作、试验和抽出位置	
	隔离开关闭合、打开和接地位置	
	带电显示信号	
	断路器故障跳闸	
	转换开关位置	
	接地隔离开关位置	
	进线电压	测量
	回路电流	
	进线功率因数	
	频率	
	避雷器动作次数	
	避雷器动作状态	
	SF_6 气体低	
	脱扣电路状态	
	谐波电流	
主变压器馈出柜	断路器的合闸、分闸控制，保护复归控制	控制
	断路器的合、分状态	监视
	断路器手车的工作、试验和抽出位置	
	隔离开关闭合、打开和接地位置	

续表

设 备	监控要求	监控类型
主变压器馈出柜	带电显示信号	
	断路器故障跳闸	
	转换开关位置	
	接地隔离开关位置	
	回路电流	测量
	SF_6 气体低	
	脱扣电路状态	
	有功功率	
	无功功率	
	有功电度	
	无功电度	

2. 主变压器

主变压器监控点见表 7.2。

表 7.2 主变压器监控点

设备	监控要求	监控类型
主变压器	油温	测量
	有载调压开关分接头位置	监视
	主变压器有载调压开关分接头位置的升、降、停	控制

3. 10~35 kV 设备

10~35 kV 设备监控点见表 7.3。

表 7.3 10~35 kV 设备监控点

设 备	监控要求	监控类型
进线开关柜	断路器的合闸、分闸控制，保护复归控制	控制
	断路器的合、分状态	监视
	断路器手车的工作、试验和抽出位置	
	PT 手车的工作、试验、抽出位置	
	PT 断线信号	
	隔离开关闭合、打开和接地位置（适用于 35 kV）	
	带电显示信号	
	断路器故障跳闸	
	转换开关位置	
	接地隔离开关位置	
	进线电压	测量

续表

设　备	监控要求	监控类型
	回路电流	
	回路有功功率	
	回路无功功率	
	进线功率因数	
	回路电量计量	
	避雷器动作次数	
	避雷器动作状态	
	SF_6 气体低（仅限于 SF_6 开关）	
	脱扣电路状态	
	谐波电流（仅限于电源开闭所）	
馈线开关柜	断路器的合闸、分闸控制，保护复归控制	控制
	断路器的合、分状态	监视
	断路器手车的工作、试验和抽出位置	
	隔离开关闭合、打开和接地位置（适用于 35 kV）	
	带电显示信号	
	断路器故障跳闸	
	转换开关位置	
	接地隔离开关位置	
	避雷器动作状态	
	脱扣电路状态	
	避雷器动作次数	测量
	回路电流	
	SF_6 气体低（仅限于 SF_6 开关）	
牵引变压器馈出柜	断路器的合闸、分闸控制，保护复归控制	控制
	断路器的合、分状态	监视
	断路器手车的工作、试验和抽出位置	
	隔离开关闭合、打开和接地位置（适用于 35 kV）	
	带电显示信号	
	断路器故障跳闸	
	转换开关位置	
	接地隔离开关位置	
	脱扣电路状态	
	回路电流	测量
	回路有功功率	
	回路无功功率	

续表

设　备	监控要求	监控类型
牵引变压器馈出柜	回路电度计算	测量
	SF_6气体低（仅限于SF_6开关）	
配电变压器馈出柜	断路器的合闸、分闸控制，保护复归控制	控制
	断路器的合、分状态	监视
	断路器手车的工作、试验和抽出位置	
	隔离开关闭合、打开和接地位置（适用于35 kV）	
	带电显示信号	
	断路器故障跳闸	
	转换开关位置	
	接地隔离开关位置	
	脱扣电路状态	
	回路电流	测量
	SF_6气体低（仅限于SF_6开关）	
母线分段开关柜	断路器的合闸、分闸控制，保护复归控制	控制
	断路器的合、分状态	监视
	断路器手车的工作、试验和抽出位置	
	隔离开关闭合、打开和接地位置（适用于35 kV）	
	带电显示信号	
	断路器故障跳闸	
	转换开关位置	
	接地隔离开关位置	
	脱扣电路状态	
	回路电流	测量
	SF_6气体低（仅限于SF_6开关）	
母线分段隔离柜	接地隔离开关位置（适用于10 kV）	监视
	隔离开关闭合、打开和接地位置（适用于35 kV）	
	带电显示信号	

4. 直流750 V或直流1 500 V设备

直流750 V或直流1 500 V设备监控点见表7.4。

表7.4　直流750 V或直流1 500 V设备监控点

设备	监控要求	监控类型
牵引变压器馈出柜	牵引变压器过热报警	监视
	牵引变压器超温跳闸	
	硅整流器跳闸故障信号	

续表

设　备	监控要求	监控类型
牵引变压器馈出柜	硅整流器温度高	监视
	硅整流器单向导通装置故障	
直流进线柜	直流断路器的合闸、分闸控制，保护复归控制	控制
	直流断路器的合、分状态	监视
	直流断路器手车的工作、试验和抽出位置	
	断路器故障跳闸信号	
	直流母线电压	
	转换开关位置	
	脱扣电路状态	
	正负母线避雷器动作状态	
	母线避雷器动作状态	
	直流总闸电流	测量
	正负母线避雷器动作次数	
	母线避雷器动作次数	
直流负极柜	隔离开关合、分状态	监视
	直流设备框架保护动作	
直流馈线柜	直流断路器的合闸、分闸控制，保护复归控制	控制
	直流断路器的合、分状态	监视
	直流断路器手车的工作、试验和抽出位置	
	断路器故障跳闸信号	
	脱扣电路状态	
	转换开关位置	
	车辆段维修库紧急按钮跳闸（仅限于车辆段牵引变电所）	
	断路器闭锁信号	
	自动重合闸失败	
	直流分闸电流	测量
直流隔离开关设备	电动隔离开关的合闸、分闸控制	控制
	纵联电动隔离开关的合闸、分闸控制	
	电动隔离开关的合、分状态	监视
	纵联电动隔离开关的合、分状态	
	转换开关位置	
	避雷器动作状态（仅限于地面或者高架工程）	
	手动隔离开关状态（根据工程需要选择配置）	
	避雷器动作次数（仅限于地面或者高架工程）	测量

5. 400 V 设备

400 V 设备监控点见表 7.5。

表 7.5　400 V 设备监控点

设　备	监控要求	监控类型
进线柜	进线断路器的合闸、分闸	控制
	断路器的合、分状态	监视
	断路器的工作、试验、断开位	
	断路器故障跳闸信号	
	转换开关位置	
	进线电流	测量
	进线线电压	
	进线相电压	
	进线有功功率	
	进线无功功率	
	进线电度计量	
	进线功率因数	
馈出柜	馈出断路器合闸、分闸控制	控制
	三级负荷总开关合闸、分闸控制	
	馈出断路器合、分状态	监视
	馈出断路器工作、断开位置	
	转换开关位置	
	三级负荷总开关合、分状态	
	三级负荷总开关工作、断开位置	
	三级负荷总开关转换开关位置	
母线分段柜	母线分段断路器的合闸、分闸	控制
	母线分段断路器的合、分状态	监视
	母线分段断路器的工作、试验、断开位置	
	断路器故障跳闸信号	
	转换开关位置	
	母线分段断路器电流	测量

6. 配电变压器

配电变压器监控点见表 7.6。

表 7.6　配电变压器监控点

设　备	监控要求	监控类型
配电变压器	变压器过热报警	监视
	变压器超温跳闸	

7. 交直流电源屏

交直流电源屏监控点见表7.7。

表7.7 交直流电源屏监控点

设 备	监控要求	监控类型
交直流电源屏	直流输出欠压	监视
	直流输出过压	
	直流对地绝缘	
	交流进线开关状态	
	浮充失败	
	直流屏进线断路器合、分状态	
	馈出断路器合分状态	
	电源屏故障总信号	
	馈线电压	测量

8. 排流柜

排流柜监控点见表7.8。

表7.8 排流柜监控点

设 备	监控要求	监控类型
排流柜	排流动作元件状态	监视
	排流电流	测量
	参比电极电压	

9. 轨道电位限制装置

轨道电位限制装置监控点见表7.9。

表7.9 轨道电位限制装置监控点

设 备	监控要求	监控类型
轨道电位限制装置	接地动作元件状态	监视
	轨道对地电位	测量
	接地动作元件动作次数	

三、子站系统功能

变电所综合自动化系统应实现变电所内各种设备的控制、监视、联动、联锁、闭锁、电流、电压、功率、电度测量以及实现变电所自动装置的功能。综合自动化系统应尽量少用或不用实物继电器、时间继电器、中间继电器以及逻辑判断、计算等功能，应由软件实现上述功能。

1. 变电所综合自动化系统的分层监控

1）控制

变电所设"当地"和"远方"两种控制方式，由全所综合自动化系统对变电所内所有设备进行控制监视。变电所的设备可采用三级控制方式，即：开关柜的柜面控制；变电所的控制信号屏控制；SCADA 系统的电力调度中心控制。

2）信号

所内的智能化控制保护单元及 IED 采集与本设备有关的信息，故障信号在当地显示通过所内网络传送到站控主单元，在控制信号屏显示，并通过控制信号屏上送到 PSCADA 主站监控系统。信号系统设预告/事故信号，音响及灯光显示，声光在无人时可以撤除。

2. 控制信号屏内站控主单元功能

（1）具有相互隔离、各自独立的以太网接口，分别连接电力监控与数据采集系统以太网通道和所内光纤以太通信网络。

（2）管理所内网络，并监视各开关柜内监控单元的运行状态。

（3）与电力监控与数据采集系统进行通信，向电力监控与数据采集系统控制中心主机或当地维护计算机传输变电所操作、事故、预告等信息；接收电力监控与数据采集系统控制中心主机或当地维护计算机下发的控制命令。

（4）实现与所内各开关柜内微机综合保护测控单元、1 500 V 直流保护测控单元、直流屏及其他 IED 数字通讯。

（5）直接监视控制不宜装设微机综合保护测控单元的开关设备（如：接触网上网电动隔离开关、轨道电位限制装置、单向导通装置等），由站控控制单元本体功能键完成。

（6）为控制信号屏上的液晶显示器提供显示信息。

（7）遥控试验功能：设置模拟开关，对此模拟开关进行状态控制，用以检查遥控过程的各环节设备是否正常。

3. 液晶显示器及事故、预告音响功能

液晶显示器设置于控制信号屏上，采用数字通信方式与站控主单元通信，显示所内所有故障、预告信号、所内各监控单元的运行状态。

所内任何事故、预告信号均发音响信号，事故、预告采用不同频率的音响，且音响在一定的时间内自动解除，时间可调。音响具有"投入"、"切除"功能。

4. 网络通信功能

配置 10/100 M 以太网光交换机一台，用来组成所内通信网。以太网光交换机配置光口数量，应具有多种规约处理功能，能满足不同厂家设备的不同联网要求。

5. 开关柜内微机综合保护测控单元主要功能

微机综合保护测控单元作为变电所综合自动化系统的一部分，通过变电所光纤以太网络实现通信。

（1）接收控制信号屏站控主单元对开关设备的控制命令，结合已储存的开关位置信号，

以及各种既定的联锁功能，进行逻辑判断，通过输出继电器发出开关的"合闸"、"分闸"命令。当地或远方控制方式的选择在当地进行。

（2）采集和显示开关设备的位置信号、柜内设备及整流机组、变压器等设备运行的事故、预告信号。

（3）对电流、电压、功率、电度等电气量采用直接采样，通过所内光纤以太监控网络传送到控制信号屏站控主单元。

（4）实现各开关之间的联动、联锁、闭锁等功能。

（5）具有断路器防跳闭锁功能，但优先采用断路器机构防跳功能。

6. 变电所维护便携机功能

（1）实现对变电所监控网络和监控单元软件的编程功能，实现对各监控单元软件的日常维护。

（2）具备对变电所内设备的控制、监视、电气测量、数据统计及利用承包商提供的软件实现故障再现功能及接触网电动隔离开关的控制、监视功能。

7. 系统故障诊断功能

对变电所综合自动化系统出现的故障进行诊断，列出故障信息供维护人员参考。

8. 自动对时功能

接受控制中心发出的时钟信息，并按此时钟校准整个系统的时钟同步。

9. 当地事故分析处理功能

当接受到开关跳闸和事故信号后，系统自动显示故障信息，给值班人员处理故障提供参考。

10. 主变电所后台监控管理功能

主变电所内设置集中监控台设备，为值班员提供管理界面，主变电所后台监控管理功能在控制信号屏内站控主单元功能基础上，增加主变电所内有载调压变压器有级调节，遥调结果在监视器主接线图画面上显示，主变电所除将所内数据信息传送 SCADA 系统的电力调度中心还应传送到地方电力调度系统，还有电度功率测量等功能。

四、供电复示系统

供电复示系统设置在供电检修车间，用于供电检修人员对供电系统实时监视，并可以通过此系统获取相关的检修信息，如开关跳闸次数、设备类型、设备生产厂家等。供电复示系统不具有对供电系统设备的控制权限。

（一）系统功能

供电复示工作站的功能与调度员工作站基本相同，但没有被授予控制权限。通过供电复示工作站可以实现以下功能。

1. 设备信息管理功能

所有设备可以图形的方式直观地显示在所属变电所的接线图画面上，该设备的管理信息都能方便地录入、修改、查询、统计和打印。管理信息中包括设备数据库信息、设备制造厂家信息、生产日期、保修期、额定电压、电流等用户需要了解的模板信息，也包括操作记录、缺陷记录、修试记录、巡视记录、事故异常记录、运行记事簿、开关跳闸记录、保护工作记录等设备运行记录。

2. 运行记录功能

供电复示系统能够对设备各种运行情况进行记录，具体如下：

1）操作记录

包括操作日期、操作人、操作内容。不同的用户登录设有不同的权限。普通用户只有添加权限，管理用户具有添加、删除、修改各项权限。

2）缺陷记录

包括日期、缺陷内容、缺陷编号、缺陷类别、发现人、报告时间、接受报告人、消除时间、工作负责人、验收人。缺陷编号由系统生成。缺陷类别根据管理制度分为Ⅰ、Ⅱ、Ⅲ类；消除时间、工作负责人、验收人的内容可以在登录修试记录时自动生成。缺陷内容的登录尽可能使用运行规程中的专用术语和名称。

3）事故异常记录

包括日期时间、事件内容、现象与症状、保护及自动装置动作情况、调度员、有关领导、值班员、处理情况。

4）巡视记录

包括日期、巡视类别、巡视内容、发现问题与结论、巡视人。

5）修试记录

包括日期、工作票号、修试性质、设备名、所属单元、工作负责人、修试内容、存在问题与结论、验收意见、验收人和技术负责人等。

6）开关跳闸记录

包括跳闸时间、开关号、跳闸原因、累计跳闸次数、跳闸停电时间、重合闸动作情况、记录人等。

3. 预防性维修提示功能

系统应允许具有相应权限的用户设置维修提示功能。提示条件可以由用户自行定义，比如运行时间和开关动作次数。当系统发现设备当前的累计运行时间超过了设定的安全运行时间或者开关动作次数超过了设定的开关动作次数，则产生一条设备维修报警，提醒维修人员应该对该设备进行设备维修或更换。

4. 工作票管理功能

系统应该具有开票（维修工程师）、审核与签发（维修调度）、状态跟踪（工作票的实时状态：计划、签发、开工许可、完工、延期、废票）、作废、打印、统计、查询（合格率统计）功能。

工作票一旦完结，仅能进行查询和统计，任何人不能修改。

系统应该提供工作票模板，维修工程师通过编辑修改操作票模板以生成新的工作票，同类工作票通过不同的工作票号加以区分。

工作票应该可以按设备对象进行存储和管理。查询条件可以是设备对象、设备所处车站、设备检修时间等。

（二）系统构成

如果电力监控系统集成于综合监控系统，供电复示系统可以由综合监控系统统一考虑，从综合监控系统维修管理系统内单独引出显示终端，此显示终端专门用于供电维修车间。综合监控系统可以通过权限管理功能，限制供电复示系统工作站的浏览权限。

如果电力监控系统独立建设，供电复示工作站应配置打印机、UPS、工作台及相应的通信接口设备等。

五、系统主要技术指标

1. 主站监控系统技术指标

（1）主、备机切换时间≤20 s（备机完全接管系统的时间）。

（2）控制响应时间<2 s。

（3）信息响应时间<2 s。

（4）遥测精度误差≤0.5%。

（5）网络负荷率≤30%。

（6）画面响应时间≤1 s。

（7）站间事件分辨率≤15 ms。

（8）传输速率≥10 Mbps。

（9）控制中心与子站传输速率≥2 Mbps。

（10）系统可用率不小于 99.98%。

（11）系统平均无故障工作时间（MTBF）≥20 000 h。

（12）装置平均无故障工作时间（MTBF）≥10 000 h。

2. 子站系统技术指标

（1）冗余设备切换时间≤15 s。

（2）控制响应时间<2 s。

（3）信息响应时间<2 s。

（4）遥测精度误差≤0.5%。

（5）网络负荷率≤30%。

（6）画面响应时间≤1 s。

（7）站内事件分辨率≤2 ms。

(8) 传输速率≥10 Mbps。
(9) 控制中心与子站传输速率≥2 Mbps。
(10) 装置平均无故障工作时间（MTBF）≥10 000 h。

第三节　自动化系统集成简介

本节导读

本节主要简单介绍了自动化系统集成的概念以及所包含主要的子系统。

【**自动化系统集成**】　自动化系统集成是城轨交通各专业控制系统的综合，它包括电力SCADA系统、行车调度管理系统、环境与设备监控（BAS）系统、机电设备管理系统（EMCS）、自动售检票（AFC）系统、防灾报警系统（FAS）、地理信息系统（GIS）、设备管理与维护系统（CMMS）等。

随着城轨交通的发展，变电所正朝着控制、保护、监视和测量一体化的电力综合自动化方向发展，行车调度管理、车站机电设备管理和防灾等系统也朝着综合自动化方向发展，系统集成的条件已经具备。《地铁设计规范》（GB 50157—2003）中提出："地铁设计应逐步实现以行车指挥与列车运行为核心的机电设备综合自动化"。

对于地铁系统，经济上要求尽量节省各自动化系统的开发和维护成本，当应用环境发生变化时，能实现系统的平滑升级，系统需要留有备用容量，具备在线扩展的能力。技术上要求系统能够安全、可靠和不间断运行，即要求系统具备在线维护和在线容错的能力。

日本东京地区的轨道交通综合自动化采用自律分布系统（Autonomous Decentralized System——ADS），此控制系统管理了东京地区285个车站和304 km的线路，实现了行车调度管理、自动售检票、车站机电设备管理等系统集成，实现了列车高密度运行（90 s）。自律分布系统在降低系统复杂程度、实现系统的扩展方面是一个很大的进步。自律分布系统认为构成系统的各个节点具有相同的潜在能力，任何一个节点都可以从其他节点接受信息，然后选择必要的信息加以自律的处理。另外，建设中的新加坡地铁也正在准备采用包括行车指挥的机电设备综合自动化集成系统。

自动化系统集成采用分层、分布式计算机结构，分为3层，控制中心设备和通信网络组成系统顶层，车站各种系统及通信网络组成车站层，车站机电设备管理、自动售检票等系统组成基础层。

变电所图像监控系统是针对供电系统变电所实施"无人值守"而采取的一个运营管理措施，对变电所的出入人员和设备故障能够起到监视和控制作用。

在变电所的重要设备间如开关柜（室）等，设有带云台的摄像机，摄像机的信号电缆接入图像编码器，图像编码器可将图像压缩后上传，控制中心设有视频工作站，可以进行云台、变焦镜头控制，具有录像、报警等多项功能。

自动化系统集成可设地理信息系统（GIS），可以将地铁全线的各种设备的地理信息和相关的状态信息（动态信息）在三维地理环境中动态地显示出来。设置地理信息系统的目的是为了满足高效、快捷的高水平管理的需要，便于对地铁设备的管理和维护，能够快捷地定位到关心的设备上。通过地理信息系统可得到该设备的位置信息、周围的地理环境以及该设备的运行状态信息。同时能在漫游地图的过程中查看其他系统设备的相关状态信息。

在自动化系统集成中纳入设备管理（ERP）的子系统、设备管理与维护系统（CMMS）。设置设备维护与管理系统能够帮助经营管理者更加经济、科学和合理地进行运营管理。

采用设备维护与管理系统将提高设备可利用率，显著降低设备维护成本，为安全运行和维护提供保障，使设备管理细化、规范化和标准化。无疑，自动化系统集成是节能、高效和数字化的指挥系统，是今后地铁自动化系统的发展方向。

综合练习

一、填空题

1. 城轨供电 SCADA 系统已经历了三个发展阶段：人工监控、_____ 和 _____。
2. 典型的电力监控系统由位于控制中心的 _____（即中央监控系统）、位于变电所的 _____（RTU，即变电所综合自动化系统）、_____ 以及位于供电维修基地的 _____ 四大部分组成。
3. 电力监控系统可实现 _____、_____、_____ 和 _____ 等"四遥"功能。供电复示系统实现对供电系统的 _____ 功能。
4. 变电所综合自动化系统结构主要有 _____ 型接线、_____ 型接线和混合型接线等形式。
5. 变电所的设备可采用三级控制方式，即：开关柜的 _____ 控制；变电所的 _____ 控制；SCADA 系统的 _____ 控制。

二、简答题

1. 城轨供电系统中的 SCADA 系统主要对哪些对象进行监控，主要实现哪些功能？
2. 简述 SCADA 系统的主要作用。
3. 简述主变电所与降压变电所 SCADA 系统控制开关的基本内容。
4. 简述牵引降压混合变电所 SCADA 系统监控测量的基本内容。
5. 简述什么是自动化系统集成。

第八章 综合接地系统与过电压保护

【教学目标】

通过本章的学习,主要了解与掌握以下知识:
1. 掌握接地、接地类型、综合接地和等电位联结等概念。
2. 掌握交流供电系统与直流牵引供电系统接地方式。
3. 熟悉接地装置与接地电阻要求。
4. 理解什么是过电压及过电压的类型。
5. 了解电气设备绝缘配合与城轨供电系统过电压保护方案等。
6. 熟悉钢轨电位限制装置原理。

主要具备以下能力:
1. 会看综合接地系统图,会分析简单的接地故障。
2. 会分析过电压现象,会解释不同类型的过电压保护措施。
3. 会解释钢轨电位限制装置的原理,会分析其与直流框架保护的不同。

【知识结构】

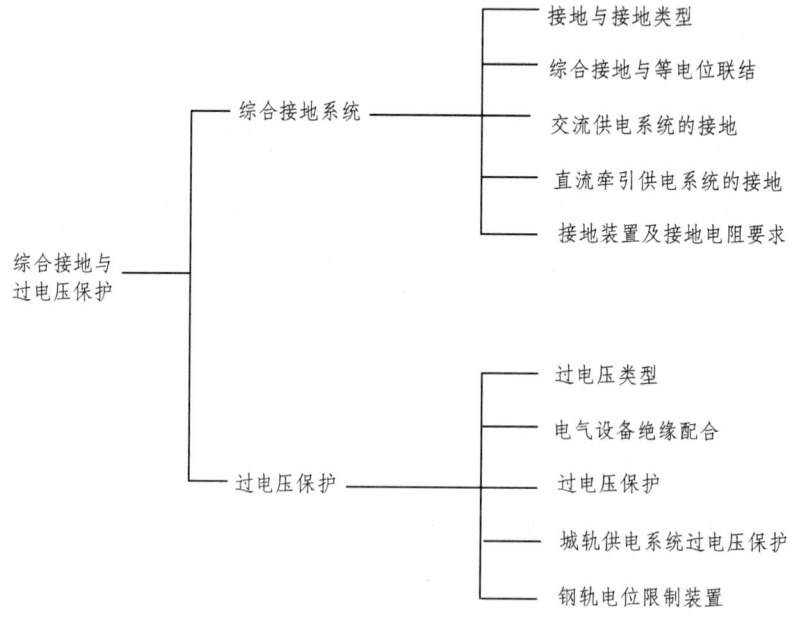

第一节 综合接地系统

> **本节导读**
>
> 接地类型很多，用途各异，同时并存，为避免相互干扰，城轨供电系统多采用综合接地系统；交流供电系统接地分高压系统接地与低压系统接地，高压系统接地主要分为小电流接地和大电流接地两大类，低压系统接地则广泛采用 TN、TT 和 IT 三种系列，各有差异。这些是本节的主要内容，除此之外，还介绍了直流牵引供电系统的接地以及接地装置与接地电阻的要求等内容。

接地是描述供电系统中电气装置或电气设备的某些导电部分与地的电气连接关系。它是维护系统和设备运行可靠性、稳定性，保护设备和人身安全，防止雷电危害，抑制电磁干扰等必不可少的措施。

一、接地与接地类型

1. 接地

接地问题的本质就是反映电气系统及设备与"地"之间的关系。因此，"不接地"也是接地的一种形式。在供电系统中，接地的范围很广，凡是电气系统及设备都涉及接地问题。其中"地"的概念包括大地，或指范围更加广泛、能用来代替大地的等效导体，比如轮船的金属外壳等。

在城市轨道交通工程中，关于地的概念也很多，有大地（earth）、结构地（tunnel earth）、牵引系统地（traction system earth）等，其中牵引系统地即为直流牵引供电系统回流用的走行轨（the running rail）。

在供电系统接地论述中，接地一般指与变电所接地母排直接连接，或通过设备中的接地母排与变电所接地母排连接，而不是指与埋在大地内的接地极直接相连接。

2. 接地类型

按照供电系统电流制式和频率可划分为交流供电系统的工频接地、直流牵引供电系统的接地、雷电接地及过电压的冲击接地。按照供电系统电压等级可划分为高压系统的接地、中压系统的接地和低压系统的接地。目前接地的分类多按其作用进行划分。

接地按其作用可分为两类，其一为功能性接地，这是为了系统正常运行的可靠性及异常情况下保障系统的稳定性而设置的，如工作接地、电磁兼容接地等，主变压器、配电变压器的中性点接地，电压互感器高压侧绕组末端接地就属于工作接地。其二为保护性接地，这是以人身和设备安全为目的的，如保护接地、防雷及过电压接地、防静电接地等。

工作接地是处理系统内电源端带电导体的接地问题，是为了保证供电系统的正常运行，防止系统振荡，保证继电保护的可靠性。如工作接地采用直接接地方式，可在系统发生接地故障时，产生较大的接地故障电流，使继电保护迅速动作，切除故障回路。

电磁兼容接地是为了保证器件、电路、设备或系统在其电磁环境中能够正常工作,且不对该电磁环境中的任何器件、电路、设备或系统构成不能承受的电磁干扰。

保护接地是为了防止电气设备绝缘损坏,或产生漏电时,使正常运行不带电的电气设备、外露可导电部分带电而导致电击危险。保护接地能够在设备绝缘破坏时,降低电气设备外露可导电部分对地的电压,从而降低人身接触该可导电部分对地的接触电压。保护接地还为接地故障电流提供了返回电源的通路,但只有系统接地为直接接地或小电阻接地时,才会形成较大的故障电流,保护装置快速动作切除故障回路。

防雷接地为雷电流提供导入大地的通路,防止或减轻建筑物、构筑物、电气设备等遭受雷电流的破坏,防止人身遭受雷击。防雷接地分直击雷接地和雷击感应过电压保护装置的接地。直击雷通过防雷装置进行防护,由接闪器、防雷引下线和接地极组成,直击雷的接地就是将接闪器引导的雷电流经过防雷引下线引至接地极。对雷电感应过电压应设置避雷器保护,避雷器安装在配电装置(如开关柜)内,避雷器一端与相线连接,另一端接地,当雷电感应过电压超过避雷器的放电值,避雷器被击穿,从而保护电气设备绝缘不被损坏。

内部过电压设备的接地也是为系统运行产生的异常电磁能量提供向大地释放的通路,避免设备绝缘破坏。内部过电压保护设备也是避雷器或阻容吸收装置,一端接在相线上,另一端接地,当内部过电压超过避雷器的放电值时,避雷器被击穿,从而保护电气设备绝缘不被损坏。

各种接地是彼此关联的,需要共同起作用,完成系统或设备运行的要求,不应将系统性接地、保护性接地中的内容独立对待。

二、综合接地和等电位联结

1. 综合接地系统

供电系统中,同时存在多个用于不同目的、不同用途的接地系统,这一点在接地分类中已进行了说明。在交流供电系统中任一电压等级都同时存在工作接地和保护接地的问题,如110/35 kV 主变电所中存在110 kV 设备的保护接地、35 kV 系统的工作接地、35 kV 设备的保护接地;车站35/0.4 kV 降压变电所中存在35 kV 设备的保护接地、0.4 kV 系统的工作接地和0.4 kV 设备的保护接地等。

城市轨道交通工程中的通信等其他设备系统也需要设置用于设备正常工作以及设备和人身安全的工作接地、防雷接地和保护接地。因此,一个车站内要求接地的系统和设备很多。从接地装置的要求上,可以共用接地装置,也可以分设,但分设接地装置时强电和弱电接地装置需要相距20 m 以上。在分开设置不同的接地装置时,若距离不能满足要求,将导致由于接地装置电位不同所带来的不安全因素,不同接地导体之间的耦合影响也难以避免,会引起相互干扰。因此,目前城市轨道交通工程多采用综合接地系统。

【综合接地系统】 综合接地系统是指供电系统和需要接地的其他设备系统的系统接地、保护接地、电磁兼容接地和防雷接地等采用共同的接地装置,并实施等电位联结措施。各类接地可以采用单独的接地线,但接地极和"等电位面"是共用的,不存在不同接地系统接地导体之间的耦合问题,也避免了采用不同接地导体时产生的电位不同问题。综合接地装置的接地电阻值按照接入设备的要求和人身安全防护的要求等方面综合确定,综合接地装置的接地电阻值必须不大于接入设备所要求的最小接地电阻值。

综合接地系统一般由共用接地极引出两个接地母排,即一个强电接地母排,一个弱电接地母排,分别用于供电系统和通信信号等弱电系统的各类接地,如图 8.1 所示。

2. 等电位联结

【等电位联结】 在电气装置间或某一空间内,将金属可导电部分包括电气装置外露可导电部分和电气装置外部可导电部分,以恰当的方式互相联结,使其电位相等或相近,此类连接称为等电位联结。

对设备和人身安全造成危害的电气问题,都不是因为电位的高或低引起的,人身遭受电击、电气火灾的发生和电子信息设备的损坏,主要原因是由电位差引起的放电造成的。消除或减少电位差,是消除此类电气灾害的有效措施。采用等电位联结可以有效消除或减小各部分之间的电位差,有效防止人身遭受电击、电气火灾等事故的发生。等电位联结是安全接地的重要内容,是间接接触防护的主要措施,它不是强调与地的联结,而是要求人身所能同时接触到的、电气系统正常运行不带电而异常时可能带电的设备外露可导电部分(金属外壳)和设备外部可导电部分相互之间的电气连接,从而避免或减小两者或多者之间的电位差,防止人身发生触电危险。

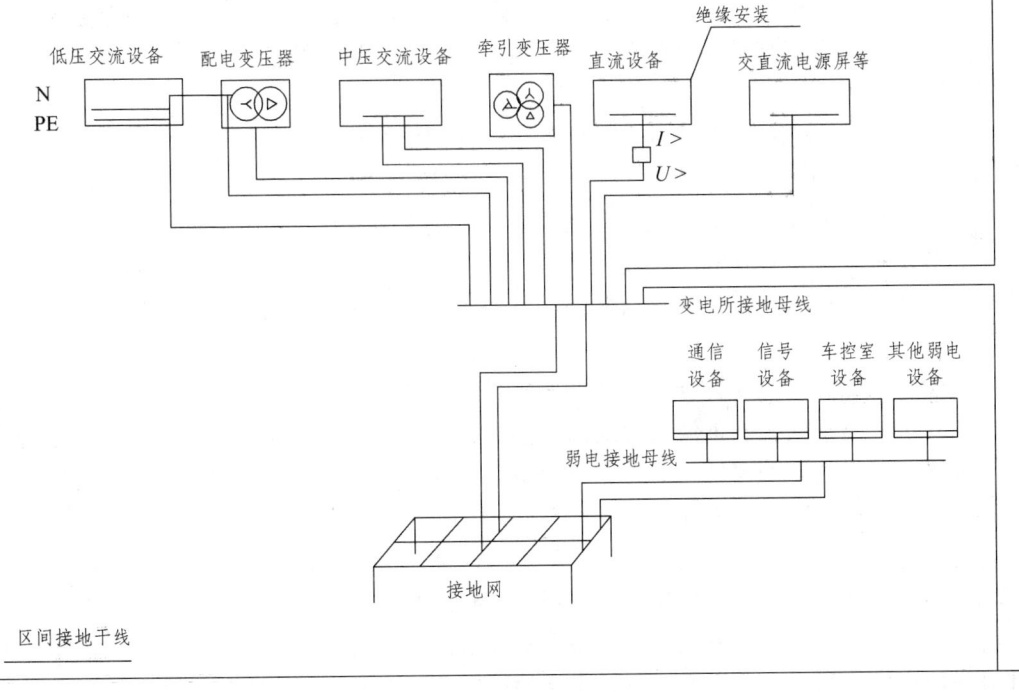

图 8.1 综合接地系统示意图

等电位联结可分为总等电位联结、辅助等电位联结和局部等电位联结等方式。

总等电位联结是将下列可导电部分包括总保护导体、总接地导体或总接地端子,建筑物内的金属管道(通风、空调、水管等)和可利用的建筑物金属部分进行连接,以降低车站、建筑物内间接接触电压和不同金属部件间的电位差,并消除自建筑物外经电气线路和各种金属管道引入危险故障电压的危害。

辅助等电位联结,是将可同时触及的两个或几个可导电部分,进行电气连通,使他们之间的故障接触电压小于接触电压安全限值。

局部等电位联结,是在某一个局部电气装置范围内,通过局部等电位联结板,将该范围内电气设备外露可导电部分和外部可导电部分等进行电气连通,使该局部范围内,故障接触电压小于接触电压安全限值。

当变电所中压设备发生漏电,将使共用接地极的电位升高,而且中压系统接地电流越大,接地装置的电位越高。当低压配电系统接地型式采用 TN 系统,高电位将随 PE 或 PEN 传导到低压配电设备,若没有等电位联结,可能存在人身安全问题。因此在综合接地系统中,等电位联结是非常重要的。

低压配电系统内部发生接地故障,接地故障保护应在规定的时间内切除故障回路,当不能满足切除时间要求时,就需要采用辅助等电位联结。

对于泵房等潮湿场所,需要增加局部等电位联结,消除不同金属导体之间可能出现的接触电压。

三、交流供电系统的接地

城轨交流供电系统的电压等级一般有 110 kV、35 kV、10 kV 和 0.4 kV 等,其接地内容包括工作接地、电磁兼容接地等功能性接地和电气装置的接地、防雷接地、过电压设备接地等保护性接地。

系统的工作接地包括电源中性点、中性线、保护中性线、电流互感器、电压互感器、三工位负荷开关、接地开关等接地。电源中性点、中性线、保护中性线的接地是指主变压器、配电变压器中性点的接地方式,是与变电所接地母排直接连接关系。电流互感器、电压互感器、三工位负荷开关、接地开关等设备或电气元件均设在成套开关设备中,这些接地不直接与变电所接地母排单独连接,而先与开关设备中的接地排相连,通过设备的保护接地线与变电所接地母排相连。

电气装置的保护接地为各种电气装置外露可导电部分与变电所接地母排的电气连接;防雷接地指接闪器通过防雷引下线与大地的连接;过电压设备的接地就是为防止过电压击穿设备绝缘而设置的避雷器的接地,避雷器通常也设在开关设备内,因此避雷器的接地端与开关柜内的设备接地排相连接,通过开关设备的保护接地线与变电所接地母排连接,实现接地。

电磁兼容接地就是屏蔽层的接地,它具有两面性。所谓两面性就是针对不同的设备,它体现出的用途不唯一,有功能性接地的作用,也有保护性接地的作用。如对于继电保护装置金属外壳作为屏蔽层的接地就属于为设备正常运行而设置的功能性接地;但对于中压开关柜金属外壳的接地,虽然有减小对外电磁干扰的作用,但主要还是保护性接地。对于电缆屏蔽层的接地主要是减小对外电磁干扰的作用,保证设备正常运行,属于功能性接地。

对于不同电压等级的交流供电系统,其工作接地具有其特殊性,而保护性接地的要求和做法是基本相同的。

(一)工作接地

10 kV 及以上电压等级的工作接地方式是指系统电源中性点的接地方式,其选择是一个综合性问题，它与电压等级、单相接地短路电流、过电压水平、继电保护配置等有关，直接影响系统的绝缘水平、系统供电的可靠性和连续性。因此，应根据供电可靠性要求、电网和线路的结构、过电压与绝缘配合、继电保护技术要求、人身及设备安全、对通信及电子设备的电磁干扰等进行技术及经济分析，综合考虑各种因素后确定工作接地方式。

工作接地方式分为两类：其一，电源中性点非直接接地方式，包括中性点不接地、中性点经消弧线圈接地和中性点经高电阻接地，由于发生单相对地短路时，接地电流较小，也称为小电流接地方式；其二，电源中性点直接接地或经小电阻接地方式，也称为大电流接地方式。

1. 电源中性点不接地

中性点不接地方式发生单相接地时允许带故障运行 2 小时，供电连续性好，接地相故障电流为线路及设备的电容电流，但同时非接地相的相电压升高为原来的 $\sqrt{3}$ 倍，过电压水平要求高，线路及设备要求有较高的工频绝缘水平。系统标称电压越高，此种接地方式对电气设备投资的影响越大，不宜用于 110 kV 以上电压等级。

在 10～66 kV 电压等级可以采用中性点不接地方式，但电容电流不能超过允许值，否则接地电弧不易自熄，易产生较高弧光间歇接地过电压。

当 35 kV、66 kV 系统的接地电容电流不超过 10 A 时，可以采用中性点不接地方式。10 kV 电缆线路构成的系统接地电容电流不超过 30 A 时，可以采用中性点不接地方式。当 10 kV 为架空线路时，电容电流分别为 10 A 或 20 A，前者使用钢筋混凝土与金属杆塔，后者采用非钢筋混凝土与非金属杆塔。

2. 中性点经消弧线圈或高电阻接地

当接地电容电流超过不接地方式允许值，可采用消弧线圈补偿电容电流，使接地电弧瞬间熄灭，以消除弧光间歇接地过电压。也可采用中性点经高电阻接地，此方式与经消弧线圈的接地方式相比，加速泄放回路中的残余电荷，促使接地电弧自熄，从而降低弧光间歇过电压，同时可提供一定的电流和零序电压，使接地保护动作。高电阻接地一般多用于大型发电机中性点。

采用不接地还是消弧线圈等接地方式，与接地电容电流有关，而接地电容电流的大小与供电线路采用架空还是电缆线路相关。

3. 中性点直接接地或小电阻接地

中性点直接接地或小电阻接地方式的单相接地短路电流很大，故障设备或线路须立即切除，降低了供电连续性。但由于过电压较低，设备和线路的绝缘水平可以选择低一些，减少了设备造价，特别是在交流高压系统，经济效益会比较明显。110 kV 及以上电压等级多采用直接接地或小电阻接地。

交流高压系统的接地方式由当地城市电力部门确定。由于城轨交流中压系统均采用电缆，若仍采用消弧线圈接地，消弧线圈的需要容量较大。目前，交流中压系统的接地方式既有消弧线圈接地，也有小电阻接地方式。

低压系统的工作接地，分为中性点直接接地和不接地两种方式。在具体型式上，我国等效采用国际电工委员会（IEC））标准，将工作接地和低压电气设备接地进行组合，形成了 TN、TT、IT 三种接地型式。

TN、TT、IT 中的第一个字母表示电源端与地的关系:
T——电源端有一点直接接地,即中性点直接接地。
I——电源端所有带电部分不接地或有一点通过阻抗接地,即中性点不接地。
TN、TT、IT 中的第二个字母表示电气装置的外露可导电部分与地的关系:
T——电气装置的外露可导电部分直接接地,此接地点在电气上独立于电源端的接地点。
N——电气装置的外露可导电部分与电源接地点有直接电气连接。
下面对由 TN、TT、IT 接地型式构成的低压配电系统分别进行介绍。

1) TN 系统

电源端有一点直接接地,电气装置的外露可导电部分通过中性导体或保护导体连接到此接地点。根据中性导体和保护导体的组合情况,TN 系统有以下三种型式。

TN-S 系统: 整个系统的中性导体和保护导体是分开的,如图 8.2 所示。

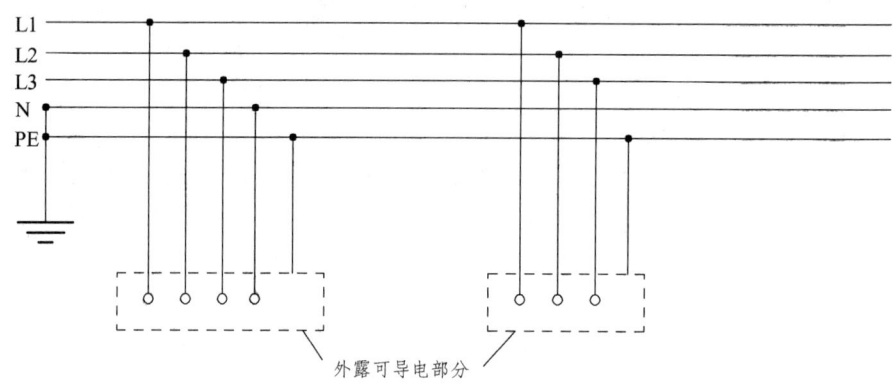

图 8.2 TN-S 系统

TN-C 系统: 整个系统的中性导体和保护导体是合一的,如图 8.3 所示。

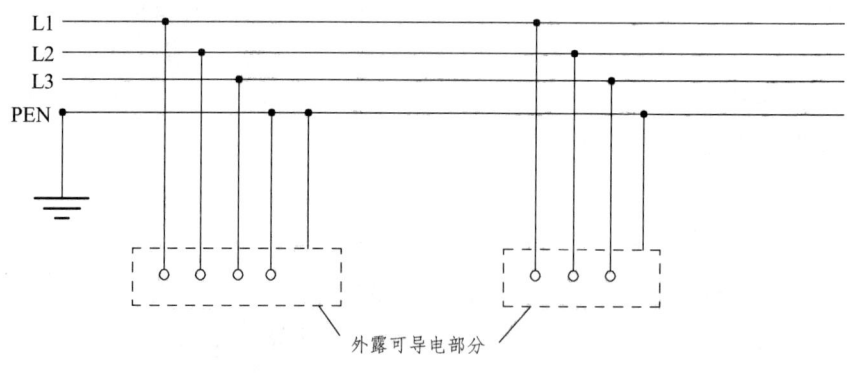

图 8.3 TN-C 系统

TN-C-S 系统: 系统中一部分线路的中性导体和保护导体是合一的,如图 8.4 所示。

2) TT 系统

电源端有一点直接接地,电气装置的外露可导电部分直接接地,此接地点在电气上独立于电源端的接地点,如图 8.5 所示。

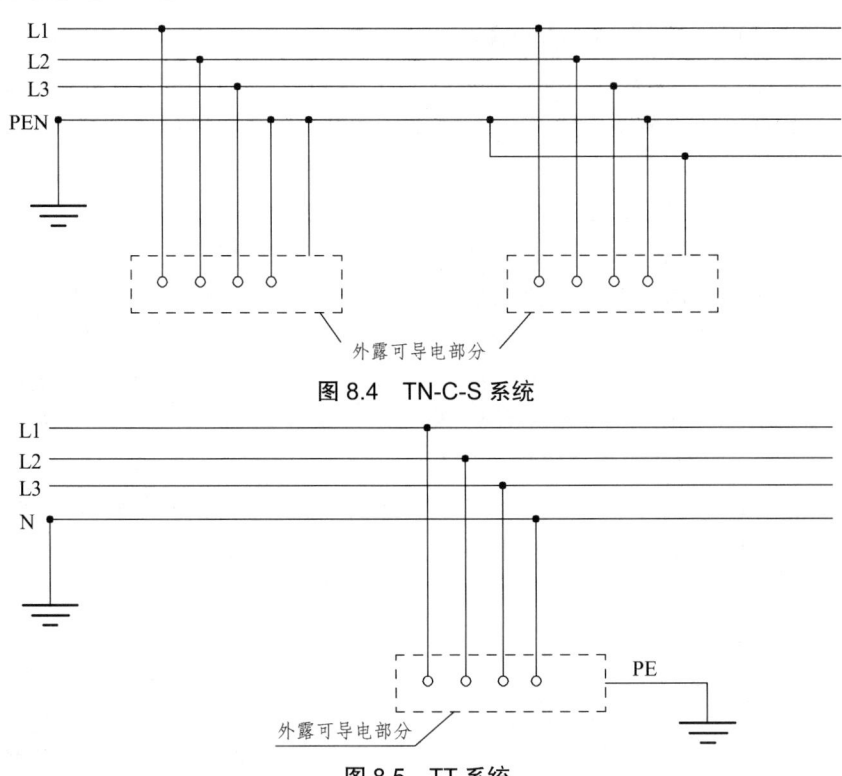

图 8.4　TN-C-S 系统

图 8.5　TT 系统

3）IT 系统

电源端的带电部分不接地或有一点通过高阻抗接地，电气装置的外露可导电部分直接接地，如图 8.6 所示。

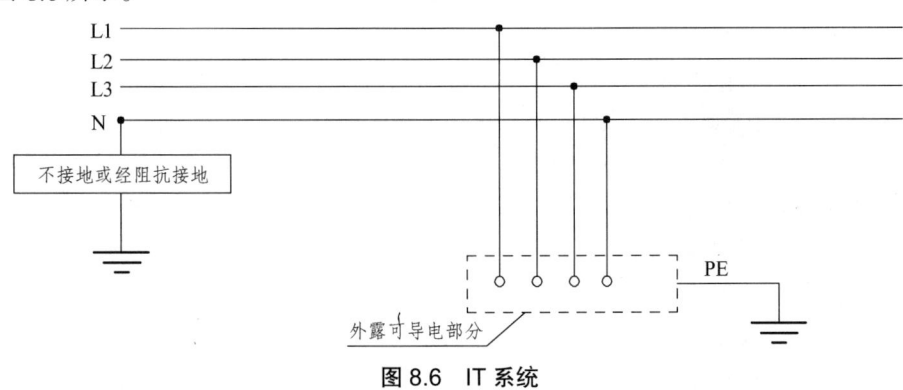

图 8.6　IT 系统

4）各接地型式的特点

TN-C 系统，PE 线和 N 线合用，PEN 线兼有两者的作用，节省了 PE 线；PEN 线在引入建筑物时，需要进行重复接地，可减小建筑物内低压系统接地故障时的接触电压；正常情况下 PEN 线通过电流，产生电压降，使设备外露可导电部分对地有电压；当中压系统发生接地故障时，PEN 线将传导故障电压；若接地故障电流较大，过电流保护在满足切断时间要求时，可兼作接地故障保护。

TN-S 系统，PE 线与 N 线分开设置，正常情况下 PE 线不流过电流，电气设备外露可导电部分不带对地电压，但比 TN-C 系统多了 PE 线；PE 线在引入建筑物时，可进行重复接地，可减小建筑物内低压系统接地故障时的接触电压；当中压系统发生接地故障时，PE 线将传导故障电压；若接地故障电流较大，过电流保护在满足切断时间要求时，可兼作接地故障保护。

TT 系统电源接地点与设备接地点没有电气联系，电气设备外露可导电部分有独立的接地，不会传导系统故障电压；由于配电系统有两个独立接地体，发生接地故障时接地故障电流较小，不能采用过电流保护兼作接地故障保护，而需要采用剩余电流保护器；因采用剩余电流保护器保护线路，双电源转换时需要采用四极开关。

IT 系统（不引出中性线）电源中性点不接地，当电气设备发生第一次接地故障时，接地故障电流仅为非故障相对地的电容电流，其值很小，电气设备外露可导电部分对地电压不超过 50 V，不需要立即切断故障回路，保证供电的连续性；但此时，非故障相的对地电压升高 $\sqrt{3}$ 倍；由于 IT 系统没有引出中性线，为单相 380 V 配电。220 V 负荷需配降压变压器，或由系统外部电源专供。需要安装绝缘监察设备，当发生接地故障时，进行警示。

城市轨道交通工程车站低压配电系统的接地型式一般采用 TN-S 系统，在车辆段、停车场可采用 TN-C-S 或 TN-S 系统，也可根据工程实际情况，同时采用局部 TT 系统。

（二）保护接地

交流设备的保护接地就是处理电气装置或电气设备的外露可导电部分，即金属外壳与地的关系。无论系统接地采用什么型式，交流系统电气装置的外露可导电部分均要接地。实施保护接地可以降低预期接触电压，提供接地故障电流回路，为过电压保护装置接地提供条件，实施等电位联结。

对于变电所内的电气设备，接地做法为外露可导电部分直接通过接地线与接地母排进行电气连接。

交流电气设备的接地范围：

（1）主变压器、牵引变压器、配电变压器的底座和外壳。
（2）交流高压封闭式组合电器（GIS）和箱式变电所的金属箱体。
（3）中压、低压开关设备的金属外壳。
（4）交直流电源屏的金属外壳。
（5）电气用各类金属构架、支架。
（6）电缆桥架和金属线槽。
（7）电力电缆、控制电缆穿线金属管。
（8）电力电缆、控制电缆的金属护套和外铠装等。

四、直流牵引供电系统的接地

城市轨道交通工程的牵引供电制式多采用直流 750 V 或直流 1 500 V，直流牵引供电系统主要设备有牵引整流器、直流开关设备、上网开关设备、钢轨电位限制装置、接触网和回流轨等。

1. 系统接地方式

城轨直流牵引供电系统的负极相当于交流系统的中性点，直流牵引供电的工作接地就是负极对地关系问题。为减小直流杂散电流对金属结构的腐蚀,直流牵引供电的工作接地采用不接地系统,即正常情况下系统设备的所有正极和负极均与地绝缘。这里的"地"包括大地也包括结构地。

采用走行轨回流,在直流大双边越区供电情况下,走行轨对地电位将高于正常双边供电,有时会超过允许值。另外在运行过程中,走行轨也可能出现不明原因的电位升高。此时为保护乘客及运行人员的安全,可通过钢轨电位限制装置将走行轨与地进行短时电气连接,以钳制走行轨对地电位。

走行轨对电位超过允许限值时,为避免乘客上下车受到跨步电压的影响,钢轨电位限制装置本应将走行轨与结构地短时连接,但考虑到杂散电流问题,目前做法是将走行轨与电位同结构地基本相当的外引接地装置短时连接。

2. 牵引变电所内直流牵引供电设备的接地

牵引整流器、直流开关设备(包括直流进线柜、直流馈线柜、负母线柜、钢轨电位限制装置等),都安装于牵引变电所内,其外露可导电部分即金属外壳不与地直接电气连接,而是通过直流框架泄漏保护装置与地形成单点电气连接。

金属外壳与基础槽钢之间设有硬质绝缘板,设备固定采用绝缘安装方法。当系统标称电压为 750 V 时,绝缘电阻一般不小于 50 kΩ;当标称电压为 1 500 V 时,绝缘电阻一般不小于 100 kΩ。设备金属外壳之间采用电缆实现电气连接,一般在负母线柜接地端子单点通过电缆与直流框架泄漏保护装置连接后,接至变电所接地母排,实现变电所内直流牵引供电设备单点接地。

3. 区间直流上网开关设备的接地

区间直流上网开关包括区间检修线隔离开关设备的接地可以有以下四种方式:

(1)当上网开关设备设在站台的独立设备房间或牵引变电所内时,纳入直流开关柜的框架泄漏保护中,在发生设备外壳漏电时框架保护联跳直流馈出断路器。上网开关设备安装要求与牵引变电所内直流牵引供电设备相同,金属外壳与基础槽钢之间设置硬质绝缘板。这种方式需增加接地电缆。

(2)采用非金属绝缘外壳,当柜内发生直流漏电时,设备外壳不会带直流异常电位,也没有杂散电流泄漏问题。这种方式设备投资较高。

(3)设备金属外壳与基础槽钢之间设置硬质绝缘板,设备外壳与附近走行轨电气连接,发生直流泄漏时会产生系统正负短路,直流馈线保护动作并切除故障,这种方式要求设备操作维护只能在直流停电后进行,应用受限。

(4)设备金属外壳直接与附近结构钢筋电气连接,相当于交流低压 IT 系统的接地方式,这种方式需要保证并保持正极对外壳的绝缘,使正常泄漏的直流电流不能对结构钢筋产生腐蚀,并需要在正极碰壳时能迅速切除故障或进行报警。

4. 车辆段、停车场直流上网开关等设备的接地

车辆段、停车场范围大,直流上网开关设备与检修设备的数量多、分布广,内部金属管线较多。直流上网开关等设备的接地问题可通过柜内设置绝缘护板、绝缘电缆支架或采用非金属绝缘外壳等措施解决。

五、接地装置及接地电阻要求

接地装置是完成系统、设备接地功能的材料和设备的总称,包括接地母排、接地线和接地极等,表征接地装置的重要参数之一是接地电阻。接地装置的接地电阻值应始终满足各接地系统接地电阻最小值的要求,接地装置的各个组成部分应有足够的截面,满足在接地故障条件下的动热稳定,接地装置的材质和规格在其所处环境内应具备抗机械损伤、腐蚀和其他有害影响的能力。如图8.7所示为水平接地体与垂直接地体的联接。

图8.7 水平接地体与垂直接地体的联接

接地母排为汇集各系统、设备接地线并与接地极电气连接的金属导体,接地母排多采用铜材,以减小接触电阻。接地极即为埋设在大地中的金属导体,当水平埋设时称为水平接地极,垂直埋设时称为垂直接地极,若接地极为一组水平埋设、相互连接的导体网格称为水平接地网,若接地极为水平接地网和垂直接地极构成称为复合接地网。可以利用车站结构钢筋等作为自然接地极,若接地电阻不能满足要求,还应敷设人工接地极,并能分别测量其接地电阻值。为减少土壤对接地极的腐蚀,延长接地极的使用寿命,接地极多采用铜材,由接地极或接地网引至接地母排的接地线与接地极材质相同。变电所内设备接地线多采用镀锌扁钢。当接地系统中相互连接的接地线等采用不同材质时,需要考虑不同金属间的腐蚀问题。

接地电阻分为工频接地电阻和冲击接地电阻,冲击接地电阻应用于防雷和过电压接地。接地电阻的大小与接地极埋设方式(水平、垂直等)、埋设位置的土壤电阻率以及接地极的几何形状等因素相关,而与材质无关。关于接地电阻计算可参见《交流电气装置的接地》(DT/L 621—1997)。

在系统正常情况下,没有电流通过接地极向地中流散,接地极的电位是其在土壤中的极化电位。当系统发生故障或受到雷击时,故障电流或雷电流经过接地极向地中流散,由于接地电阻的存在,将使接地极电位升高,此电位引入到系统内部即产生人身接触电压问题,同时在地表也会产生电位梯度,由此带来人身跨步电压的问题。为此,在接地设计中需要对接触电压、跨步电压进行计算,并采取必要措施,避免对人身产生伤害。接触电压、跨步电压和对地电压示意图如图8.8所示。

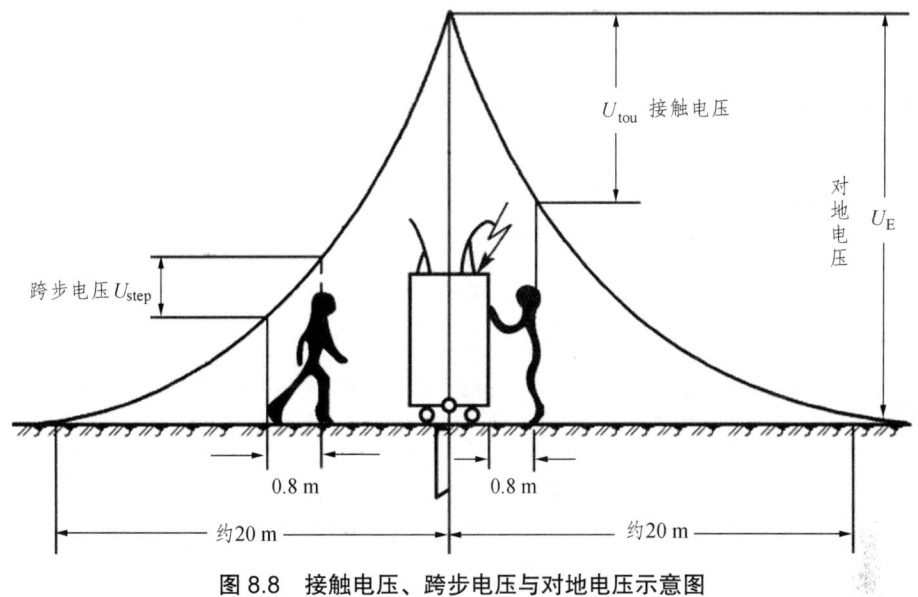

图 8.8 接触电压、跨步电压与对地电压示意图

1. 变电所的接地装置

变电所的接地极设置要综合考虑防雷接地、系统接地和保护接地的需要。为了均衡变电所地面的电位分布，降低对人身可能造成伤害的接触电压和跨步电压，变电所应采用以水平接地极为主，外缘闭合的复合接地网，垂直接地体设置在防雷引下线附近，并根据需要可在接地网中敷设若干水平导体作为均压带。

复合接地网的工频接地电阻与接地网面积的平方根成反比。在土壤电阻率相同的情况下，接地网的尺寸一经确定，其接地电阻就基本确定，在接地网内增加导体对减小接地电阻的作用不大，这是由于内部导体被四周的导体所屏蔽，电流绝大部分都是由地网边缘导体流出的缘故。在接地网内增加水平导体是为了减小跨步电压作用的均压带。当接地网敷设于钢筋混凝土结构底板下方，由于结构钢筋的均衡电位作用，可不再设置水平均压带。

在工频时，接地电阻之所以和接地网面积的平方根成反比，是因为在工频电流作用下，接地网的电位分布均匀，全部地网导体都起到散流作用。

雷电冲击电流的等值频率很高，接地体自身的电感阻碍电流向远处流动，结果使得接地体得不到充分利用。在冲击电流的作用下，由于接地体本身的电感作用，地网导体上的电位分布很不均匀，离冲击电流注入点愈远的地方，接地体上的电位就愈低，甚至电位为零，其变化规律按指数衰减。因此，接地极在冲击电流作用下，只有电流注入附近一小块范围内的导体起散流作用。不论水平接地网有多大，在冲击电流作用下其散流的有效面积却是一定的，有效面积之外部导体上的冲击电压几乎接近于零。

2. 接地电阻

接地电阻允许值与系统接地方式以及高、中压和低压是否共用接地装置有关。无论主变电所还是其他变电所涉及低压设备的接地问题，各电压等级的接地都是同一个接地装置。

1）电源系统中性点非直接接地

接地装置的接地电阻计算公式如下：

$$R \leqslant \frac{120}{I} \tag{8.1}$$

式中　R——考虑到季节变化的最大接地电阻，Ω。

　　　I——计算用的接地故障电流，A。

接地电阻不应大于 4 Ω。

2）电源中性点直接接地或小电阻接地

接地装置的接地电阻计算公式如下：

$$R \leqslant \frac{2000}{I} \tag{8.2}$$

式中　R——考虑到季节变化的最大接地电阻，Ω。

　　　I——计算用的接地故障电流，A。

由于在电源中性点接地情况下，接地故障电流较大，对地电位有较大的抬升；若低压配电系统采用 TN 接地型式，低压配电设备外壳将有较高的异常电位，应采取总等电位联结措施，消除对人身的伤害。

第二节　过电压保护

本节导读

过电压主要分为外部过电压（雷电过电压）与内部过电压。雷电过电压又主要分为直击雷过电压和感应雷过电压；内部过电压又分为工频过电压、操作过电压和谐振过压等。根据各种过电压的不同特点，通常采取不同的过电压保护方式。这些是本节的主要内容，除此之外，还介绍了电气设备的绝缘配合与钢轨电位限制装置等内容。

在供电系统运行过程中，系统设备会受到大气过电压和内部过电压的影响，设备的绝缘也会受到考验，过电压保护就是通过系统设备参数和过电压保护设备参数的合理配合，实现保护电气设备绝缘的目的，使电气设备正常运行。如果设备绝缘受到损害，不仅供电系统的正常运行将受到影响，而且人员也可能受到电击危害。过电压保护的设备有避雷器、阻容吸收装置和浪涌保护器等。

一、过电压类型

由于雷击或电力系统中的操作、事故等原因，使某些电气设备和线路上承受的电压大大超过正常运行电压，使设备或线路的绝缘遭受破坏。电力系统中这种危及绝缘的电压升高称为过电压。

过电压按引起的原因不同分为大气过电压和内部过电压。由雷电引起的过电压叫做大气过电压；电力系统中内部操作或故障引起的过电压叫内部过电压。大气过电压分为直击雷过电压和感应雷过电压；内部过电压分为工频过电压、操作过电压和谐振过电压。

（一）雷电过电压

【雷电过电压】 雷电引起的过电压叫做雷电过电压。雷电过电压分为直击雷过电压和感应雷过电压。

直击雷电压是指雷电直接对电气设备或线路放电，可引起电气设备或线路损毁。感应雷过电压是指雷电虽然没有直接击中电气设备或线路，但是由于大气中的雷云电荷作用，在电力系统的架空线路上感应出异种电荷。当雷云对地面或其他物体放电时，雷云电荷迅速流入地中，架空电力线路上的感应电荷由于失去雷云电荷对它的束缚，而向两侧迅速流动。迅速流动的感应电荷形成雷电进行波，对电气设备的绝缘构成威胁，称为雷电侵入波，也就是所谓的感应雷过电压。架空电力线路和输变电设备附近发生打雷时，强大的雷电流通过电磁感应在电力线路和电气设备上也感应产生一个很高的电压，形成过电压，使电力线路和电气设备击穿损坏。这种过电压也称为雷电感应过电压，或简称感应雷。

防止直击雷的措施是采用独立避雷针或避雷线；防止感应雷的措施是安装避雷器或保护间隙。

为了防止感应雷过电压，也就是雷电侵入波对变电所电气设备绝缘造成击穿损坏，应采取措施减少附近区域的雷击闪络，以避免出现过分强烈的感应雷过电压；同时要合理配置避雷器，使雷电侵入波通过避雷器对地放电，将能量释放掉，这样就不致对电气设备的绝缘造成严重威胁。因此，对雷电侵入波的过电压保护主要措施有：变电所进线段和变电所母线装设避雷器、主变压器中性点装设避雷器、与架空线路直接连接的电力电缆终端头处装设避雷器等。

（二）内部过电压

【内部过电压】 电气设备和电力线路在运行中有时要改变运行方式，如停送电操作、系统短路跳闸、断线接地等都会引起电力系统运行状态的局部变化，系统将从一种状态变为另一种状态（电力系统称为过渡过程或暂态过程），在这一过渡过程中会引起电场能量和磁场能量的转换而可能出现很高的电压，形成过电压，这种过电压称为内部过电压。

产生内部过电压的原因很多，所引起的过电压大小也不同，有时几种因素交叉重叠一起，引起的过电压数值很高。一般认为，对地内部过电压可达相电压的 3～4 倍，相间内部过电压则为对地内部过电压的 1.3～1.4 倍。根据现场运行经验，有时内部过电压高达相间电压的 5～6 倍。一般来说，对于中性点直接接地的低压系统内部过电压数值不会很高，很少由于内部过电压引起事故。而对于中性点不接地的中、高压系统，内部过电压就较为危险，由于内部过电压引起的设备事故较为常见。

为了防止内部过电压造成事故，也可以采用避雷器，但有时效果并不令人满意。有的内部过电压，例如铁磁谐振分频过电压，会使避雷器接二连三爆炸；也有的内部过电压造成电气设备绝缘击穿，而与电气设备并联接线的避雷器一点也不起作用。因此，为了防止内部过电压造成事故，应该分析引起内部过电压的原因，从根本上采取措施防止内部过电压的出现，或者限制内部过电压的幅值和陡度，以保证电力系统的安全运行。

1. 工频过电压

工频过电压包括工频稳态过电压和工频暂态过电压。

1）工频稳态过电压

工频稳态过电压主要是指空载长线路末端的电压升高，在三相中性点不接地系统中发生单相接地时，其他两相对地电压的升高。

工频稳态过电压对系统中电气设备的正常绝缘一般无多大危害，因此不需要采取特殊措施来加以限制。但是工频稳态过电压对避雷器的工作状态有重要影响，而且又常常是其他过电压的基值，因此对它也不能忽视。

2）工频暂态过电压

工频暂态过电压是指当系统内突然跳闸，甩掉大量负荷后，在发电机组的调速器及调压器来不及起作用的短暂瞬间内，发电机的转速上升而引起的电压升高。暂态过电压时间很短，数值也不大，一般不需要采取特殊限制措施。

2. 操作过电压

操作过电压包括分合空载长线路引起的过电压，投退空载变压器引起的过电压以及中性点不接地系统中单相弧光接地过电压。

1）分、合空载长线路引起过电压

分空载长线路产生过电压是由于开关灭弧能力不强、触头具有重燃现象的结果。退出空载长线路如同退出电容器一样，在开关触头电流经过零值时，电弧瞬间熄火。但由于这时电压不为零，因此线路上有残留电荷，在电荷没有泄漏前，仍保持着原有电压，这时电源电压波形仍按正弦规律变化。当断路器断口间的电位差越来越大时，断口间绝缘被击穿，电弧重燃，电源电压又向线路充电，引起线路上的电压振荡，造成过电压。根据分析，断路器断口间的电弧重燃次数越多，过电压数值也越高。

当合空载长线路时，线路电压从零值变化到电源侧电压值，也经过一个振荡过程，出现过电压。如果线路上有残留电荷时合闸，例如断路器跳闸后又重合闸，这时的过电压与切空载线路时电弧重燃引起的过电压相似。

2）投、退空载变压器引起过电压

在退出空载变压器时，由于励磁电流很小，断路器的灭弧能力又很强，因此在电流自然过零之前就可能被强行切断，在此截流的瞬间，变压器线圈上的磁场能量可能以振荡形式转换给线圈匝间或对地的小电容，引起线圈匝间或对地过电压。

投入空载变压器时也可能引起过电压，特别是如果三相非同期合闸时，变压器对地电容和匝间纵向电容与变压器电感产生振荡，过电压倍数可能很高。

3）单相弧光接地过电压

对于中性点不接地系统，如果线路较多，对地电容电流较大，则当发生单相接地时，接地电流较大，接地电弧不容易熄灭，常常是电弧熄灭后又重燃，形成间隙性电弧，引起故障相和其余健全相的电感电容回路上产生高频振荡过电压。其过电压数值一般可达相电压的 3~3.5 倍，在最不利情况下，甚至可高达相电压的 7.5 倍。

3. 谐振过电压

由电感和电容元件串联，当感抗与容抗接近相等时，即构成串联谐振电路。当电路发生串联谐振时，电感或电容上的电压将远大于电源电压，形成过电压。根据谐振时的不同特点，谐振过电压可分为线性谐振过电压、铁磁谐振过电压和参数谐振过电压。

1）线性谐振过电压

线性谐振过电压的特点是谐振串联电路的电容、电感都为恒定常数。在串联谐振回路内，如果电源中某次谐波的频率正好与电路的振荡频率相同，则发生串联谐振。如果电路中的电阻为零，则串联谐振时电流为无穷大，电感、电容上的电压也为无穷大。实际上电路中总是存在电阻，因此，线性谐振过电压对额定电压的倍数 K 的计算公式如下：

$$K = \frac{\omega L}{R} = \frac{1}{R\omega C} \tag{8.3}$$

式中　K——谐振过电压倍数；
　　　ω——角频率，Hz；
　　　L——线路电感，H；
　　　R——线路电阻，Ω；
　　　C——线路电容，F。

2）铁磁谐振过电压

铁磁谐振过电压的特点是电路中的电感带有铁心，由于铁心电感的感抗随电源电压的变化而变化，不是一个常数。在正常运行条件下，电感、电容串联回路中感抗大于容抗，由于出现某种因素导致电感两端电压有所升高，使铁心饱和，感抗减小，当感抗变得小于容抗时，电路相位从感性变为容性，形成相位翻转。这时回路中的电流突然升高，电容、电感上的压降也突然升高，形成过电压，这种过电压称为铁磁谐振过电压。

3）参数谐振过电压

参数谐振过电压是指水轮发电机的同步电抗在直轴电抗与交轴电抗之间周期性地变动，或者水轮发电机、汽轮发电机的定子磁通发生变动引起电抗周期性变动，这时如果外电路的容抗与发电机的同步电抗正好相等，就会出现电流、电压谐振现象，使发电机端子电压和电流急剧上升，不仅影响设备绝缘，而且影响发电机并网。这种现象称为参数谐振过电压。

二、电气设备的绝缘配合

绝缘配合就是根据系统中可能出现的各种电压和保护装置的特性，来确定设备的绝缘水平；或者根据已有的设备绝缘水平，选择适当的保护装置，以便把作用在设备上的各种电压所引起的设备损坏和影响连续运行的概率降低到经济上和技术上能接受的水平。也就是说，绝缘配合要正确处理各种电压、各种限压装置和设备绝缘耐受能力三者之间的配合关系，全面考虑设备造价、维修费用以及故障损失三个方面，力求较高的经济效益。

（1）110 kV 及以下电气装置一般由雷电过电压决定绝缘水平。变电所电气设备的雷电冲击强度与避雷器雷电保护水平进行配合。根据国内情况，对雷电过电压的配合系数取不小于1.4，以电气设备的额定雷电冲击耐受电压来表征。

（2）110 kV 及以下电气装置一般能承受暂时过电压及操作过电压的作用，以电气设备的短时（1min）工频耐受电压来表征。当需用避雷器来限制某些操作过电压的场合，则以避雷器的相应保护水平为基础进行绝缘配合。对操作冲击的配合系数一般取不小于1.15。

（3）电气设备的耐受电压。

10~110 kV 电气设备过电压耐受水平见表 8.1。

表 8.1　10~110 kV 电气设备过电压耐受水平

系统标称电压/kV	设备最高电压/kV	设备类别	雷电冲击耐受电压（峰值）/kV				1min 工频耐受电压（有效值）/kV			
			相对地	相间	断口		相对地	相间	断口	
					断路器	隔离开关			断路器	隔离开关
10	12	变压器	75（60）	75（60）	—	—	35（28）	35（28）	—	—
		开关	75（60）	75（60）	75（60）	85（70）	42（28）	42（28）	42（28）	49（35）
20	24	变压器	125（95）	125（95）	—	—	55（50）	55（50）	—	—
		开关	125	125	125	145	65	65	65	79
35	40.5	变压器	185/200	185/200	—	—	80/85	80/85	—	—
		开关	185	185	185	215	95	95	95	118
66	72.5	变压器	350	350	—	—	150	150	—	—
		开关	325	325	325	375	155	155	155	197
110	126	变压器	450/480	450/480	—	—	185/200	185/200	—	—
		开关	450/550	450/550	450/550	520/630	200/230	200/230	200/230	225/265

注：① 分子、分母数据分别对应外绝缘和内绝缘；

② 括号内、外数据分别对应小电阻接地和非小电阻接地系统。

三、过电压的保护

（一）雷电过电压保护

（1）变电所的直击雷保护可采用避雷针或避雷线，户外安装的变压器设置独立的避雷针。避雷针的保护范围及防雷要求按照《建筑物防雷设计规范》（GB 50057）确定。

（2）具有 35 kV 及以上电缆进线段的变电所，在电缆与架空线的连接处应装设避雷器，其接地端应与电缆金属外皮连接，以防止雷电波侵入。对三芯电缆，其末端的金属外皮应直接接地；对单芯电缆，可经金属氧化物电缆护层保护器或保护间隙接地；连接电缆段的 1 km 架空线应架设避雷线。

（3）有效接地系统中的中性点不接接地变压器，如中性点采用分级绝缘且未装保护间隙，应在中性点装设雷电过电压保护装置，且宜选变压器中性点设金属氧化物避雷器。如中性点采用全绝缘，但变电所为单进线且为单台变压器运行，也应在变压器中性点装设过电压保护装置。不接地、消弧线圈接地和高电阻接地系统中的变压器中性点，一般不装设保护装置。

（4）35~110 kV 变电所，应根据其重要性和进线路数等条件，在母线上或进线上装设避雷器。

（5）35 kV 配电变压器，其高压及低压侧均应装设避雷器保护。

（6）10 kV 配电装置，应在每组母线和架空进线上装设避雷器。若无所用变压器时，可仅在每路进线上装设避雷器。

（7）10 kV 配电系统的配电变压器应装设避雷器，避雷器应靠近变压器装设，其接地线应与变压器低压侧中性点以及金属外壳等连在一起接地。配电变压器宜在低压侧装设一组避雷器或击穿保险器，以防止反变换波和低压侧雷电侵入击穿高压侧绝缘。

（二）内部过电压保护

1. 工频过电压保护

一般由线路空载、接地故障和甩负荷引起的工频过电压，对 3~10 kV 系统一般不超过 $1.1\sqrt{3}$ p.u.（工频过电压标幺值 1.0 p.u. $=U_m/\sqrt{3}$，U_m 为系统最高电压），对 35 kV 系统一般不超过 $\sqrt{3}$ p.u.，对 110 kV 以下系统一般不需要采取专门措施限制工频过电压。

2. 谐振过电压保护

（1）限制谐振过电压首先要适当调整电网的参数，首先应避免谐振发生，出现谐振时要缩短谐振存在的时间，降低谐振的振幅，削弱谐振的影响，一般是采用电阻阻尼进行抑制。

（2）限制消弧线圈与导线对地电容的串联线性谐振的方法是采用欠补偿或过补偿运行方式。

（3）避免变压器高压侧发生不对称接地故障、断路器非全相或不同期动作而产生的零序过电压，要求断路器三相同期动作、减少在高压侧使用熔断器。这也有利于限制断相引起的铁磁谐振过电压。

（4）限制电压互感器饱和引起的铁磁谐振过电压，可采用励磁特性较好的电磁式电压互感器或电容式电压互感器。若采用带开口三角形绕组的电压互感器，也可在零序回路中加阻尼电阻。

（5）开断空载变压器操作过电压的能量不大，其对绝缘的作用不超过雷电冲击波的作用，可采用阀式避雷器保护。

（6）对 10 kV 容量较小的变压器，当采用真空断路器时，操作过电压的保护也可采用阻容吸收装置。

3. 过电压限制装置

（1）小电阻接地系统应选用金属氧化物避雷器。

（2）不接地、经消弧线圈接地和高电阻接地系统，根据系统中谐振过电压和间隙性电弧接地过电压的可能性及其严重程度，可选用有串联间隙金属氧化物避雷器、碳化硅阀式避雷器，或无间隙金属氧化物避雷器。

（3）110 kV 采用的避雷器标称放电电流 10 kA，8/20 μs 波形，35 kV 及以下为 5 kA，8/20 μs 波形。

（4）有串联间隙金属氧化物避雷器和碳化硅阀式避雷器的额定电压应以系统暂时过电压为基础进行选择，一般情况下应符合下列要求：

3~10 kV 非有效接地系统，不得低于 $1.1U_m$（U_m 为系统最高工作电压）。

35 kV 非有效接地系统不低于 U_m。

变压器中性点避雷器的额定电压,对 3~20 kV 系统不低于 0.64 U_m,对 35 kV 不低于 0.58 U_m。

碳化硅阀型避雷器及有串联间隙的金属氧化物避雷器,应校验工频放电电压,其下限值应不低于允许的内部过电压计算值。对 35 kV 及以下非有效接地系统应不低于运行相电压 4.0 倍,其上限值考虑工频放电电压的分散性,约为其下限值的 1.2 倍。

无间隙金属氧化物避雷器应能承受所在系统暂时过电压和操作过电压能量的作用。其持续运行电压和额定电压不低于表 8.2 中的要求。

表 8.2 无间隙金属氧化物避雷器持续运行电压和额定电压

系统接地方式		持续运行电压/kV		额定电压/kV	
		相地	中性点	相地	中性点
不接地	3~20 kV	1.1U_m	0.64U_m	1.38U_m	0.8U_m
	35 kV	U_m	0.58U_m	1.25U_m	0.72U_m
消弧线圈		U_m	0.58U_m	1.25U_m	0.72U_m
低电阻		0.8U_m	—	U_m	—
高电阻		1.1U_m	0.64U_m	1.38U_m	0.8U_m

对 3~35 kV 系统用避雷器的承受操作过电压能量是校核其长时间持续放电能力,根据避雷器等级及使用类型进行幅值为 50~400 A 的 2 000 μs 方波冲击电流试验。

阀式避雷器标称放电电流下的残压,不应大于被保护电气设备(旋转电机除外)标准雷电冲击全波耐受电压的 71%。

避雷器陡波标称放电电流(1/5 μs)下的残压与标称放电电流下的残压值之比不得大于 1.15。

根据避雷器安装地区的污秽情况,避雷器外绝缘的最小公称爬电比距应符合以下要求:

Ⅰ级轻污秽地区 17 mm/kV;
Ⅱ级中等污秽地区 20 mm/kV;
Ⅲ级重污秽地区 25 mm/kV;
Ⅳ级特重污秽地区 31 mm/kV。

四、城轨供电系统过电压保护

雷电过电压保护与变电所设于地面还是地下密切相关,也与其电源线路的引入和引出采用架空还是电缆线路关系密切。由于城市轨道交通工程建设所在地均为大中型城市,城市用电负荷密度较大,110 kV 变电所已深入城区,因此,主变电所高压电源和城轨电源开闭所中压电源的引入、引出多采用电缆方式。

电缆线路的单相接地故障电流较大,因此,城轨供电系统接地方式也有采用小电阻接地方式,即主变压器中压侧和配电变压器的中性点为直接接地或小电阻接地,并且与其他需要接地的系统或设备共用接地装置。

当主变电所设于地面,建筑物和设于室外的变压器需要设置避雷针或避雷带,作为直击雷防护。当主变电所高压引入线采用架空线引入时，需按本节"三（一）"中的要求采取相应措施进行感应雷防护。

1. 地下线变电所

地下线所设置的牵引变电所和降压变电所一般位于地下，相应的引入线和馈出线也敷设于地下区间或地下车站内，因此不考虑雷电过电压问题，只考虑内部过电压保护措施。

（1）在变压器及其保护断路器之间设置避雷器或阻容吸收装置。避雷器以最短路径与综合接地装置相连接。

（2）变压器低压侧宜采用避雷器保护。

（3）若中压母线设置带有开口三角形零序回路的电压互感器，应采用阻尼电阻保护。

（4）为防止走行轨电位超过允许值，应设置钢轨电位限制装置。

2. 地面及高架线变电所

地面及高架线线路所设置的变电所一般位于车站内，但因电力线路明敷于地面区间或直埋敷设，故应考虑雷击过电压的保护措施。

（1）变电所由车站建筑统一考虑直击雷的防护。

（2）变电所每段中压母线设置避雷器保护。

（3）在变压器及其保护断路器之间设置避雷器或阻容吸收装置。避雷器以最短路径与综合接地装置相连接。

（4）若中压母线设置带有开口三角形零序回路的电压互感器，应采用阻尼电阻保护。

（5）变电所低压母线设Ⅰ级SPD浪涌保护器实施保护。

（6）直流开关柜正极和负极母线均设避雷器保护。

（7）为防止走行轨电位超过允许值，设置钢轨电位限制装置。

（8）对于地上区间变电所，需单独采取防直击雷。

3. 车辆段、停车场

车辆段、停车场的变电所一般是牵引变电所（混合变电所）独立设置，降压变电所与其他建筑物合建。因此，过电压保护方案分别与地面及高架线路变电所基本一致。

五、钢轨电位限制装置

对于走行轨回流的直流牵引供电系统，正常运行状态下，供电分区内列车运行时，走行轨中流过牵引负荷电流，走行轨产生对地电位。钢轨对地电位的大小，主要与牵引供电电压等级、列车参数、牵引负荷电流、牵引变电所间距、走行轨对地过渡电阻的均衡程度等因素相关。

直流1 500 V牵引网电压损失允许值是直流750 V牵引网的2倍，相应走行轨上对地电位较高。在采用大双边供电时，牵引供电距离增大，此问题会变得更加突出。

当发生某些故障时，可能会引起走行轨对地电位的陡升，如接触网与走行轨发生金属接触短路，接触网对架空地线（地）发生金属接触故障，直流设备发生框架泄漏故障等。

当列车停靠站台，乘客进出车厢时会触摸金属车体，且当人多拥挤时乘客身体接触车体的时间还会较长。此时，如果走行轨上出现过高电位，乘客有受到电击的危险。

直流牵引供电系统一般设有如下继电保护：直流开关速断保护、大电流脱扣保护、电流变化率及其增量（$di/dt+\Delta I$）保护、过电流保护、线路电压保护、牵引变电所双边联跳保护、直流设备框架泄漏保护以及紧急分闸等。直流牵引供电系统发生故障时，会在短时间内切除故障，以保障人身安全、直流牵引供电系统及其设备安全。直流接触电压与允许时间的关系，见表8.3。

表8.3 直流接触电压与允许持续时间的关系

允许接触时间/s	直流接触电压/V
0.02	940
0.05	770
0.1	660
0.2	535
0.3	480
0.4	435
0.5	396
0.6	310
0.7	270
0.8	240
0.9	200
1.0	170
≤300	150

由于故障情况下可能存在设备拒动问题，仅仅依靠直流牵引供电系统的继电保护措施对于人身安全而言是不够的。因此，在设置继电保护的前提下，还应考虑等电位联结措施。通过等电位联结，降低人身接触电压，使人员处于等电位状态。

为了降低车体与地之间的接触电压和跨步电压，一般在设有牵引变电所的车站和车场设置钢轨电位限制装置，在走行轨对地电位超标时，可将走行轨和变电所接地母排连接起来，这是国际上通用的一种保护人身安全的防护措施。

1. 工作原理

杂散电流腐蚀防护要求走行轨对地绝缘，以减少杂散电流对地的泄漏，所以，钢轨电位限制装置的投入条件很重要，只有当走行轨对地电位超过限值，才能将走行轨通过钢轨电位限制装置与牵引变电所接地母排连通。

钢轨电位限制装置监视走行轨与地之间的电压，如果该电压超过预定的值，钢轨电位限制装置动作，将走行轨短时接地，同时钢轨电位限制装置监视走行轨与地之间的电流，当该电流低于预定值时，钢轨电位限制装置将自动复位，断开走行轨对地的连接。我国现行标准《城市轨道交通直流牵引供电系统》（GB/T 10411—2005）规定利用走行轨回流且在最大负载时，走行轨上任意一点对地电位不大于90 V。

当正线区间出现正极接地故障时，走行轨电位可能超过限定值而使钢轨电位限制装置导通，钢轨电位限制装置将流过接地故障电流，为避免接触器触头被烧损，钢轨电位限制装置的设计采用了晶闸管加接触器的技术，如图8.9所示。其实物外形如图8.10所示。

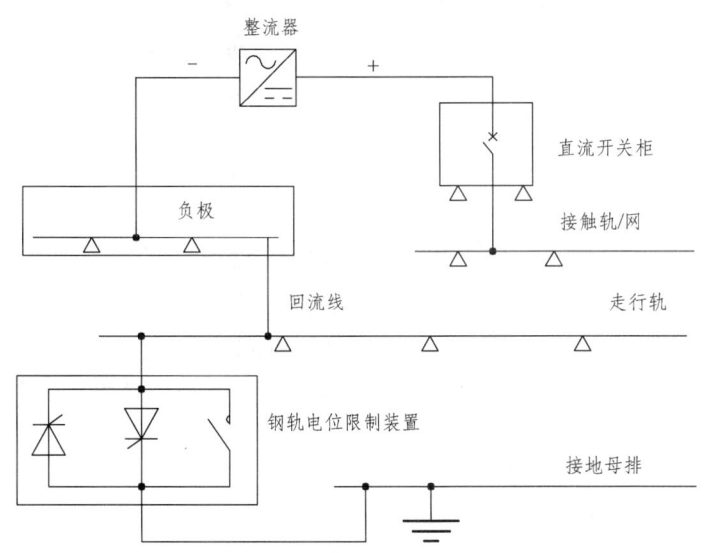

图8.9 钢轨电位限制示意图　　　　图8.10 轨电位装置外形图

在走行轨对地方向和地对走行轨方向设置两组晶闸管，利用电压检测电路和触发脉冲电路来产生触发脉冲和控制信号去触发两组晶闸管的导通以及控制接触器的闭合。通过控制电路来调节预定的电压值和相应的延时时间。通过电流检测电路，当电流低于预定值时使钢轨电位限制装置自动复位，电流值也可以在一定范围内进行设置。

当接触网对地短路时，会有很大的初始故障电流流过钢轨电位限制装置，而此时晶闸管首先被触发导通来承受该电流。采用了晶闸管技术，确保了当走行轨上出现高电位时，晶闸管可在极短的时间内被触发导通并能承受很大的初始故障电流，使得整个系统更加安全、可靠。

晶闸管导通后承受通过钢轨电位限制装置中的故障电流，近、远端的直流断路器将在几十毫秒内分断故障电流，而接触器的接点机械动作时间远远大于晶闸管的导通时间和断路器的动作时间，故接触器的接点容量设计不需要考虑承受故障电流，但要考虑能承受长时间的电流而不发生过热。当接触器接点闭合后，走行轨与地之间的电流将主要通过接触器，直到该电流降至预设电流值以下时钢轨电位限制装置复位，接触器接点才打开。

2. 与直流框架泄漏保护的关系

直流框架泄漏保护用来保护直流设备正极碰壳或对地绝缘损坏，设有电压和电流动作元件，可用于报警或跳闸。钢轨电位限制装置两端分别为走行轨、保护地，用于限制走行轨对地电位，保护人身安全。

当发生直流设备正极碰壳或对地绝缘损坏时，直流框架泄漏保护装置内的电压元件将检测设备外壳与走行轨之间的电位差，发出报警信号；其中的电流元件将检测设备外壳与保护地之间的漏电流，此漏电流的大小取决于直流框架泄漏保护分流器和走行轨对道床过渡电阻的大小，直流框架泄漏保护将会动作于直流开关跳闸。

钢轨电位限制装置检测的是走行轨对保护地的电位差，这是杂散电流在走行轨与道床之间过渡电阻上产生的电压，该电位差较大时，轨道电位限制装置将会动作。

综合练习

一、选择题

1. 中性点不接地方式发生单相接地时允许带故障运行（　　）。
   A. 0.5 小时　　　B. 1 小时　　　C. 1.5 小时　　　D. 2 小时
2. 中性点不接地系统发生单相接地故障时，非接地相的相电压升高为原来的（　　）倍。
   A. $\sqrt{2}$　　　B. $\sqrt{3}$　　　C. 2　　　D. $\sqrt{5}$
3. 中性点直接接地或经小电阻接地系统一般用在（　　）以上电压等级。
   A. 10 kV　　　B. 66 kV　　　C. 110 kV　　　D. 220 kV
4. 电气装置的外露可导电部分直接接地，此接地点在电气上独立于电源端的接地点的接地方式是（　　）。
   A. TN、TT　　　B. TN、IT　　　C. TT、IT
5. 电源端有一点直接接地，电气装置的外露可导电部分通过中性导体连接到此接地点的接地方式是（　　）。
   A. TN　　　B. TT　　　C. IT
6. 标准规定利用走行轨回流且在最大负载时，走行轨上任意一点对地电位不大于（　　）。
   A. 50 V　　　B. 60 V　　　C. 90 V　　　D. 150 V

二、判断题

1. "不接地"也是接地的一种形式。（　　）
2. "地"的概念既可指大地，也可指范围更加广泛、能用来代替大地的等效导体。（　　）
3. 电缆屏蔽层的接地主要是减小对外电磁干扰的作用，保证设备正常运行，属于保护性接地。（　　）
4. 继电保护装置金属外壳作为屏蔽层的接地是为了设备正常运行而设置的功能性接地。（　　）
5. 电源中性点直接接地或小电阻接地方式，也称为大电流接地方式。（　　）
6. 牵引整流器与直流开关设备的金属外壳是与地直接电气连接的。（　　）

三、填空题

1. 防雷接地分_____接地和_____接地。
2. 直击雷接地装置通常由_____、_____和接地极组成。
3. 电源中性点非直接接地方式，包括中性点_____、中性点_____和中性点_____几种方式。
4. 牵引整流器与直流开关设备的金属外壳是通过_____与地形成单点电气连接。
5. 接地电阻分为_____接地电阻和_____接地电阻，_____接地电阻应用于防雷和过电压接地。

6. 接地电阻的大小与接地极_____、埋设位置的_____以及接地极的_____等因素相关,而与_____无关。

7. 防上直击雷的措施是采用_____或避雷线;防止感应雷的措施是安装_____或保护间隙。

8. 110 kV 及以下电气装置一般由_____决定绝缘水平。

四、简答题

1. 简述什么是功能性接地,什么是保护性接地?
2. 简述过电压有哪些主要类型。
3. 简述钢轨电位限制装置的工作原理。

五、综合题

1. 与单接地系统相比,综合接地系统具有哪些特点?
2. 等电位联结有哪几种方式?设置等电位联结的主要目的是什么?
3. 钢轨电位限制装置与直流框架泄漏保护有什么联系,又有什么不同?

第九章 杂散电流防护

【教学目标】

通过本章的学习,主要了解与掌握以下知识:
1. 了解杂散电流产生的原因。
2. 了解杂散电流与钢轨电位的分布特点。
3. 熟悉杂散电流的危害与主要防护措施。
4. 掌握杂散电流腐蚀防护的主要监测方法。
5. 了解杂散电流防护对相关专业的要求。

主要具备以下能力:
1. 会看杂散电流防护图。
2. 会分析排流柜与单向导通装置的原理。
3. 会分析杂散电流各种防护措施间的关系。

【知识结构】

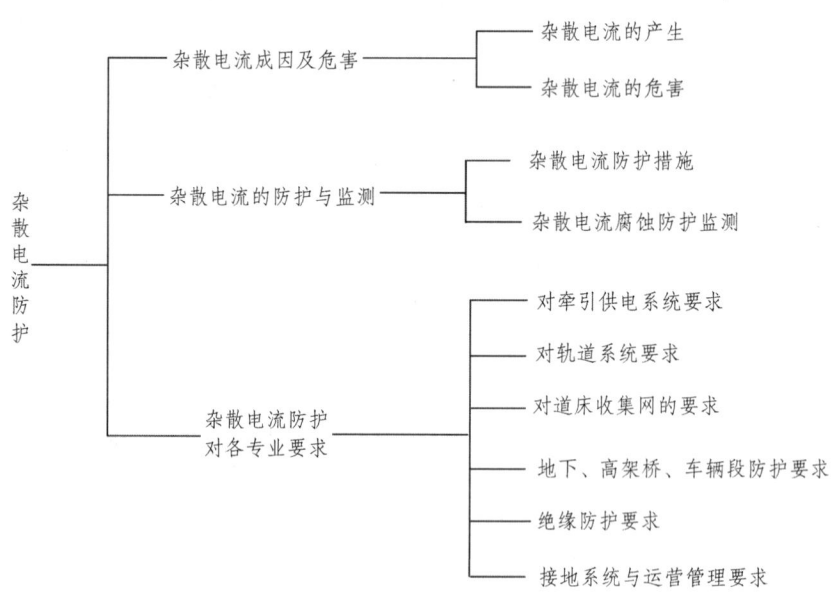

杂散电流是在城市轨道交通直流牵引供电回流中产生的,它会对城市轨道交通系统内外的设备和管线造成一定的危害和影响,尤其会使走行轨、各种金属管线和金属部件等产生腐蚀,如沿线煤气管道会因腐蚀穿孔而造成煤气泄漏,隧道内水管会因腐蚀穿孔造成漏水等。因此需要对杂散电流腐蚀进行防护和监测。

第一节　杂散电流的成因及危害

> **本节导读**
>
> 城轨供电系统中的杂散电流是如何形成的，它的分布有何特点，杂散电流对城轨交通工程内部与外部的各种金属管线与金属物体以及人身安全有何危害，这些都是本节介绍的主要内容。

一、杂散电流的产生

（一）杂散电流的成因

目前城市轨道交通一般采用直流牵引供电。列车所需牵引电流由牵引变电所提供，通过牵引网（架空接触网或接触轨）送向列车，并通过走行轨作为牵引电流回路，返回到牵引变电所。尽管走行轨对地绝缘，但不能做到完全绝缘，走行轨存在电压降，形成了钢轨对地电位，所以直流牵引电流并非全部沿走行轨回到牵引变电所负极，而是有一部分通过走行轨漏泄到道床，杂散电流从道床再向大地漏泄。对于设计有主、辅排流网的通路，理论上漏泄电流经由主、辅排流网回流。但是，若沿线路附近有导电性能较好的埋地金属管线（自来水管、煤气管、电缆等），则一部分杂散电流会选择电阻较小的金属管线作为流通路径，在牵引变电所附近从金属管线中流出，由大地回到钢轨并返回到牵引变电所负极。这部分电流就是杂散电流（简称"迷流"）。杂散电流形成如图9.1所示。

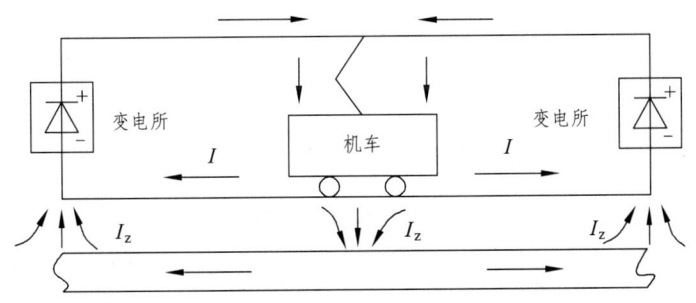

图 9.1　杂散电流分布示意图

随着城市轨道交通运营时间的推移，由于受到不可避免的污染、潮湿、渗水、漏水等影响，使城市轨道交通车站以及区间隧道中的轨、地绝缘性能降低或先期防护措施失效，势必增大由走行轨泄漏到土壤介质中的杂散电流。

杂散电流通过沿线结构钢筋、管线返回牵引变电所，杂散电流不仅造成大量沿线金属腐蚀，更为严重的是，可能造成结构的破坏和其他系统的损害，由于腐蚀的隐蔽性和突发性，一旦发生事故，往往会造成灾难性的后果。因此，对杂散电流防护必须给予足够的重视。

（二）杂散电流分布的一般规律

杂散电流的大小与取流列车的位置、牵引电流、走行轨纵向电阻以及走行轨对地过渡电阻等多种因素有关，并且道床混凝土和土壤电阻率对杂散电流也有较大影响。特别是牵引电流对杂散电流的影响很大，因为列车是移动负荷，列车处在起动、惰行、制动等运行状态下，牵引电流都在变化。

为了分析的需要，暂时只考虑供电回路的理想情况，所谓理想情况是指：

（1）双边供电时，两侧供电的牵引变电所相应的电源电压、牵引整流机组参数及外特性曲线均相同。

（2）从接触网泄漏的电流极微，可忽略不计。

（3）走行轨的纵向电阻和对地过渡电阻处处相同。

（4）地下金属管线与大地电位相同。

下面分别分析单边供电方式和双边供电方式两种情况下杂散电流的分布。

1. 单边供电方式下杂散电流的分布

杂散电流的分布也有一定的规律，单边供电时，杂散电流纵向分布如图 9.2 所示，其典型供电回路如图 9.3 所示。牵引电流 I 一部分经轨道流入地，另一部分沿轨道流回牵引变电所。沿轨道回流的电流沿途又相继泄入地，之后又相继由地流回轨道。所以沿轨道的电流先是多，中间少，最后是多；地中的电流则是先是少，中间多，最后是少。可见，杂散电流是沿轨道逐渐入地，又逐渐流回轨道，而不是在列车所在位置集中泄漏入地，又集中流回变电所。需要说明的是，这里的地除大地土壤外，还包括道床、结构钢筋、沿线金属管线等。

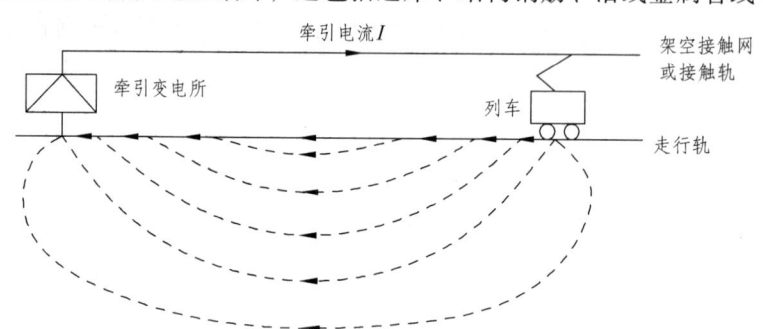

图 9.2 单边供电时杂散电流纵向分布示意图

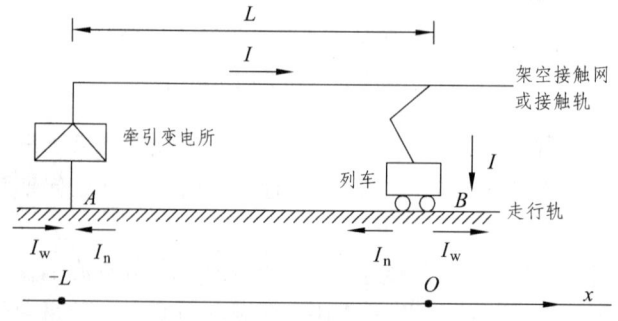

图 9.3 单边供电回路示意图

2. 双边供电方式下杂散电流的分布

双边供电方式其典型供电回路如图9.4所示，在双边供电方式下杂散电流分布的一般规律如下：

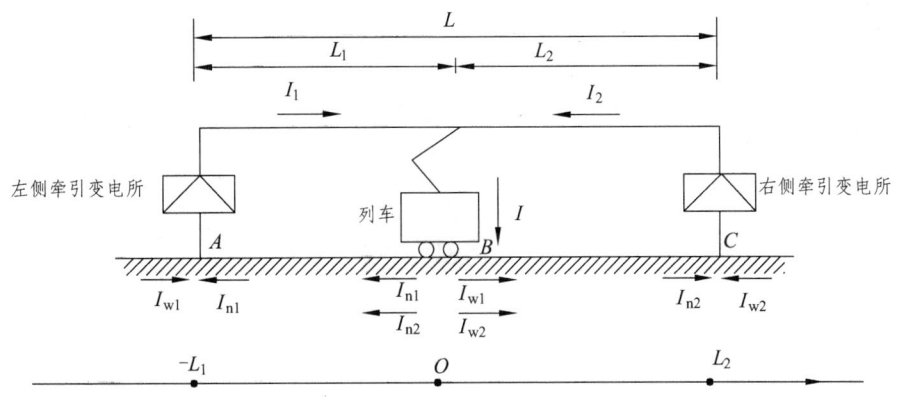

图 9.4　双边供电回路示意图

（1）双边供电方式下，轨道回路的中性点向牵引变电所方向偏移，阳极区范围增大，走行轨阴极区范围明显减小。

（2）牵引变电所负极附近的轨道电位为负的最大值，此处杂散电流从埋地金属结构流出，埋地金属结构为阳极，受杂散电流腐蚀最严重。列车下部的走行轨电位为正的最大值，该处杂散电流从走行轨流出，走行轨为阳极，埋地金属为阴极，此处走行轨受杂散电流腐蚀最严重。

（3）牵引电流的大小对走行轨电位有影响，牵引电流越大，走行轨对地电位越高，杂散电流也越大。

（4）牵引变电所之间的距离增加，在牵引电流不变的情况下，走行轨对地电位和杂散电流也随之增加。

（5）轨地过渡电阻对杂散电流的分布影响最大，过渡电阻越小，杂散电流强度越大，过渡电阻越大，杂散电流强度越小。

（6）走行轨纵向电阻对走行轨电位影响较大，走行轨纵向电阻增加，走行轨纵向电位成比例增加，走行轨对地电位增加，杂散电流也增加。

（7）埋地金属结构的纵向电阻对走行轨电位和杂散电流的影响较小。

3. 钢轨电位分布

当列车在两牵引变电所间运行时，钢轨电位分布如图9.5所示。列车位置处为钢轨阳极区，钢轨电位为正（图中所示阴影，对应的结构钢筋则为阴极区），杂散电流从钢轨流向结构钢筋，而结构钢筋为电子流入（称阴极保护状态），结构钢筋对地电位形成阴极区，不会产生腐蚀。

牵引变电所位置处为钢轨阴极区，钢轨电位为负（利用钢轨电位受牵引负极的电位钳制作用，对应的金属结构则为阳极区，会产生腐蚀），杂散电流从结构钢筋流回钢轨或经排流装置返回牵引变电所负极。杂散电流与该处的钢轨电位及钢轨对地泄漏电阻有关。

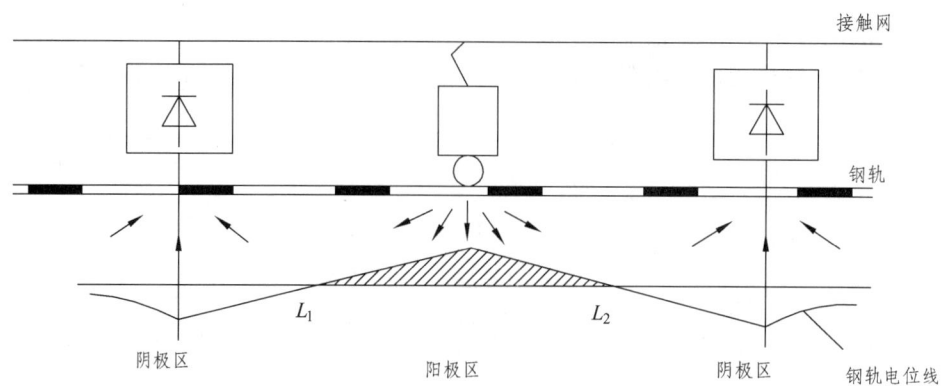

图 9.5 钢轨电位分布示意图

二、杂散电流的危害

当轨道交通沿线地下有金属管线或建筑物钢筋等导电体时，地中的杂散电流会沿金属导电体流动到回流点附近，再流向钢轨回到牵引变电所负极。因此，在回流点附近的金属导电体形成阳极区（对大地为正），阳极区内的金属管线或建筑物钢筋，失去电子带正电称为正离子，正离子流向大地，发生了电解腐蚀。杂散电流对沿线结构钢筋及金属管线造成危害，其原理如图 9.6 所示。

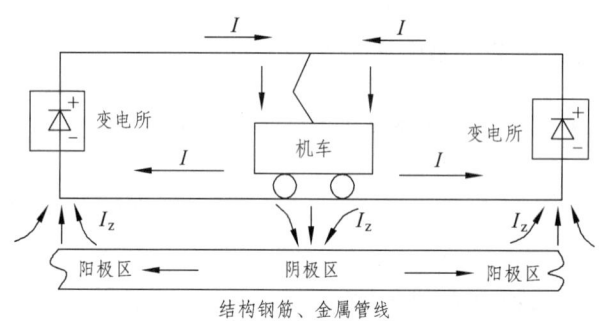

图 9.6 杂散电流对沿线结构钢筋及金属管线腐蚀示意图

1. 腐蚀金属

杂散电流对轨道交通自身地下结构的钢筋及沿线金属管线产生严重影响，杂散电流引起的腐蚀比自然腐蚀要严重得多。杂散电流腐蚀是由于外部电源泄露的电流作用而引起的结果，在数值上要比自然腐蚀的电流大几十倍，甚至上千倍。其腐蚀强度大、危害大、范围广、随机性强、腐蚀激烈。一般，腐蚀集中于局部位置（阳极区），当有防腐层时，往往集中于防腐层的缺陷部位。

对于排流网而言，由于它是杂散电流的良好通道，在回流点（阳极区）附近，杂散电流从排流网的结构钢筋中流出，排流网的结构钢筋失去电子带正电称为正离子，铁离子与水蒸气中的硫酸根离子作用而变成硫酸盐遭到腐蚀。

于 20 世纪 70 年代开始运行的北京、天津地铁已发现隧道内的部分金属管线和主体结构钢筋有严重的杂散电流腐蚀，隧道内的水管被侵蚀穿孔的情况，车站站台地面外露钢筋头发现了成块腐蚀、严重脱落现象。

2. 破坏混凝土结构

杂散电流通过混凝土时对混凝土本身并不产生影响,但如果有钢筋存在,钢筋则起到汇集电流作用,并把电流引导到排流点。

在杂散电流由混凝土进入钢筋之处,钢筋呈阴极,如果阴极析氢,且氢气不能从混凝土逸出,就会形成等静压力,使钢筋与混凝土脱开。在杂散电流离开钢筋的部位,钢筋呈阳极,发生腐蚀并形成腐蚀产物生成 $Fe(OH)_2$ 继续被介质中的 O_2 氧化成 Fe_2O_3(红锈的主要成分),$Fe(OH)_3$ 可进一步生成 Fe_3O_4(黑锈的主要成分)。根据研究,黑锈体积可能大到原来的 2 倍,而红锈的体积可能大到原来钢筋体积的 4 倍。铁锈的形成,使钢筋体积膨胀,进而对周围混凝土产生压力,其内部形成拉应力。由于混凝土的抗拉强度很低,一般只有 0.88~1.5 MPa,会造成混凝土沿钢筋方向开裂。

3. 腐蚀管线

轨道交通沿线附近埋有自来水、煤气、石油、电缆等各种管线,由于埋设管线多为金属材质,因此容易集结杂散电流,使其金属管线遭受腐蚀,产生严重的后果。

4. 烧毁排流设备

一般钢轨与轨枕、道床有绝缘材料相隔,如果某种原因,绝缘材料损坏或钢轨与排流网短路,这时将有非常大的杂散电流通过排流网、排流柜,流回牵引变电所,而由于排流柜中的核心元件排流二极管的容量有限,如果短时间内杂散电流超过其限定的二极管导通电路,将有可能烧毁排流柜。

5. 危及设备和人身安全

杂散电流会对通信设备机架和其他受电设备有接地的外壳上产生高电位,使设备外壳与附近大地形成电位差,危及设备和人身安全。

第二节 杂散电流的防护与监测

本节导读

杂散电流是一种环境污染,如果防护措施不力,就会对走行轨及其扣件、结构钢筋和沿线金属管线等造成严重腐蚀。通常采取"防-排-测"的综合治理方法。"防"也就是"堵",从源头减少杂散电流的泄漏;"排"则是建立两道杂散电流收集网,同时设置了排流柜和单向导通装置等设施,防止杂散电流向城轨系统外部泄漏;"测"则是加强对杂散电流的监测,及时掌握杂散电流的泄漏情况,及时采取相应措施,将杂散电流的影响与危害降至最低。这些就是本节介绍的主要内容。

杂散电流的防护按照"防-排-测"的思路,也即为"以防为主,以排为辅,加强监测,防止外泄"的综合防护措施。

以"防"为主,即是"堵",也是加强隔离防护,从源头开始,尽量减少杂散电流泄漏,采用钢轨、轨枕以及道床结构绝缘安装法。

以"排"为辅,即是基于上述"堵"的前提,防排结合,加强回流通路。在加强自身系统回流通路的基础上,利用杂散电流的首经通路——道床内的结构钢筋,将钢筋良好连通形成第一道屏蔽网(收集网),防止杂散电流向道床外部漏泄;利用隧道结构钢筋连通形成第二道屏蔽网(收集网),又防止杂散电流向隧道外部漏泄,避免危及市政公共设施。在牵引变电所内设置自启动智能型排流装置,排流装置自动将杂散电流屏蔽网中的电流引回牵引变电所的负极。

"限",包含两层意思。对于车辆段钢轨对道床的泄漏电阻较低,杂散电流较大的区段,设置单向导通装置,限制杂散电流的扩散。对隧道内的钢筋管线和其他钢筋设施采取材质选择和对地绝缘等措施,限制杂散电流向其漏泄。

"加强监测",设置杂散电流监测系统,监测装置测量的信息通过上位机进入 SCADA 系统或设专用通道将监测装置测量的信息上传到控制中心和复示系统,以便了解分析杂散电流的特点。目前上海轨道交通系统将监测信息送入网络级能量监测管理系统。

下面分别介绍其具体内容。

一、杂散电流腐蚀防护措施

通过对杂散电流产生原因及腐蚀过程的分析,可以知道,提高走行轨对地绝缘以及保持牵引回流畅通是治理杂散电流泄漏的两种直接方法。这两种措施能否在工程中高质量实施,以及线路运营维护水平如何,关系到杂散电流腐蚀防护成功与否。

提高走行轨对地绝缘电阻值,目的就是让牵引电流尽可能多地沿走行轨流回牵引变电所的负极,而尽量少地向外泄漏。回流轨与地之间的绝缘电阻要足够大,以控制和减小杂散电流产生的根源,隔离所有可能的杂散电流泄漏途径,这就是"防"。"防"属于源控法。

另外,还需要保持畅通的杂散电流排流通路,即设置合理的杂散电流收集网,以便需要时能为杂散电流提供一条畅通的低电阻通路,这就是"排"。"排"就是排流法。

(一)"防"——源控法

杂散电流腐蚀防护是"以防为主",其目的是从源头上根本控制和减小杂散电流泄漏量。影响杂散电流大小的主要因素有:牵引电流、牵引变电所之间的距离、走行轨的电阻值及对地过渡电阻等。根据实践经验,单边供电情况下杂散电流的估算公式如下:

$$I_g = \frac{1}{8} I \frac{R_{sl}}{R_{gl}} L^2 \tag{9.1}$$

式中　　I——列车牵引电流,A;

　　　　R_{sl}——走行轨纵向电阻,Ω/km;

　　　　R_{gl}——走行轨对地过渡电阻,Ω·km;

　　　　L——牵引变电所和列车之间的距离,km。

杂散电流值与列车到牵引变电所距离的平方成正比，与回流走行轨的纵向电阻成正比，与牵引电流成正比，与走行轨对地的过渡电阻成反比。目前已建或在建的城市轨道交通工程中采用了很多有效的杂散电流腐蚀防护方法。

1. 合理设置牵引变电所

杂散电流值与列车到牵引变电所距离的平方成正比，牵引变电所之间的距离越长，杂散电流越大。因此要合理设置牵引变电所，所间距离不宜过长，结构钢筋及道床钢筋的极化电位要控制在《地铁杂散电流腐蚀防护技术规程》（CJJ 49—92）规定范围之内。另外，在满足供电负荷与供电质量等前提条件下，可以适当调整牵引变电所的数量和位置，尽量使牵引变电所均匀布置。

2. 牵引网采用双边供电

在牵引网制式、牵引变电所间距以及走行轨电阻值等条件相同的情况下，采用双边供电比采用单边供电，其牵引电流值减小近一倍，杂散电流值仅为单边供电的1/4，故城市轨道交通正线的牵引变电所（除末端站牵引变电所外）均采取双边供电方式，变电所解列时也不宜采用单边供电方式。此外，停车场或车辆段需要单独设置牵引变电所，正常情况下停车场或车辆段和正线牵引变电所之间无电气连接，防止正线的杂散电流流入停车场或车辆段。

3. 加强走行轨对地绝缘

杂散电流的大小与走行轨对地绝缘水平成反比，即走行轨对地绝缘水平越好，则杂散电流的值越小。城市轨道交通运营中，轨地过渡电阻值的降低是产生杂散电流的最主要原因。因此，保持走行轨对地过渡电阻值或避免过渡电阻不断下降是防止杂散电流产生的有效方法。《地铁杂散电流腐蚀防护技术规程》（CJJ 49—92）中规定：新建线路的走行轨与区间主体结构之间的过渡电阻值不应小于 $15\,\Omega\cdot km$，对于运行线路不应小于 $3\,\Omega\cdot km$。

加强和保持轨道绝缘是一项系统工程，需要土建、轨道和给排水等多工种、多专业进行紧密配合。目前加强走行轨对地绝缘主要有以下做法：

1）走行轨下设置绝缘垫

根据《地铁杂散电流腐蚀防护技术规程》（CJJ 49—92）的要求，走行轨必须采用绝缘法安装。安装时要采用绝缘水平较高的绝缘材质，并对螺栓道钉、铁垫板、扣件等相关部件作绝缘隔离处理，例如，加设绝缘垫板、绝缘垫圈等。城市轨道交通工程中一般要求走行轨单块绝缘垫的电阻不小于 $10^8\,\Omega$。走行轨下绝缘垫的设置如图9.7所示。

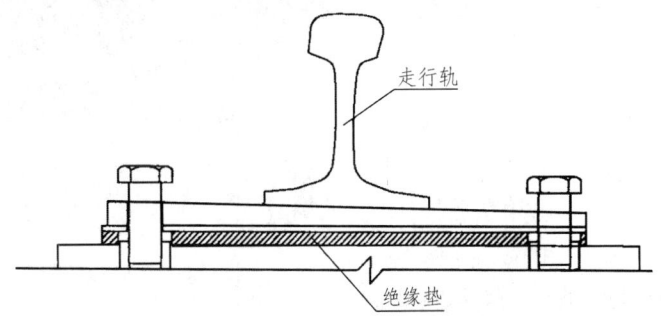

图9.7　走行轨下绝缘垫设置示意图

2)走行轨对地保持一定间隙

走行轨对地保持一定的距离,能够有效避免因走行轨下面积累含盐沉积物或其他杂物而造成走行轨与地面间接接触,从而避免形成杂散电流对地泄漏通道,降低轨道对地过渡电阻值。因此,走行轨和地之间要保持一定的间隙。根据《地铁杂散电流腐蚀防护技术规程》(CJJ 49—92)中规定,道床面至走行轨底面的间隙应不小于 30 mm。

3)道床排水沟设置

根据测定,不同含水状态下混凝土电阻率差别很大,具体数据见表 9.1。

表 9.1 电阻率参考表

类别	名称	电阻率参考值/(Ω·m)
混凝土	在水中	40~55
	在湿土中	100~200
	在干土中	500~1 300
	在干燥的大气中	12 000~18 000

从电阻率参考表中可以看出混凝土在潮湿和干燥状态下,电阻率相差很大。因此保持混凝土整体道床的干燥,不但是加强走行轨对地绝缘的有效措施,而且也是减少轨道绝缘垫堆积含盐沉积物的有力措施。

因而,宜将道床排水沟设在道床两侧,并保证排水通畅,有利于保持道床混凝土的干燥,可以有效防止走行轨对地绝缘水平的降低。

4)道床混凝土的设置

为有效地防止杂散电流对主体结构钢筋进行腐蚀,杂散电流道床收集网钢筋与走行轨之间需要进行绝缘处理,道床收集网钢筋与主体结构钢筋之间也应避免金属连通。

为保证收集网与走行轨之间的绝缘性能,位于钢轨下面的道床混凝土层需要有一定厚度。

4. 保持牵引回流通路顺畅

杂散电流的大小与牵引网的回流电阻值成正比。走行轨电阻较大时,回流电流在其上流过时产生的电压降也较大,使钢轨对地的电位差增大,从而增加了杂散电流泄漏,因此必须设法降低走行轨的电阻值。为此一般采取以下措施:

(1)有条件时,走行轨尽量选用重型钢轨,如 60 kg/m 钢轨。

(2)对回流网选用电阻率低的材料。

(3)将短钢轨焊接成长钢轨,其接头之间的电阻值不大于回流轨 1 m 长度电阻值的 3 倍。如果钢轨之间是采用鱼尾板连接,则两段钢轨之间要加设电缆(一般采用铜芯绝缘电缆)以减小钢轨接缝处的电阻,如图 9.8 所示。此电缆的电阻值应满足接头标准电阻的要求,满足牵引电流长时间通过时

图 9.8 钢轨接缝处的电气联接

的温升要求，且散热性要好，工作稳定，可靠性高。

（4）走行轨和道床之间应采用点支撑安装，减少钢轨与道床的接触面。

（5）正线上、下行走行轨之间设置对地绝缘的均流线，把上、下行走行轨并联起来，降低走行轨回流电阻。均流线的设置位置需要与信号专业沟通后确定。

（6）牵引变电所至上、下行走行轨的负回流线采用铜芯电缆，可以降低回流通路的电阻。

（7）在车辆段和停车场根据各供电分区的划分，设置多个回流点，使牵引电流就近回流，并设置均流线，减小回流通路的电阻，以降低车辆段或停车场杂散电流的总量。

5. 重视日常运营维护

杂散电流腐蚀防护在工程建设时采取合理措施，严格施工，同时加强运营养护和维修，保证杂散电流腐蚀防护获得长期效果。

在城市轨道交通建成并投入运营的初期，走行轨与道床之间的绝缘程度较高，杂散电流较少。随着运营时间的推移，走行轨周围铁屑、灰尘、油污、含盐沉积物的积累，甚至道床排水沟长时间积水，对地过渡电阻值将逐步减小。因此运营维护显得格外重要，应采取相关措施保证轨道绝缘性能保持在一定水平上。其主要措施如下：

（1）必须定期清扫线路，清除粉尘、油污、脏物、沙土等，保持走行轨的清洁和绝缘水平良好。

（2）及时消除道床积水及积雪，保持道床处于清洁干燥状态。

（3）根据杂散电流监测系统的报警信息，及时处理线路异常现象。

（二）"排"——排流法

对于新建城市轨道交通工程，通过加强走行轨对地绝缘及保证牵引回流畅通，可以有效减少杂散电流产生。但随着运行时间的推移，走行轨对地绝缘水平的下降，杂散电流有可能会超标，此时可适当考虑投入排流装置。因此，在工程建设时适当设置合理的杂散电流收集网及排流装置，以便在必要时将杂散电流引回牵引变电所的负极。

1. 排流法的概念

只有当杂散电流从走行轨或钢筋等金属管线流出时才会对其产生腐蚀，而杂散电流流出的区域集中在阴极区（即在牵引变电所附近），若在牵引变电所处将结构钢筋或其他可能受到杂散电流腐蚀的金属结构与走行轨或牵引变电所负母排相连，由于杂散电流总是走电阻最小的通路，这样杂散电流就直接流回至牵引变电所，从而大大减小了杂散电流从钢筋再扩散至混凝土的可能，减少了杂散电流流出钢筋导致的电化学反应，该方法称为排流法。

排流法也存在一定缺点。当牵引变电所负母排通过排流柜与道床收集网钢筋电气连通后，原来负母排的负电位因钳制作用而接近零电位，使得两座牵引变电所之间的走行轨对地电位成倍增加，两牵引变电所间几乎全成为阳极区，除牵引变电所附近钢筋腐蚀减少外，其他区域钢筋以及走行轨腐蚀将更严重。因此排流法既有其有利的一面，也有其不利的一面。

2. 设置收集网

杂散电流收集网主要是针对运营期间，当先期防护措施逐渐失效或由于渗水等因素造成杂散电流超标时而采取的应急防护措施。其目的在于收集由走行轨泄漏出的杂散电流，并通过收集网将杂散电流引导至牵引变电所的负极，防止杂散电流过多地流向主体结构钢筋和其他金属导体。收集网的设置方式主要分地下区段和高架区段。

1）地下区段收集网的设置

地下区段收集网分主收集网与辅助收集网。杂散电流首先流经道床内的结构钢筋。因此将道床内的钢筋电气连通，并利用连接电缆将全线结构钢筋电气贯通，形成第一道屏蔽网，叫做主收集网，也叫做主排流网，防止杂散电流向道床外部漏泄。同时在隧道衬砌内将纵向钢筋通过横向钢筋连通形成杂散电流辅助收集网，专门收集从道床泄漏到隧道衬砌内的杂散电流，防止杂散电流向隧道外泄漏。地下区段杂散电流收集网整体设置如图9.9所示。道床主收集网断面示意图如图9.10所示。

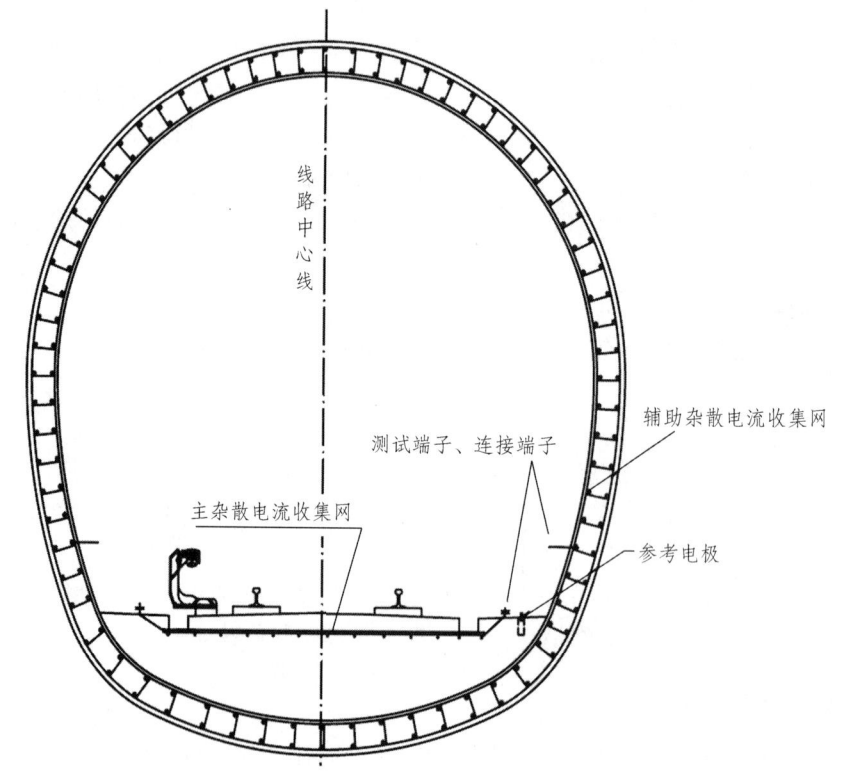

图9.9　地下区段杂散电流收集网示意图

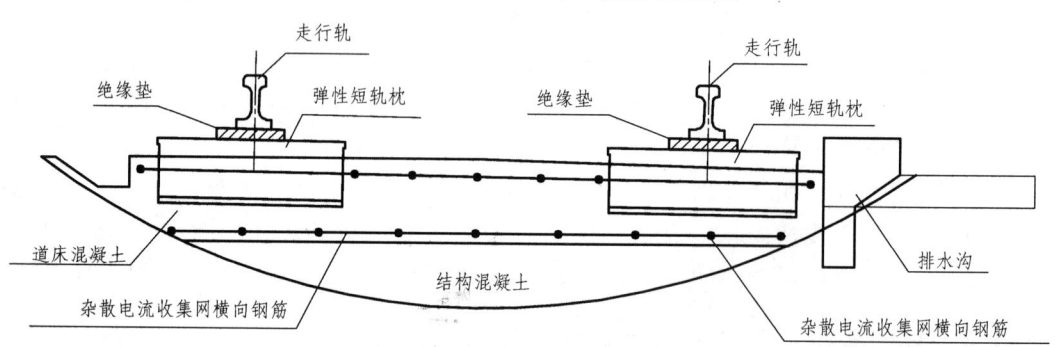

图9.10　杂散电流主收集网断面示意图

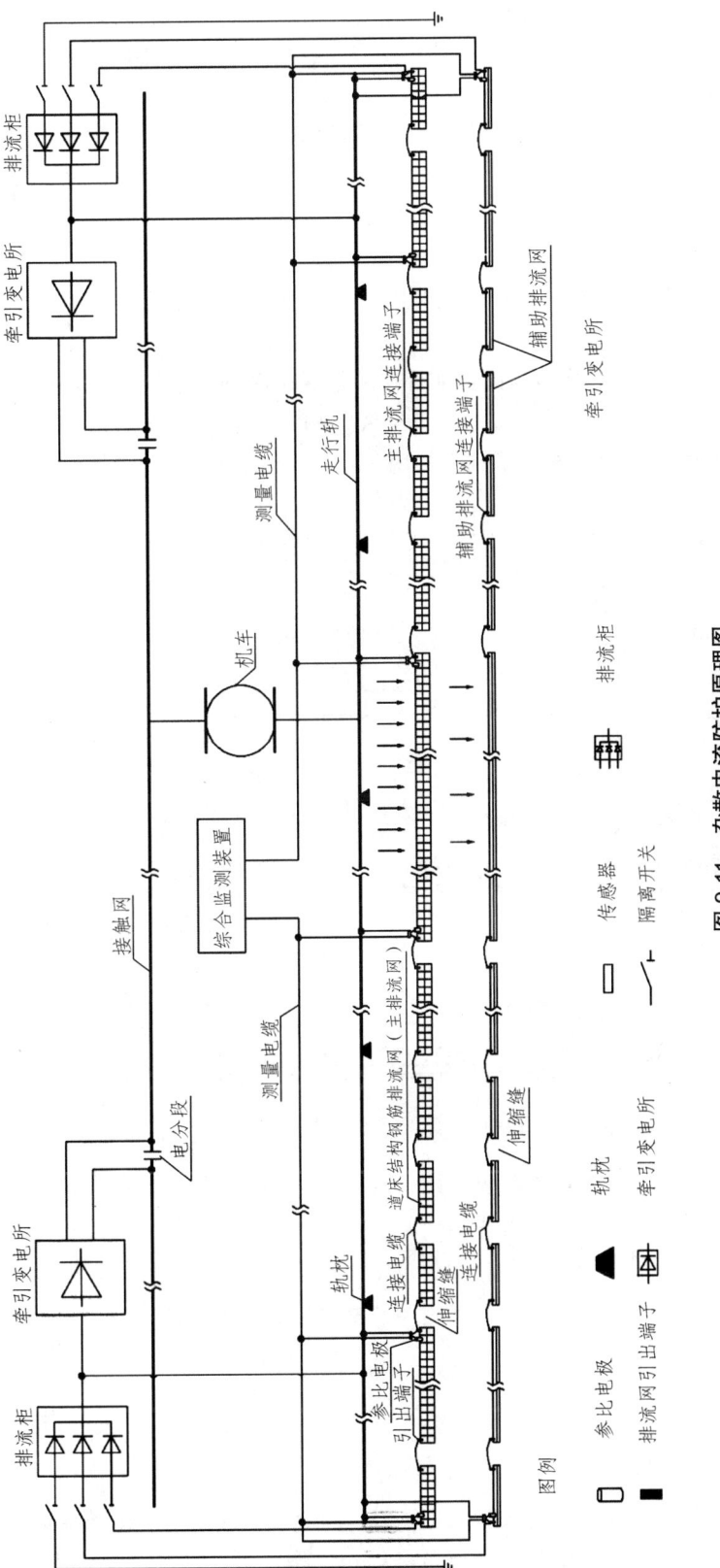

图 9.11 杂散电流防护原理图

在地下隧道内，杂散电流收集网纵向钢筋沿隧道纵向铺设在道床混凝土内，道床内纵向每间隔一定距离（一般为 5~6 m）选一根以上横向钢筋与道床内所有纵向钢筋焊为一体形成网状，构成道床钢筋收集网。

道床钢筋收集网在道床结构变形缝或沉降缝处断开，并在两侧引出测防端子。纵向钢筋网通过绝缘电缆将所有引出道床表面的测防端子连接成连续的收集网，以建立一条低阻抗的杂散电流收集与排放通路，其原理图如图 9.11 所示。

2）高架区段收集网的设置

高架区段一般采取桥面结构钢筋全部电气连通，并利用连接电缆将全线结构钢筋电气贯通。每隔

5~6 m 选一环向钢筋与纵向钢筋焊接，形成屏蔽网。在结构段端部引出连接端子，使全线排流网电气贯通。并利用连接电缆将全线结构钢筋电气贯通，形成屏蔽网，使全线排流网电气贯通。辅助排流网引出测量端子，用于监测系统。如图 9.12 所示。

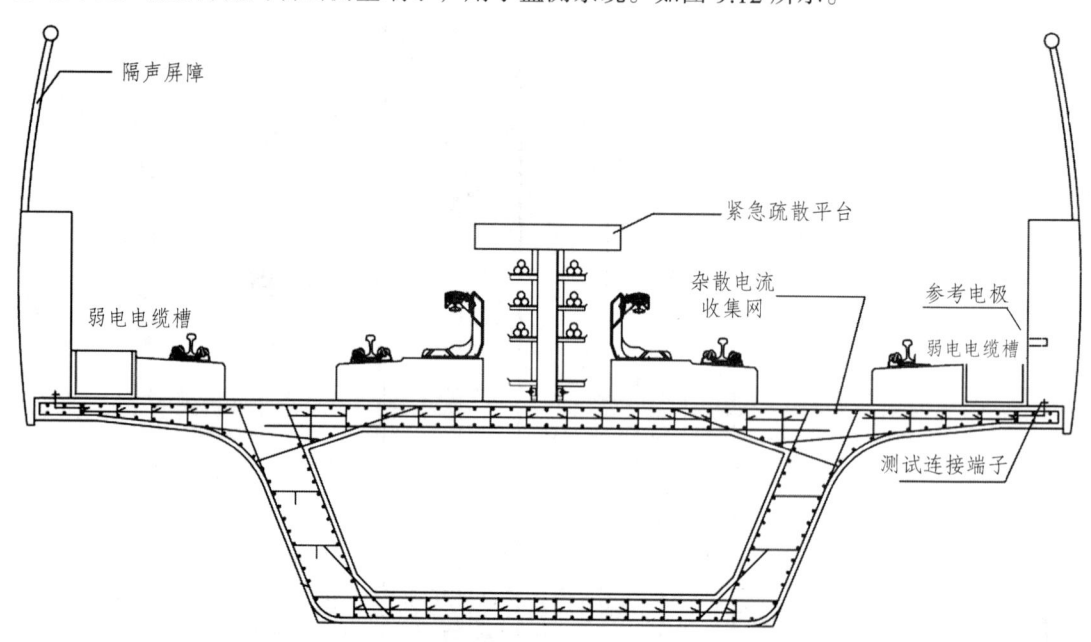

图 9.12 高架区段杂散电流收集网示意图

桥面测量和连接端子位置应设在距钢轨中心 1.4 m 的位置，紧邻电缆沟，避免设在整体道床范围内。高架桥面应有良好的排水措施，不应有积水。

也有的桥面结构钢筋全部采用电气连通，作为主收集网，不再利用道床结构段内的纵向钢筋作为排流网，原因是道床结构段内钢筋数量小，不易满足要求。

（三）排流柜

1. 排流柜的设置

当采取排流法进行杂散电流腐蚀防护时，一般在正线牵引变电所内设置杂散电流排流柜，排流柜的一端通过电缆与牵引变电所负极柜相连接，另一端与收集网的排流端子相连接。排

流柜一般设置在牵引变电所内。电气联接如图 9.13 所示。

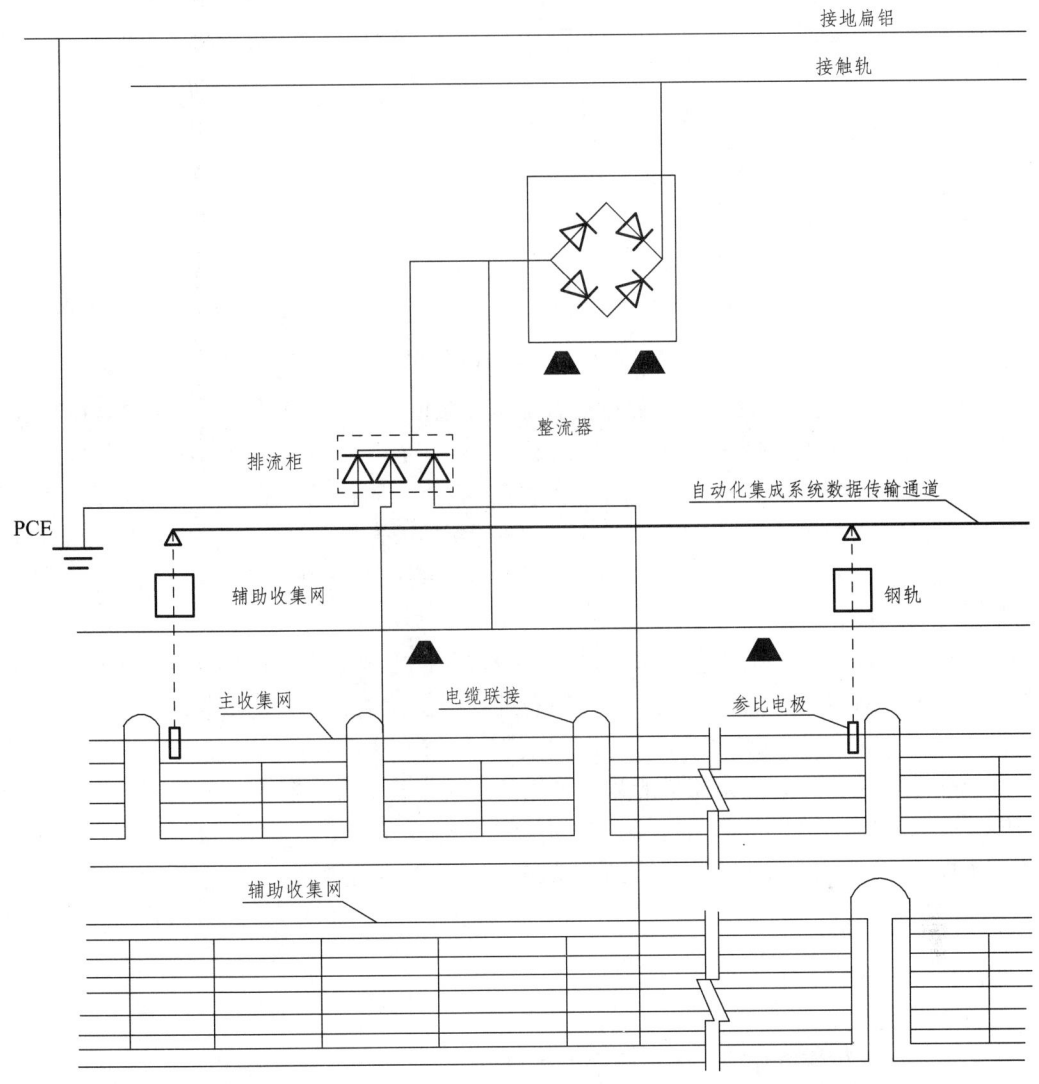

图 9.13 排流柜与杂散电流收集网电气连接示意图

2. 排流柜的原理

排流柜是杂散电流腐蚀防护系统中的重要设备。目前城市轨道交通中所采用的是智能型排流柜，工作原理如图 9.14 所示，主要由硅二极管 D_1、可调节电阻 R_1、固定限流电阻 R_2、自动整流部分、显示部分和保护部分组成。

智能型排流拒主回路的核心元件为硅二极管 D_1，利用硅二极管正向导通反向截止的特性，实现杂散电流的极性排流。

直流接触器 CZ 用于控制排流支路是否投入使用，R、C 回路用于抑制主回路通断时产生的尖峰脉冲。利用二极管的单向导通性可以阻止从负母线到收集网的逆向排流，快速熔断器 Fu 用于在出现短路过载时对排流柜及柜内元器件的保护。

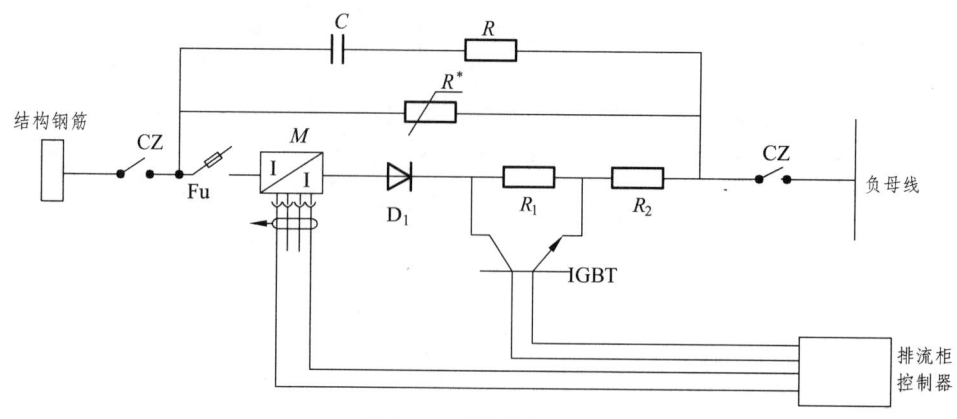

图 9.14 排流柜原理图

电流传感器 M 用于检测排流回路中的排流电流量的大小,并通过排流柜控制器控制 IGBT 通断的占空比,以实现对排流电流大小的控制。当 IGBT 关断时,排流回路串联了电阻 R_1 和 R_2,电阻较大,排流电流较小。当 IGBT 导通时,仅串入阻值较小的 R_2,排流较大。R_2 用于限制排流的瞬时电流,以保护 IGBT。电阻 R_1 和 IGBT 构成了排流支路的电阻调节电路,保证了设备既处于可靠安全的工作状态,又能够根据设备的排流能力,尽可能地将更多的杂散电流通过负母线回收。

排流柜控制器与杂散电流监测系统之间可通过通信电缆联系,以实现与杂散电流监测系统的信息交换。杂散电流监测系统对结构钢筋进行电位检测,当检测被保护的金属结构的极化电位处于安全状态时,杂散电流监测系统向排流装置发出停止排流的命令。当需要排流时,监测系统确定排流量,并把排流量的数值传送给排流柜控制器。控制器检测排流电流小于给定值时,控制 IGBT 连续导通;当检测排流电流大于给定值时,控制 IGBT 连续关断。正常情况下,IGBT 的导通占空比将排流电流量控制在规定的数值范围内。

3. 排流柜的功能

排流柜应具有如下功能:
(1)单向极性排流。
(2)自动调节排流电流值,大电流限度排流。
(3)自动监测记录收集网的排流电流值。
(4)具有与电力监控系统的数据通信功能。

4. 排流柜的投运

排流柜在线路开通时应安装到位,但杂散电流值在满足规程要求时排流柜不投入运行。只有当监测到道床收集网钢筋极化电位值超过设定数值时,排流柜才投入运行,道床收集网开始收集。排流只能作为一种应急手段。

一旦监测到结构钢筋极化电位严重超标,则断开排流通路,加强轨道维护,提高走行轨对地过渡电阻,减少道床收集网钢筋及结构钢筋的杂散电流腐蚀。

(四)单向导通装置

单向导通装置主要应用在采用钢轨作为牵引回流通路的地铁系统中,并接于钢轨设置的绝缘结处，用于连接绝缘接头两端的钢轨，使钢轨中电流流向一个方向，而另一个方向截止。其目的是，当回流电流向地下泄漏形成杂散电流时，可以缩小杂散电流的影响范围，减小杂散电流对结构钢筋的腐蚀。单向导通装置配有自动灭弧设施，用于防止列车再生制动运行时绝缘结处可能产生电弧而烧损钢轨，同时限制单向导通装置附近钢轨电位升高，保证钢轨附近工作人员的安全。单向导通装置内设有隔离开关，用于单向导通装置出现故障时或需要连接绝缘结两端钢轨，其工作原理见图 9.15 所示。二极管的正极接地面段，负极接地下段，列车运行时不允许电流进入地面段。

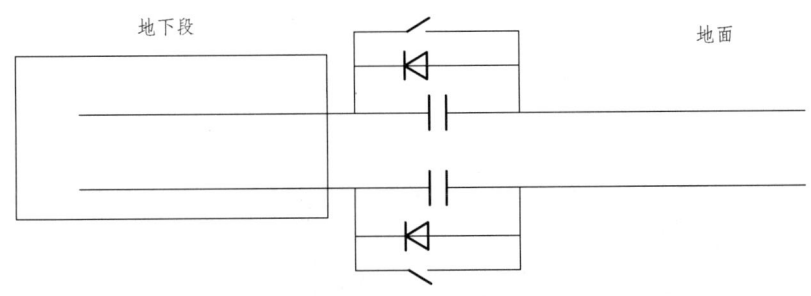

图 9.15　单向导通装置原理图图

同理，在过江隧道两端设置绝缘结处、高架桥两端设置绝缘结处、车辆段与正线设置绝缘结处设置单向导通装置。在过江隧道两端设单向导通装置如图 9.16 所示。

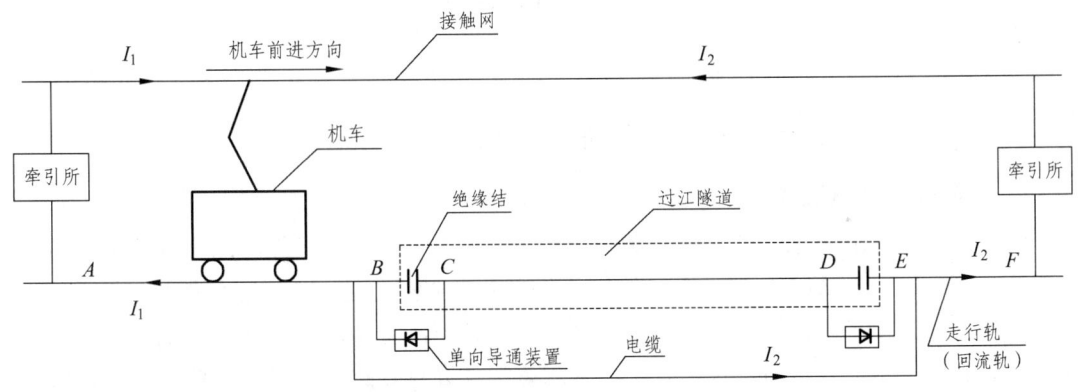

图 9.16　过江隧道处单向导通装置安装示意图

二、杂散电流腐蚀防护的监测

杂散电流监测系统可为运营后杂散电流腐蚀防护提供准确数据，指导轨道的维护与保养工作。因而在做到"以防为主，以排为辅，防排结合"的同时，还要加强杂散电流监测工作，监测主要内容包括泄漏量及极化电位。

（一）杂散电流监测内容

钢轨泄露出来的杂散电流能否引起隧道结构钢筋的腐蚀，以杂散电流引起结构钢筋的极化电位偏移值来确定。在"地铁杂散电流腐蚀防护技术规程 CJJ 49—92"中的 3.0.5 条规定：

对于钢筋混凝土地铁主体结构的钢筋，极化电压 30 min 内的正向偏移平均值不超过 0.55 V。因此，杂散电流监测的主要内容是全线所有车站及区间局部地段的结构钢筋极化电压偏移值和道床钢筋极化电压偏移值。

其测量原理是，当线路没有列车运行时，电位差 V_1 为参比电极的自然本体电位，当线路有列车运行时，V_1-V_2 即为结构钢筋对参比电极的电位。由此可计算出结构钢筋极化电位 $V_1-(V_1-V_2)=V_2$，即为结构钢筋的极化电位。如图 9.17 所示。

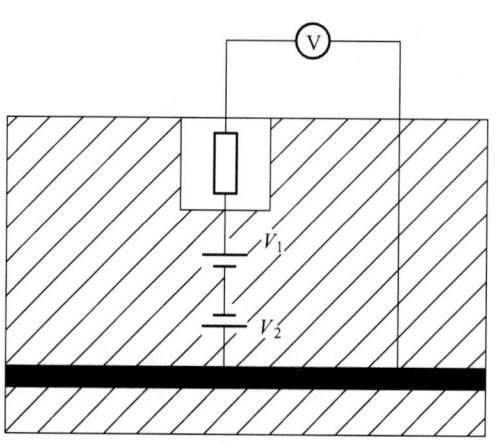

图 9.17　结构钢筋极化电位测量原理

（二）杂散电流监测方案

目前，杂散电流监测方案有分散式、集中式和分布式三种。

1. 分散式杂散电流监测

监测系统一般由参比电极、信号盒、信号测量电缆、测试端子箱、综合测试装置和微机管理系统等组成。该系统结构简单，省去智能传感器方案，同时省去相关沿线电源，综合节省投资可观。直接将模拟量送到杂散电流监测装置，但测量精度存在问题。由于布局分散，没有中央监控单元，只能通过移动式的综合测试装置进行数据的采集和处理，直接将模拟量送到监测装置，测量精度低。天津地铁 1 号线、南京地铁 1 号线和北京首都机场线等采用了这种模式，其接线如图 9.18 所示。

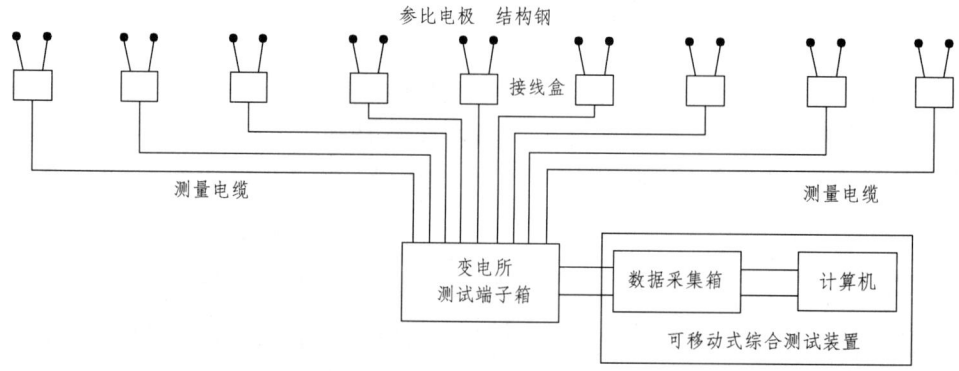

图 9.18　分散式杂散电流监测模式

2. 集中式杂散电流监测

监测系统一般由参比电极、传感器、信号转接器、监测装置、微机管理系统等组成。该系统在中心站主控室内设有中央监控计算机，对全线的杂散电流进行集中监控。但是，监测装置只与上位机相连，监测装置之间无直接通信，故上位机的数据交换和处理负担较重。

广州地铁、武汉轻轨1号线、深圳地铁1号与4号线、哈尔滨地铁1号线等均采用了集中式杂散电流监测模式。其接线如图9.19所示。

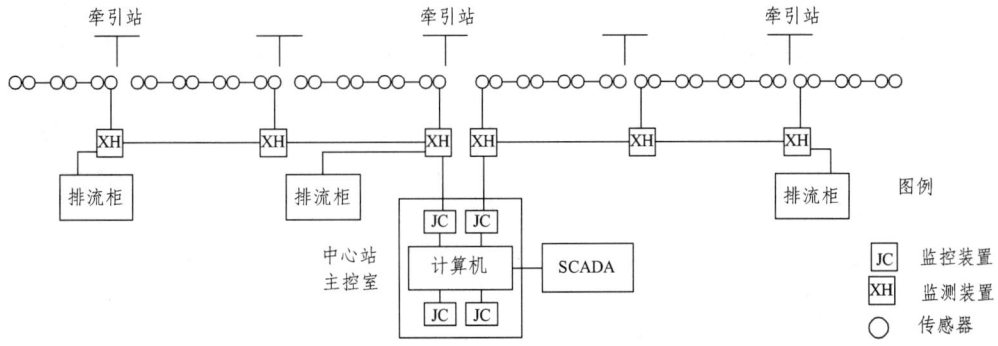

图9.19 集中式杂散电流监测模式

3. 分布式杂散电流监测

监测系统一般由参比电极、传感器、监测装置、微机管理系统等组成。该系统在控制中心设有中央监控计算机，对全线的杂散电流进行集中监控。同时监测装置之间能借助变电所SCADA系统的通信通道直接进行数据交换。运行方式灵活，可靠性高。

上海市轨道交通9、10号线、3号线北延伸段均采用了分布式杂散电流监测模式。其接线如图9.20所示。

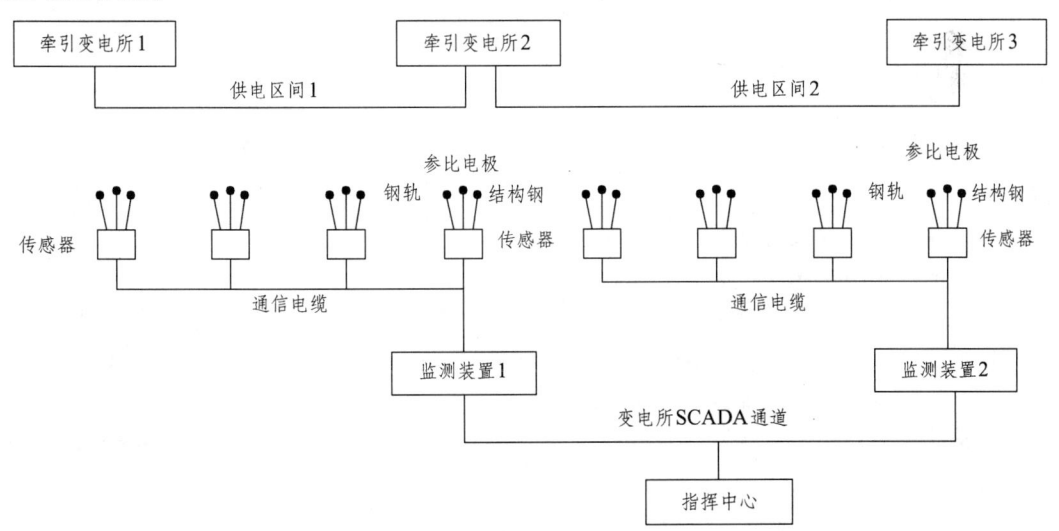

图9.20 分布式杂散电流监测模式

（三）杂散电流监测点的设置原则

杂散电流防护系统要求监测点设置合理、数据测量准确、通信实时可靠。监测点设置原则：

（1）回流点附近、站台两侧、重大建筑物附近，每个监测点设置参比电极和传感器。

（2）地下车站范围内，车站站台两端的道床和隧道壁上分别（上下行）各设置一处测试端子，测试端子位置要求，应在车站两端的端头井以内（约 5 m）处，即位于旅客站台视野以外，共设 8 个测量端子。

（3）地下车站牵引变电所负回流点处道床和隧道壁上分别（上下行）各设置一处测试端子。

（4）在隧道区间内，靠近车站 250 m 处道床和隧道壁上分别（上下行）各设置一处测试端子。

（5）在盾构区间隧道内，靠近车站 250 m 处道床（上下行）各设置一处测试端子。

（6）高架车站范围内，车站站台两端附近桥梁伸缩缝处（上下行）各设置一处测试端子。

（7）高架车站牵引变电所负回流点处，桥梁伸缩缝处（上下行）各设置一处测试端子。

（8）高架区间桥梁上，靠近车站 25 m 处的附近桥梁伸缩缝处（上下行）各设置一处测试端子。

（9）线路的端头及线路与车辆段的连接坡道处设置一处测试端子。

第三节　杂散电流防护对相关专业的要求

本节导读

杂散电流腐蚀防护需要牵引供电、轨道、土建、给排水、通信、信号等相关专业密切配合，应对相关专业提出具体要求。这是本节介绍的主要内容。

一、对牵引供电系统的要求

（1）合理设置牵引变电所，正线牵引网采用双边供电，提高牵引网电压与减小走行轨的电阻值。

（2）直流牵引供电设备均采用绝缘安装。

（3）车辆段（停车场）设置独立运行的牵引变电所。

（4）牵引回流回路要畅通，加大上下行走行轨至牵引变电所负母线的负回流线截面，电缆根数根据牵引回流大小确定，为保证回路不因意外故障中断，每个回路不得少于两根，回流电缆应与钢轨可靠焊接。如图 9.21 所示。

（5）各车站两端上下行钢轨间设置均流线，但在有负回流线的一端，上下行钢轨间不再设置均流线，可利用负回流线代替均流线。在较长供电区段，加设回流点和回流电缆。除车站外，区间上下行走行轨间设置均流线，原则上不超过 600 m 设一处均流线。均流线设置如图 9.22 所示。

（6）车辆基地内应适当设置回流点和均流电缆；停车库内单列位停车时，均流电缆设置应不少于 2 处；停车库内双列位停车时，均流电缆设置应不少于 3 处，停车库内的均流电缆应单端与接地极相连。

图 9.21 车辆段回流电缆联接　　　　　　　图 9.22 均流电缆联接

二、对轨道系统的要求

（1）加大走行轨的截面和减小走行轨的电阻，正线走行轨采用 60 kg/m 焊接成长钢轨（无缝钢轨），车辆段（停车场）内采用 50 kg/m 焊接成长钢轨（无缝钢轨），正线钢轨采用鱼尾板连接或正线与岔线的连接处，钢轨之间焊接不少于两根 120 mm² 截面的铜芯电缆。

（2）加大走行轨与大地的过渡电阻，正线回流钢轨、钢轨点支撑和固定采用绝缘垫、绝缘加件，新建线路走行轨与大地（道床）的过渡电阻不小于 15 Ω·km。

（3）电气化钢轨与非电气化钢轨之间设绝缘分段。

（4）钢轨尽头线的车挡与电气化钢轨之间设绝缘分段。

（5）运行线路与正在建设的线路区段之间实现电气隔离。

（6）道床与混凝土轨枕之间不小于 30 mm，保持道床清洁，严格清扫制度。

（7）穿越道床的所有管线采用绝缘管或具有防护绝缘层的金属管。

（8）在正线与车辆段线路之间及段内检修库、停车库与库外线路之间设置绝缘轨缝，并设单向导通装置。

（9）地下和地面线路分段处设绝缘轨缝和单向导通装置。

（10）牵引变电所回流点附近，设道床钢筋收集网排流端子，全线道床钢筋收集网设有连接端子，需要钢轨施工时预先安装好。

三、对道床收集网的要求

（1）将每个道床结构段内的纵向钢筋电气连通，钢筋连接处必须牢固焊接。在结构段两端和中间每隔 5 m，用一横向钢筋与纵向钢筋焊接，形成屏蔽网，其收集网的单线总截面一般不小于 1 800 mm²。道床结构段内的钢筋不得与辅助排流网的钢筋接触，如主、辅排流钢筋有接触，采用绝缘套隔离。

（2）结构段端部必须引出测量和连接端子，结构段间利用 95 mm² 电缆连接，构成全线电气贯通，形成屏蔽网，使全线排流网电气贯通。引出的测量端子用于监测系统。另外还要引出排流端子，用于连接牵引变电所的排流系统，排流端子的位置应设在站台侧的墙边（避免设在钢轨中心），即靠近牵引变电所，方便引入连接。

四、地下主体结构的防护要求

1. 盾构区间采用隔离防护方法

对于盾构区间隧道采用隔离法，即管片间电气隔离对盾构管片结构钢筋进行防护。隔离法要求管片结构钢筋同管片之间的连接螺栓用混凝土隔离。隔离法充分利用了盾构管片的结构及安装特点，由于盾构隧道是由纵向 1.2~1.5 m 长的管片构成，由于管片纵向排布密度大，管片间存在用于防水的橡胶垫圈，管片间的接触电阻积累使隧道纵向电阻相当大，且管片内部结构钢筋同管片之间的连接螺栓通过素混凝土隔离，客观上隔断了管片间的电气连接，使得每片管片内钢筋所收集的杂散电流数量非常小，从而实现管片内部结构钢筋的钝化腐蚀状态，达到防护目的。北方城市轨道交通基本采用隔离防护方法。

2. 盾构区间采用连通防护方法

盾构区间采用连通方式，将盾构区间中的结构管片通过管片四边各螺栓连接口设置电气连接垫片（垫片表层涂有防腐导电膜），通过螺栓紧固，从而使每块间结构管片内部结构钢筋在电气上全部连通，将每个管片通过零件 3 连接，使所有管片间形成了电气连通，形成杂散电流辅助收集网，达到防护目的。上海市轨道交通均采用连通防护方法。

3. 矩形断面区间采用连通防护方法

隧道结构纵向主钢筋要焊接，沿隧道纵向在电气上全部连通，每段隧道结构始、末端设横向钢筋圈，在结构段中间每隔 5 m，用一横向钢筋与纵向钢筋焊接，使之与隧道结构纵向主钢筋紧密焊接，结构段间留有连接端子，可采用 95 mm² 的电缆连接。

4. 明挖法施工的车站隧道连通防护方法

对于明挖法施工的车站、隧道，利用车站、隧道结构钢筋全部采用电气连通，每隔 5~6 m 选一环向钢筋与纵向钢筋焊接，在沉降缝或变形缝分开的结构段部引出连接端子连通（一般沉降缝或变形缝内有一定底板主筋纵向连通），并利用连接电缆将全线结构钢筋电气贯通，形成屏蔽网，使全线排流网电气贯通。辅助排流网引出测量端子，用于监测系统。测量和连接端子位置应设在内衬结构墙（避免设在钢轨中心），高度距轨面 300 mm。

五、高架桥主体结构防护要求

高架桥主体结构防护要求详见本章第二节第一大点。

六、车辆段（停车场）内设施的防护要求

为保证段内运营、检修人员安全。直流牵引供电系统负极（钢轨）为接地系统，即钢轨与接地系统连接，保证一点接地。也有牵引供电系统负极（钢轨）不接地系统，与正线标准一致，即正常情况下系统的设备所有正极和负极均与地绝缘。多方面因素，段内室外钢轨采用碎石道床。因此车辆段钢轨无收集网，防迷流系统要采取措施，加强回流和管线自身防护。

（1）正线出入段线与出入场线间以及检修库内外线路间设置绝缘轨缝，同时在此处设置单向导通装置，以限制正线区段钢轨电流通过车辆段钢轨泄漏于地下和限制库外钢轨电流泄漏于库内地下。绝缘轨缝位置应与接触网电分段配合。

（2）为保证人身安全，检修库及停车库内走行轨需与大地连接，且库内钢轨之间根据规模大小设置均流电缆。另外在库内利用接触网隔离开关独立接地极，待接触网检修时将钢轨接地。

（3）直流牵引供电系统负极（钢轨）为接地系统，有利于段内运营、检修人员安全，但库内钢轨需经电缆引回牵引变电所地网一点接地，也可经轨道电位限制器接地，避免与大地连接形成杂散电流回路，造成杂散电流腐蚀扩散。或者库外场区和库内钢轨之间不设置绝缘轨缝（钢轨绝缘结），也不设置单向导通，库外场区和库内钢轨看作一个整体。上海轨道交通1、2号线、香港等车辆基地均采用此方案。

（4）车辆段内应根据接触网分段情况分别设置回流回路。

（5）车辆段内管线应尽量采用非金属材质，如采用金属材质则应加强防腐。进出车辆段的金属管线在进出部位设置绝缘法兰。车辆段内信号采用钢轨电路方式，即单牵引轨回流，注意设绝缘结处的连接，保证回流畅通。

七、绝缘防护措施要求

（1）高架桥梁与桥墩内部结构钢筋之间应采取绝缘措施。

（2）由外界引入轨道交通或由轨道交通内引出至轨道交通外部的金属管线均应在衔接处做绝缘处理。沿线的弱电设备金属外壳应经过电缆与电缆支架上的接地相连接，与钢轨绝缘。

（3）进出车站的金属管线必须安装绝缘接头或绝缘法兰，穿越部位应与周围结构钢筋绝缘。金属给水管、排水管道与回流走行轨间不应有直接的电气连接。与地面轨道平行铺设的金属管道除进行绝缘涂覆外，应与道床有 3～5 m 距离。

（4）对平行于回流钢轨敷设的金属管道、电缆，在出入地下隧道区间、车站时应与隧道、车站的主体结构钢筋在电气上进行绝缘处理，在隧道和车站内部电气上应连成一体，并单点接地。

（5）在走行轨下方穿越的管线，宜采用非金属绝缘材质，否则需采用特加强防腐层，并在穿越部位两侧装设绝缘法兰。管线上部与走行轨底面的间距不得小于 30 mm。

（6）车站及区间内的所有电气设备的金属外壳、各类金属管线等均应采用绝缘安装，与主体结构钢筋绝缘。

（7）管线支撑结构（无论支架支撑还是墩台支撑）应与管道绝缘，若支架和墩台结构能与道床和隧道结构绝缘，则可与管线不绝缘。

（8）沿线的通信信号机设备，如道岔控制箱、信号机、电话箱等采用绝缘安装，与走行轨、收集网绝缘。

（9）站台设屏蔽门、安全门，屏蔽门、安全门采用绝缘安装，屏蔽门、安全门的接地应经过电缆与钢轨相连接。要求沿站台边设 2 m 宽的有效绝缘层，其绝缘等级为 AC 1 kV-1 min，绝缘阻值应大于 0.5 MΩ。

八、接地系统要求

综合接地系统除应满足正常的工作接地和人身、设备保护接地的功能之外，还应考虑杂散电流腐蚀防护的需要。对接地系统的构成一般要求如下：

（1）每个车站设一个接地网，供车站各种设备的工作接地和保护接地，与结构钢筋独立，其接触电位差、跨步电位差应满足相关要求。

（2）沿线电缆支架上敷设贯通的接地扁钢（铝），供沿线区间电气、通信、信号等机电设备保护接地用，与结构钢筋独立。

（3）敷设架空地线，供接触网系统设备工作接地、保护接地和防雷接地用，不要自设接地，高架段接触网防雷的设备引至自设接地。

（4）直流牵引回流系统采用浮空不接地方式，钢轨、负回流线、直流开关柜、整流器、负极柜等均采用绝缘法安装。

（5）当杂散电流腐蚀防护设计与保护接地发生矛盾时，优先考虑保护接地。

（6）各车站和车辆段设置钢轨电位限制装置，设置数量一个车站1台，一个车辆段2台。（广州、深圳设置数量为车站2台，车辆段3台。）

（7）直流系统钢轨对地最大电位不大于90 V，交流系统不大于65 V，目前IEC和新的国家标准，直流系统钢轨对地最大电位不大于120 V。

九、运营管理要求

城市轨道交通投入运营后，除应对轨道等进行定期养护维修外，还应加强杂散电流的监测。如果监测系统监测到排流柜电流出现异常增大，且持续时间较长，则多是由回流系统出现电气导通"断点"或有"集中泄漏点"所引起，应及时检查相应区段回流系统，将"断点"处连接至设计要求标准，或对"集中泄漏点"进行恢复处理。

为保证杂散电流防护设施正常使用，运营中应根据防护监测的情况对杂散电流各项防护指标进行维护性检查测量，检查测量内容包括走行轨对结构钢筋过渡电阻、走行轨对道床钢筋过渡电阻、金属管线接头电阻等。

综合练习

一、选择题

1.（　　）处的埋地金属结构受杂散电流腐蚀最严重。
A. 列车取流位置　　　　B. 牵引变电所负极　　　C. 两牵引变电所中间

2.（　　）处的走行轨受杂散电流腐蚀最严重。
A. 列车取流位置　　　　B. 牵引变电所负极　　　C. 两牵引变电所中间

3. 杂散电流值与（　　）成反比。
A. 列车到牵引变电所距离的平方　　　　B. 回流走行轨的纵向电阻
C. 牵引电流　　　　　　　　　　　　　D. 走行轨对地的过渡电阻

4. 在负荷电流相同情况下，采用双边供电时的杂散电流值仅为单边供电的（　　）。
A. 1/4　　　　B. 1/3　　　　C. 1/2　　　　D. 1

5.《地铁杂散电流腐蚀防护技术规程》(CJJ 49—92）中规定：新建线路的走行轨与区间主体结构之间的过渡电阻值不应小于（　　）。
A. 3 Ω·km　　B. 5 Ω·km　　C. 10 Ω·km　　D. 15 Ω·km

6.《地铁杂散电流腐蚀防护技术规程》(CJJ 49—92）中规定：对于运行线路的走行轨与区间主体结构之间的过渡电阻值不应小于（　　）。
A. 3 Ω·km　　B. 5 Ω·km　　C. 10 Ω·km　　D. 15 Ω·km

7.《地铁杂散电流腐蚀防护技术规程》(CJJ 49—92）中规定，道床面至走行轨底面的间隙应不小于（　　）。
A. 10 mm　　B. 20 mm　　C. 30 mm　　D. 50 mm

8. 将短钢轨焊接成长钢轨，其接头之间的电阻值不大于回流轨 1 m 长度电阻值的（　　）倍。
A. 2　　　　B. 3　　　　C. 4　　　　D. 5

9. "地铁杂散电流腐蚀防护技术规程 CJJ 49—92" 中的 3.0.5 条规定：对于钢筋混凝土地铁主体结构的钢筋，极化电压 30 分钟内的正向偏移平均值不超过（　　）
A. 0.55 V　　B. 1.0 V　　C. 1.5 V　　D. 5.0 V

10. 目前 IEC 和新的国家标准，直流系统钢轨对地最大电位不大于（　　）。
A. 65 V　　　B. 90 V　　　C. 100 V　　　D. 120 V

11. 车站站台要求沿站台边设（　　）宽的有效绝缘层。
A. 0.5 m　　　B. 1.0 m　　　C. 1.5 m　　　D. 2.0 m

二、判断题

1. 牵引电流越大，走行轨对地电位越高，杂散电流也越大。（　　）
2. 在牵引电流不变的情况下，牵引变电所之间的距离增加，杂散电流也随之减小。（　　）
3. 轨地过渡电阻越小，杂散电流强度越大，过渡电阻越大，杂散电流强度越小。（　　）
4. 城轨交通工程的走行轨一般不采用绝缘安装。（　　）
5. 排流柜一般设置在牵引变电所所在的线路上。（　　）
6. 为满足杂散电流防护的要求，直流牵引供电设备均采用绝缘安装。（　　）
7. 车辆段内信号一般采用钢轨电路方式，因此牵引回流通常采用单轨回流。（　　）

三、填空题

1. 杂散电流的大小与取流列车的_____、_____、_____以及_____等多种因素有关，并且道床混凝土和土壤电阻率对杂散电流也有较大影响。

2. 杂散电流的防护按照以"_____"为主，加强隔离防护，从源头减少杂散电流泄漏；以"_____"为辅，加强回流通路。

3. 排流柜的一端通过电缆与牵引变电所_____相连接，另一端与收集网的_____相连接。

4. 杂散电流监测方案有_____、_____和分布式三种。

5. 屏蔽门、安全门采用_____安装，屏蔽门、安全门的接地应经过电缆与_____相连接。

四、简答题

1. 杂散电流是如何形成的？
2. 杂散电流主要有哪些危害？
3. 简述钢轨电位限制装置的工作原理。
4. 简述杂散电流监测点的设置原则。

五、综合题

1. 根据图 9.14，说明排流柜的工作原理。
2. 城轨供电系统中为什么要设置单向导通装置？
3. 单向导通装置通常设在哪些地段？
4. 图 9.23 为某地铁线路 3 个车站的接触网（采用接触轨系统）供电示意图。请看图回答下列问题。

（1）图中 1、2 分别指的是什么？图中有多少处轨电位限制装置和多少处排流柜？

（2）图中接触网采用的是哪种供电方式？图何以见得？

（3）图中有几处均流线？几处回流箱？其作用分别是什么？

（4）如果图中车站 3 的牵引变电所 2 台整流机组均因故障退出运行，要实现大双边供电，应该怎样操作图中的哪两台隔离开关？

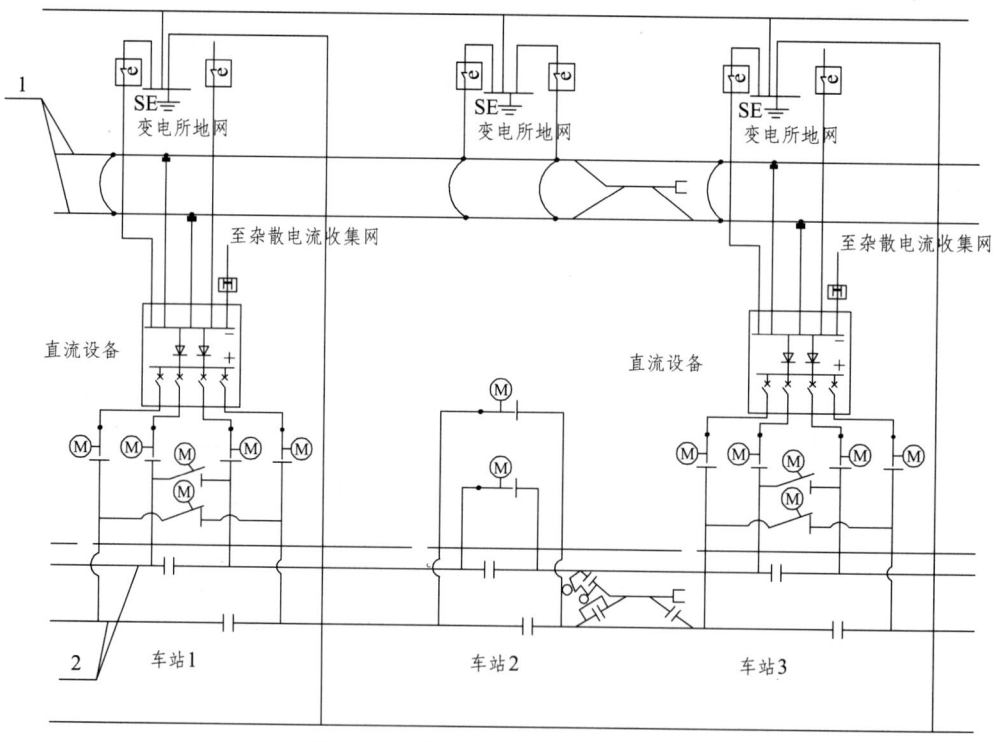

图 9.23　某城轨接触网供电系统图

*第十章 短路计算

【教学目标】

通过本章的学习，主要了解与掌握以下知识：
1. 了解短路类型、原因、危害及防范措施。
2. 熟悉短路计算的目的，了解短路计算的假设条件。
3. 掌握标幺值的计算方法与网络变换化简方法。
4. 掌握无限大容量电源的应用与三相对称短路的计算方法。
5. 掌握直流短路计算的基本方法。

主要具备以下能力：
1. 会根据电气接线图画出等效网络图并能正确化简。
2. 会运用标幺值方法计算三相对称短路参数。
3. 会计算直流系统短路电流。

【知识结构】

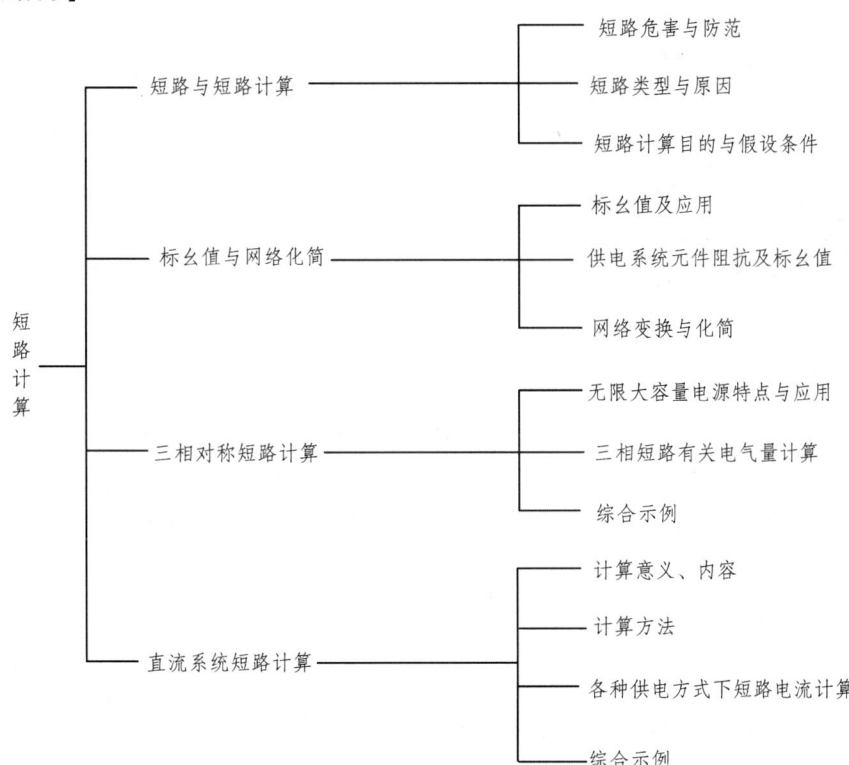

短路是供电系统最常见的故障。当供电系统发生短路故障时，相应的继电保护装置应该迅速准确动作而不应该拒动，当没有发生故障时，继电保护装置则坚决不能误动。如果保护

装置该动作时拒动,不该动作时又误动,在排除保护装置元件故障的情况下,就需要重新核算保护装置的整定值设置是否合理;电气设备发生烧损或机械损坏,这与设备的动稳定性与热稳定性参数有关;断路器真空泡炸裂则与断路器的遮断容量等有关。要判断保护装置的整定值是否合理,电气设备的动稳定性与热稳定性及断路器的遮断容量等是否满足系统短路情况下的要求,需要掌握电气设备所在系统中的短路电流值的范围,而这正是进行短路计算的主要目的。

第一节 短路与短路计算

> **本节导读**
>
> 短路故障是影响供电系统正常供电的主要原因,短路是供电系统中最常见的故障,也是最严重的一种故障。短路故障有多种类型,由多种原因产生,也会产生多种危害。因此,需要准确掌握供电系统短路的相关参数,这是研究短路计算的目的。但是供电系统的短路过程又是非常复杂的,在满足一定精度要求的前提下往往作了一些假设,使计算与分析大大简化。这些是本节所要介绍的主要内容。

一、短路类型与原因

【短路】 所谓短路,就是不同电位导电部分之间的短接,例如一切相与相间、在大电流接地系统中相与地间的直接短接等。

通常,多数短路点都存在一定的过渡电阻,此种短路称为非金属性短路。由于过渡电阻的值受多种因素的影响,为简化分析,都将过渡电阻的值忽略,即按金属性短路考虑。在本书中所讨论的短路,凡无特殊申明者,均指金属性短路。

1. 短路的类型

短路有三相短路、两相短路、单相接地短路、两相短路接地等多种类型。其中三相短路为对称性短路,其余皆为不对称短路。显然,单相接地短路只会在大电流接地系统中发生。表 10.1 列出了各种短路的表示符号及发生概率。可见单相接地发生的概率最高,三相短路发生的概率最小。

2. 短路的原因

(1)自然灾害引起。例如带电部分遭受雷击,或因风雪引起的倒杆断线等均属于此类。

(2)因恶劣的工作环境而引起。例如变电所位于污染严重地区,绝缘子因受污染而闪络、击穿等。

(3)因设备维护不善而引起。例如设备绝缘已老化,而未及时更换造成击穿。

(4)由于工作人员违章误操作而引起。例如接触网工带电挂接地线及未撤地线而送电等均属此类。

表 10.1 短路类型

短路种类	示意图	符号	某电力网故障统计/%
三相短路		$K^{(3)}$	2.2
两相短路		$K^{(2)}$	2.2
单相接地短路		$k^{(1)}$	88.4
两相短路接地		$K^{(1,1)}$	6.7（断线 0.5）

二、短路的危害及防范措施

当供电系统发生短路时，由于系统总的阻抗急剧减小，电流急剧增加，系统电压降低。短路时电流值达到额定值的几倍至几十倍，有时电流达几万到十几万安培。如此大的短路电流对电力系统将产生极大的危害。主要的危害有以下几个方面：

（1）短路电流的热效应和电动效应产生的危害。当巨大的短路电流通过电气设备和导体时，将产生巨大的热量，如持续时间过长，将危害设备的绝缘或直接使绝缘损坏甚至造成电气火灾。巨大的短路电流同时会产生巨大的电动力，将使导体及其支持装置产生变形，遭受机械破坏，如图 10.1 与 10.2 所示。

图 10.1 某配电箱内短路发生电气烧损

图 10.2 某 110 kV 变压器线圈因短路故障而严重变形

（2）短路时，由于系统电压急剧下降，严重危及用户电气设备的正常运行，造成产品报废及设备损坏。当牵引供电系统短路时，电压下降到允许最低工作电压（19 kV）以下时，供电区段内的电力机车就不能起动而使运输中断。

（3）接地短路时，将引起不平衡电流。这一不平衡电流产生的不平衡磁通，将在邻近的平行通讯线路上感应出附加电势，干扰通讯系统，严重时将危及通讯设备及人身安全。

（4）电力系统短路的最严重后果是引起系统解列。因为短路后，并列运行的各电厂电压下降程度和功率输出不同，如持续时间较长，则导致各系统间失去同步，破坏系统的稳定和正常运行，造成大片地区停电，使工农业生产和人民生活受到严重影响。

为了减少短路故障的危害，主要采取以下措施：

（1）减少短路发生的可能，根除短路危害。通常做法是正确设计，高质量地安装，精心维护与认真检修，定期进行绝缘预防性试验，及时消除设备缺陷与严明操作规程等。

（2）限制短路电流，减少危害程度。通常的做法是在线路上接电抗器等。

（3）限制短路电流的危害时间和范围。通常的做法是在供电系统中装设性能良好的继电保护装置，能在短路发生时，快速地将短路部分有选择地从系统中切除，将故障部分与正常部分隔离，使非故障部分正常工作，故障部分及时脱离电源。

（4）提高发电机的性能，增强系统稳定性。通常的做法是在发电机上装设自动调压装置。

三、短路计算的目的及假设条件

1. 短路计算的目的

在整个供电系统的设计和运行工作中，除了考虑正常的最大长期工作电流与容许电压波动外，还必须计算短路条件下的参数并进行相关的校验等。短路计算的目的主要有：

（1）对电气设备进行热稳定性和动稳定性的校验。

（2）为变电所等供电装置的电气主接线及电气设备选择、比较提供必要的数据。

（3）为供电系统继电保护与自动装置的设计、动作参数整定提供必要的数据。

（4）为保护接地装置的设计及运行过程中的事故分析提供必要的数据。

2. 短路计算的假设条件

在分析研究供电系统的短路过程中，通常在保证满足一定精度要求的前提下，采用一些基本假设，忽略一些次要因素，突出主要因素，使计算和分析大大简化。在一般情况下，对于各种类型的短路和系统中的电气元件，采用如下的基本假设：

（1）电力系统中所有发电机电势相角都相同，发电机间无交换电流。

（2）电力系统中元件的磁路不饱和，即系统中元件参数恒定不变，为线性电路。在计算中就可以应用叠加原理。

（3）一般电气元件的电阻略去不计。对高压网络来说，在整个短路回路中，元件总电阻 R_Σ 与总电抗 X_Σ 的值，一般总能满足 $R_\Sigma \leq \frac{1}{3} X_\Sigma$，略去电阻后求得的短路电流仅增大 5% 左右。这在实际工程中是允许的。

（4）电压等级为 330 kV 及以下输电线路的电容略去不计。

（5）变压器的激磁电流略去不计。

（6）电力系统是对称的三相系统。

（7）短路点没有任何阻抗，即发生"金属性短路"。

依照假设条件进行短路计算的一般程序是,首先按已知条件、要求和系统接线图,编制计算所必需的等效网络,并变换和化简等效网络至最简网络,然后根据选定的短路计算方法,进行分析和计算。

第二节 标幺值与网络化简

> **本节导读**
>
> 标幺值是一个相对值,它被广泛应用于供电系统的短路计算中,可以使不同电压等级的系统之间免去繁琐的参数换算,使短路计算得以简化。同时,进行短路计算时,还需要对等值电路进行网络变换与化简。掌握标幺值的计算方法与网络变换化简技巧是短路计算的重要基本功。这些是本节所要介绍的主要内容。

一、标幺值及其应用

在供电系统的短路故障分析计算中,由于故障点的电压等级和系统各元件所处地点的电压等级不同,使元件参数折算比较麻烦。为了简化计算,通常供电系统的各种参数和物理量均采用标幺值进行计算。

(一)标幺值

【标幺值】 在标幺制中,任何物理量的标幺值是该物理量的实际有名值与一预先选定的同一类物理量基准值的比值。即

$$\text{标幺值} = \frac{\text{实际有名值(任意单位)}}{\text{基准值(与实际有名值同单位)}} \tag{10.1}$$

(二)标幺值的表示法

1. 符号表示法

标幺值的表示符号,通常是在表示该电气量文字符号的右下角加标注"*"号。例如,电抗的标幺值表示为 X_*,容量的标幺值表示为 S_*。

2. 数值表示法

标幺值的数值通常采用两种方法表示。一种是用实际比值表示,这个数可以表示成小数,也可以表示成百分数。例如某同步发电机的次暂态电抗标幺值为 0.105 时,可将此种形式表示为 $X''_{k*}=0.105$ 或 $X''_{k*}=10.5\%$。另一种是采用百分数值表示,即以比值百分数的分子数表示。如某变压器的短路电压标幺值为 0.05 时,用百分值形式表示为 $U_k\%=5$。

显然，同一标幺值，分别表示成以上两种不同的形式，在数值上相差 100 倍，因而有以下换算关系：

$$F_* = \frac{F\%}{100} \tag{10.2}$$

或
$$F\% = 100F_*$$

式中　F_*——任意电气量（可代表电压、电流、电抗）的标幺值；

　　　$F\%$——任意电气量标幺值的百分值。

由于标幺值是两个同类量的比值，是一个无量纲的相对量，所以当一个电气量被表示为标幺值时，必须指出其对应的基准值，否则用标幺值表示将无任何意义。

（三）基准量的选择原则及方法

选择基准量的基本原则，应使由其所得的标幺值符合电路基本定律。为此要求所选择的 4 个电气量（电压、电流、容量、阻抗）的基准量满足电路基本定律，即

对于三相系统

$$U_d = \sqrt{3} I_d Z_d \tag{10.3}$$

$$S_d = \sqrt{3} U_d I_d \tag{10.4}$$

对于单相系统

$$U_d = I_d Z_d \tag{10.5}$$

$$S_d = U_d I_d \tag{10.6}$$

式中　U_d——基准电压，V 或 kV；

　　　I_d——基准电流，A 或 kA；

　　　S_d——基准容量，kV·A；

　　　Z_d——基准阻抗，Ω。

由线性理论知，一组 4 个基准量有两个制约方程限制，故可任意选取两个，而另两个则由方程导出。

通常总是习惯将电压 U_d 和容量 S_d 作为基准量，而 Z_d 和 I_d 由下式导出：

对于三相系统

$$I_d = \frac{S_d}{\sqrt{3} U_d} \tag{10.7}$$

$$Z_d = \frac{U_d}{\sqrt{3} I_d} = \frac{U_d^2}{S_d} \tag{10.8}$$

对于单相系统

$$I_d = \frac{S_d}{U_d} \tag{10.9}$$

$$Z_{\mathrm{d}} = \frac{U_{\mathrm{d}}}{I_{\mathrm{d}}} = \frac{U_{\mathrm{d}}^2}{S_{\mathrm{d}}} \tag{10.10}$$

实用中，基准电压就取短路计算元件所在电路的电网平均电压（或称短路计算电压），即

$$U_{\mathrm{d}} = U_{\mathrm{av}} \tag{10.11}$$

基准电压比所在电路的额定电压 U_{N} 高出 5%，即 $U_{\mathrm{d}} = 1.05 U_{\mathrm{N}}$。例如图 10.3 所示电网，三段的额定电压如图上所示，三段电网的基准电压分别为：

$U_{\mathrm{dI}} = 10.5$ kV $U_{\mathrm{dII}} = 115$ kV $U_{\mathrm{dIII}} = 10.5$ kV

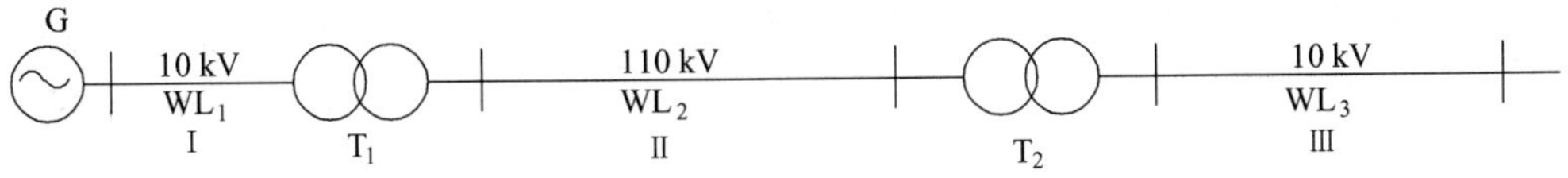

图 10.3 基准电压举例

当基准电压选为所在电网的平均电压时，自由选取的基准量就只有基准容量了。实际选取时，有两种选法。一种是选发电机额定容量 S_{N} 为基准容量，即 $S_{\mathrm{d}} = S_{\mathrm{N}}$；另一种是选取 $S_{\mathrm{d}} = 100$ MV·A。本教材在分析计算中选用后者。

（四）阻抗标幺值的换算

1. 实际值与标幺值的互换

若已知实际电抗 X，选取了基准电压 $U_{\mathrm{d}} = U_{\mathrm{av}}$，基准容量为 S_{d}，则由标幺值定义式得

$$X_* = \frac{X}{X_{\mathrm{d}}} = X \frac{S_{\mathrm{d}}}{U_{\mathrm{d}}^2} = X \frac{S_{\mathrm{d}}}{U_{\mathrm{av}}^2} \tag{10.12}$$

同理，已知标幺电抗 X_* 及所对应的基准电压 $U_{\mathrm{d}} = U_{\mathrm{av}}$，基准容量 S_{d}，则实际电抗为

$$X = X_* X_{\mathrm{d}} = X_* \frac{U_{\mathrm{d}}^2}{S_{\mathrm{d}}} = X_* \frac{U_{\mathrm{av}}^2}{S_{\mathrm{d}}} \tag{10.13}$$

式（10.12）与式（10.13）为标幺电抗值与实际电抗值互换公式。

2. 选取不同基准值时标幺值的换算

在实际计算中，对于同一个实际电抗值，由于在不同场合选用了不同的基准值，因而得到了两个不等的标幺值。例如同步发电机、变压器、电抗器在其铭牌数据中，往往都给出了以本身额定容量为基准的标幺值。而在电力系统分析计算中，选取的统一基准值不大可能为铭牌上的额定值。这就存在一个换算问题。假定两组基准量分别为 $U_{\mathrm{d}①}$、$S_{\mathrm{d}①}$、$I_{\mathrm{d}①}$、$X_{\mathrm{d}①}$ 和 $U_{\mathrm{d}②}$、$S_{\mathrm{d}②}$、$I_{\mathrm{d}②}$、$X_{\mathrm{d}②}$，则两个对应的标幺电抗 $X_{*①}$ 和 $X_{*②}$ 为：

$$X_{*①} = X / X_{\mathrm{d}①} = X \cdot S_{\mathrm{d}①} / U_{\mathrm{d}①}^2 \tag{10.14}$$

$$X_{*②} = X / X_{\mathrm{d}②} = X \cdot S_{\mathrm{d}②} / U_{\mathrm{d}②}^2 \tag{10.15}$$

将式（10.14）与式（10.15）联立，消去 X，得

$$X_{*①}=X_{*②}\cdot S_{d①}/S_{d②}\cdot U_{d②}^2/U_{d①}^2 \tag{10.16}$$

实用中，当取 $U_d=U_{av}$ 时，两组基准值中，$U_{d①}=U_{d②}$，此时式（10.16）可化简为

$$X_{*①}=X_{*②}\cdot S_{d①}/S_{d②} \tag{10.17}$$

即电抗标幺值与其对应的基准容量成正比。

若其中一组基准容量选为设备铭牌额定容量 S_N，另一组选为统一基准容量 S_d，由式（10.17）可得如下换算公式：

$$X_{*d}=X_{*N}\frac{S_d}{S_N} \tag{10.18}$$

式中 X_{*d}——以 S_d 为基准容量的电抗标幺值；
X_{*N}——以铭牌额定容量 S_N 为基准容量的电抗标幺值；
S_d——任意选定的统一基准容量；
S_N——铭牌额定容量。

二、供电系统元件的阻抗及其标幺值

供电系统中有变压器、架空输电线、电抗器、同步发电机等元件。它们分别表现出不同的特性和阻抗。进行供电系统短路故障分析和计算时，必须计算各元件的阻抗及其标幺值。下面我们从各元件的已知数据出发，讨论架空输电线、变压器、同步发电机等元件的阻抗及其标幺值的计算方法。

1. 输电线

为了分析方便，认为输电线的电抗是按长度均匀分布的。有关手册直接给出输电线单位公里的电抗值（Ω/km）。输电线的标幺电抗计算的基本方法是，先按长度算出其总的实际电抗，再应用式（10.12）将其换算成标幺值，计算公式归纳为

$$X_{L*}=\frac{X_L}{X_d}=X\cdot L\cdot\frac{S_d}{U_{av}^2} \tag{10.19}$$

式中 X_{L*}——长度为 L 的输电线标幺电抗；
X_L——长度为 L 的输电线实际电抗，Ω；
X_d——基准电抗，Ω；
X——单位公里输电线电抗，Ω/km；
L——输电线长度，km；
S_d——基准容量，MV·A；
U_{av}——输电线所在电网平均电压，kV。

常用的输电线单位公里电抗如表 10.2 所示。

表 10.2 输电线平均电抗

输电线类型		X_1 或 X_2/（Ω/km）	X_0/（Ω/km）	备注
1 kV 三芯电缆		0.06	0.7	
1 kV 四芯电缆		0.066	0.17	
6～10 kV 三芯电缆		0.08	X_0=3.5 X_1=0.28	
20 kV 三芯电缆		0.11	X_0=3.5 X_1=0.38	
35 kV 三芯电缆		0.12	X_0=3.5 X_1=0.42	
无避雷线的架空输电线	单回路	0.4	X_0=3.5 X_1=1.4	
	双回路		X_0=5.5 X_1=2.2	系每回路值
有钢质避雷线的架空输电线	单回路		X_0=3 X_1=1.2	
	双回路		X_0=5 X_1=2.0	系每回路值
有良导体避雷线的架空输电线	单回路		X_0=2 X_1=0.8	
	双回路		X_0=3 X_1=1.2	系每回路值

2. 变压器

在供电系统分析中，变压器相当于一个电抗，其值为变压器的短路电抗。

变压器通常给出的参数是额定容量 S_{TN}、额定电压 U_{TN} 以及短路电压百分值 $U_k\%$，现以三相双绕组变压器为例，讨论电抗计算方法。

由电机学知，三相变压器的 $U_k\%$ 由下式得到

$$U_k\% = \frac{\sqrt{3}I_{TN}X_T}{U_{TN}} \times 100 = X_T \frac{S_{TN}}{U_{TN}^2} \times 100 \tag{10.20}$$

式中　I_{TN}——变压器额定电流，A 或 kA；

U_{TN}——变压器的额定电压，V 或 kV；

S_{TN}——变压器的额定容量，kV·A 或 MV·A；

X_T——变压器每相绕组的有名电抗，Ω。

由式（10.20），得

$$X_T = \frac{U_k\%}{100} \cdot \frac{U_{TN}^2}{S_{TN}} \tag{10.21}$$

将式（10.21）代入（10.1），取 $U_k = U_{av}$，则可得出相应于基准容量 S_d 的标幺电抗为

$$X_{T*} = \frac{X_T}{X_d} = \frac{U_k\%}{100} \cdot \frac{S_d}{S_{TN}} \cdot \frac{U_{TN}^2}{U_d^2} = \frac{U_k\%}{100} \cdot \frac{S_d}{S_{TN}} \cdot \frac{U_{TN}^2}{U_{av}^2}$$

当忽略了 U_{av} 与 U_{TN} 的差别时，上式简化为：

$$X_{T*} = \frac{U_k\%}{100} \cdot \frac{S_d}{S_{TN}} \tag{10.22}$$

式中　X_{T*} ——统一基准 S_d 对应的变压器标幺电抗；

　　　S_d ——统一基准容量，MV·A。

式（10.22）是供电系统计算变压器电抗的常用公式。

3. 同步发电机

同步发电机的电抗，在稳态时为同步电抗 X_k，在次暂态和暂态时，分别为次暂态电抗 X_k'' 和暂态电抗 X_k'。由电机学知 $X_k > X_k' > X_k''$。在供电系统短路计算中，我们关心的是较大的短路电流值，所以总是用次暂态电抗作为同步发电机的电抗进行分析计算。

同步发电机已知的参数是额定容量 S_{GN}、额定电压 U_{GN}、次暂态电抗（或暂态电抗）以额定值为基准时的标幺值 $X_{k(N)*}''$ [或 $X_{k(N)*}'$]。

由式（10.13）得次暂态电抗有名值为

$$X_k'' = X_{k(N)*}'' X_N = X_{k(N)*}'' \frac{U_{GN}^2}{S_{GN}} \tag{10.23}$$

当取统一基准容量为 S_d、基准电压为 $U_d = U_{av}$、且忽略 U_{av} 与 U_{GN} 差别时，由式（10.23）得，统一基准值对应的电抗标幺值 $X_{k(d)*}''$ 为

$$X_{k(d)*}'' = X_{k(N)*}'' \frac{S_d}{S_{GN}} \tag{10.24}$$

由上式可看出，统一基准下电抗标幺值的大小与所选基准容量 S_d 成正比。值得注意的是，有的发电机已知参数是额定功率 P_{GN} 而不是 S_{GN}，此种情况时，一定要利用以下功率关系式将额定功率换算成额定容量：

$$S_{GN} = \frac{P_{GN}}{\cos\varphi_N} \tag{10.25}$$

式中　$\cos\varphi_N$ ——发电机额定功率因数。

4. 电抗器

电抗器在供电系统中用来限制短路电流。电抗器通常给出的参数是额定线电压 U_{LN} 和额定电流 I_{LN}，而电抗百分值 $X_L\%$ 是由下式确定的：

$$X_L\% = \frac{X_L I_{LN}}{U_{LN}/\sqrt{3}} \times 100 = \frac{\sqrt{3} I_{LN} X_L}{U_{LN}} \times 100 \tag{10.26}$$

式中　X_L ——电抗器电抗有名值，Ω。

由式（10.26）不难得出电抗有名值表达式为

$$X_L = \frac{X_L\%}{100} \cdot \frac{U_{LN}}{\sqrt{3} I_{LN}} \tag{10.27}$$

将这一电抗利用定义式（10.1）可得统一基准下的标幺值为

$$X_{L(d)*} = \frac{X_L}{X_d} = \frac{X_L\%}{100} \cdot \frac{U_{LN}}{\sqrt{3} I_{LN}} \cdot \frac{S_d}{U_{av}^2} \tag{10.28}$$

值得注意的是，在上式计算中，$U_{LN} \neq U_{av}$，在这一点上电抗器与其他元件不同。若错将 U_{LN} 作 U_d 处理，将造成很大偏差。

【例1】用标幺值计算图 10.4（a）所示在网络 k 点短路的等效网络总阻抗，各元件参数如图中所示。

【解】等效网络如图 10.4（b），各元件阻抗按次序编号。

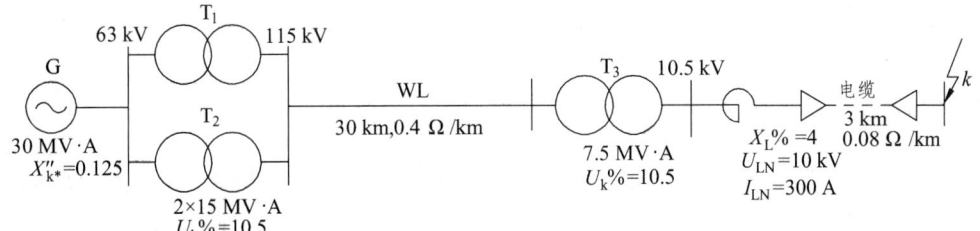

（a）网络

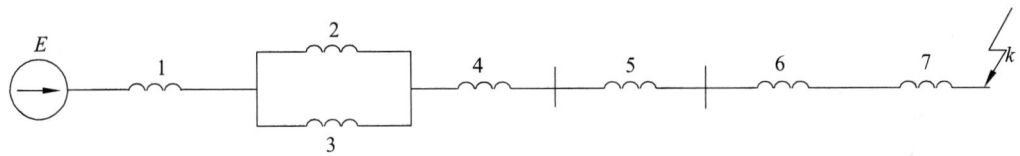

（b）等效电路

图 10.4 【例1】图

取 S_d=100 MV·A，基准电压 U_d=U_{av}，则各元件在统一基准下的标幺值为：

发电机　　$X_{1*} = X_{k(N)*}'' \dfrac{S_d}{S_{GN}} = 0.125 \times \dfrac{100}{30} = 0.417$

$X_{2*} = X_{3*} = \dfrac{U_k\%}{100} \cdot \dfrac{S_d}{S_{TN}} = \dfrac{10.5}{100} \times \dfrac{100}{15} = 0.70$

$\dfrac{1}{2} X_{2*} = \dfrac{1}{2} \times 0.7 = 0.35$

输电线　　$X_{4*} = XL \cdot \dfrac{S_d}{U_{av}^2} = 0.4 \times 30 \times \dfrac{100}{115^2} = 0.091$

变压器 T_3　　$X_{5*} = \dfrac{U_k\%}{100} \cdot \dfrac{S_d}{S_{TN}} = \dfrac{10.5}{100} \times \dfrac{100}{7.5} = 1.4$

电抗器　　$X_{6*} = \dfrac{X_L\%}{100} \cdot \dfrac{U_{LN}}{\sqrt{3} I_{LN}} \cdot \dfrac{S_d}{U_{av}^2} = \dfrac{4}{100} \times \dfrac{10000}{\sqrt{3} \times 300} \times \dfrac{100}{10.5^2} \approx 0.7$

电缆　　$X_{7*} = Xl \cdot \dfrac{S_d}{U_{av}^2} = 0.08 \times 3 \times \dfrac{100}{10.5^2} = 0.22$

所以总电抗标幺值为

$X_{\Sigma*} = 0.417 + 0.35 + 0.091 + 1.4 + 0.7 + 0.22 = 3.18$

三、网络变换与化简

进行短路故障分析和计算时，按各电气元件等值电路做出等效网络后，还必须利用网络变换和化简的方法，将网络最终化简为每个等效电源与短路点间只有一条支路直接相联的最简形式，再依据选定的方法进行短路电流的分析和计算。因而网络变换和化简是进行供电系统短路故障分析计算重要的一环。

（一）网络变换和化简的基本概念

网络变换和化简，必须在等值的条件下进行。所谓等值，是指网络在变换前后就其外特性而言是等效的。

网络变换与化简是以线性理论为基础的，因而要求网络必须是线性地无互感网络。否则不适于进行变换。

（二）网络变换和化简的基本方法

1. 串联、并联电抗化简

当一个供电系统网络中是由几个电抗串联而成时，如图10.5所示，这个网络可以应用电工原理中电抗串联等效化简的方法，将其用一个等效值的电抗 X_Σ 来代替，如图10.5（c）所示。

其中

$$X_\Sigma = \sum X = X_G + X_T + X_{WL} \tag{10.29}$$

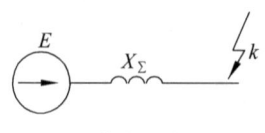

（a）系统接线图

（b）等效网络

（c）等效化简网络

图10.5　网络化简例图

当一个供电系统网络是由多个电抗并联而成时，如图10.6所示，这个网络可以应用电工

原理中电抗并联等效化简的方法，将其用一个等值电抗 X_Σ 来代替，如图 10.6（c）所示。其中

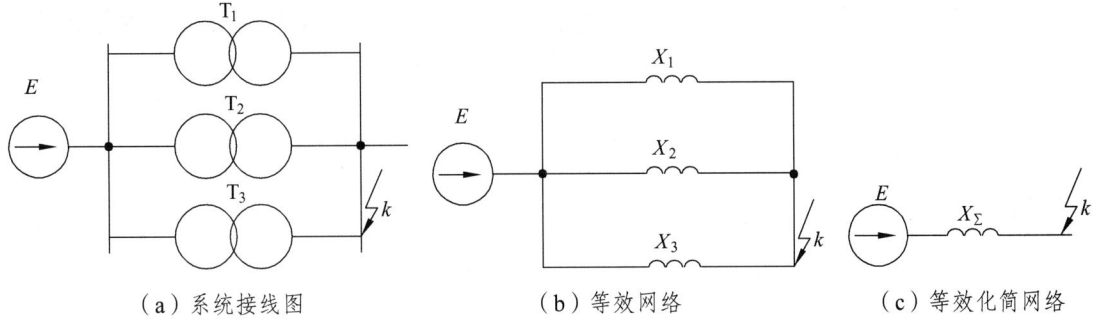

图 10.6 网络化简例图

$$X_\Sigma = \frac{1}{\sum_{i=1}^{n}\frac{1}{X_i}} = \frac{1}{\frac{1}{X_1}+\frac{1}{X_2}+\frac{1}{X_3}} \tag{10.30}$$

2. Y/△互换

在供电系统等效网络中，常会包含有 Y 形网络或△形网络。在进行网络化简时，往往需要将 Y 形网络化为△形网络或将△形网络化为 Y 形网络。进行 Y/△变换，需要使变换前后两个网络对外的 3 个节点的外特性完全相同。设变换前后 Y 形网络和△形网络如图 10.7 所示。由电工原理可知，当 Y 形网络化为△形网络时，有以下换算关系：

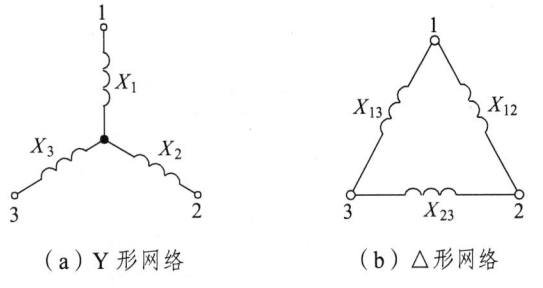

图 10.7 Y/△变换例图

$$\begin{cases} X_{12} = \dfrac{X_1X_2+X_1X_3+X_2X_3}{X_3} \\ X_{13} = \dfrac{X_1X_2+X_1X_3+X_2X_3}{X_2} \\ X_{23} = \dfrac{X_1X_2+X_1X_3+X_2X_3}{X_1} \end{cases} \tag{10.31}$$

当将△形网络化为 Y 形网络时，有以下换算关系：

$$\begin{cases} X_1 = \dfrac{X_{12}X_{13}}{X_{12}+X_{13}+X_{23}} \\ X_2 = \dfrac{X_{12}X_{23}}{X_{12}+X_{13}+X_{23}} \\ X_3 = \dfrac{X_{13}X_{23}}{X_{12}+X_{13}+X_{23}} \end{cases} \tag{10.32}$$

3. 有源网络的等效变换

在供电系统中，总是有多台电机并网运行。当系统发生短路后，就有多个电源向短路点供给电流。这种系统的等效网络就是一个含有多个电源的网络。例如图 10.8 所示的等效网络。

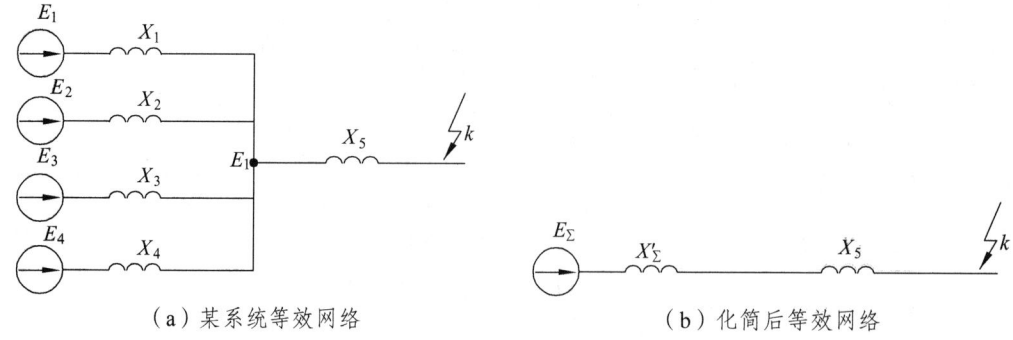

（a）某系统等效网络　　　　　　　　（b）化简后等效网络

图 10.8　有源网络化简

含源网络的简化方法，仍应用戴维南定律，即含源网络可以化简为一个等效电势源和一个等效电抗串联的支路，这个等效电势源的综合电势 $\dot{E}_\Sigma$ 等于网络的开路电压 U_Σ，这个等效的综合电抗 X_Σ 为变换部分的输入端电抗。应用电工原理知识，得

$$\dot{E}_\Sigma = \frac{\sum\limits_{i=1}^{n} \dot{E}_i / X_i}{\sum\limits_{i=1}^{n} 1/X_i} = \frac{\dfrac{\dot{E}_1}{X_1} + \dfrac{\dot{E}_2}{X_2} + \cdots + \dfrac{\dot{E}_n}{X_n}}{\dfrac{1}{X_1} + \dfrac{1}{X_2} + \cdots + \dfrac{1}{X_n}} \tag{10.33}$$

$$X_\Sigma = \frac{1}{\sum\limits_{i=1}^{n} \dfrac{1}{X_i}} = \frac{1}{\dfrac{1}{X_1} + \dfrac{1}{X_2} + \cdots + \dfrac{1}{X_n}} \tag{10.34}$$

式中　$\dot{E}_i$——第 i 个电源电势（$i=1,2,\cdots n$）；

X_i——第 i 个电源支路电抗。

式（10.33）中，若 $\dot{E}_1 = \dot{E}_2 = \cdots = \dot{E}_n$ 时，有 $\dot{E}_\Sigma = \dot{E}_1$。

进行供电系统短路计算时，往往需要分开考虑各电源对短路点的作用。这就需要计算某一电源对短路点的转移电抗。

一个供电系统的等效网络，经化简后，每一个等效电源与短路点有一条且只有一条支路相联时，此网络称为最简网络。所谓某一电源与短路点间的转移电抗是指最简网络中，该电源和短路点之间直接相联的电抗。转移电抗记为 X_{ik}。

求转移电抗采用的方法是电流分布系数法。

电源支路的电流 I_{ik} 与短路点的总电流 I_k 之比称为电流分布系数 C_i，即

$$C_i = \frac{I_{ik}}{I_k} \tag{10.35}$$

由于短路点总电流为各个电源电流之和，因而有

$$\sum_{i=1}^{n} C_i = \sum_{i=1}^{n} \frac{I_{ik}}{I_k} = \frac{\sum_{i=1}^{n} I_{ik}}{I_k} = 1 \tag{10.36}$$

即各电源支路电流分布系数之和恒等于1。

$$C_i = \frac{I_{ik}}{I_k} = \frac{\frac{E_k}{X_{ik}}}{\frac{E_k}{X_\Sigma}} = \frac{X_\Sigma}{X_{ik}} \tag{10.37}$$

式中 I_{ik}——第 i 个支路的电流；

X_{ik}——第 i 个支路的转移电抗；

E_k——电源电势；

X_Σ——综合电抗。

应用电流分布系数法求转移电抗有两种方法。一种是将公共电抗按分布系数分开到各支路，按支路求出转移电抗。另一种方法是先计算出总的综合电抗，再应用式（10.37）计算出各转移电抗。现举例说明这两种方法的计算步骤。

【例2】某供电系统等效网络如图10.9所示，试用电流分布系统法求转移电抗。

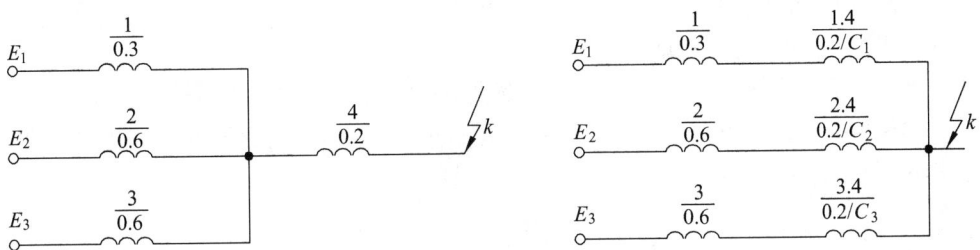

图10.9 电流分布系数法

【解】（1）将公共电抗等效分离求转移电抗的方法。

① 求电流分布系数。

$$X'_\Sigma = \frac{1}{\frac{1}{X_1} + \frac{1}{X_2} + \frac{1}{X_3}} = \frac{1}{\frac{1}{0.3} + \frac{1}{0.6} + \frac{1}{0.6}} = 0.15$$

应用式（10.37），得

$$C_1 = \frac{X'_\Sigma}{X_1} = \frac{0.15}{0.3} = 0.5 \quad C_2 = \frac{X'_\Sigma}{X_2} = \frac{0.15}{0.6} = 0.25 \quad C_3 = \frac{X'_\Sigma}{X_3} = \frac{0.15}{0.6} = 0.25$$

应用式（10.37）将公共电抗 X_4 分离于3个电源支路，分别为

$$X_{14} = \frac{X_4}{C_1} = \frac{0.2}{0.5} = 0.4 \quad X_{24} = \frac{X_4}{C_2} = \frac{0.2}{0.25} = 0.8 \quad X_{34} = \frac{X_4}{C_3} = \frac{0.2}{0.25} = 0.8$$

② 按各支路分别计算转移电抗。

$$X_{1k}=X_1+X_{14}=0.3+0.4=0.7 \quad X_{2k}=X_2+X_{24}=0.6+0.8=1.4$$

$$X_{3k}=X_3+X_{34}=0.6+0.8=1.4 \quad X_\Sigma=X_{1k}//X_{2k}//X_{3k}=0.35$$

（2）先求综合电抗 X_Σ，再求 X_{1k} 的方法。
① 各电流分布系数与上述 1 相同。
② 求综合电抗 X_Σ。

$$X_\Sigma=X_4+\cfrac{1}{\cfrac{1}{X_1}+\cfrac{1}{X_2}+\cfrac{1}{X_3}}=0.2+\cfrac{1}{\cfrac{1}{0.3}+\cfrac{1}{0.6}+\cfrac{1}{0.6}}=0.2+0.15=0.35$$

③ 应用式（10.37）求各转移电抗。

$$X_{1k}=\frac{X_\Sigma}{C_1}=\frac{0.35}{0.5}=0.7 \quad X_{2k}=\frac{X_\Sigma}{C_2}=\frac{0.35}{0.25}=1.4 \quad X_{3k}=\frac{X_\Sigma}{C_3}=\frac{0.35}{0.25}=1.4$$

显然，两种方法的结果是完全相同的。
（3）其他简便化简方法。
① 利用网络对称性化简网络。

供电系统往往总具有某种对称性，在化简网络时，若能利用对称条件，将使化简工作事半功倍，如图 10.10 所示网络，当 G_1、G_2、G_3 相同，T_1、T_2、T_3 相同时，利用对称性，L_1、L_2 不起作用，可以略去。则

$$X_{1k}=X_{2k}=X_{3k}=X_{G1}=X_{T1}=3X_{WL}$$

利用对称性，可得

$$X_\Sigma=X_{1k}//X_{2k}//X_{3k}=\frac{1}{3}(X_{G1}+X_{T1})+X_{WL}$$

② 分裂电势源和拆开短路点。

为了网络化简的方便，在有些情况下，把具有公共电源的几个支路分开，分开后的各支路端点的电源电势不变，这样会使化简更为方便。同样的道理，也可以将短路点拆开。但要注意，采用拆开短路点的方法，短路总电流应为各拆开点电流之和。此处疏忽，将造成错误。

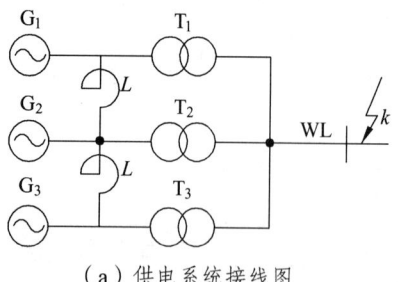

（a）供电系统接线图

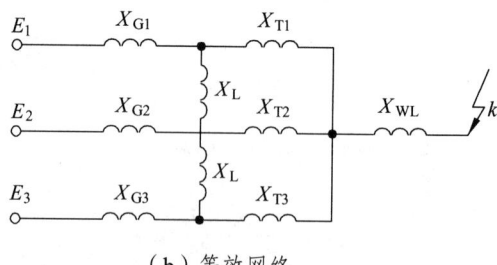

（b）等效网络

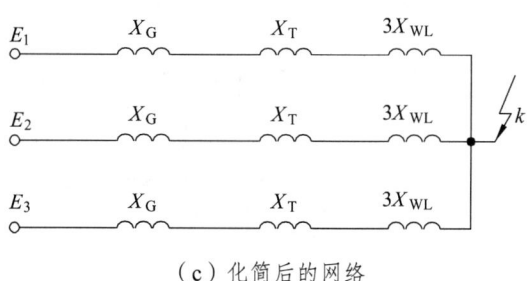

（c）化简后的网络

图 10.10　利用网络对称化简网络

如图 10.11 所示网络，将 X_1 和 X_2 所在支路在电势 E_1 处拆开，拆开后两支路电势保持为 E_1，将 X_3 和 X_4 所在支路在 E_2 处拆开，拆开后两支路电势仍为 E_2，可得如图 10.11（b）的网络。再用拆开短路点的方法，将其分成上、下两步法，如图 10.11（c）所示。再用 Y/△ 变换或其他方法，进一步化简并略去电源与电源间的电抗支路，可得如图 10.11（d）所示短路。将短路点合并，将同一电源的并联电抗合并，最终可得如图 10.11（e）所示的网络。

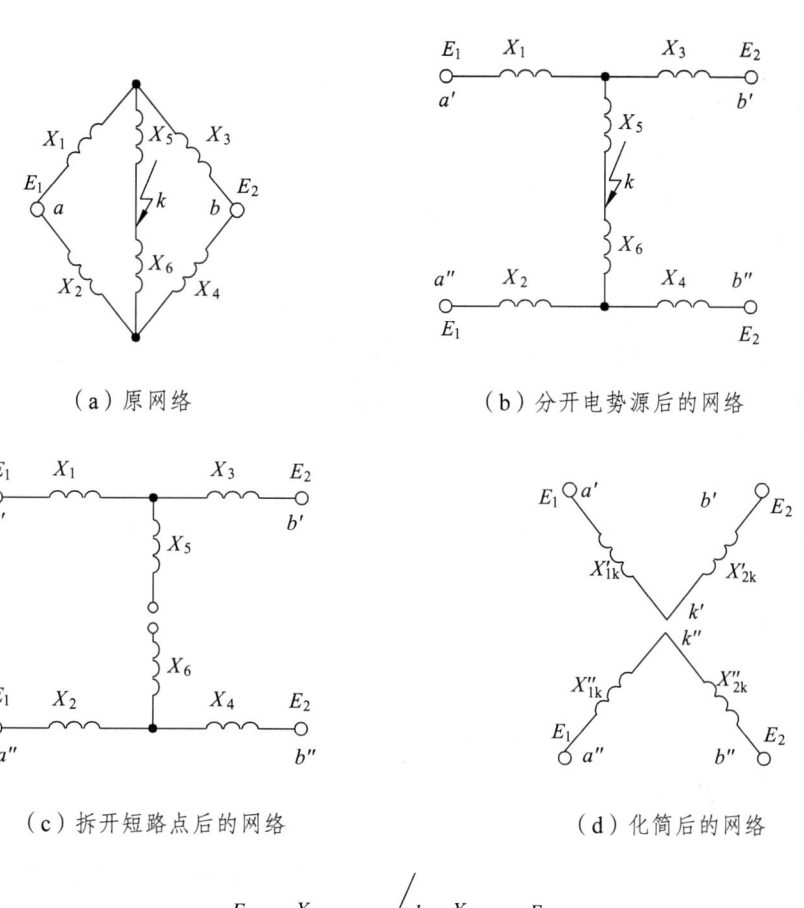

图 10.11　用分裂电势源、拆开短路点化简网络

第三节 三相对称短路计算

> **本节导读**
>
> 无限大容量电源是一个相对概念,是一种近似处理,可以简化短路电流的计算而不会影响结果的实际应用。通常计算三相短路的电气量主要有短路电流周期分量有效值、冲击电流、短路全电流最大有效值和三相短路功率等。本节运用标幺值和网络变换,分别计算了城轨供电系统主变电所的有关短路参数和降压变电所的短路电流。

供电系统的三相短路又称为对称性短路。对称短路的分析计算是其他不对称短路分析计算的基础。

城轨供电系统的电能是由电力系统供给的,是电力系统的负荷。一般电力系统电源的容量很大,而且距离城轨供电系统较远。为了简便分析,认为向城轨供电系统供电的电源容量是无限大的。

一、无限大容量电源的特点与应用

无限大容量电力系统是指其容量相对于单个用户的容量大得多的电力系统,以至于馈电给用户的线路上无论负荷如何变动甚至发生短路时,系统变电站的馈电母线上的电压能始终维持基本不变;即无限大容量电源是理想的电势源。这种电势源输出电压不随供出的电流而变化,是一恒定电压。

由于电源电势是固定的,当输出电流任意变化,亦即负载电流任意变化时,电压不变,则其电源内阻抗必然为零。综上所述,无限大容量系统具有以下 4 个特征:

$$E=U=常量$$

$$Z_s=0 \quad S_s=\infty$$

式中 E ——电源电势;

U ——电源输出端电压,系统电压;

Z_s ——系统内阻抗;

S_s ——系统容量。

实际上,无限大容量系统是不存在的。因为任何电力系统的总容量不可能为无限大,且总有一定的系统内阻抗。但在实际应用时,如果系统的容量大于用户容量的 50 倍,或等效电源内阻抗(系统阻抗)不超过系统总阻抗 5%~10%,即可将此系统当作无限大容量系统处理。一般来说,牵引供电系统的用电容量相对于现代大型电力系统来说是很小的。这样近似处理后,将使所得的短路电流较实际值偏大一些,不会影响电器设备选择结果。

二、三相短路时有关电气量的计算

1. 短路电流周期分量有效值的计算

无限大容量电源供电下，三相短路后，周期分量电流的幅值是不衰减的，即短路初始时和任意时刻均相等，都等于稳态时的值，既有关系

$$I_p'' = I_{pt} = I_\infty \tag{10.38}$$

式中　I_p''——短路电流次暂态电流（初始电流）有效值；

I_{pt}——t 时刻短路周期分量电流有效值；

I_∞——稳态时短路周期分量电流有效值（也是稳态时短路电流有效值）。

因无限大容量电源电压恒定，内阻抗为零，依据基本假设，取短路点处电网平均电压为 U_{av}，且 $E = \dfrac{U_{av}}{\sqrt{3}}$（线相变换而得），则短路电流周期分量有效值为

$$I_p = I_p'' = \dfrac{U_{av}}{\sqrt{3} X_\Sigma} = I_{p*} I_d = \dfrac{1}{X_{\Sigma*}} \cdot I_d \tag{10.39}$$

式中　X_Σ、$X_{\Sigma*}$——短路回路综合电抗有名值、标幺值；

I_d——基准电流；

I_p、I_{p*}——短路电流周期分量有效值的有名值、标幺值。

2. 冲击电流

短路电流可能出现的最大瞬时值，称为短路冲击电流，以 i_{sh} 表示。

由以前分析可知，短路电流周期分量幅值恒定，非周期分量是按指数规律单调衰减的。所以非周期分量初始值越大，过渡过程中，短路电流可能的最大瞬时值也越大。显然，当 $t=0$ 时，$\alpha = 0$ 或 $180°$ 的情况下，短路后经过约半个周期，即 $t = 0.01 \text{s}(f = 50 \text{ Hz})$ 时，短路电流 i_k 出现最大瞬时值，即冲击电流 i_{sh}，其值为

$$i_{sh} = I_{pm} + i_{np0} e^{-\dfrac{0.01}{\tau f}} = I_{pm}(1 + e^{-\dfrac{0.01}{\tau f}})$$

$$= K_{sh} I_{pm} = \sqrt{2} K_{sh} I_p'' \tag{10.40}$$

式中　K_{sh}——冲击系数，表示冲击电流与周期分量电流幅值的比值，其值为；

$$K_{sh} = \dfrac{i_{sh}}{I_{pm}} = (1 + e^{-\dfrac{0.01}{\tau f}})$$

I_p''——短路电流次暂态电流有效值。

当 τ_{np} 取值为 $(0, \infty)$ 时，冲击系数变化范围为 $1 \leqslant K_{sh} \leqslant 2$。

当短路发生在一般高压网络中时，平均 $\tau f = 0.05$，$K_{sh} = 1.8$，则

$$i_{sh} = \sqrt{2} \times 1.8 I_p'' = 2.55 I_p'' \tag{10.41}$$

当短路发生在单机容量为 12 MW 以上的发电机母线和发电厂高压母线上时，取 $K_{sh} = 1.9$，

则

$$i_{sg} = \sqrt{2} \times 1.9 I_p'' = 2.7 I_p'' \tag{10.42}$$

3. 短路全电流最大有效值

在短路过程中，任一时刻 t 的短路电流有效值 I_{kt} 是指以时刻 t 为中心的一周期内，瞬时电流的均方根值。显然，在短路后第一周期内短路全电流有效值是短路电流的最大有效值。最大有效值常以 I_{sh} 表示。由于非周期分量电流是随时间逐步衰减的，精确计算以 $t=0.01$ s 为中心的一周期内瞬时电流均方根值比较复杂。实用计算中，一般都假定非周期分量在以 t 为中心的一个周期内恒定不变，并且恒等于时间为 t 的瞬时值。这样，第一周期内非周期分量有效值为 $i_{npt=0.01}$，故得

$$I_{sh} = \sqrt{I_p''^2 + i_{npt=0.01}^2} \tag{10.43}$$

式中　　$i_{npt=0.01}$ —— $t=0.01$ s 时非周期分量电流瞬时值

由式（10.40）得，$t=0.01$ s 时，非周期分量电流为

$$i_{npt=0.01} = I_{pm} e^{-\frac{0.01}{\tau f}} = i_{sh} - I_{pm} = \sqrt{2}(K_{ab} - 1) I_p''$$

将上式代入式（10.43），得短路全电流最大有效值为

$$I_{sh} = \sqrt{I_p''^2 + \left[\sqrt{2}(K_{sh} - 1) I_p''\right]^2}$$
$$= \sqrt{1 + 2(K_{sh} - 1)^2} \cdot I_p'' \tag{10.44}$$

当短路发生在高压电网时，$K_{sh}=1.8$，则

$$I_{sh} = 1.52 I_p'' \tag{10.45}$$

当短路点位于发电厂母线时，$K_{sh}=1.9$，则

$$I_{sh} = 1.62 I_p'' \tag{10.46}$$

4. 三相短路功率

三相短路时，任意时刻 t 的短路功率定义为

$$S_{kt} = \sqrt{3} U_{av} I_{kt} \tag{10.47}$$

式中　　U_{av} ——短路点所处电网平均额定电压，kV；

　　　　I_{kt} ——短路后 t 时刻，短路全电流有效值，kA；

　　　　S_{kt} ——短路后 t 时刻的短路功率，MV·A。

若以标幺值表示，取 $U_d = U_{av}$，则得

$$S_{kt*} = \frac{S_{kt}}{S_d} = \frac{\sqrt{3} U_{av} I_{kt}}{\sqrt{3} U_d I_d} = I_{kt*} \tag{10.48}$$

由上式也可得出

$$S_{kt} = I_{kt*} S_d \quad (10.49)$$

在选择电气设备上的开断容量时,需要计算出短路功率与之比较。对于低速断开的断路器,往往需要计算 $t=0.2$ s 的短路功率,此时非周期分量已衰减到很小,可以忽略,短路电流中就只有周期分量电流了。则

$$S_{k0.2} = \sqrt{3} U_{av} I_p \quad (10.50)$$

三、示例 1

某地铁线路采用集中供电方式,其中一主变电所与外部电网的联接如图 10.12 所示,试求在该变电所进线侧 k_1 点处发生三相短路时的冲击电流 i_{sh} 短路电流最大有效值 I_{ch} 和短路功率 $S_{k0.2}$。

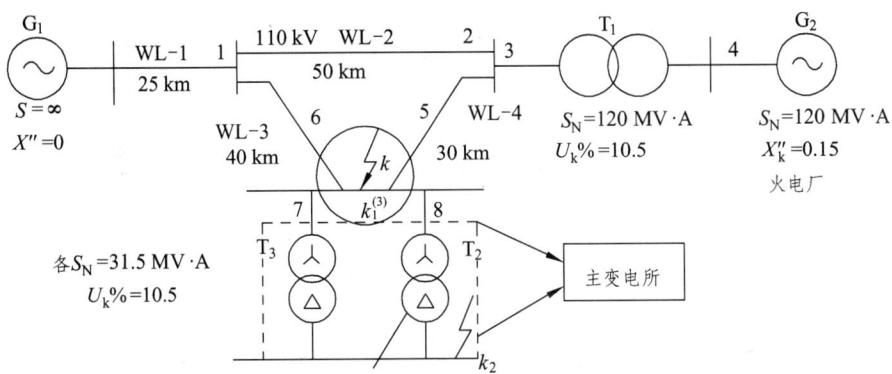

图 10.12 某主变电所供电系统示意图

采用标幺值进行求解。

1. 第一步:求短路点处总的等效电抗

1)确定基准值

取 $S_d=100$ MV·A,$U_d=U_{av}$

2)画等效网络图

发电机用电势与电抗串联支路等效,变压器和输电线用电抗等效,如图 10.13 所示。

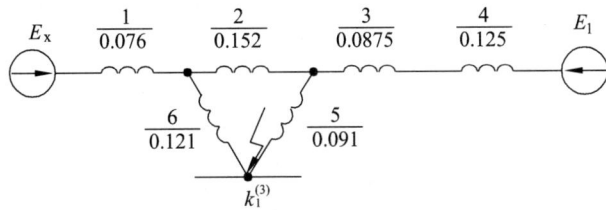

图 10.13 等效网络

3）计算各元件标幺值电抗（下标*略去）

$$X_1 = XL \cdot \frac{S_d}{U_{av}^2} = 0.4 \times 25 \times \frac{100}{115^2} = 0.076$$

$$X_2 = XL \cdot \frac{S_d}{U_{av}^2} = 0.4 \times 50 \times \frac{100}{115^2} = 0.152$$

$$X_3 = \frac{U_k\%}{100} \cdot \frac{S_d}{S_N} = \frac{10.5}{100} \times \frac{100}{120} = 0.0875$$

$$X_4 = X_{k*}'' \frac{S_d}{S_N} = 0.15 \times \frac{100}{120} = 0.125$$

$$X_5 = XL \cdot \frac{S_d}{U_{av}^2} = 0.4 \times 30 \times \frac{100}{115^2} = 0.091$$

$$X_6 = XL \cdot \frac{S_d}{U_{av}^2} = 0.4 \times 40 \times \frac{100}{115^2} = 0.121$$

4）化简网络，求总的等效电抗

（1）将 X_2、X_5、X_6 组成的△形网络化简为 Y 形网络，如图 10.14 所示，得

$$X_7 = \frac{X_2 X_6}{X_2 + X_5 + X_6} = \frac{0.152 \times 0.121}{0.152 + 0.091 + 0.121} = 0.051$$

$$X_8 = \frac{X_2 X_5}{X_2 + X_5 + X_6} = \frac{0.152 \times 0.091}{0.152 + 0.091 + 0.121} = 0.038$$

$$X_9 = \frac{X_5 X_6}{X_2 + X_5 + X_6} = \frac{0.091 \times 0.121}{0.152 + 0.091 + 0.121} = 0.03$$

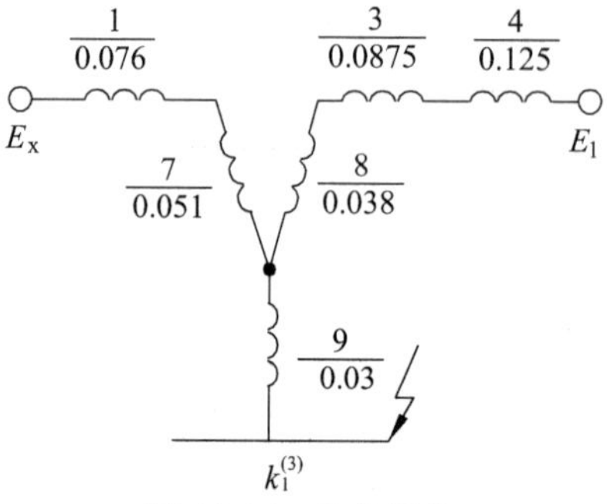

图 10.14　化简网络

（2）将各支路整理，如图 10.15 所示，得

$$X_{10} = X_4 + X_3 + X_8 = 0.125 + 0.0875 + 0.038 = 0.251$$

$$X_{11} = X_1 + X_7 = 0.076 + 0.051 = 0.127$$

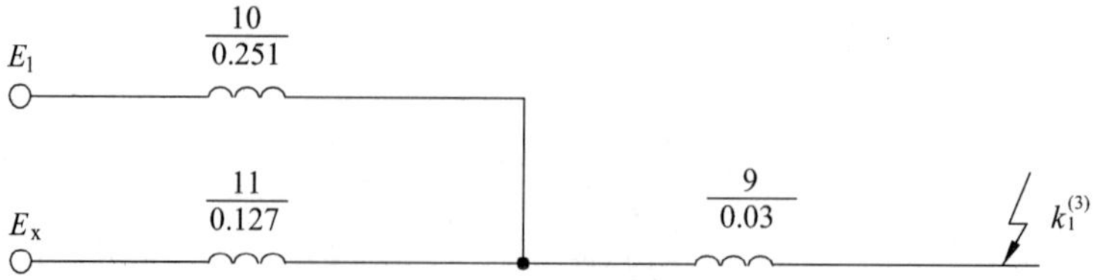

图 10.15　化简网络

（3）求电力系统在 K_1 点处的等效总电抗 X_Σ：

$$X_\Sigma = X_9 + \frac{1}{\frac{1}{X_{10}} + \frac{1}{X_{11}}} = 0.03 + \frac{1}{\frac{1}{0.251} + \frac{1}{0.127}} = 0.03 + 0.084 = 0.114$$

2. 第二步：求短路点处的三相短路电流与短路功率

1）求 k_1 点处发生三相短路时的周期分量电流有效值 I_p''

$$I_p'' = \frac{1}{X_\Sigma} \cdot I_d = \frac{1}{0.114} \times \frac{100}{\sqrt{3} \times 115} = 4.404 \text{ (kA)}$$

2）求 k_1 点处发生三相短路时的冲击电流 i_{sh}

因短路点处于高压电网，取 k_{sh}=1.8，应用式（10.41），得

$$i_{sh} = 2.55 I_p'' = 2.55 \times 4.404 = 11.23 \text{ (kA)}$$

3）求全电流最大有效值 I_{sh}

$$I_{sh} = 1.52 I_p'' = 1.52 \times 4.404 = 6.69 \text{ (kA)}$$

4）短路功率 $S_{k0.2}$

$$S_{k0.2} = I_{k0.2} \times S_d = \frac{1}{0.114} \times 100 = 877.19 \text{ (MV·A)}$$

四、示例 2

某降压变电所接线图如图 10.16 所示，已知中压电压等级为 10 kV，电源侧系统短路容量 300 MV·A，外部电源电缆截面积 300 mm²，中压网络电缆截面 240 mm²，配电变压器容量 1000 kV·A，低压硬母线 3（125×10）+2（80×8）（馈出 5 m），低压馈出电缆 4×25+1×16（馈出 25 m）。

试计算 d_1 处的三相短路电流和 d_2 处的三相短路电流。

采用有名值进行求解。

1. 求短路点 d_1 处的三相短路电流

（1）系统阻抗。

$$Z_1 = \frac{U^2}{S} = \frac{10.5^2}{300} = 0.3675 \text{ (}\Omega\text{)}$$

（2）外部电源电缆阻抗。

查手册得 10 kV，300 mm² 电缆单位电阻 R_2=0.064 Ω/km，单位电抗 X_2=0.076 Ω/km，外部电源电缆长度为 1 km，故外部电源电缆阻抗 Z_2 为

$$Z_2 = \sqrt{R_2^2 + X_2^2} \times 1 = \sqrt{0.064^2 + 0.076^2} \times 1 = 0.09935794 \text{ (}\Omega\text{)}$$

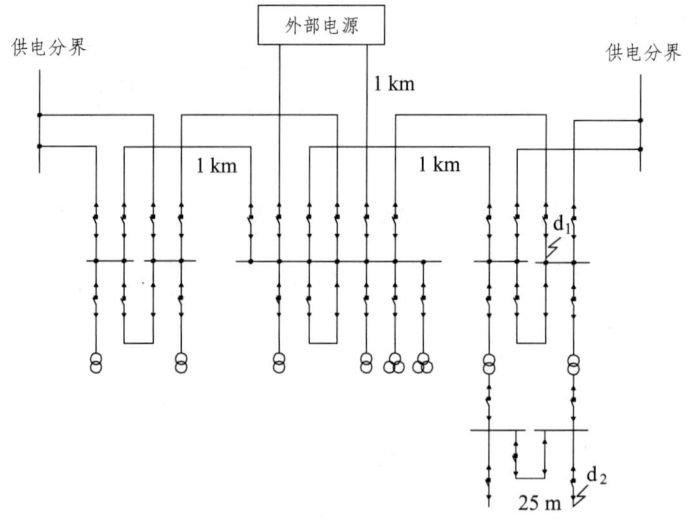

（a）实际双环网中压网络示意图

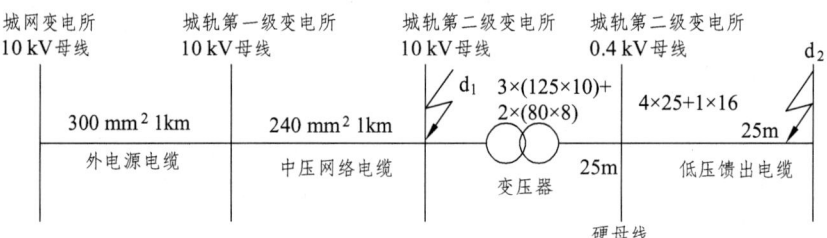

（b）短路计算等效网络示意图

图 10.16 降压变电所供电接线图

（3）中压网络电缆阻抗。

查手册得 10 kV，240 mm² 电缆单位电阻 $R_3=0.091\ \Omega/\text{km}$，单位电抗 $X_3=0.087\ \Omega/\text{km}$，中压网络电缆长度为 1 km，故中压网络电缆阻抗 Z_3 为

$$Z_3 = \sqrt{R_3^2 + X_3^2} \times 1 = \sqrt{0.091^2 + 0.087^2} \times 1 = 0.125\,896\,78\ (\Omega)$$

（4）d_1 处的三相短路电流 I_{k1}。

$$I_{k1} = \frac{U}{\sqrt{3}Z} = \frac{U}{\sqrt{3}(Z_1+Z_2+Z_3)} = \frac{10.5}{\sqrt{3}(0.367\,5+0.099\,357\,94+0.125\,896\,78)} = 10.23\ (\text{kA})$$

2．求短路点 d_2 处的三相短路电流

（1）高压侧系统阻抗归算到低压侧。

$$Z_S = \frac{(cU_n)^2}{S} = \frac{(1.05 \times 0.38)^2}{300} = 0.000\,530\,67\ (\Omega)$$

（2）变压器阻抗。

$$Z_T = \frac{U_k\%}{100} \times \frac{U_j^2}{S_{RT}} = \frac{6}{100} \times \frac{400^2}{1\,000\,000} = 0.009\,6\ (\Omega)$$

(3) 低压母排阻抗。

查手册得低压硬母线 3（125×10）+2（80×8）单位电阻 R_M=0.000 028 Ω/m，单位电抗 X_M=0.000 17 Ω/m，低压硬母线长度为 5m，故低压母排阻抗 Z_M 为

$$R_M = 0.000\,028 \times 5 = 0.000\,14\,(\Omega)$$
$$X_M = 0.000\,170 \times 5 = 0.000\,85\,(\Omega)$$
$$Z_M = \sqrt{0.000\,14^2 + 0.000\,85^2} = 0.000\,861\,452\,(\Omega)$$

(4) 低压馈出电缆阻抗。

查手册得低压馈出电缆 4×25+1×16 单位电阻 R_L=0.000 702 Ω/m，单位电抗 X_L=0.000 08 Ω/m，低压馈出电缆 25 m，故低压馈出电缆阻抗 Z_L 为

$$R_L = 0.000\,702 \times 25 = 0.017\,55\,(\Omega)$$
$$X_L = 0.000\,08 \times 25 = 0.002\,(\Omega)$$
$$Z_L = \sqrt{0.017\,55^2 + 0.002^2} = 0.017\,663\,592\,(\Omega)$$

(5) 求 d_2 处的三相短路电流。

$$I_{k_2} = \frac{cU}{\sqrt{3}Z} = \frac{1.05 \times 400}{\sqrt{3}(0.000\,530\,67 + 0.009\,6 + 0.000\,861\,452 + 0.017\,663\,592)} = 8.026\,(kA)$$

第四节 直流系统短路计算

> **本节导读**
>
> 城轨交通直流牵引供电系统具有供电电源多、供电方式多、供电回路多和回路参数多等特点，因而不能直接套用一般的交流短路计算方法。本节重点介绍了牵引变电所内阻计算方法与电路图法在各种不同供电方式下直流短路电流计算中的应用。同时通过一个综合实例对相关方法进行了演示。

城市轨道交通直流牵引供电系统的短路计算有其特殊性，概括起来有以下四点：

（1）供电电源多。城轨直流牵引供电系统，由多个牵引变电所与牵引网共同构成一个多电源的网络，当接触网发生短路时，并非只有靠近短路点的两座牵引变电所而是全线的牵引变电所都向短路点供电。

（2）供电方式多。根据运营需要，每个供电分区都可以进行单边供电、双边供电或大双边供电。

（3）供电回路多。城轨直流牵引供电系统，因供电电源多、供电方式多，必然导致供电回路多和网络复杂化。

（4）回路参数多。因电源多、方式多、回路多，决定了供电网络中回路参数多。

所以对直流牵引供电系统短路不能直接套用一般的交流短路计算方法。而是应该根据直

流牵引供电的特点，建立数学模型，利用基本电路定律（基尔霍夫电流电压定律、欧姆定律、叠加定理等），推导出一套符合短路试验结果、适合于工程设计的计算公式。这其中最关键的是直流牵引双边供电等效电路模型的建立。

一、计算意义

为使直流牵引供电系统在城市轨道交通中更有效地发挥作用，必须保证继电保护的可靠性、选择性、灵敏性和速动性。而直流系统短路计算正是城市轨道交通直流牵引供电系统设备选型及继电保护整定所必须具备的基础条件。只有在直流系统短路计算之后，才能够进行直流系统设备选型与继电保护整定。

具体而言，直流牵引供电系统短路计算有以下三个目的：

（1）作为直流设备选型的依据。计算最大短路电流 I_{kmax} 作为校核直流快速断路器的固有动作时间和极限分断能力的依据。

（2）作为继电保护整定的依据。计算最小短路电流 I_{kmin} 作为直流馈线开关保护整定的依据。

（3）作为城市轨道交通电动车辆主保护电器选择的依据。

二、计算内容

直流系统短路计算一般需要计算以下内容：

（1）正常情况下双边供电时，各供电区间任一点的直流短路电流，并形成曲线。

（2）任一中间牵引变电所解列时，由相邻牵引变电所构成大双边供电时的区间任一点的直流短路电流，并形成曲线。

（3）端头牵引变电所解列时，由次端头牵引变电所单边供电的区间任一点的直流短路电流，并形成曲线。

三、计算方法

（一）方法简介

直流牵引供电系统短路计算有以下两种方法：

1. 电路图法

这一方法是针对城市轨道交通直流牵引供电系统供电电源多、供电回路多、供电方式多、回路参数多的特点，按照实际供电网络画出等效电路图，进行网络变换，在供电网络中只包括电阻。再将网络变换后的电路图利用欧姆定律与基尔霍夫定律等基本定律进行计算。该方法只能计算稳态短路电流 I_k，而不能计算供电回路的时间常数 T 和短路电流的上升率 di/dt。这是该计算方法的不足。

用电路图法进行直流短路计算需要以下两个假设条件：

（1）牵引网供电网络中，电源电压 U 相同。

(2)牵引变电所为电压源,其内阻 ρ 因不同的短路点而改变,不认为是一个固定值。

用电路图法进行直流短路计算需要输入以下三个条件:

(1)牵引变电所直流母线电压 U(V)。

(2)牵引变电所内阻 ρ(Ω)。

(3)牵引网(接触网与走行轨)电阻 R(Ω)。

2. 示波图法

这一方法是建立在工程实践基础上,通过对现场短路试验所拍摄的示波图进行数理分析,而计算出相关参数。其优点是可以同时计算出直流回路的所有参数,即稳态短路电流 I_k、回路时间常数 T 和短路电流的上升率 di/dt。

以上两种直流短路计算方法中的大多数条件都可以直接得到,只有牵引变电所内阻需要计算得到。下面先介绍牵引变电所内阻的计算方法,然后再介绍直流短路计算方法。

(二)牵引变电所内阻的计算

牵引变电所内阻包括以下四个部分设备的阻抗:交流中压电缆、牵引变压器、整流器、直流电缆。牵引变电所的外特性为软特性,牵引变电所内阻实质上是外特性的斜率问题。即在不同点短路,短路电流不同,牵引变电所的内阻也不同。下面介绍一种较常用的简化经验公式,即用牵引整流机组最常用的几个参数来表达牵引变电所的内阻公式,即变压器短路电压百分值 U_d、直流侧的额定电压 U_n、变压器额定容量 S_T 来表示。简化经验公式如下:

$$\rho = k_r \frac{U_d}{100} \cdot \frac{U_n^2}{0.9nS_T} \ (\Omega) \tag{10.51}$$

式中 U_n——直流侧的额定电压,kV;

U_d——牵引变压器短路电压百分值;

S_T——变压器容量,MV·A;

n——牵引整流机组套数;

0.9——牵引变压器与整流器的匹配系数按 0.9 考虑;

k_r——内阻系数,根据短路点距离变电所的不同距离,可按下式取值:

当短路点距变电所大于 400 m 时,$k_r=1$;当短路点距变电所小于 400 m 时,按公式 $k_r = 1 + 0.3\left(\dfrac{400-l_k}{400}\right)$ 计算,l_k 为短路点距变电所的距离,$l_k = 0 \sim 400$ m。

需要注意的是,上述简化经验公式计算的牵引变电所内阻,已包括交流中压侧电缆、牵引变压器、整流器和直流电缆,计算精度已满足工程要求。

【例1】已知:牵引变电所两台牵引整流机组并列运行,直流侧额定电压 $U_n=825$ V,牵引变压器容量 $S_T=1\ 800$ kV·A,牵引变压器短路电压百分值 $U_d\%=7\%$,求牵引变电所内阻。

【解】:利用式(10.51),可求得短路点不同情况下的牵引变电所内阻。

(1)远点短路时(短路点距变电所>400 m 时),k_r 可取 1。

$$\rho = k_r \frac{U_d}{100} \cdot \frac{U_n^2}{0.9nS_T} = \frac{7}{100} \times \frac{0.825^2}{0.9 \times 2 \times 1.8} = 0.015 \ (\Omega)$$

（2）距离变电所 300 m 时。

$$k_r = 1 + 0.3 \left(\frac{400 - 300}{400} \right) = 1.075$$

$$\rho = k_r \frac{U_d}{100} \cdot \frac{U_n^2}{0.9nS_T} = 1.075 \times \frac{7}{100} \times \frac{0.825^2}{0.9 \times 2 \times 1.8} = 0.015\,8 \ (\Omega)$$

（3）出口短路时。

$$k_r = 1 + 0.3 \left(\frac{400 - 0}{400} \right) = 1.3$$

$$\rho = k_r \frac{U_d}{100} \cdot \frac{U_n^2}{0.9nS_T} = 1.3 \times \frac{7}{100} \times \frac{0.825^2}{0.9 \times 2 \times 1.8} = 0.019\,5 \ (\Omega)$$

（三）电路图法

电路图法计算时，按下列步骤和方法进行：
（1）按实际供电网络画等效电路图。
（2）进行网络变换。
（3）分清网孔数目及其自阻和互阻。
（4）按等效电路图的网孔数列回路方程式。
（5）解联立方程组，求出未知数。
（6）应用以下三条基本定律，进行数学推导，求出相应计算公式：

欧姆定律（VCR）$u=ir$。在电路中，任何时刻，任何支路上，其电压降恒等于电流和电阻的乘积。

基尔霍夫电流定律（KCL）$\sum i = 0$。在电路中，任何时刻，任何节点，流入与流出节点电流的代数和恒等于零。

基尔霍夫电压定律（KVL）$\sum u = 0$。在电路中，任何时刻，流经任一回路所有支路的电压降的代数和恒等于零。

四、各种供电方式下直流短路电流计算

各种供电方式下直流短路电流计算公式推导如下：

1. 一座牵引变电所单边供电（不考虑相邻牵引变电所影响）

（1）等效电路图，如图 10.17 所示。
（2）短路电流：

$$I_k = \frac{U}{\rho_1 + R_1 + R_2} \quad \text{(A)} \tag{10.52-1}$$

式中　U——牵引变电所母线电压，V；

（注：此电压比列车额定电压高 10%）。

ρ_1——牵引变电所内阻，Ω；

R_1——接触网电阻，Ω；

R_2——走行轨电阻（上下行并联），Ω。

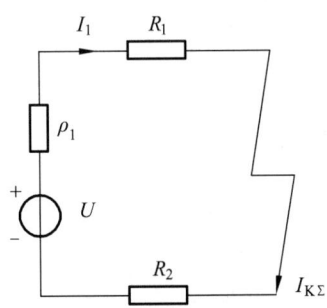

图 10.17　一座牵引变电所单边供电直流短路等效示意图（不考虑相邻牵引变电所影响）

2. 一座牵引变电所单边供电（考虑相邻一座牵引变电所影响）

（1）画等效电路图，如图 10.18 所示。

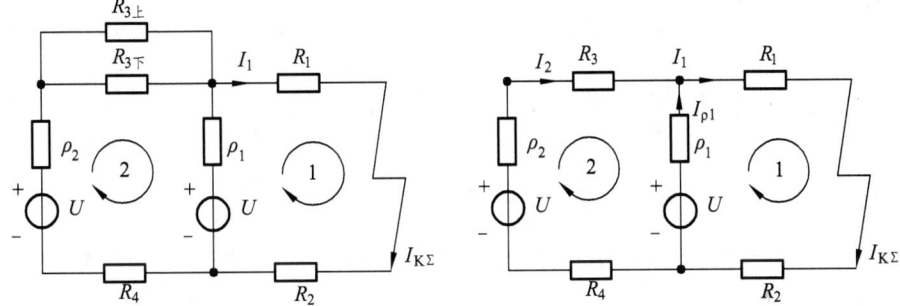

图 10.18　一座牵引变电所单边供电直流短路等效示意图（考虑相邻一座牵引变电所影响）

（2）求网孔电流。

根据 KVL 定律，对以上电路图可列方程：

网孔 1：$I_1 R_{11} - I_2 \rho_1 = U$

网孔 2：$I_2 R_{22} - I_1 \rho_1 = 0$

对以上方程求解得：

$$I_1 = \frac{U}{R_{11} - \dfrac{\rho_1^2}{R_{22}}} \text{ (A)} \tag{10.52-2}$$

$$I_2 = I_1 \frac{\rho_1}{R_{22}} \text{ (A)} \tag{10.52-3}$$

（3）求总的短路电流。

$$I_{K\Sigma} = I_1 \text{ (A)} \tag{10.52-4}$$

（4）求各变电所短路电流。

$$I_{\rho 1} = I_1 - I_2 \text{ (A)} \tag{10.52-5}$$

$$I_{\rho 2} = I_2 \text{ (A)} \tag{10.52-6}$$

式中　U——牵引变电所母线电压，V；

　　　ρ_1、ρ_2——牵引变电所内阻，Ω；

　　　R_1——接触网电阻，Ω；

　　　R_2——走行轨电阻（上下行并联），Ω；

　　　R_3——接触网电阻（上下行并联），Ω；

　　　R_4——走行轨电阻（上下行并联），Ω；

　　　R_{11}——回路 1 自阻，$R_{11}=\rho_1+R_1+R_2$，Ω；

　　　R_{22}——回路 2 自阻，$R_{22}=\rho_1+\rho_2+R_3+R_4$，$\Omega$。

3. 一座牵引变电所单边供电（考虑相邻两座牵引变电所影响）

（1）画等效电路图，如图 10.19 所示。

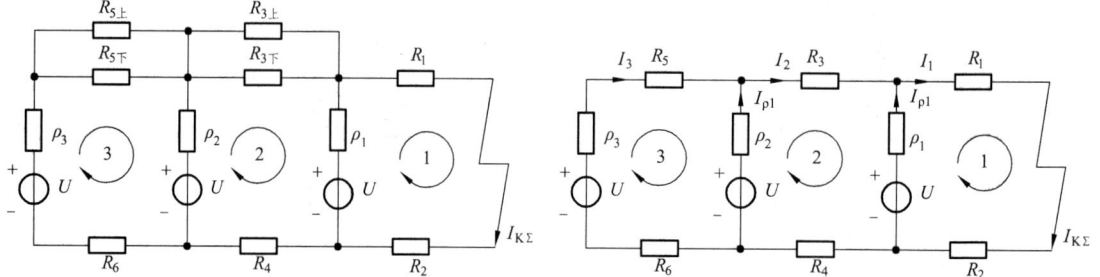

图 10.19　一座牵引变电所单边供电直流短路等效示意图（考虑相邻两座牵引变电所影响）

（2）求网孔电流。

根据 KVL 定律，对以上电路图可列方程：

网孔 1：$I_1 R_{11} - I_2 \rho_1 = U$

网孔 2：$I_2 R_{22} - I_1 \rho_1 - I_3 \rho_2 = 0$

网孔 3：$I_3 R_{33} - I_2 \rho_2 = 0$

对以上方程求解得：

$$I_1 = \frac{U}{R_{11} - \dfrac{\rho_1^2}{R_{22} - \dfrac{\rho_2^2}{R_{33}}}} \text{ (A)} \tag{10.52-7}$$

$$I_2 = I_1 \frac{\rho_1}{R_{22} - \dfrac{\rho_2^2}{R_{33}}} \text{ (A)} \tag{10.52-8}$$

$$I_3 = I_2 \frac{\rho_2}{R_{33}} \text{ (A)} \tag{10.52-9}$$

（3）求总的短路电流。

$$I_{K\Sigma} = I_1 \text{ (A)} \tag{10.52-10}$$

（4）求各变电所短路电流。

$$I_{\rho 1} = I_1 - I_2 \text{ (A)} \quad (10.52\text{-}11)$$

$$I_{\rho 2} = I_2 - I_3 \text{ (A)} \quad (10.52\text{-}12)$$

$$I_{\rho 3} = I_3 \text{ (A)} \quad (10.52\text{-}13)$$

式中　U——牵引变电所母线电压，V；

　　　ρ_1、ρ_2、ρ_3——牵引变电所内阻，Ω；

　　　R_1——接触网电阻，Ω；

　　　R_3、R_5——接触网电阻（上下行并联），Ω；

　　　R_2、R_4、R_6——走行轨电阻（上下行并联），Ω；

　　　R_{11}——回路1自阻，$R_{11}=\rho_1+R_1+R_2$，Ω；

　　　R_{22}——回路2自阻，$R_{22}=\rho_1+\rho_2+R_3+R_4$，Ω；

　　　R_{33}——回路3自阻，$R_{33}=\rho_2+\rho_3+R_5+R_6$，Ω。

4. 两座牵引变电所双边供电（不考虑对侧接触网的影响，不考虑相邻牵引变电所影响）

（1）画等效电路图，如图10.20所示。

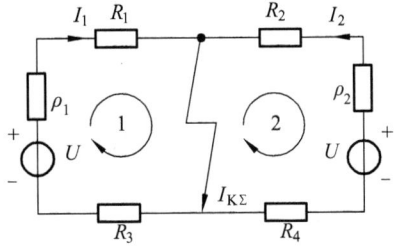

图10.20　两座牵引变电所双边供电直流短路等效示意图（不考虑对侧接触网及相邻牵引变电所的影响）

（2）求网孔电流。

根据KVL定律，对以上电路图可列方程：

网孔1：$I_1 R_{11} = U$

网孔2：$I_2 R_{22} = U$

对以上方程求解得：

$$I_1 = \frac{U}{R_{11}} \text{ (A)} \quad (10.52\text{-}14)$$

$$I_2 = \frac{U}{R_{22}} \text{ (A)} \quad (10.52\text{-}15)$$

（3）求总的短路电流。

$$I_{K\sum} = I_1 + I_2 \text{ (A)} \quad (10.52\text{-}16)$$

式中　U——牵引变电所母线电压，V；

　　　ρ_1、ρ_2——牵引变电所内阻，Ω；

　　　R_1、R_2——接触网电阻，Ω；

　　　R_3、R_4——走行轨电阻（上下行并联），Ω；

R_{11}——回路 1 自阻，$R_{11}=\rho_1+R_1+R_3$，Ω；

R_{22}——回路 2 自阻，$R_{22}=\rho_1+R_2+R_4$，Ω。

5. 两座牵引变电所双边供电（考虑对侧接触网的影响，不考虑相邻牵引变电所影响）

（1）画等效电路图，如图 10.21 所示。

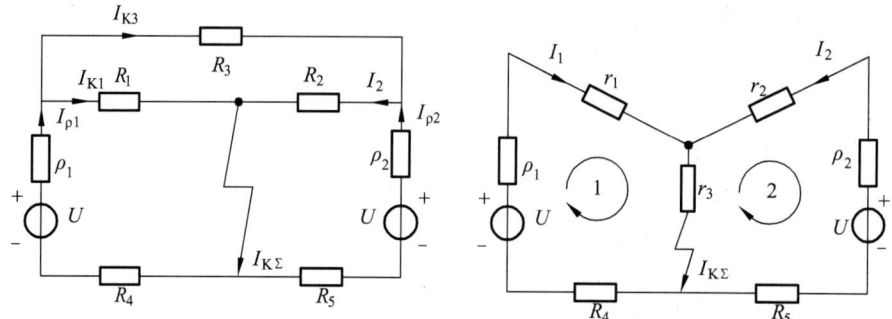

图 10.21　两座牵引变电所双边供电直流短路等效示意图
（考虑对侧接触网的影响，不考虑相邻牵引变电所影响）

（2）求网孔电流。

根据 KVL 定律，对以上电路图可列方程：

网孔 1：$I_1R_{11}+I_2r_3=U$

网孔 2：$I_2R_{22}+I_1r_3=U$

对以上方程求解得：

$$I_1=\frac{U}{R_{11}+\dfrac{R_{11}r_3-r_3^2}{R_{22}-r_3}} \text{ (A)} \tag{10.52-17}$$

$$I_2=I_1\frac{R_{11}-r_3}{R_{22}-r_3} \text{ (A)} \tag{10.52-18}$$

其中 r_1、r_2、r_3 是通过 Y-△ 变换后的等效电阻值。如图 10.22 所示。

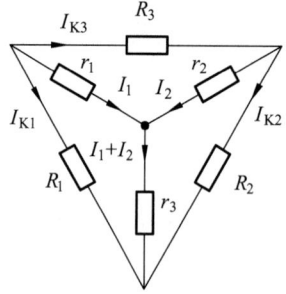

图 10.22　Y-△ 变换电路图

可参照本章式（10.32）可求得。

（3）求馈线短路电流。

$$I_{k1}=\frac{I_1r_1+(I_1+I_2)r_3}{R_1} \text{ (A)} \tag{10.52-19}$$

$$I_{k2} = \frac{I_2 r_2 + (I_1 + I_2)r_3}{R_2} \text{ (A)} \qquad (10.52\text{-}20)$$

$$I_{k3} = \frac{I_1 r_1 - I_2 r_2}{R_3} \text{ (A)} \qquad (10.52\text{-}21)$$

（4）求短路总电流。

$$I_{K\sum} = I_1 + I_2 \text{ (A)} \qquad (10.52\text{-}22)$$

式中　U——牵引变电所母线电压，V；

ρ_1、ρ_2——牵引变电所内阻，Ω；

R_1、R_2、R_3——接触网电阻，Ω；

R_4、R_5——走行轨电阻（上下行并联），Ω；

R_{11}——回路 1 自阻，$R_{11}=\rho_1+r_1+r_3+R_4$，Ω；

R_{22}——回路 2 自阻，$R_{22}=\rho_2+r_2+r_3+R_5$，Ω。

6. 两座牵引变电所双边供电（考虑对侧接触网的影响，考虑相邻牵引变电所影响）

（1）画等效电路图，如图 10.23 所示。

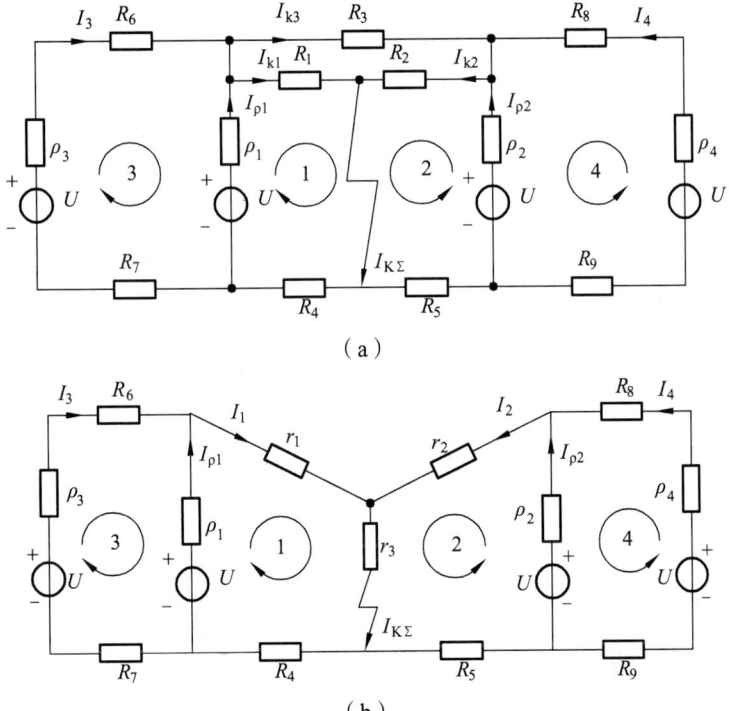

(a)

(b)

图 10.23　两座牵引变电所双边供电直流短路等效示意图
（考虑对侧接触网及相邻牵引变电所的影响）

（2）求网孔电流。

根据 KVL 定律，对以上电路图可列方程：

网孔 1：$I_1 R_{11} + I_2 r_3 - I_3 \rho_1 = U$

网孔 2：$I_2 R_{22} + I_1 r_3 - I_4 \rho_2 = 0$

网孔 3: $I_3R_{33} - I_1\rho_1 = 0$

网孔 4: $I_4R_{44} - I_2\rho_2 = 0$

对以上方程求解得:

$$I_1 = \frac{U}{R_{11} - \dfrac{\rho_1^2}{R_{33}} + \dfrac{(R_{11} - r_3 - \dfrac{\rho_1^2}{R_{33}})r_3}{R_{22} - r_3 - \dfrac{\rho_2^2}{R_{44}}}} \text{ (A)} \tag{10.52-23}$$

$$I_2 = I_1 \frac{R_{11} - r_3 - \dfrac{\rho_1^2}{R_{33}}}{R_{22} - r_3 - \dfrac{\rho_2^2}{R_{44}}} \text{ (A)} \tag{10.52-24}$$

$$I_3 = I_1 \frac{\rho_1}{R_{33}} \text{ (A)} \tag{10.52-25}$$

$$I_4 = I_2 \frac{\rho_2}{R_{44}} \text{ (A)} \tag{10.52-26}$$

(3) 根据 Y-△变换,可求得各馈线短路电流。

$$I_{k1} = \frac{I_1 r_1 + (I_1 + I_2)r_3}{R_1} \text{ (A)} \tag{10.52-27}$$

$$I_{k2} = \frac{I_2 r_2 + (I_1 + I_2)r_3}{R_2} \text{ (A)} \tag{10.52-28}$$

$$I_{k3} = \frac{I_1 r_1 - I_2 r_2}{R_3} \text{ (A)} \tag{10.52-29}$$

(4) 求短路总电流。

$$I_{K\sum} = I_{k1} + I_{k2} \text{ (A)} \tag{10.52-30}$$

(5) 求各变电所短路电流。

$$I_{\rho 1} = I_{k1} + I_{k3} - I_3 \text{ (A)} \tag{10.52-31}$$

$$I_{\rho 2} = I_{k2} - I_{k3} - I_4 \text{ (A)} \tag{10.52-32}$$

$$I_{\rho 3} = I_3 \text{ (A)} \tag{10.52-33}$$

$$I_{\rho 4} = I_4 \text{ (A)} \tag{10.52-34}$$

式中　U——牵引变电所母线电压,V;

　　　ρ_1、ρ_2、ρ_3、ρ_4——牵引变电所内阻,Ω;

　　　R_1、R_2、R_3、R_6、R_8——接触网电阻,Ω;

　　　R_4、R_5、R_7、R_9——走行轨电阻(上下行并联),Ω;

　　　R_{11}——回路 1 自阻, $R_{11}=\rho_1+r_1+r_3+R_4$,Ω;

　　　R_{22}——回路 2 自阻, $R_{22}=\rho_2+r_2+r_3+R_5$,Ω;

　　　R_{33}——回路 3 自阻, $R_{33}=\rho_3+R_6+\rho_1+R_7$,Ω;

　　　R_{44}——回路 4 自阻, $R_{44}=\rho_2+R_8+R_5+\rho_4$,Ω。

五、综合示例

已知：某地铁供电系统，牵引变电所采用双机组并联运行，牵引变电所内阻 ρ=0.015 Ω/km；750 V 低碳钢接触轨正常双边供电，接触轨电阻为 0.02 Ω/km；走行轨电阻为 0.01 Ω/km（上下行并联）。短路时考虑对侧接触轨及相邻牵引变电所的影响，供电距离均为 2.6 km，在距 ρ_1 变电所 800 m 处发生短路，求短路电流 I_k 和各变电所供出的短路电流。

解：利用"两座牵引变电所供电，考虑对侧接触轨及相邻牵引变电所的影响"中所述的方法进行计算。计算等效电路图如图 10.23（b）所示。

1. 计算等效电路图中各电阻值

（1）接触网电阻值。

$$R_1 = 0.02 \times 0.8 = 0.016 \ (\Omega)$$
$$R_2 = 0.02 \times 1.8 = 0.036 \ (\Omega)$$
$$R_3 = 0.02 \times 2.6 = 0.052 \ (\Omega)$$
$$R_6 = R_8 = 0.02 \times 2.6 \div 2 = 0.026 \ (\Omega)$$

（2）走行轨电阻值。

$$R_4 = 0.01 \times 0.8 = 0.008 \ (\Omega)$$
$$R_5 = 0.01 \times 1.8 = 0.018 \ (\Omega)$$
$$R_7 = R_9 = 0.01 \times 2.6 = 0.026 \ (\Omega)$$

（3）利用 Y-△ 变换，求得 r_1、r_2、r_3。

$$r_1 = \frac{R_1 R_3}{R_1 + R_2 + R_3} = \frac{0.016 \times 0.052}{0.016 + 0.036 + 0.052} = 0.008 \ (\Omega)$$

$$r_2 = \frac{R_2 R_3}{R_1 + R_2 + R_3} = \frac{0.036 \times 0.052}{0.016 + 0.036 + 0.052} = 0.018 \ (\Omega)$$

$$r_3 = \frac{R_1 R_2}{R_1 + R_2 + R_3} = \frac{0.016 \times 0.036}{0.016 + 0.036 + 0.052} = 0.0055 \ (\Omega)$$

$$R_{11} = \rho_1 + r_1 + r_3 + R_4 = 0.015 + 0.008 + 0.005\,5 + 0.008 = 0.036\,5 \ (\Omega)$$
$$R_{22} = \rho_2 + r_2 + r_3 + R_5 = 0.015 + 0.018 + 0.005\,5 + 0.018 = 0.056\,5 \ (\Omega)$$
$$R_{33} = \rho_3 + R_6 + \rho_1 + R_7 = 0.015 + 0.026 + 0.015 + 0.026 = 0.082 \ (\Omega)$$
$$R_{44} = \rho_2 + R_8 + \rho_4 + R_9 = 0.015 + 0.026 + 0.015 + 0.026 = 0.082 \ (\Omega)$$

2. 计算等效电路图中的电流

$$I_1 = \frac{U}{R_{11} - \dfrac{\rho_1^2}{R_{33}} + \dfrac{\left(R_{11} - r_3 - \dfrac{\rho_1^2}{R_{33}}\right) r_3}{R_{22} - r_3 - \dfrac{\rho_2^2}{R_{44}}}}$$

$$= \frac{825}{0.0365 - \frac{0.015^2}{0.082} + \frac{(0.0365 - 0.0055 - \frac{0.015^2}{0.082}) \times 0.0055}{0.0565 - 0.0055 - \frac{0.015^2}{0.082}}} = 22\,309 \ (A)$$

$$I_2 = I_1 \frac{R_{11} - r_3 - \frac{\rho_1^2}{R_{33}}}{R_{22} - r_3 - \frac{\rho_2^2}{R_{44}}} = 22309 \times \frac{0.0365 - 0.0055 - \frac{0.015^2}{0.082}}{0.0565 - 0.0055 - \frac{0.015^2}{0.082}} = 13\,064 \ (A)$$

$$I_3 = I_1 \frac{\rho_1}{R_{33}} = 22\,309 \times \frac{0.015}{0.082} = 4\,081 \ (A)$$

$$I_4 = I_2 \frac{\rho_2}{R_{44}} = 13\,064 \times \frac{0.015}{0.082} = 2\,390 \ (A)$$

3. 计算各馈线电流

$$I_{k1} = \frac{I_1 r_1 + (I_1 + I_2) r_3}{R_1} = \frac{22\,309 \times 0.008 + (22\,309 + 13\,064) \times 0.0055}{0.016} = 23\,314 \ (A)$$

$$I_{k2} = \frac{I_2 r_2 + (I_1 + I_2) r_3}{R_2} = \frac{13\,064 \times 0.018 + (22\,309 + 13\,064) \times 0.0055}{0.036} = 11\,936 \ (A)$$

$$I_{k3} = \frac{I_1 r_1 - I_2 r_2}{R_3} = \frac{22\,309 \times 0.008 - 13\,064 \times 0.018}{0.052} = -1\,090 \ (A)$$

4. 计算短路点的总电流

$$I_{K\sum} = I_{k1} + I_{k2} = 23\,314 + 11\,936 = 35\,250 \ (A)$$

5. 计算各变电所的短路电流

$$I_{\rho 1} = I_{k1} + I_{k3} - I_3 = 23\,314 - 1\,090 - 4\,081 = 18\,413 \ (A)$$

$$I_{\rho 2} = I_{k2} - I_{k3} - I_4 = 11\,936 + 1\,090 - 2\,390 = 10\,674 \ (A)$$

$$I_{\rho 3} = I_3 = 4\,081 \ (A)$$

$$I_{\rho 4} = I_4 = 2\,390 \ (A)$$

综合练习

一、单项选择题

1. 在各种短路故障中,发生概率最高的是( )。
    A. 三相短路　　　B. 两相短路　　　C. 单相接地短路　　　D. 两相短路接地
2. 电气短路故障时引起电气设备机械变形,这是短路电流的( )。
    A. 热效应　　　B. 动力效应　　　C. 电流效应　　　D. 电压效应
3. 电气短路故障时引起电气设备烧毁,这是短路电流的( )。
    A. 热效应　　　B. 动力效应　　　C. 电流效应　　　D. 电压效应
4. 电力系统的电源总阻抗不超过短路电路总阻抗的( ),将该电力系统视为无限大容量系统。
    A. 3%~6%　　　B. 5%~10%　　　C. 10%~15%　　　D. 15%~20%
5. 如果系统的容量大于用户容量的( )倍,即可将此系统当作无限大容量系统处理。
    A. 20　　　B. 30　　　C. 50　　　D. 100

二、判断题

1. 短路计算中使用的标幺值是一个有名值。( )
2. 带电挂接地线或未撤地线时送电会导致严重的短路事故。( )
3. 标幺值计算的基准电压 U_d 一般选取短路计算元件所在电路的额定电压。( )
4. 短路计算中使用的标幺值是一个相对值。( )
5. 标幺值的数值有实际比值和百分数值两种表示方法,二者数值上相同的。( )
6. 直流牵引供电系统短路计算常用的两种方法是电路图法与示波图法。( )

四、简答题

1. 什么是电力系统的短路?短路有哪几种基本类型?
2. 电力系统短路有什么危害?引起短路的主要原因是什么?
3. 短路计算的条件及前提是什么?短路计算的目的主要是什么?
4. 在短路计算中如何确定基准容量和基准电压?基准电压与电网额定电压有何关系?
5. 列出供电系统中各元件阻抗标幺值的计算公式,并选择计算电压?
6. 何谓无限大容量电力系统?其基本特点是什么?
7. 简述网络化简的几种常用方法。
8. 牵引网短路有几种类型?分别列出不同短路类型的短路电流计算公式。

五、综合题

1. 求图 10.24 中各元件的电抗标幺值,并求出总电抗标幺值。(其中发电机容量 S_N=50 MV·A)
2. 供电系统如图 10.25 所示。求 $k^{(3)}$ 点短路时的 I_P''、i_{sh}、I_{sh}、S_k。($X_L = 0.4\,\Omega/km$)

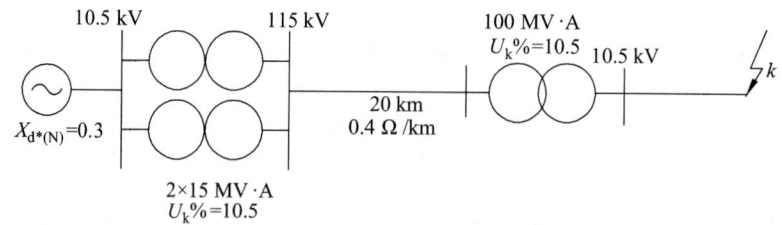

图 10.24　五.1 题图

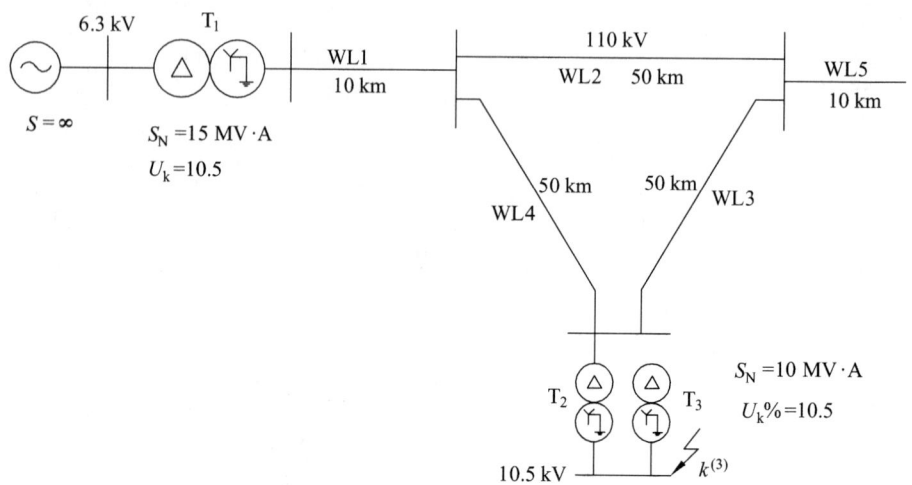

图 10.25　五.2 题图

*第十一章　直流牵引供电系统电压损失计算

【教学目标】

通过本章的学习，主要了解与掌握以下知识：
1. 了解牵引供电系统电压损失的构成与计算方法。
2. 了解直流牵引供电系统计算的内容与方法。
3. 掌握平均运量法计算直流电压损失与走行轨电压损失的方法。

主要具备以下能力：
1. 会分析城轨供电系统的电压损失。
2. 会计算牵引网电压损失。

【知识结构】

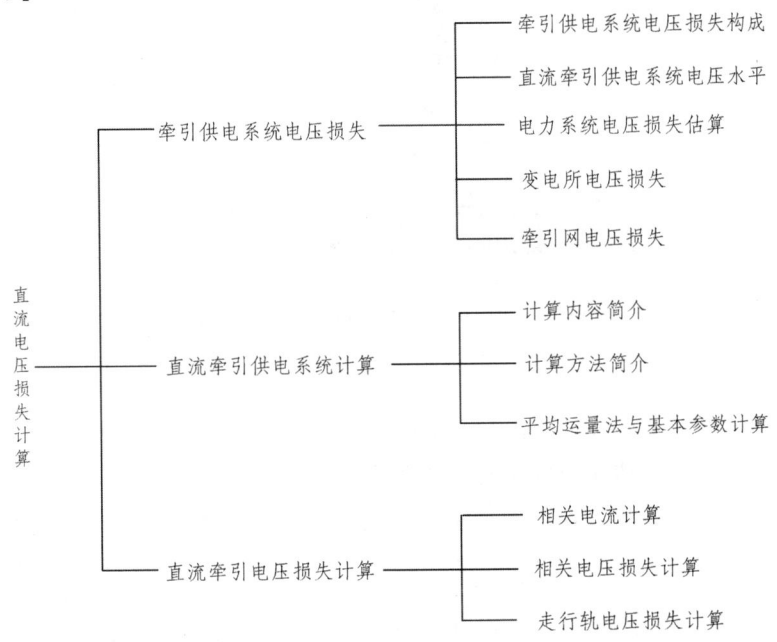

第一节　直流牵引供电系统电压损失概述

本节导读

根据欧姆定律原理，当一个电流流过一个阻抗元件时，将在阻抗元件上产生电压降，这个电压降也就是通常所说的电压损失。最大电压损失会直接影响供电系统的电压水平。在直流牵引供电系统中，同时存在电力系统电压损失、变电所电压损失和牵引网电压损失，本节分别介绍了这些概念与计算方法。

一、牵引供电系统电压损失的构成

电动列车从电力系统得到电能而获得牵引动力,而电能的传输是电流从电力系统的变电站流出,经高压输电网到达牵引变电所,再经牵引变电所变压后输送至接触网,最后供给电动列车。在这个供电过程中,主要在以下 3 个环节将产生电压损失,如图 11.1 所示。

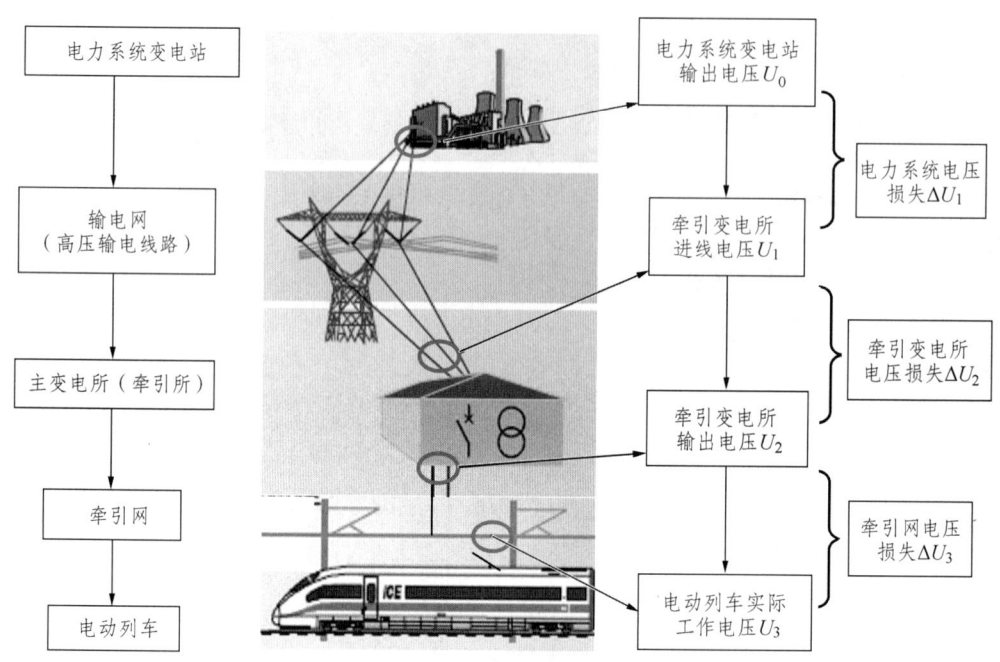

图 11.1 牵引供电系统电压损失示意图

1. 电力系统的电压损失 ΔU_1

牵引电流从电力系统变电站流出,并经过高压输电网远距离传输至牵引变电所。由于电力系统变电站内的变压器和高压输电网存在阻抗,因此,牵引电流将在变电站内的变压器和高压输电网上产生电压损失。这个电压损失称为电力系统电压损失,用 ΔU_1 表示。

$$\Delta U_1 = U_0 - U_1 \tag{11.1}$$

牵引电流在电力系统中造成的最大电压损失,一般由电力部门根据系统和牵引负荷的资料进行计算。在最大电压损失情况下,应保证主变电所(或牵引变电所)的供电电压(俗称"进线电压")不得超过其额定电压的±10%。牵引负荷按计算最大电压损失的条件考虑。

2. 牵引变电所的电压损失 ΔU_2

对于分散式供电方式,电网引入城轨供电系统的电压即为牵引变电所的进线电压,假设为 U_1,牵引变电所的输出电压为 U_2。空载运行时,变压器的空载电流较小,在变压器绕组中产生的电压降也较小,此时 $U_1 \approx K_u U_2$。当负载运行时,负载电流较大,由于变压器阻抗的存在,负载电流流经变压器时将产生较大的电压降,此时 $K_u U_2 < U_1$。

变电所内母线很短,与变压器相比阻抗很小,产生的电压损失往往可以忽略不计。因此,变电所的电压损失实质上就是指变压器上产生的电压损失，也即用 U_1 与 $K_u U_2$ 二者的差值，用 ΔU_2 表示。

$$\Delta U_2 = U_1 - K_u U_2 \tag{11.2}$$

式中　K_u——变压器变比。

当采用集中式供电方式时，则该电压损失还应包括主变电所的主变压器产生的电压损失和主变电所至牵引变电所间中压环网上产生的电压损失。

3. 牵引网电压损失 ΔU_3

牵引电流经牵引变电所流出，经过牵引网（供电电缆和接触网），到达电力机车。由于供电电缆和接触网存在阻抗，牵引电流同样会产生电压损失，致使牵引变电所的输出电压与电力机车受电弓处的电压存在差异。这一段电压损失称为牵引网电压损失，用 ΔU_3 表示。

$$\Delta U_3 = U_2 - U_3 \tag{11.3}$$

由于电力系统电压损失 ΔU_1、牵引变电所电压损失 ΔU_2 均会影响到牵引网的电压水平，故将这三个环节的电压损失也纳入牵引供电系统电压损失的范畴进行分析。

二、直流牵引供电系统的电压水平

根据国家标准《地铁设计规范》(GB 50157—2003) 的规定：直流 750 V 牵引供电系统允许的电压波动范围为 500～900 V，直流 1 500 V 牵引供电系统允许的电压波动范围为 1 000～1 800 V。牵引供电系统的最低电压水平为

$$U_{min} = 900 - \Delta U_1/K_u - \Delta U_2/K_u - \Delta U_3 = 500 \quad (V) \quad (当 U_e = 750 \text{ V}) \tag{11.4}$$

$$U_{min} = 1\ 800 - \Delta U_1/K_u - \Delta U_2/K_u - \Delta U_3 = 1\ 000 \quad (V) \quad (当 U_e = 1\ 500 \text{ V}) \tag{11.5}$$

式中　ΔU_1——电力系统的电压损失，kV；

ΔU_2——牵引变压器的最大电压损失，kV；

ΔU_3——牵引网的电压损失，kV；

K_u——电源进线电压与牵引变电所额定输出电压之比。

牵引供电系统的突出特点就是牵引负荷的大小、位置都是随时变化的，要精确计算牵引供电系统的电压变化情况非常繁杂，也没有必要。因为只有最低电压水平才对确保列车的正常运行有实际意义，所以供电计算中只需要计算牵引供电系统的最大电压损失。

三、电力系统电压损失的估算

电力系统电压损失 ΔU_1 的大小与电力系统变电站距离主变电所的远近有关，与系统容量和输电线路的阻抗以及牵引电流的大小等有关。在缺乏系统资料时可进行估算，其值随主变电所距离电源点的远近而不同，一般为 6 000～12 000 V（$U_e = 110$ kV），归算至牵引网侧 1 500 V 侧为 82～164 V。

通过对牵引变电所实际运行数据的监测，可以得出额定电压为 110 kV 的主变电所在空载

运行时,其进线电压可以达到甚至超过 120 kV,造成主变电所馈线电压偏高,而当负载运行尤其是严重过负荷运行时,因为有电力系统电压损失的存在,其进线电压可以降至 100 kV 甚至以下,造成主变电所馈线电压偏低。因此,主变电所的主变压器需要有调压装置。

四、变电所的电压损失

图 11.2 为变压器短路试验接线图。将变压器的输出端(a-x)短接,在进线侧输入一个额定电流,此时电源所加的电压即为变压器的短路电压 U_k。因输出端是短路的,没有负载电压,因此,该电压的实质就是一个额定电流在变压器内部产生的电压损失。该电压的大小与变压器阻抗大小成正比。在工程实际应用中,通常用短路电压 U_k 与变压器的额定电压 U_N 之比的百分值来表示,该值又称为变压器阻抗电压百分值,常用 $U_k\%$ 表示。

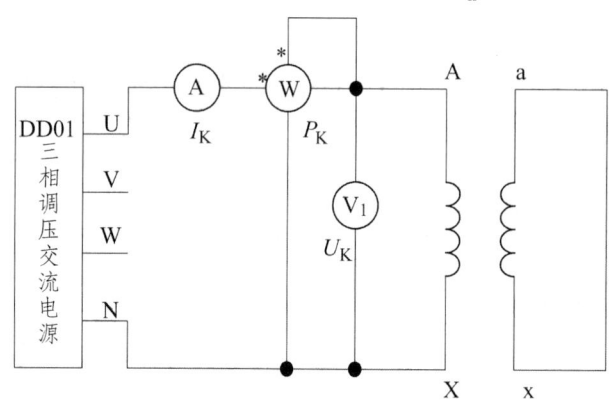

图 11.2 变压器短路试验接线图

牵引变压器的阻抗既包括变压器的电阻分量 R_T,也包括变压器的电抗分量 X_T。由于牵引变压器的容量一般均较大,对大容量变压器,$R_T \ll X_T$,在实际工程计算时,可认为 $X_T \approx Z_T$。若变压器为 Y/y 结线,则可用 X_T 代表等值 Y/y 结线的每相阻抗。

如此可得:

$$X_T \approx Z_T = \frac{U_k\%}{100} \times \frac{U_N}{\sqrt{3}I_N} = \frac{U_k\%}{100} \times \frac{U_N^2}{S_N} \tag{11.6}$$

对于 YN/d 型结线的牵引变压器,由于其 35 kV 侧绕组为三角形接线。因此,可先按 Y 接求出每相绕组的 X_T,再用三角形结线时每相绕组阻抗为等值 Y 接每相阻抗的 3 倍。这时三角形结线的变压器绕组的阻抗为

$$X_{T\Delta} = 3X_T \tag{11.7}$$

变压器的电压损失等于变压器的绕组电流与相阻抗的乘积。在实际计算中,由于已知数据往往是供电臂电流,计算变压器电压损失时,需要将供电臂电流转换为变压器绕组的电流。而供电臂电流与变压器绕组电流的关系取决于变压器的结线方式。计算变压器的电压损失,需要根据变压器的结线方式,对应不同的计算式进行求解。

在分析直流牵引供电系统的电压损失时,对集中式供电方式,一般通过城市电网扩容和主变电所自身电压调节,能够保证主变电所的输出电压基本稳定,从而能够保证牵引变电所

的进线电压稳定。因此，城轨供电系统的电压损失主要验证各种运行方式下的牵引网电压损失是否满足以上条件。

五、牵引网电压损失

1. 计算内容

牵引网电压损失是验证全线牵引变电所设置是否合理的关键参数，主要需要计算以下内容：
（1）正常双边运行方式下，供电区间牵引网产生的最大压降。
（2）任意一座中间牵引变电所解列，由相邻牵引变电所构成大双边运行方式，供电的区间牵引网产生的最大压降。
（3）端头牵引变电所解列，由次端头牵引变电所单边供电的区间牵引网产生的最大压降。

2. 计算方法

可利用运行图法和平均运量法进行计算。
（1）若利用运行图法计算牵引网电压损失，可以同时得到瞬时值和平均值，但宜通过仿真计算软件进行。
（2）利用平均运量法计算牵引网电压损失，只能得到平均值，但这也能基本满足工程设计需要。列车给电运行时弓上电压损失平均值、列车启动时牵引网最大电压损失、牵引网平均电压损失、牵引网最大平均电压损失的具体计算公式见本章第二节中的相关内容。

第二节 直流牵引供电系统计算概述

> **本节导读**
>
> 相对于一般的供电系统，直流牵引供电系统计算具有其特殊性，主要运用运行图法和平均运量法，本节主要介绍了直流牵引供电计算的主要内容、平均运量法的计算原理和平均运量法基本参数的计算方法。

一、直流牵引供电系统计算简介

直流牵引供电计算是开展城轨供电系统设计的基础和依据，供电系统的主要电气参数、供电设备的性能指标要求、供电方案的可行性和合理性、继电保护的动作整定值等都需要通过计算来确定和论证。

直流牵引供电系统计算既有一般性又有特殊性。其一般性主要是指供电系统中交流系统的相关计算，如中低压交流短路计算、保护整定计算、低压负荷计算等，这些计算可以借鉴和利用电气设计手册和规范中已有的计算方法。其特殊性主要是指直流牵引供电系统的相关计算，如牵引负荷计算、牵引网电压水平计算、走行轨对地电位计算、直流短路及保护整定计算等，这些计算则需要根据系统设置情况，建立数学模型并进行推导计算。

计算内容共分为以下三个部分：

（1）牵引供电计算。主要包括：牵引整流机组容量计算、牵引网电压损失计算和走行轨对地电位计算等。

（2）短路及保护整定计算。主要包括：交流系统中低压短路及保护整定计算、直流系统短路及保护整定计算等。

（3）直流牵引供电系统参数选择计算。主要包括：牵引整流机组各项特性参数计算、直流快速断路器各项参数计算和直流牵引供电回路时间常数计算等。

本章所列计算公式主要来源于两个方面：一是设计规范和手册中规定或推导出的理论计算公式；二是由工程经验总结出来并被实践证明适用于城轨供电系统设计的经验计算公式。需要说明的是，在城轨供电系统的实际设计中，不同工程的计算条件、内容和过程不尽相同，但是各种计算的基本方法和原理基本是一致的。因此，在城轨供电系统设计时，应针对具体工程进行具体分析，首先确定实际计算条件，再灵活应用计算公式，最后得到准确计算结果。

二、直流牵引供电计算方法简介

直流牵引供电计算关系到供电系统构成、牵引供电方式、牵引变电所设置、牵引整流机组容量等多项系统设计的关键因素，在城轨供电系统的设计工作中占有极其重要的地位，是进行供电系统设计必需的一项工作。

牵引供电系统的列车用电负荷较之一般电网固定负荷有很大差异，除了各负荷的大小随时间变化以外，其位置也是变化的（在线路上往返移动），各负荷之间的相对位置同样也是变化的，这给确定牵引供电系统的各项参数（包括负荷大小）带来了复杂性。

关于牵引供电计算，当前较常用的有两种计算方法：一种是适用于设计后期的运行图法，另一种是适用于设计前期与后期的平均运量法。这两种方法都是建立在列车牵引计算基础上的。

1. 运行图法

运行图法是一种最直接也是最复杂的计算方法，它是依据某个时间线路上正在运行的所有列车的工况（取流、惰行或停站）建立相应的数学模型，然后再对数学模型求解，从而计算出各种系统电气参数。其计算条件是必须具备详细的线路纵断面图、列车运行图以及列车在不同的运行区间的电流曲线、速度曲线和时间曲线。因而，运行图法更适用于初步设计及以后设计阶段。本书不作详细介绍。

2. 平均运量法

平均运量法则是建立在概率论的基础上，即对偶然出现的个体事件，很难发现其规律性，但是对大量的事件群，就会发现有规律可循。从统计定义来讲，观察和试验某一事件出现的频率，随着观察或试验次数的增加而呈现出一定的稳定性，即恒定在某一常数附近摆动，这一常数用来表征某一事件的概率。城市轨道交通中运行的车辆，就某一具体运行车辆而言，它可能处于取流状态，也可能处于惰行状态，或处于停站状态。但对于一条线路来说，比如全线有 30 列车辆在运行,就这 30 列车辆的事件群来说,它既不可能都处于取流状态,也不可能都处于惰行状态。从概率论上讲,应有 1/3 的列车在取流。在按平均运量法进行牵引供电计算时,其主要参数的平均值与有效值之间的关系应符合方差定律。

随着计算机技术的迅速发展,近年来牵引供电计算逐步通过计算机进行模拟仿真计算,这样可以大大提高工作效率和计算准确度。当前,这两种计算方法已被成功应用于国内多家设计单位开发的牵引供电仿真计算软件中。例如,基于运行图法,开发出的"城市轨道交通牵引供电仿真软件 URTPS V2.10";基于平均运量法,开发出的"SUPPLY 2000"牵引供电计算软件。这些软件已多次成功应用于国内外城轨供电系统设计工作中,并取得了理想的效果。

三、平均运量法

(一)计算条件

1. 假设条件

利用平均运量法进行牵引供电计算时,有三个基本假设条件:
(1)馈电区间的列车数量不变,并等于平均列车数。
(2)在线路上列车是运动的,其相对位置受运行条件的制约,即不可能出现两列车重合在一起的情况。
(3)列车电流在区间是任意变化的,但其列车平均电流和有效电流是不变的,对某一固定区间而言,其能耗是固定的。以一定的速度把一定重量的旅客通过具有自重的列车走相同的路线,从一个车站运送到另一个车站耗费的能量是一定的。

2. 计算条件

利用平均运量法进行牵引供电计算,需要以下计算条件:
(1)车流密度:N,对/h。
(2)列车编组:3~8,节/列。
(3)动车自重:$M(t)$,定员人数:a。
(4)拖车自重:$T(t)$,定员人数:b。
(5)列车平均运行速度:V,km/h。
(6)牵引网额定电压:U_c,kV。
(7)牵引网单位阻抗:r,Ω/km。
(8)列车单位能耗:ΔA,kW·h/t·km。
(9)供电距离:L,km。

(二)计算原理

平均运量法计算电气参数的方法是按运输任务(运行的列车对数、牵引计算得到的列车电流等)对实际运行的列车情况做某些列车运行(或分布)规律的假设后,以较严密的数学方法——概率论为基础进行电气参数的计算。计算原理的核心是确定供电区段中的平均列车数。

现以单边供电区段为例，运用平均运量法计算牵引变电所馈线平均电流 I_A 说明该方法的基本思路。I_A 的定义如下：

$$I_A = (i_1 + i_2 + \cdots + i_n)_{平均值} \text{（A）} \tag{11.8}$$

式中　I_A——馈线平均电流，A；

$(i_1 + i_2 + \cdots + i_n)_{平均值}$——取所有时刻 $(i_1 + i_2 + \cdots + i_n)$ 的平均值，即为馈电线电流的平均值，A。

根据数学概率论，当各列车取用电流为相互不相关时，即某列车取某一电流值时，它并不影响其他 $(n-1)$ 列列车的取流，也就是各列车之间所取电流有其随机性，互不影响和约束，实际上也反映了列车所处位置的各种可能性，这是比较接近实际情况的，这样可得：

$$(i_1 + i_2 + \cdots + i_n)_{平均值} = (I_1 + I_2 + \cdots + I_n) \tag{11.9}$$

式中　$I_1, I_2, \cdots, I_n$——各列车在整个走行时间内的平均电流，A。

如果运行着的列车是同类型状态的列车，则 $I_1 = I_2 = \cdots = I_n$，I 为同类型列车平均电流。所以

$$I_A = mI \text{（A）} \tag{11.10}$$

式中　m——供电区段中的平均列车数，$m = N\dfrac{t}{T}$；[其中，N——要求在给定时间 (T) 内通过供电区段的列车数；t——列车通过供电区段所需的走行时间，s]。

以上平均列车数公式可以这样理解：如果在"T"时间内要完成通过供电区段 N 列列车的任务，而且假定任何时刻区段（线路）上只有一列车，则完成以上任务需要 (Nt) 时间，而实际上是规定在"T"时间内要完成以上任务，所以如果 (Nt) 大于 T 时，则用一列车走过区段后再进入第二列车的方法是不能完成运输任务的，因此必须要同时多于一列车通过区段，则 $N\dfrac{t}{T} = m$ 就是要求同时通过（存在）区段的列车数，即平均列车数。

以上就是平均运量法的基本原理和思路，在计算出列车平均电流和供电区段内平均列车数后，就可以推算出一整套牵引供电系统参数计算公式。

四、平均运量法计算基本参数

利用平均运量法进行牵引供电计算，在工程设计中，既可以利用计算机编程实现，也可以人工进行计算。

1. 列车平均电流

用平均运量法进行牵引供电计算应首先计算列车区间平均电流值。

列车在区间运行的平均电流，可以有两种方法计算，一是利用列车在区间运行的电流曲线和时间曲线；二是用单位能耗计算列车区间平均电流。在实际工程设计中，往往是供电设计和行车设计同时进行，如果在进行牵引供电计算时，在设计后期行车专业能提供列车电流曲线，则可利用列车电流曲线法计算平均电流，若设计前期行车专业不能提供列车电流曲线，则可利用列车单位能耗法计算平均电流。

（1）列车电流曲线法。

如果具备列车在区间运行的电流曲线和时间曲线（图11.3所示为列车电流曲线图），则区

间列车带电运行平均电流、运行平均电流、电流间断系数分别由以下计算公式求得。

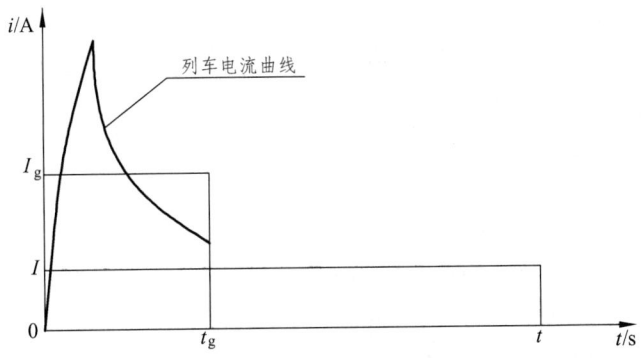

图 11.3 列车平均电流曲线图

列车区间带电运行平均电流 I_g 的计算公式如下：

$$I_g = \frac{\int_0^{t_g} i_g \mathrm{d}t}{t_g} \quad (A) \tag{11.11}$$

列车区间运行平均电流 I 的计算公式如下：

$$I = \frac{I_g}{\alpha} \quad (A) \tag{11.12}$$

列车区间电流间断系数 α 的计算公式如下：

$$\alpha = \frac{I_g}{I} = \frac{t}{t_g} \quad (A) \tag{11.13}$$

式中　t——列车全走行时间，s；
　　　t_g——列车带电走行时间，s；
　　　α——列车电流间断系数。

（2）列车单位能耗法。

用列车单位能耗计算列车平均电流 I 的计算公式如下：

$$I = \frac{\Delta A G V}{U_C} \quad (A) \tag{11.14}$$

式中　ΔA——列车单位能耗，kW·h/t·km；
　　　U_c——牵引网额定电压，kV；
　　　V——列车平均运行速度，km/h；
　　　G——列车重量，t。

$$G = x(M + 0.06a) + y(T + 0.06b)$$

式中，x 动车数；y 为拖车数；M 为动车自重；T 为拖车自重；a 为动车每节载客人数；b 为拖车每节载客人数。

2. 区间平均列车数

单行平均列车数 m 的计算公式如下：

$$m = \frac{Nt}{T} = \frac{NL}{V} \tag{11.15}$$

上、下行平均列车数 m_s 的计算公式如下：

$$m_s = \frac{2Nt}{T} = \frac{2NL}{V} \tag{11.16}$$

式中　N——列车对数，对/h；
　　　T——时间周期；
　　　t——列车区间走行时间，s；
　　　L——区间距离，km；
　　　V——列车平均运行速度，km/h。

3. 区间走行时间

$$t = 3\,600\frac{L}{V}\ (\text{s}) \tag{11.17}$$

式中　L——区间距离，km；
　　　V——列车平均运行速度，km/h。

第三节　直流牵引供电系统电压损失计算

> **本节导读**
>
> 已知线路电阻时，计算牵引供电系统电压损失的关键是计算相应的电流。本节在介绍相关电流计算的基础上，分别介绍了受流器上电压损失平均值、列车启动时牵引网最大电压损失、牵引网平均电压损失和最大平均电压损失的计算方法，同时还介绍了走行轨的电压损失计算以及牵引供电计算应注意的问题。

以下计算公式仍然是运用平均运量法的方法。首先计算相关电流。

一、相关电流计算

1. 牵引变电所馈线平均电流

（1）单边供电。

单边供电时的计算公式如下：

$$I_A = mI \quad (\text{A}) \tag{11.18}$$

（2）双边供电。

双边供电时的计算公式如下：

# 第十一章 直流牵引供电系统电压损失计算

$$I_A = \frac{mI}{2} \quad (A) \tag{11.19}$$

式中　I——列车平均电流，A；

　　　m——单行平均列车数。

2. 牵引变电所馈线有效电流

（1）单边供电。

单边供电时的计算公式如下：

$$I_{xA} = I_A \sqrt{1 + \frac{1.15\alpha - 1}{m}} \quad (A) \tag{11.20}$$

（2）双边供电。

双边供电时的计算公式如下：

$$I_{xA} = I_A \sqrt{1 + \frac{1.33k_x^2 - 1}{m}} \quad (A) \tag{11.21}$$

式中　I_A——馈线平均电流，A；

　　　α——列车电流间断系数；

　　　k_x^2——有效系数，取 1.15α。

3. 牵引变电所母线有效电流

在进行牵引变电所母线有效电流计算时，应符合方差定律，即总量的方差等于各分量的方差之和。

每个牵引变电所上、下行共有 4 路直流馈线，如图 11.4 所示。图中牵引变电所母线有效电流 $I_{x\Sigma}$ 用 4 路馈线有效电流 I_{xA1}、I_{xA2}、I_{xA3}、I_{xA4} 和馈线平均电流 I_{A1}、I_{A2}、I_{A3}、I_{A4} 可表示为：

$$I_{x\Sigma}^2 = I_{xA1}^2 + I_{xA2}^2 + I_{xA3}^2 + I_{xA4}^2 + 2I_{A1}I_{A2} + 2I_{A1}I_{A3} + 2I_{A1}I_{A4} + 2I_{A2}I_{A3} + 2I_{A2}I_{A4} + 2I_{A3}I_{A4} \tag{11.22}$$

牵引变电所总的有效电流 $I_{x\Sigma}$

$$I_{x\Sigma} = \sqrt{I_{x\Sigma}^2} \quad (A) \tag{11.23}$$

二、相关电压损失计算

1. 列车给电运行时受流器上电压损失平均值

（1）单边供电。

单边供电时的计算公式如下：

$$\Delta u_{gd} = \frac{I_A L r}{3}\left(1 + \frac{1.5\alpha - 1}{m}\right) \quad (V) \tag{11.24}$$

式中　Δu_{gd}——电压损失平均值，V；

　　　I_A——单边供电时馈线平均电流，A，$I_A = mI$；

L ——单边供电距离，km；

r ——牵引网单位电阻，Ω/km；

α ——列车电流间断系数；

m ——区间平均列车数。

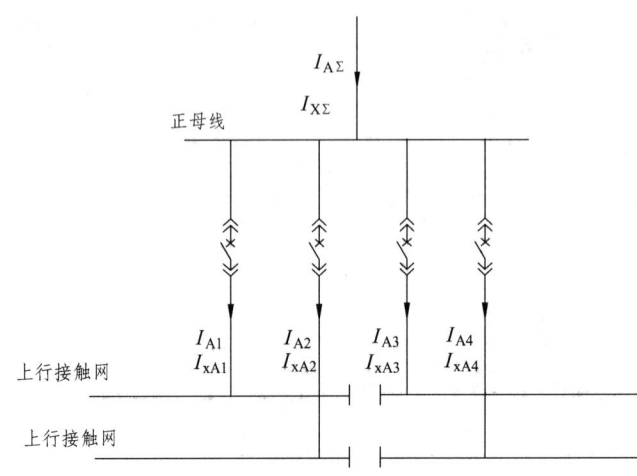

图11.4　牵引变电所馈出示意图

（2）双边供电。

双边供电时的计算公式如下：

$$\Delta u_{gs} = \frac{I_A L r}{6}\left(1+\frac{2\alpha-1}{m}\right) \quad (V) \tag{11.25}$$

式中　I_A ——双边供电时馈线平均电流，A，$I_A = mI/2$；

L ——双边供电距离，km。

其余符号含义见式（11.24）有关部分。

（3）单边供电与双边供电时受流器上电压损失平均值的比较。

将式（11.24）与式（11.25）比较，得

$$\frac{\text{式}(11.24)}{\text{式}(11.25)} = \frac{\Delta u_{gd}}{\Delta u_{gs}} = \frac{\dfrac{mILr}{3}\left(1+\dfrac{1.5\alpha-1}{m}\right)}{\dfrac{mILr}{12}\left(1+\dfrac{2\alpha-1}{m}\right)} = \frac{4\times\left(1+\dfrac{1.5\alpha-1}{m}\right)}{1+\dfrac{2\alpha-1}{m}}$$

设 $m=1$，$\alpha=3$，则　　$\dfrac{\Delta u_{gd}}{\Delta u_{gs}} = \dfrac{4\times(1+3.5)}{1+5} = 3$

设 $m=2$，$\alpha=3$，则　　$\dfrac{\Delta u_{gd}}{\Delta u_{gs}} = \dfrac{4\times(1+1.75)}{1+2.5} = 3.14$

设 $m=3$，$\alpha=3$，则　　$\dfrac{\Delta u_{gd}}{\Delta u_{gs}} = \dfrac{4\times(1+1.16)}{1+1.67} = 3.25$

设 $m=4$，$\alpha=3$，则　　$\dfrac{\Delta u_{gd}}{\Delta u_{gs}} = \dfrac{4\times(1+0.875)}{1+1.25} = 3.33$

随着平均列车数 m 的增加，两者的比值亦增加，即当 $m\to\infty$，则 $\dfrac{\Delta u_{gd}}{\Delta u_{gs}}\to 4$，两者比值的极限为 4。可见，单边供电时受流器上的电压损失是双边供电时的 3～4 倍。而实际上不可能达到 4 倍，因为区间列车数不可能无限增大，只能是有限的数值，以下的证明中，同样 $m\to\infty$ 仅是数学上的意义，并不代表实际列车数。

2. 列车启动时牵引网最大电压损失

（1）单边供电。

单边供电列车启动时最大电压损失发生在供电区的终点，计算公式如下：

$$\Delta u_{dq\max} = I_{q\max}Lr + (m-1)\frac{I_A Lr}{2} \quad (\text{V}) \tag{11.26}$$

（2）双边供电。

双边供电列车启动时最大电压损失发生在供电区的中点，计算公式如下：

$$\Delta u_{sq\max} = \frac{I_{q\max}Lr}{4} + (m-1)\frac{I_A Lr}{8} \quad (\text{V}) \tag{11.27}$$

式中　$I_{q\max}$——列车最大启动电流，A。

其余符号含义见式（11.24）有关部分。

（3）单边供电与双边供电时列车启动的牵引网最大电压损失比较。

将式（11.26）与式（11.27）进行比较，得

$$\frac{\text{式}(11.26)}{\text{式}(11.27)}=\frac{\Delta u_{dq\max}}{\Delta u_{sq\max}}=\frac{I_{q\max}Lr+(m-1)\dfrac{I_A Lr}{2}}{\dfrac{I_{q\max}Lr}{4}+(m-1)\dfrac{I_A Lr}{8}}=4$$

可见，单边供电列车启动时的牵引网最大电压损失是双边供电时的 4 倍。

3. 牵引网平均电压损失

计算平均电压损失对列车的辅助电机有意义。

（1）单边供电。

单边供电时的计算公式如下：

$$\Delta u_d = \frac{I_A Lr}{3}\left(1+\frac{1}{2m}\right) \quad (\text{V}) \tag{11.28}$$

（2）双边供电。

双边供电时的计算公式如下：

$$\Delta u_s = \frac{I_A Lr}{6}\left(1+\frac{1}{m}\right) \quad (\text{V}) \tag{11.29}$$

符号含义见式（11.24）有关部分。

（3）单边供电与双边供电时牵引网平均电压损失比较。

将式（11.28）与式（11.29）进行比较，得

$$\frac{式(11.28)}{式(11.29)}=\frac{\Delta u_d}{\Delta u_s}=\frac{\dfrac{I_A Lr}{3}\left(1+\dfrac{1}{2m}\right)}{\dfrac{I_A Lr}{12}\left(1+\dfrac{1}{m}\right)}=4\times\frac{1+\dfrac{1}{2m}}{1+\dfrac{1}{m}}$$

假设区间平均列车数 $m=1$，则 $\dfrac{\Delta u_d}{\Delta u_s}=4\times\dfrac{(1+0.5)}{1+1}=3$

假设区间平均列车数 $m=2$，则 $\dfrac{\Delta u_d}{\Delta u_s}=4\times\dfrac{(1+0.25)}{1+0.5}=3.33$

假设区间平均列车数 $m=3$，则 $\dfrac{\Delta u_d}{\Delta u_s}=4\times\dfrac{\left(1+\dfrac{1}{6}\right)}{1+\dfrac{1}{3}}=3.5$

假设区间平均列车数 $m=4$，则 $\dfrac{\Delta u_d}{\Delta u_s}=4\times\dfrac{\left(1+\dfrac{1}{8}\right)}{1+\dfrac{1}{4}}=3.6$

即随着平均列车数的增加，两者之比亦增加，两者比值的极限值为4。即牵引网平均电压损失单边供电是双边供电的3～4倍。

4. 牵引网最大平均电压损失

（1）单边供电。

单边供电时发生在终点，计算公式如下：

$$\Delta u_{d\max}=\frac{I_A Lr}{2}\left(1+\frac{1}{m}\right)\quad (V) \tag{11.30}$$

（2）双边供电。

双边供电时发生在中点，计算公式如下：

$$\Delta u_{s\max}=\frac{I_A Lr}{4}\left(1+\frac{1}{m}\right)\quad (V) \tag{11.31}$$

符号含义见式（11.24）有关部分。

（3）单边供电与双边供电时牵引网最大平均电压损失比较。

将式（11.30）与式（11.31）进行比较，得

$$\frac{式(11.30)}{式(11.31)}=\frac{\Delta u_{d\max}}{\Delta u_{s\max}}=\frac{\dfrac{mILr}{2}\left(1+\dfrac{1}{m}\right)}{\dfrac{mILr}{8}\left(1+\dfrac{1}{m}\right)}=4$$

可见，单边供电时牵引网最大平均电压损失是双边供电时的4倍。

三、走行轨电压损失

1. 计算意义

走行轨对地电位也是牵引供电重要的计算内容之一。通过计算走行轨对地电位可以验证

全线牵引变电所设置是否合理。《城市轨道交通直流牵引供电系统》(GB 10411—2005)第7.4.2节规定:"利用走行轨回流,且在最大负载时,轨上任意一点对地电位差不应大于 90 V。"这也正是计算走行轨对地电位的意义和目的所在。同时,走行轨对地电位还是牵引供电系统杂散电流腐蚀防护设计的主要参数之一。

但是,计算得到的走行轨对地电位值并不是作为设置钢轨电位限制器的唯一依据。因为城市轨道交通线路在实际运营中,有时会有不明原因造成走行轨对地电位的升高。

2. 计算内容

为验证全线牵引变电所设置的合理性以及开展杂散电流腐蚀防护设计,走行轨对地电位计算需要计算以下内容:

(1)正常双边运行方式下,供电区间走行轨上最大的对地电位。

(2)任意一座中间牵引变电所解列,由相邻牵引变电所构成大双边供电的区间走行轨上最大的对地电位。

(3)端头牵引变电所解列,由次端头牵引变电所单边供电的区间走行轨上最大的对地电位。

3. 计算方法

(1)若利用运行图法计算走行轨对地电位,可以同时得到瞬时值和平均值,宜通过计算仿真软件进行。

(2)若利用平均运量法计算走行轨对地电位,则走行轨对地电位的平均值,以走行轨电压损失值的 1/2 为参考。

4. 计算公式

走行轨电压损失计算

$$\Delta u_Z = \left(\frac{R_Z}{R_J + R_Z}\right) \Delta u \quad (V) \tag{11.32}$$

式中 R_Z ——走行轨阻抗,Ω;

R_J ——接触网阻抗,Ω;

Δu ——牵引网电压损失,V。

单边供电时,走行轨对地电位与走行轨电压损失的关系如图 11.5 所示。

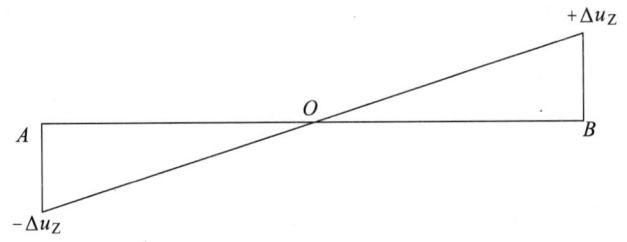

图 11.5 单边供电走行轨对地电位分布示意图

双边供电时,走行轨对地电位与走行轨电压损失的关系如图 11.6 所示。

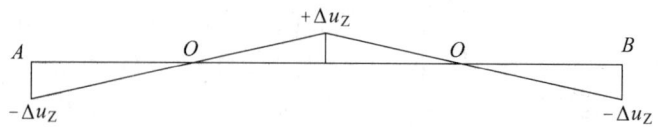

图 11.6　双边供电走行轨对地电位分布示意图

四、牵引供电计算应注意的问题

（1）单边供电只是一种可能的供电方式，而不是牵引供电计算的限制条件。即便是考虑线路终端牵引变电所故障解列需要单边供电时，为减小列车起动时的电压降，也应用横向电动隔离开关将上下行接触网进行并联，以减小供电回路电阻，改善列车起动条件。

（2）在正常运营条件下，按双边供电计算，当系统中任何一座牵引变电所故障解列时，应按大双边供电进行校核，变电所的过负荷能力不超过 $150\%I_n$，使牵引变电所容量的选择既满足正常运行需要，也满足一座牵引变电所解列退出运行时的需要。按大双边供电计算系指牵引变电所一侧为大双边供电，而另一侧为正常双边供电或单边供电。

（3）一条线路上，允许几座牵引变电所解列退出，保证列车正常运行不受影响，其条件是"解列退出者必须是相隔两座牵引变电所"。

综合练习

一、选择题

1. 直流 750 V 牵引供电系统允许的最低工作电压为（　　）。
   A. 500 V　　　　B. 550 V　　　　C. 600 V　　　　D. 700 V
2. 直流 750 V 牵引供电系统允许的最高工作电压为（　　）。
   A. 750 V　　　　B. 800 V　　　　C. 850 V　　　　D. 900 V
3. 直流 1 500 V 牵引供电系统允许的最低工作电压为（　　）。
   A. 1 000 V　　　B. 1 200 V　　　C. 1 300 V　　　D. 1 500 V
4. 直流 1500 V 牵引供电系统允许的最高工作电压为（　　）。
   A. 1 500 V　　　B. 1 600 V　　　C. 1 700 V　　　D. 1 800 V
5. 单边供电时牵引网最大平均电压损失是双边供电时的（　　）倍。
   A. 2　　　　　　B. 3　　　　　　C. 4　　　　　　D. 5
6. 利用走行轨回流，且在最大负载时，轨上任意一点对地电位差不应大于（　　）。
   A. 65 V　　　　　B. 80 V　　　　　C. 90 V　　　　　D. 120 V

二、判断题

1. 因为只有最低电压水平才对确保列车的正常运行有实际意义，所以供电计算中只需要计算牵引供电系统的最大电压损失。（　　）
2. 变压器的电压损失只与变压器的输出电流有关，而与变压器的结线方式无关。（　　）

3. 一条线路上,允许相邻两座牵引变电所解列退出。(　　　)

三、填空题

1. 当前,牵引供电计算较常用的两种计算方法分别是_____和_____。

2. 在按平均运量法进行牵引供电计算时,其主要参数的平均值与有效值之间的关系应符合_____定律。

3. 走行轨对地电位的平均值,以走行轨电压损失值的_____为参考。

四、简答题

1. 简述直流牵引供电系统计算的主要内容。

2. 利用平均运量法进行牵引供电计算时,有哪三个基本假设条件?

五、综合题

1. 主变电所值班员巡视发现电压变化情况如下:当接触网无负荷时,进线电压可达到 120 kV,而当接触网有大负荷时,进线电压则降至 100 kV,在系统电源电压稳定的情况下,请问这个电压损失在哪里?当接触网无负荷时,变电所母线电压达到 40 kV,而当有大负荷时,则母线电压降至 31 kV,请问这个电压损失分别损失在哪里?

2. 在直流电压损失计算中,为何只用系统的电阻(R)参数,而在交流电压损失计算中,则只用电抗参数(X)?

第十二章 城轨供电系统运行与管理

【教学目标】

通过本章的学习，主要了解与掌握以下知识：
1. 了解城轨供电系统运行管理的原则、任务与内容要点。
2. 了解城轨供电系统运行管理组织，熟悉相关岗位职责。
3. 熟悉城轨供电系统有关规程制度。
4. 了解城轨交通系统接口划分，熟悉城轨供电系统的接口。
5. 了解城轨供电系统安全要求与特点，掌握安全管理与事故抢修管理基本方法。

主要具备以下能力：
1. 会分析城轨供电系统相关的接口关系。
2. 会识别危险源并会采取相应风险控制措施。
3. 会安全管理与事故抢修基本方法。

【知识结构】

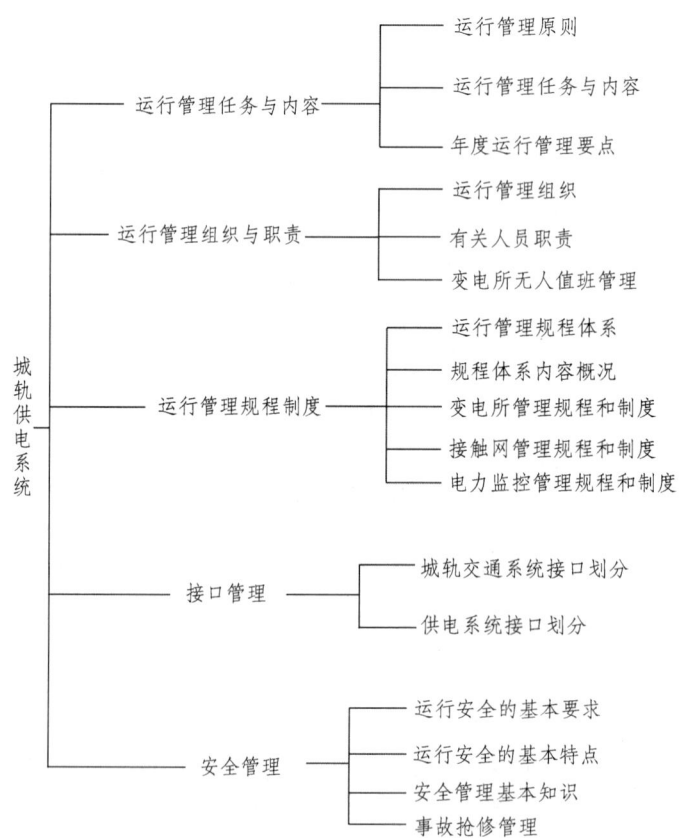

第一节 运行管理任务和内容

> **本节导读**
>
> 本节介绍了城轨供电系统运行管理的方针、原则和任务，对正常运行工作、异常情况处理、设备检修、运行分析、技术资料管理和人员培训等 6 个方面的运行管理工作以及年度运行管理工作要点的具体内容进行了重点介绍。

城轨供电系统的运行管理工作包括运行和检修两个部分，其运行管理的方针、任务和内容如下。

一、运行管理的原则

城轨供电系统运行管理贯彻落实"质量第一、修养并重、预防为主"的方针，并逐步向"定期检测、状态维修、限值管理、寿命管理"的方针过渡，实行"三定、四化、记名检修"原则。

1. "三定"

"三定"，就是定设备、定人（或班组）、定检修周期和范围。定设备是把电气设备的管理范围按工种划分清楚，明确分界点，以防止漏检漏修。定人（或班组）是把设备的保管、维护和检修任务落实到人（或班组），做到分工明确，各负其责，从而加强工作责任感，以利于提高质量，减少事故。定检修周期和范围是根据不同的设备和修程，确定其检修周期和范围，以实现计划检修。

2. "四化"

"四化"，就是作业制度化、质量标准化、检修工艺化、检修机具和检测手段现代化。作业制度化是指检修作业和设备操作要按规定程序和安全制度执行；质量标准化是按技术要求精检细修，达到统一的质量标准；检修工艺化是坚持按工艺要求进行检修，保证质量，提高效率，降低成本；检修机具和检测手段现代化是利用现代科学技术及装备进行检修和测试，以适应现代技术不断发展的需要。

3. "记名检修"

"记名检修"，就是记录检修者和验收者的姓名。要求检修者根据设备的技术状态提出检修依据，采取针对性措施，按工艺检修，并做到修前有计划，修中有措施，修后有结语。

二、运行管理的任务和内容

城轨供电系统的运行管理工作就是为了保证供电设备的安全运行，持续地为用户提供合格的电能而采取的技术措施和组织措施。其工作内容包括正常运行工作、异常情况处理、设备检修、运行分析、技术资料管理和人员培训等6个方面。

1. 正常运行工作

正常运行工作包括设备巡视、记录、设备维护、倒闸操作和工作票受理等5个方面的内容。

（1）设备巡视。

按照规定的周期和项目，沿指定的巡视路线进行设备检查，通过有关测量仪表和显示装置及时掌握设备的运行情况（如电压、电流、功率和温度等），以预防设备事故。凡遇高温、严寒、雷害、迷雾、台风和汛期时，要分别按重点检查项目进行特殊巡视。根据设备缺陷的等级，按职责范围加以消除或隔离，以保证供电的安全和质量。

（2）记录。

按照规定的时间和项目，通过人工或自动装置对运行数据、运行环境、调度指令和操作、施工检查、事故处理等情况进行记录。

（3）设备维护。

根据所处的环境和规定的周期与项目，进行场地清洁、设备清扫、绝缘子更换、带电测温和蓄电池维护等工作。

（4）倒闸操作。

根据调度命令和倒闸操作票，由合格的人员进行电气操作及监护。

（5）工作票受理。

按照安全工作规程，值班员审核工作票、核对及完成安全措施，并会同工作负责人对现场安全措施进行检查和工作许可（包括工作票延长、间断、转移的许可）等工作的办理。施工结束后会同工作负责人进行设备检查、验收，并办理工作票终结手续。

2. 异常情况及事故处理

设备的异常状态是指设备在规定的外部条件下，部分或全部失去额定的工作能力状态，它是相对设备的正常工作状态而言的。如变压器的负荷超出规程和设备能力允许时间内的正常过负荷数值、母线电压越出限值、充气设备压力异常等。

事故本身也是一种异常状态，事故通常是指异常状态中比较严重的或已经造成设备部分损坏、引起系统运行异常、中止或部分中止了对用户供电的状态。

在发生故障时，值班运行人员要迅速、准确地判断和处理。在事故处理中必须牢固树立"安全第一"的思想，遵循"先通后复"的原则。在事故抢修中电力调度员须与行调、环调密切配合，严格掌握供电和行车、环控的基本标准条件，根据设备的技术条件和现场具体情况，采取有效措施，适当调整运行方式，尽可能减少对行车的影响，及时安排抢修和处理时间，尽快恢复对接触网的供电和正常行车秩序，在允许的条件下保证环控设备的运行，保证城市轨道交通的服务质量。

3. 设备检修

（1）定期检修。

计划性检修为了防止设备性能及精度劣化或降低，根据设备运转的周期和季节性等特点，按预先制定的设备检修周期与工作内容、技术要求和计划所进行的维修作业。对于计划性检修必须制定相应的年度检修计划及月度捡修计划，并根据计划进行安排和落实。

（2）预防性试验。

预防性试验是暴露设备内部缺陷，判断设备能否继续运行的重要措施。各种电气设备的预防性试验项目、周期和标准，按现场电气设备预防性试验规程执行。

（3）临时检修。

根据专业设备的变化和实际运作状态、事故跳闸或同类设备已发生重大事故时，根据需要进行调整而增加的临时性检查修理。

4. 运行分析

运行分析工作主要是针对设备运行、操作和异常情况以及人员执行规章制度情况，进行分析总结，摸索规律，找出薄弱环节，及时发现问题，掌握运行规律，有针对性地制定保证运行安全的措施，以防事故发生，不断提高安全经济运行水平和管理水平。

5. 人员培训

不断提高运行人员的技术和管理水平也是保证安全运行、提高供电质量的重要条件之一。为此，供电系统管理部门应对值班和检修人员加强安全和技术业务教育，积极开展事故预想活动（反事故演练），不断提高值班人员业务和维护、检修水平以及事故处理的能力。

6. 技术资料管理

供电系统的运行检修工作应具备管理部门制定的各项管理规程、安全工作规程，各种技术图纸、技术资料，各种工作记录簿和指示图表等，以使工作有章可循，同时便于积累资料进行运行分析，提高工作质量。

三、年度运行管理工作要点

按照以上规定的运行管理任务和内容，结合不同的季节特点和负荷的变化情况，供电系统运行管理年度工作要点如下所述（以南方地区为例）。

1.1月份

（1）元旦检修工作及特巡工作。

（2）防雷准备工作，变电所和接触网避雷器修理及校验；SCADA系统中防雷、过电压保护装置的检查；检查重合闸装置及蓄电池情况，并消除缺陷；测量接地电阻；检查避雷器的安装及动作计数器等。

（3）春节检修准备工作，提出检修项目及准备处理的缺陷，并做好人工、器材等的准备。

（4）继续做好防寒、防冻工作。

（5）做好防止工作中滑跌、摔伤的安全工作。

（6）加强变电所的防火工作。

（7）防止雾季闪络事故，进行接触网户外绝缘子清洗、擦拭或涂刷防尘绝缘剂等。

（8）对上年度设备进行全面总结和鉴定。

2.2 月份

（1）完成防雷准备工作。月底前将避雷器投入运行；继续检查重合闸装置及蓄电池情况，并消除缺陷；测量接地电阻；检查避雷器的动作计数器，并将原来的动作次数记录（雷雨季节中要经常检查和记录），测量接地电阻；检查并制定雷雨季节运行方式和防雷反事故措施计划。

（2）继续做好防寒、防冻、防滑跌、防摔伤、防火和防雾闪等工作。

（3）检查充油设备的油位。

（4）春节检修工作。

（5）加强春节期间的安全检查，重点检查变电所和接触网关键设备，加强值班巡视，并组织特巡。

3.3 月份

（1）继续做好预防雾季绝缘子闪络工作，完成重合闸装置和蓄电池的检查，并消除缺陷。

（2）组织在雾天对污秽地区的特巡，监视绝缘子情况。

（3）检查户外设备有无鸟巢。

（4）做好一季度设备的评级工作。

4.4 月份

（1）做好预防台风的准备工作，特别是做好接触网户外支柱的基础检查工作，检查防洪物资的到位及完好情况。

（2）做好迎接高峰负荷前的设备检查工作。

（3）"五一"节设备检修准备工作。

（4）"五一"节前设备安全检查工作。

（5）因昼夜温差较大，注意检查接触网补偿装置动作是否灵活。

5.5 月份

（1）"五一"节检修及特巡。

（2）做好预防发生台风事故的准备工作，检查避雷针结构的牢固状况；检查户外设备的安装是否牢固等。

（3）做好台风期的抢修准备工作，检查组织、材料、工具、车辆和后勤等准备工作。

（4）检查变电所的降温防汛准备工作。检查变电所的通风情况，检查风扇、水泵、防汛栏等设施，及时修理补充。

（5）检查并做好电气设备的防潮工作。

（6）检查电容器的安装、通风、温升及保护情况，并进行改进。

6.6 月份

（1）完成台风期抢修的准备工作，并进行抢修演习。

（2）完成变电所的降温、防汛工作。

（3）做好防止高温中发生设备过热事故的工作，检查对满载、超负荷设备的接头、变压器温度、温升的检查测量,并加强定期巡视检查。

(4) 检查并做好电气设备的防潮工作。

(5) 做好设备二季度的评级调整工作。

7. 7月份

(1) 继续做好防台风和防止高温中设备过热的工作。

(2) 及时检查变电所的防汛情况。

(3) 加强夏季安全生产工作,尤其是继电保护的安全运行。

(4) 检查充油设备的油位及防潮、防漏工作。

(5) 做好户外设备的除草工作。

8. 8月份

(1) 继续做好防台风和防止高温中设备过热的工作。

(2) 加强监测变电所电压,并适时进行调整。

(3) 检查充油设备的油位。

(4) 做好户外设备的除草工作。

9. 9月份

(1) 继续做好防台风和防止高温中设备过热的工作,并做好夏季安全生产工作总结。

(2) 做好国庆节期间的检修准备,及时消除缺陷,并加强事故预演。

(3) 组织并做好国庆节期间的安全检查,加强值班巡视,增加特巡。

(4) 检查充油设备的油位。

(5) 做好户外设备的除草工作。

(6) 做好第三季度设备的评级调整工作。

10. 10月份

(1) 国庆节期间检修工作及确保检修时的安全。

(2) 做好户外设备绝缘子清扫工作。

(3) 迎接高峰负荷,对重要用户的设备接点温度加强监视、测量。

(4) 检查并做好防小动物进入变电所的措施。

(5) 做好防寒、防冻的准备工作。

(6) 因昼夜温差较大,注意检查接触网补偿装置动作是否灵活。

11. 11月份

(1) 继续做好防止雾季绝缘子发生闪络的工作和迎接高峰负荷工作。

(2) 避雷器停用并进行检查。

(3) 检查凝固点高的绝缘油情况,并检查充油设备的油位。

12. 12月份

(1) 继续做好防止雾季绝缘子发生闪络,迎接高峰负荷和避雷器的检查、修理等工作。

(2)测量接地电阻。
(3)做好防寒、防冻、防火工作并检查除草工作。
(4)做好元旦检修的准备工作。
(5)加强元旦前的安全检查工作。
(6)检查充油设备的油位。
(7)检查并做好防小动物进入变电所的措施。
(8)做好第四季度设备的评级调整和年度总结准备工作。

第二节　运行管理组织及职责

> **本节导读**
>
> 本节主要介绍了城轨供电系统的人员配置原则和相关人员的职责及要求，同时还介绍了变电所无人值班的有关管理原则。

一、运行管理组织

在城轨供电系统的运行管理中，应设有各级运行与检修人员，分别负担不同的工作。如何根据城轨供电系统点多、分散、距离短且有电力监控系统的特点，不同的企业可结合实际情况，选择更适合自己的组织管理模式。运行管理组织的总体要求是机构精简、管理层次少、职责分工明确，从而提高管理和检修效率。但一般而言，需在控制中心设置电力调度，在维修基地供电管理部门除设置技术管理人员外，还需设置相关的运行、检修、试验人员。根据具体情况，运行值班人员与检修试验人员可分开，也可由检修试验人员同时兼顾运行值班工作。

对于供电管理部门的定员配置，可根据实际管理的幅度、人员的素质、检修设备的工作量及检修单台设备所需要的基本人数确定。其配置原则如下所述。

1. 专业技术管理人员的配置

根据供电系统的特点，每一专业至少配置一位专业工程师，如设一次设备工程师、二次设备工程师、试验检测工程师、低压设备工程师、SCADA工程师、变电运行工程师、接触网运行工程师、接触网检修工程师等。

2. 电力调度员的配置

原电力部颁发的《调度管理规程》规定："电力系统调度管理的任务是领导系统的运行和操作"，电力调度员"为系统运行和操作指挥员"。因此，在变电所未实行无人值班时，电力调度员的人员配置可按每班为一人值班来考虑。但在实现无人值班后，由于变电所所有能够实行"四遥"的设备运行操作及监控全部由电力调度员来完成，因此，电力调度员的任务不只是系统运行和操作的指挥人,而且还是系统运行和操作的执行人。即将电力调度员从后台推到了前台。此时电力调度员的值班制度应重新安排,宜安排每班二人值班。当供电系统有操作任务时,必须做到一人操作,另一人监护。

3. 变电运行、检修人员及工班的配置

根据设计和设备可靠性及对运行要求的不同,变电所的运行值班,可采用有人值班和无人值班方式。

采用有人值班方式时,其运行值班可采用三班制或三班半制,每班至少设 2 人,其中一名为安全等级不低于三级的值班员,另一名为安全等级不低于二级的助理值班员。只有 2 人值班时,值班员兼任值班负责人;值班人员在 2 人以上且安全等级符合要求时,可设一名值班负责人领导值班工作。

采用无人值班方式时,由于地铁变电所具有点多、分散、距离短、方便巡视的特点,可采用"无人值班,有人巡视"的模式。在运行初期,变电所的日常管理可实行分段管理,每一工班负责一个分段区域(一般是 4~6 座车站的变电所)的值班、巡视、日常维护、操作及事故处理。每分段设置 1 名分段值班员在分段值班室值班,另再设 1~2 名巡视人员。

如上述,根据具体情况,可分设运行值班人员与检修试验人员,也可由检修试验人员同时兼顾运行值班工作。对于工班的设置,视人员的素质和设备的特性以及管理幅度不同,可设一次设备工班、二次设备工班、高压试验工班、低压设备工班等,每一工班至少需设置一名工班长以及数名技工。

4. 电力监控系统(SCADA)运行、检修人员的配置

对于电力监控系统(SCADA)运行、检修人员的配置,根据实际需要,可专门成立 SCADA 工班,工班至少需设置 1 名工班长以及数名技工。考虑到与受控设备及站端设备的关系,也可将 SCADA 工班与二次设备工班合并。在 SCADA 工班与二次设备工班合并的情况下,对工班人员的素质要求较高,但可起到减员增效的作用,实现一专多能。

5. 接触网运行、检修人员的配置

对于接触网的运行值班、维修及应急抢险等工作的人员,没有严格地区分,可"捆绑"在一起,由接触网当值人员承担,即接触网人员在不同时段,分别担任运行值班、维修及应急抢险任务;或同一时段,接触网当值人员既是运行值班人员,也是维修人员,同时也是应急抢险人员。

至于接触网工班的数量可按线路的长短来设置。根据检修作业的特点,每个工班至少需 8 名技工。每个当值时段的人员中,至少有 1 名安全等级不低于 4 级和 2 名安全等级不低于 3 级的人员。

接触网运行状态的监测,由接触网当值人员完成。其方式是在城市轨道交通沿线设置接触网运行状态监察点,监察点的设置原则是能够在要求的时间内,能够到达城市轨道交通正线的任何地点。运营时间内,接触网当值人员分布在各监察点,负责运营期间接触网设备运行状态的监视和故障情况下现场联络及防护工作。

二、有关人员的职责

1. 供电管理部门负责人的职责

（1）主持本部门的全面管理工作，完成分管工作；负责供电设备的运行、维修和事故处理工作，确保地铁供电系统安全可靠供电。

（2）组织开展供电设备有关的技改、科研，不断提供设备运营质量和运营水平。

（3）制定本部门年度方针目标和生产计划，组织实施供电系统设备运行、检修、技改、科研、计划，以及为实施上述计划而进行采购、资金使用等计划申报。

（4）执行上级部门供用电方针、指示，实施安全供电，完成生产任务，开展节约用电。

（5）组织制订有关规章制度、标准化文件、检修规程，并组织执行。

（6）协调各工班之间、本部门与其他部门之间的生产工作关系。检查下级安全、生产、运行、检修工作执行及完成情况。

（7）控制生产过程中出现的指标偏差，确保公司工作总目标实现。

（8）担当本部门的质量与安全生产的责任人。

2. 专业技术管理人员的职责

（1）确保本专业的设备正常运行和人员人身安全。

（2）组织实施本专业设备运行、维修和日常管理，并进行检查监督；组织实施本专业的故障处理；组织科研、技改的研究和实施工作，对本专业的故障处理进行技术支持。

（3）组织技术管理文件、规程编写，提高维修质量和故障处理能力。

（4）编报本专业各种检修、材料、工具和培训计划。

（5）建立和检查本专业各种记录、台账、报表，向上级提供各种运行报表。

（6）接受上级指令，明确本专业目标，并将目标展开到班组及责任人。

（7）提供良好服务，接受各种检查监督，认真整改不足。

（8）处理各种反馈信息，确保生产的正常开展，及时反馈各种信息。

（9）开展本专业技改、科研项目，使本专业设备不断完善。

3. 工班长的职责

工班长是整个工班在行政和业务上的领导人，应负责做好以下工作：

（1）接受行政上级的领导和专业工程师的业务指导，主持本班组的工作。

（2）根据部门下达的工作计划，编制检修工作计划，并负责组织实施。

（3）督促全工班人员，并以身作则严格遵守有关规程和制度，发现问题及时处理，确保人身和设备的安全。

（4）制定班组管理制度，并负责实施。

（5）负责工班的工器具使用、保养和班前维修的管理，及时提出工器具的补充和报废计划。

（6）负责管理班组备用材料，按程序领用和储备备品备件，负责填写备品备件使用报表，并上报相关部门。

（7）负责收集和上报各种票据作业单。

（8）做好班组的修旧利废组织工作，降低各种维修开支。
（9）负责本班组的检修记录，用工记录，原材料消耗，能源消耗工作量的记录和统计工作。
（10）审核班组人员的工作表现和工作能力，编制有关的培训计划，并在获准后负责实施。
（11）组织学习有关安全生产的文件和规程；组织进行事故预想演习；组织分析本工班的事故和事故苗头，并提出反事故措施。
（12）按时完成工作总结及填报各种报表。
（13）组织搞好班组的文明生产。

4. 班员的职责

（1）在工班长领导下，负责对所辖设备进行日常巡视、检查、维护、维修和抢修工作。
（2）熟悉所管辖范围内设备和供电系统情况，并能根据技术标准、工作程序完成操作任务和生产任务。
（3）熟悉掌握所辖设备的维护、保养方法和检修工艺。
（4）正确使用和维护工器具与测试仪表、仪器。
（5）严格执行各项规章制度和电气安全与技术规程，确保设备及人身安全。
（6）认真做好设备运行维护及抢修工作的各项原始记录，认真填写各种工作作业票。
（7）积极主动参加各种培训，不断提高技术业务能力。
（8）有权督促操作者的正确作业，向工班长及各级反映情况和提出意见，有权参与工班的各种考评。

5. 变电所值班（巡视）人员的职责

值班（巡视）人员在值班时间内，负责设备的正确维护与安全运行，其主要工作有设备巡视及维护保养；表计监视和记录；倒闸操作；办理检修作业手续；事故、故障和缺陷的处理；整理资料并进行运行分析；清洁环境等。

对值班（巡视）人员的要求是能做到"五熟"、"三能"。

【"五熟"】 "五熟"是指：
（1）熟悉本所主接线和二次接线的原理及其布置与走向。
（2）熟悉本所电气设备型号、规格、工作原理、构造、性能、用途、检修标准、巡视项目、停运条件和装设位置。
（3）熟悉本所（区段）继电保护和自动、远动装置及仪表等的基本原理和装设位置。
（4）熟悉本岗位的各种规章、制度及标准化作业程序。
（5）熟悉本所（区段）正常和应急的运行方式、操作原则、操作卡片和事故处理原则。

【"三能"】 "三能"是指：
（1）能分析、判断正常和异常的运行情况。
（2）能及时发现并排除故障、缺陷。
（3）能掌握一般的维护、检修技能。

值班（巡视）人员的具体职责见表12.1。

表 12.1　值班（巡视）人员的具体职责

	值班负责人	值班（巡视）人员	助理值班员
交接班	1. 交班前：检查所有的记录、图纸、资料、备品及当天的工作票。 2. 交接班时：点名、介绍值班期间运行与检修情况。 3. 接班时： （1）带领交、接班人员进行巡视。 （2）根据交接班人员介绍的情况，重点检查有关的记录及运行日志。 （3）批准交接班。	1. 交班前：检查当班时负责的记录。 2. 交班时：留守控制室，监视设备运行。 3. 接班时： （1）参加交接班巡视，重点检查主要设备（变压器、断路器、隔离开关、互感器），并检查测与保护装置的切换片、开关等。 （2）监护助理值班员试验信号及表计。 （3）检查操作命令记录、断路器跳闸及保护动作记录、故障缺陷记录及图纸、资料等。	1. 交班前：检查当班时负责的记录和工具、备品。 2. 交班时：参加交接班巡视并测量蓄电池。 3. 接班时： （1）参加交接班巡视，重点检查避雷装置、高压母线、电缆、端子箱、控制室内设备安装及接触情况。 （2）测量蓄电池。 （3）在监护下试验信号及表计。 （4）检查避雷器动作记录、主变过负荷记录，门卫记录、工具、备品及钥匙等。
值班	1. 主持研究并安排当天工作。 2. 与电力调度联系，申请停电作业。 3. 监视异常设备、保护装置及表计的运行情况。 4. 参加熄灯巡视及特殊巡视。 5. 组织制定事故及设备缺陷的处理措施。	1. 接调度电话。 2. 计算供电日报、月报，填写运行日志（抄表部分除外）。 3. 主要监视直流屏表计，调整端电池放电电流、浮充电电流，监视保护装置运行。 4. 参加定时巡视，根据值班负责人的要求参加特殊巡视。 5. 处理事故及设备缺陷。	1. 接各站电话。 2. 抄表（小时负荷、主变过负荷、馈电线大负荷）并填写运行日志有关部分。 3. 监视控制屏、量计屏、交流屏上仪表指示及信号显示情况。 4. 根据值班负责人的要求参加各种巡视。 5. 协助值班员处理事故及设备缺陷。
倒闸操作	1. 编写倒闸表。 2. 监护复杂的操作及未经模拟操作的紧急倒闸操作。 3. 助理值班员不在时进行操作。	1. 准备操作卡片和操作记录。 2. 要令、消令、执行操作命令，监护倒闸操作。	1. 准备安全工具和钥匙。 2. 在监护下进行操作。 3. 监护值班员要令、消令。
断路器跳闸处理	1. 带领值班员检查有关的设备。 2. 批准有缺陷设备的投运申请。 3. 检查有关记录及标示牌。	1. 监护助理值班员确认并复归转换开关及有关信号。 2. 参加有关设备的检查。 3. 向电力调度汇报跳闸情况、设备状态，并做好记录。	1. 在监护下复归转换开关及有关信号。 2. 在监护下检查有关设备。 3. 更换断路器跳闸次数标示牌。
检修作业	1. 审查工作票。 2. 必要时监护办理工作票。 3. 验收设备，批准结束工作票。 4. 经常巡视检修作业地点，了解检修及安全情况。	1. 审查工作票，向助理值班员交代准备工作。 2. 办理工作票。 3. 监护助理值班员执行及恢复安全措施。 4. 参加设备验收。 5. 随时巡视检修作业地点，了解检修及安全情况。	1. 准备接地线，标示牌及防护栅等。 2. 在监护下，执行及恢复工作票上规定的安全措施。 3. 根据值班员负责人的安排参加检修组工作。

注：1. 学习（实习）值班负责人、值班员、助理值班员在学习（实习）期间可分别在值班员负责人、值班员、助理值班员的监护下进行职责范围内的工作，并对其负责，其相应的监护人员亦有同样责任。
　　2. 值班负责人可临时代替值班员或助理值班员的工作。

6. 电力调度员的职责

（1）负责所辖范围内的供电生产工作，保证整个城轨供电系统安全运行和连续供电。

（2）认真贯彻执行有关规章、制度、命令和上级指示。

（3）执行供电协议有关条文，负责城市轨道交通与城市供电部门间供电范围内的有关工作协调与联系。

（4）执行供电系统的运行方式；制定故障下系统的紧急运行模式。

（5）对电力调度员管辖范围内的设备在 OCC 远方直接进行设备停启、运行方式转换的操作，对 OCC 不能进行远控的设备，电力调度员负责编写操作票发令到变电所值班员当地操作。

（6）审核所辖设备检修计划，根据批准的计划要求，组织设备的检修和施工，并负责对施工安全进行把关，对施工过程进行监控。

（7）指挥供电系统内的事故处理，参加事故分析，制定系统安全运行的措施。

（8）负责对供电系统的电压调整、继电保护、安全自动装置设备进行运行管理；执行继电保护及自动装置的运行与更改方案。

（9）收集整理本系统的运行资料并进行分析工作，总结交流调度运行工作经验，不断提高系统调度运行和管理水平。

三、变电所无人值班的管理

在实现变电所无人值班时，对调度端的电力调度员和站端的变电所值班（巡视）人员的要求均与有人值班时不同。由于地铁变电所具有站多、分散、距离短、方便巡视的特点，结合组织架构设置和人力资源的要求，可实行"无人值班，有人巡视"的办法。地铁变电所的日常管理可实行分段管理，一个工班负责一个分段区域（一般是 4~6 座车站，即 7~10 座变电所）的值班、巡视、日常维护和操作及事故处理。为保证能迅速、准确接受当值调度的命令，及时赶赴现场，设立分段值班室，值班室应设置在与电力调度员联系方便的牵引变电所，以利于及时掌握设备运行状态，该值班室设置一名分段值班员。在实行变电所无人值班的初期，分段管理的原则可按如下考虑：

1. 站端变电所值班（巡视）人员的管理原则

（1）职责。

① 按调度命令进行就地倒闸操作。值班人员为倒闸操作人（即变电所工作要令人），同时兼任变电所内工作许可人。有关检修班组工作负责人为倒闸操作监护人；若不是检修作业而进行的倒闸操作，由区段内其他人员做监护人。

② 一般地，每天每分段设置一名分段值班员 24 小时在分段值班室值班，负责分段值班室所在车站的变电所的巡视和可能的倒闸操作、事故处理及本分段运行情况的收集；另设置两名巡视人员在白班负责除分段值班室所在车站外的变电所的巡视和可能的倒闸操作、事故处理。

③ 变电所设备正常巡视至少每天 1 次，节假日巡视每天至少 2 次，特殊巡视及增加巡视次数按相关规定执行，各分段的巡视人员巡视结束后，若无特别事情，须回分段值班室待命。

④ 一般地，各分段的巡视人员每天在巡视结束后，须将巡视变电所的《运行日志》送回

分段值班室交由该室值班员保存,并将巡视情况交代给值班员。

⑤ 各分段的巡视人员在离开分段值班室前去巡视前,必须先告知电力调度员去向并取得其许可方可前去。分段值班室的交接班按有关规定及交接班制度执行,若遇所辖范围变电所(包括分段值班室所在车站外的变电所)内主要一、二次设备运行方式有较大变动或存在较严重的设备缺陷或运行情况异常或交接双方认为有必要到现场时,交接双方应一同到现场进行交接、检查与确认。

(2)倒闸操作。

① 凡具备遥控功能的设备倒闸操作,由当值电力调度员负责遥控操作。其余操作由现场人员进行,并必须按规定各自填写操作票。

② 有计划的或可预见的操作,根据情况由电力调度员命令巡视人员提前到达需操作的变电所,听从指挥。

③ 倒闸操作由两人进行,一人负责操作,一人负责监护,现场操作人员到达现场执行前,还需与当值电力调度员联系并取得许可后方可操作。

④ 现场操作人员按当值电力调度员命令进行现场操作及事故处理,操作后要立即报告当值电力调度员。

(3)设备异常及事故处理。

① 当设备发生事故危及人身及设备安全时,值班人员有权先将事故设备停电,然后立即汇报电力调度员及有关领导。

② 在所辖分段内出现设备事故跳闸时,值班人员必须尽快赶到事故现场,检查设备情况并汇报电力调度员,并在电力调度员的指挥下立即着手处理事故。

③ 远动装置失灵或不具备"四遥"功能的设备发生事故时,值班人员须汇报当值电力调度员,并做好记录,按电力调度员的命令处理事故。

2. 调度端管理原则

(1)任务和职责。

① 电力调度员是整个供电系统的运行监控指挥人和操作执行人。

② 当值电力调度员必须认真监视各站的运行情况,并详细填写《运行日志》。

③ 交班时,须认真仔细交接,并试验警报音响是否正常。将本班中存在的问题和缺陷(包括远动系统)向下一班交代清楚,重大问题向直接领导直至上层主管领导汇报。

④ 操作时,一人操作,另一人监护,认真核实操作设备无误后再执行,并注意主机一次系统图设备位置显示及参数变化是否正确。如有疑问,应派变电值班巡视人员到现场检查开关设备实际位置及设备状况。

(2)设备异常及事故处理。

① 按"先通后复"的原则,用一切可能的方法(包括改变运行方式和动用设备的过负荷能力)尽力保证对接触网等重要负荷的供电。

② 在遥控操作及断路器跳闸或重合闸后,应立即检查遥信、遥测及打印记录是否正常。如有疑问,应派变电值班巡视人员到现场检查。

③ 遥控操作时,若发生拒动或遥测、遥信等异常情况时,应按下列步骤进行检查:检查

调度端控制室设备及远动通信是否正常工作；派变电值班巡视人员到现场检查站端设备是否正常，判明是否远动终端装置异常或变电所一、二次设备故障，根据情况分别进行处理。

④ 遥信动作后，应首先检查屏幕显示与打印记录是否相符，否则，应另行做好记录，然后根据具体情况分别对待复归信号。复归信号一般按下列规定进行，即对主设备的主保护动作跳闸，必须待处理人员到达现场检查后，根据技术条件由电力调度员遥控复归或由现场人员奉令复归保护的动作信号；无需派人到现场检查处理可恢复供电的或已恢复供电的，可用遥控复归。

第三节　运行管理规程和制度

> **本节导读**
>
> 本节介绍了城轨供电系统运行管理规程体系层次的划分、各层次的内容及联系，同时还重点介绍了变电所、接触网和电力监控主要的管理规程和制度。

　　城市轨道交通系统的产品是实现旅客的位移，其产品的质量特性是安全、正点、快捷、舒适。而城轨供电系统作为城市轨道交通系统的一个子系统，其产品则是为城轨列车和其他动力照明设施提供安全合格的电能，其产品的质量特性是实现安全、不间断与优质的供电。

　　城轨供电系统的运行首先必须保证自身设备的安全，同时也不危及周围其他设备的安全及人身安全，这是供电系统正常运行的提前；其次是要保证供电不间断，供电中断就会导致列车失去电能而中断行车，动力照明设施失电而不能正常工作，将造成整个城轨交通运输陷入瘫痪；第三是实现优质供电，主要体现在充分保证正常工作电压水平、机车取流良好、电能损耗与弓网故障率低、对电网的电磁污染小等。

　　为确保城轨供电系统的安全可靠运行，管理部门除具备国家、行业颁发的有关规程、制度、标准、规定、导则和条例等外，还必须根据具体情况制定实际可行、可操作的管理制度，以便各级人员有章可循，并便于积累资料和进行分析，进而提高各级人员的技术管理水平。

一、运行管理规程体系

　　城市轨道交通系统具有干线铁路"高、大、半"的特点，即高度集中、大联动机和半军事化的特点，各个系统与各个工作环节之间紧密联系，协同配合。为确保旅客运输安全正点、方便快捷、高速高效，必须加强集中统一管理，为此，必须制定统一的、科学的管理规程体系。城轨供电系统作为城市轨道交通大系统中的一个子系统，同样需有一套完整的管理规程体系，如图12.1所示。

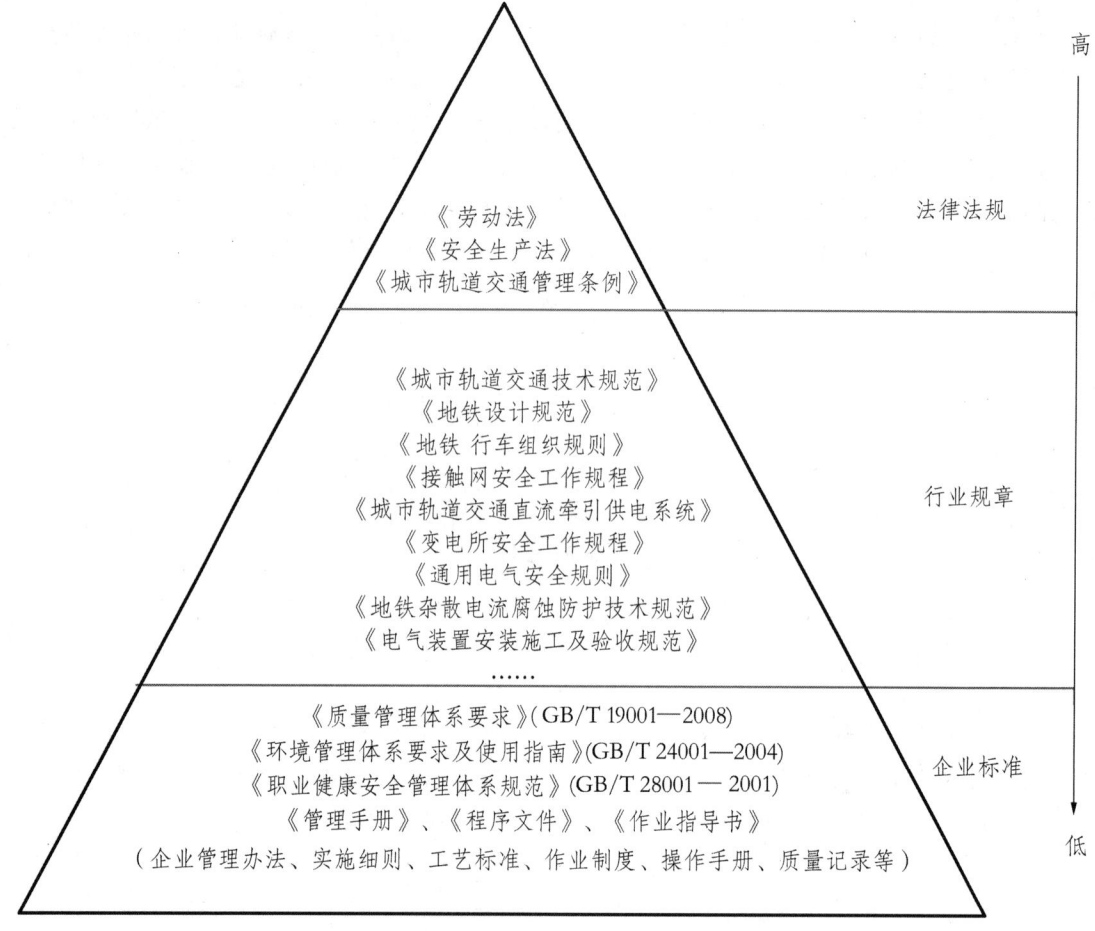

图 12.1 城轨供电系统运行与管理规程体系图

二、规程体系的划分与主要内容概况

在图 12.1 中，将牵引供电系统运行管理规程体系分为三个层次。效力从高至低分别为法律法规、行业规程和企业标准。

（一）法律法规

法律法规在牵引供电系统运行管理规程体系中处于第一层次，具有最高效力。法律法规具有效力高，覆盖面广，通用性强等特点，是指导制订行业规章的重要依据。行业规章不能与相应的法律法规相抵触、相违背。作为牵引供电行业，主要有《中华人民共和国劳动法》、《中华人民共和国安全生产法》和《城市轨道交通管理条例》等法律法规与之相关。

（二）行业规章

行业规章在城轨供电系统运行管理规程体系中处于第二层次。主要表现形式有规范、规程、规则等，具有鲜明的行业特点，是行业企业制定相应的技术管理办法和工艺流程等的依据与标准，是供电从业人员应该重点掌握的。随着供电系统技术的不断发展与行业管理的不断改进，城轨供电系统运营管理规程体系也总是在不断更新，不断丰富与完善。

（三）企业标准

企业标准在牵引供电系统运行管理规程体系中处于第三层次。在企业标准中，有国家推荐的三个标准对制定企业管理标准具有普遍指导意义。

1. 三大标准体系

1)《质量管理体系要求》（GB/T 19001—2008/ISO 9001：2008）

一个企业表面上经营上的是产品，实质上经营的是管理。产品质量很大程度上取决于管理质量。建立质量管理体系，就是为了对产品质量形成的全过程进行有效控制，使影响质量和成本的各项因素都处于受控状态，以保证产品质量的稳定可靠。国家标准化管理委员会将国际标准化组织制订的《质量管理体系要求》（ISO 9001：2008）转换为我国的国家标准，推荐给国内各企业使用，满足企业提高管理水平与产品质量，建立质量管理体系的内在需求。

2)《职业健康安全管理体系规范》（GB/T 28001—2001/ OHSAS 18001：2001）

本标准提出了对职业健康安全卫生管理体系的要求，旨在使一个组织能够控制职业健康安全风险并改进其绩效。它并未提出具体的职业健康安全绩效准则，也未做出设计管理体系的具体规定。

本标准中所有的要求意在纳入任何一个职业健康安全管理体系。其应用程度取决于组织的职业健康安全方针、活动性质、运行风险与复杂性等因素。

本标准针对的是职业健康安全，而非产品和服务安全。

3)《环境管理体系要求及使用指南》（GB/T 24001—2004/ISO 14001：2004）

本标准规定了对环境管理体系的要求，使组织能根据法律法规要求和重要环境因素信息来制定和实施方针与目标。本标准拟适用于任何类型与规模的组织，并适用于各种地理、文化和社会条件。体系的成功实施有赖于组织中各个层次与职能的承诺，特别是最高管理者的承诺。这样一个体系可供组织制定其环境方针，建立实现所承诺的方针目标和过程，采取必要的措施来改进环境绩效，并证实体系符合本标准的要求。本标准的总体目的是支持环境保护和污染预防，协调它们与社会和经济需求的关系。

企业生产管理的重点是对"人、机、料、法、环、成本、进度"的控制。这三个标准均有一个相同的特点：一是规定了企业的方针，明确了要实现的目标；二是强调了过程方法；三是强调了系统的管理理念；四是包含了 PDCA 运行模式；五是提出了管理活动的科学化和规范化要求。

企业依据这三个标准建立的管理体系，可将各个业务系统有机地联系在一起，使企业管理走上科学化、系统化、规范化、法制化和程序化轨道，摒弃以往管理活动中的随意性、经验性和无序性，形成一个"方针目标明确，运行过程可控，纵向职责权限分明，横向相互联系沟通，纠正预防措施得力，不断持续改进"的新的有机管理运行模式，从而规范企业管理行为，改善企业管理，提高企业绩效。

三个标准体系既相互紧密联系，又有完全不同的侧重。主要体现如下：

（1）关注焦点不同。质量管理体系以顾客（业主）满意度为关注焦点；环境管理体系以污染预防为关注焦点；职业健康安全管理体系以事故预防为关注焦点。

（2）涉及过程与范围不同。质量管理体系只涉及与产品有关的过程和场所；环境管理体系涉及组织的所有部门和活动；职业安全管理体系不仅涉及组织的所有部门和活动，更强调所有的生产岗位。

（3）体系设置的基础不同。质量管理体系是以过程管理为基础设置的，从确定客户需求开始，通过管理职责，资源管理，产品实现，测量分析和改进等过程，实现客户满意。环境管理体系和职业健康安全管理体系则是按管理要素设置的。

2. 企业管理标准

企业根据《质量管理体系要求》（GB/T 19001—2008/ISO 9001：2008）、《职业健康安全管理体系规范》（GB/T 28001—2001/OHSAS 18001：2001）、《环境管理体系要求及使用指南》（GB/T 24001—2004/ISO 14001：2004）三大标准体系要求，结合企业生产的具体实际，制定企业管理标准。在企业管理标准中又划分为三个层次。

1）《管理手册》

企业的《管理手册》重点规定要求，描述质量管理、职业健康管理与环境管理体系，比较原则，是企业管理的纲领性文件，应描述本企业如何贯彻三大标准体系各条款的要求和体系的范围等。管理手册是企业内部和外部提供管理体系一致信息的文件，是管理体系总体状况和要求的概括描述，对外提供企业一体化管理体系符合三大标准，满足体系认证与审核要求的证实；对内是综合总说明书或管理工作行为的指南和准则。

2）《程序文件》

《程序文件》主要描述体系要素所涉及的活动、职责权限、控制原则、控制方法和证实方法。重点规定职责，阐述接口关系。程序文件一般应用过程方法明确工作流程，每个流程规定职权、工作标准、验收准则及产生的记录，同时确定作业文件的编制要求。程序文件通常用来描述跨部门的活动。企业制定的各种管理办法是程序文件的重要组成。

3）《作业指导书》

《作业指导书》则重点规定实施过程或活动的具体步骤和标准，阐述做什么事（What）、谁来做（Who）、何时做（When）、何地做（Where）、为什么做（Why）、如何做（How）等，即 5W1H。内容更加具体。作业指导书是规定具体作业活动的方法和要求的文件，是《程序文件》的支持性文件。具体形式主要有工艺标准、作业制度、操作流程、质量记录等。

《管理手册》、《程序文件》与《作业指导书》三者既相互区别，又相互联系，相互支撑，构成企业管理标准的有机整体。《管理手册》的基本要求是：该做的要写到，写到的要做到，做了的要有记录；《程序文件》是为了控制每个过程的质量，对如何进行各项质量活动而规定有效的措施和方法，是相关职能部门工作标准的重要内容，具有管理层工作标准的属性；《作业指导书》则是指导操作者使用的更详细的作业性文件，具有操作层工作标准的属性。

三大标准体系具有一个共同的也是非常重要的管理理念就是持续改进。一个企业的管理标准也要随着企业的发展、技术的更新而不断持续改进。作为企业员工，也需要不断学习与提高才能更好地适应企业发展与管理改进的需要。

三、变电所管理规程和制度

一般而言,变电所的技术管理中应建立和保存如下的规程和制度:
(1)电力工业技术管理法规。
(2)变电所安全工作规程。
(3)变压器运行规程。
(4)整流机组运行规程。
(5)电力电缆运行规程。
(6)蓄电池运行规程。
(7)电气测量仪表运行管理规程。
(8)电气事故处理规程。
(9)继电保护及安全自动装置运行管理规程。
(10)电气设备交接和预防性试验标准。
(11)供电系统电压和无功调整规定。
(12)变电所运行管理制度。
(13)电气装置安装施工及验收规范。
(14)各种反事故技术措施。

以上需建立的规程和制度,根据具体的执行情况,可单独成册或合订。以下介绍现场运行规程的编制依据及内容、运行人员的相关值班制度与检修的相关制度。

1. 现场运行规程

根据供电生产的特点和长期的实践经验,供电部门科学地总结和制定了一套保证电力系统安全运行的规程和管理制度。但由于各供电单位设备配置不同,各变电所现场接线方式不同以及运行方式的不断变化,现场会出现各种不同的运行情况。对运行人员,要求不仅熟悉各种设备的构造、性能和工作原理,还应熟悉系统的连接方式和各种保护的配置情况,熟悉设备的操作和故障处理办法,能熟练处理各种异常情况。因此,必须在各种生产场所分别制定适应本场所设备具体情况的运行规程——现场运行规程,例如《××变电所现场运行规程》等。以下重点介绍变电所《现场运行规程》的编制、修订和执行中的注意事项。

现场规程的编制应在新变电所投运前完成,投运满一年时定稿。运行中设备更换时,应及时修改规程。变电所扩建时,除应补充新装设备的内容,还应对涉及原运行部分的条文予以修改。

(1)现场运行规程的编制依据。

现场运行规程的编制和修订的主要依据有以下几个方面:
① 《电力工业技术管理法规》。
② 供电行业中已成文的各种电气设备运行规程、安全工作规程和运行管理规程。
③ 本变电所一次结线、保护配置等设计资料。
④ 本变电所各种设备技术性能、使用说明等制造厂家资料。
⑤ 与变电所或系统有调度业务联系的调度部门制定的调度规程。
⑥ 本单位运行实践经验。

（2）现场运行规程的内容。

现场运行规程一般应包括下列内容：

① 各级运行人员及运行管理人员的岗位职责。

② 主要设备的性能、特点、正常和极限运行参数。

③ 设备和建筑物在运行中检查巡视、维护、调整的要点及注意事项。

④ 设备的操作程序。

⑤ 设备异常及事故情况的判断、处理和注意事项。

⑥ 有关安全作业、消防方面的规定。

其中第①项有关人员的岗位责任也可与其他制度（如交接班制度、缺陷管理制度等）编在一起称为运行管理制度。第④项也可单独编为《××变电所的现场倒闸操作规程》，仍属于现场运行规程的一部分。

需要强调的是电气设备的正常运行巡视，倒闸操作和事故处理是运行工作的主要内容，变电所的现场运行规程不论采用什么形式编写，都必须突出这方面的内容。

（3）现场运行规程的修订。

现场规程的修订过程是学习和深入体会规程精神实质的过程。除了扩建和更改工程完工后应组织对现场规程进行修改、补充外，正常运行的变电所也应定期组织对现场规程进行修订。修改与补充的根据一般来自下列资料：

① 运行分析报告中发现原规程的错漏或不足之处。

② 反事故演习中发现规程中不够明确的条款。

③ 事故分析中发现的错漏之处。

2. 变电所运行管理制度

规程制度是生产实践经验的总结，是有效组织生产和建立正常秩序的保证。运行规程是一种技术规程，技术规程是靠人员去贯彻实施的。因此，还必须建立相应的管理规程或管理制度，去制约人员在工作中的行为，以保证技术规程的正确执行。变电所运行岗位除了要认真执行现场规程外，还必须遵守下列各项管理制度。

（1）值班制度。

虽然实现无人值班后，大部分设备具备"四遥"功能，但由于考虑经济的原因还有一部分设备，如大部分低压开关、部分站场隔离开关还需就地操作和定期巡视。根据我国国情，目前变电所还需安全保卫，因此，无人值班的管理模式之一是有人值守，无人值班。

① 牵引变电所值班人员应接受电力调度员的统一指挥，保证安全、可靠、不间断地供电。

② 每班应不少于2人同时值班，并按表12.1在各自的职责范围内进行工作。

③ 值班人员当班时应做到：

a. "五熟"、"三能"。

b. 正确执行电力调度员命令，按规定进行倒闸、办理工作票并做好安全措施，参加有关的验收工作。

c. 按规定及时、正确地填写各种运行记录和报表。

d. 按规定巡视设备。当发现设备缺陷、异常现象，或发生事故时，应尽力要善地处理，并按信息反馈渠道及时报告有关部门。

e. 严格执行有关规章、制度、细则、命令及指示。

f. 管好仪表、工具、安全用具、备品、钥匙及图纸、资料。

g. 保持所内清洁卫生，搞好文明生产。

h. 不擅离职守，不做与当班无关的事；不擅自互相替班、换班，特殊情况应经所长批准方可变更。

④ 接班前、值班中均应禁止饮酒。接班前应充分休息，以保证精力充沛地值班。

⑤ 控制室应保持安静。非当班人员及检修人员未经许可不准进入控制室、高压室和设备区。其他人员入所须按有关规定办理手续。

（2）交、接班制度。

① 交、接班必须按照规定的时间严肃、认真地进行。接班人员未到，交班人员不得离岗，超过规定时间仍未到时，应报告所长或上级领导，直至做出安排。

② 交、接班前，交班的值班负责人应组织交班人员进行本班工作小结，将交、接班事项填入运行日志中。交班人员应提前一小时做室内、室外卫生及交班准备工作。

③ 交、接班时应避免倒闸操作和办理工作票。如遇有重要或紧急倒闸操作以及处理事故等特殊情况，不得进行交、接班或暂停交、接班，只有倒闸完毕或处理事故告一段落时，经电力调度员和接班负责人同意后方可进行或恢复交、接班。在交、接班当中发生事故或设备出现异常时，虽暂停交、接班，但接班人员应主动协助处理。

④ 交、接班内容由交班负责人介绍，并由交、接班人员按下述内容共同巡视检查。

a. 设备在交班时的运行方式，前一班的倒闸情况。

b. 前一班发生的事故和所发现的设备异常以及处理情况。

c. 断路器跳闸情况，继电保护及自动、远动装置的运行及动作情况。

d. 设备变更和检修情况，尚未结束工作票的检修设备，尚未拆除的接地线的地点、数目，以及尚未恢复的熔断器等。

e. 各种记录是否齐全，所记内容是否符合实际情况及有关规定。

f. 仪表、工具、安全用具、备品、钥匙及图纸、资料等是否齐全、完好。

g. 已提报的计划检修项目。

h. 设备整洁、环境卫生、通讯设备等方面的情况。

⑤ 交、接班双方一致认为交、接无问题后方可办理交接手续。即由接班负责人签字并宣告交、接班工作结束，然后转由接班人员开始执行值班任务。

⑥ 接班后，新接班的值班负责人应向电力调度报告交、接班情况，并根据设备运行、检修以及气候变化等情况，向本班人员提出运行中的注意事项和事故预想等。

（3）巡视制度。

① 值班人员应按有关项目和要求，结合本所的设备运行情况，按规定的巡视路线进行巡视。

② 巡视应按以下要求进行：

a. 交接班巡视：每日交接时进行。

b. 全面巡视：交接班和每班中间巡视。

c. 熄灯巡视：结合全面巡视时进行。

d. 特殊巡视：在遇有异常气候时（雨、雾、狂风暴雨、雷雨、冰雹），新安装及大修后的主变、断路器跳闸后，设备异常时应加强巡视。

③ 巡视内容：

a. 交接班巡视、全面巡视：全部设备的全部项目。

b. 熄灯巡视：各种设备的绝缘件和电气连接部位有无放电或发热。

c. 特殊巡视：异常气候时有无绝缘破损、裂纹和放电；重点设备的电气连接、油色、音响和气味。

④ 巡视应做到：

a. 单独巡视可由值班员进行，但严禁进入设备带电区域。

b. 巡视人员进行巡视时不得从事其他工作。

c. 各种巡视均应通知值班员或电力调度员，巡视后由巡视人员在运行日志上记录，发现缺陷时要及时处理，并由值班员填写缺陷记录，应对缺陷进行检查并复查处理后的情况是否正常。

（4）缺陷管理制度。

设备缺陷管理制度是要求全面掌握设备的运行状态，以便及时发现设备缺陷，认真分析产生的原因，并予尽快消除；掌握设备的运行规律，保证设备处于良好的技术状态，努力做到防患于未然，是确保设备安全运行的重要环节，也是科学安排设备检修、校验和试验工作的重要依据。

按对供电安全构成的威胁程度，缺陷分为严重缺陷和一般缺陷。严重缺陷是指对人身和设备有严重威胁，若不及时处理有可能造成事故的缺陷。一般缺陷是指对运行虽有影响，但尚能安全运行的缺陷。有关人员发现缺陷后、无论消除与否均应由运行值班人员在运行日志和缺陷记录簿中做好记录，并向有关领导汇报。对于严重缺陷，应及时组织人员进行消除或采取必要的措施，防止其造成事故。对于一般缺陷，可列入设备检修计划进行检修处理。

（5）运行分析制度。

定期地进行运行分析是提高供电质量、保证安全运行的重要技术组织措施。运行分析应包括下述内容。

① 岗位分析：包括检查分析工作票、作业命令记录、倒闸操作记录及各项制度执行情况；统计倒闸操作正确率、办理工作票正确率、违章率；对发生违章的班组和个人找出原因并提出改进措施。此项分析一般每月或至少每季进行一次。

② 计量分析：包括分析负荷情况；统计负荷率、最大小时功率、平均小时功率；统计受电量、供电量、自用电量、主变压器损耗、功率因数，并分析判断电能电量与实际负荷是否相符；核算主变压器是否经济运行，以决定单台或多台并联运行等。一般每日抄表后进行一次日分析，每周或至少每半月进行一次阶段分析。

③ 检修分析：包括分析检修计划完成情况，对未完成或延长检修期限的原因做出说明；统计每台（屏）设备定期检修消耗的材料和工时；统计每月维护检修所消耗的材料费用。

④ 设备运行分析：指对电气设备、继电保护、自动、远动装置和仪表等的运行情况、事故、故障、缺陷、异常等进行的分析。具体做法是根据有关记录对投入运行以来及当时出现的现象、有关的操作、处理的措施、恢复的情况等进行统计、分析（评价），从中总结经验教训，以便有针对性地加强检修或进行技术改造。变电所进行的专项设备运行分析一般有下列几种。

a. 变压器运行分析：内容包括变压器每月的最高及最低油（绕组、铁芯）温、最大和最小温升、过负荷情况、投运时间、投切次数、承受穿越性短路电流次数等。

b. 断路器运行分析：内容包括累计跳闸次数、每次跳闸时的短路电流、电压值、气压变化情况，以及断路器本身拒动、误动次数及原因等。

c. 电容补偿装置运行分析：内容包括投切次数、投运时间、投运效果等。

d. 继电保护、自动、远动装置运行分析：内容包括撤出运行的次数、时间和原因；动作的次数和原因；拒动、误动的次数及原因；核算动作正确率等。

（6）设备鉴定。

设备完好是变电所安全运行的重要前提。在运行中除应搞好日常维护、检修外，还应于每年年底对电气设备进行设备鉴定。设备鉴定就是根据设备在鉴定当时的现状，以及在运行、检修中发现的缺陷的处理情况，并结合本周期的预防性试验结果进行综合分析后，对设备质量进行的一次等级评定。本年度新建或大修的设备还可结合竣工验收时对质量评定的结果来评定。除已封存的或已列入年度大修计划但尚未修的设备可不作鉴定外，其他所有设备（包括已安装的或备用设备）均应进行鉴定，一并统计。

设备鉴定是供电部门全面质量管理的重要组成部分，它采取边鉴定边整治的原则。通过鉴定可全面掌握设备质量，为拟定下一年度的设备检修计划和技术组织措施提供可靠的依据。

设备鉴定后的质量等级分为优良、合格与不合格三级。

① 优良设备：要求技术状况全面良好，即预防性试验项目全部合格，可测量的技术数据均在标准范围之内，全部项目达到中修的质量标准，外观整洁，技术资料（铭牌、技术履历簿、历年试验报告、每年大、中、小修记录以及鉴定记录、历年事故、故障、缺陷和异常的记录）齐全。对于继电保护及自动、远动装置等二次设备还应有与现场设备相符的图纸。

② 合格设备：要求预防性试验项目全部合格，主要技术数据在标准范围之内，主要项目达到中修的质量标准，次要项目达到小修的质量标准。

③ 不合格设备：是指预防性试验项目或主要技术数据有一项不合格，或者预防性试验超过规定周期10%仍未试验者，或其他项目有一项不符合小修质量标准者。

优良设备与合格设备统称为完好设备。

设备完好率=完好设备数/参加鉴定设备数。

电气设备鉴定结果应填入设备鉴定质量统计表 12.2。鉴定时发现的设备缺陷应填入设备缺陷分析表 12.3，并进行汇总分析，提出整修改善措施。对鉴定中发现的缺陷已在鉴定期间处理者，可按整修后的质量评定。

表 12.2 设备鉴定质量统计表

设备类型	单位	总数量	鉴定数量	%	良好		合格		不合格	
					数量	%	数量	%	数量	%

编制：　　　　　　　　　　　　审核：　　　　　　　　　　　　审定：

表 12.3 设备缺陷记录分析表

序号	设备名称	地点	单位	数量	缺陷原因	达到修程	附注

编制：　　　　　　　　　　　　审核：　　　　　　　　　　　　审定：

四、接触网管理规程和制度

1. 接触网工作的有关规程规章

对于从事接触网运行维修人员,掌握有关规程规章是十分必要的。有关接触网运行维修的规章、规程主要有:

(1)《接触网安全工作规程》。
(2)《供电设备检修内容(接触网部分)》。
(3)《供电设备检修周期与工作内容(接触网部分)》。
(4)《通用电气安全规则》。
(5)《供电系统事故管理规则》。
(6)《行车组织规则》。
(7)《车厂动作手册》。
(8)《行车设备施工管理规定》。
(9)《调度手册电调分册》。
(10)《作业安全守则》。
(11)《突发事件应急处理办法》。
(12)《应急信息报告程序》。
(13)《事故抢险组织程序》。
(14)《设备技术鉴定办法》。

2. 接触网工作票制度

(1)接触网检修作业,实行工作票制度,工作票按作业方式分为停电作业与远离作业两种形式。

(2)停电作业工作票适用于下列作业:

① 需要接触网停电的作业。
② 距离接触网带电部分 1 m 范围内的作业。
③ 远离作业工作票适用于距带电体 1 m 及以外的高空作业和复杂的地面作业。
④ 工作票由供电车间批准的发票人签发,交工作领导人执行,用后交值班人员保存。发票人和工作领导人安全等级不得低于 4 级。
⑤ 工作票一式两份,填写时应字迹清楚正确,不得用铅笔填写或任意涂改、增删,有效期不得超过 6 个工作日,保存期不得少于三个月,工作票一份交工作领导人执行,一份由发票人保存。
⑥ 工作票应在前一天由发票人交给工作领导人,使其有足够时间熟悉内容及做好准备,并讲清注意事项。工作领导人有疑问时发票人应解释清楚。
⑦ 执行工作票时应做到:

a. 发票人不得兼任作业领导人。
b. 未经发票人同意,不得改变工作票中的工作条件。
c. 一张工作票只能发给一个工作领导人,一个工作领导人手中不应同时接受两张工作票。

d. 事故抢修可不签发工作票，但应有电力调度员命令。

⑧ 发票人应对下列各项负责：

a. 作业的必要性。

b. 作业是否安全。

c. 工作票中的安全措施是否完备。

d. 所派工作领导人和作业组成员是否合格，数量是否足够。

⑨ 工作领导人应对下列各项负责：

a. 作业地点时间、作业组成员等是否都符合工作票中所提的要求。

b. 作业地点所采取的安全措施是否正确完备。

c. 时刻在场监督作业组成员的作业安全，如果必须短时离作业地点时，要指定临时代理人，否则停止作业，并将人员和机具撤至安全地带。

⑩ 作业成员应做到：

a. 服从工作领导人的指挥调动，遵章守纪。

b. 对不明白和有疑问的命令要果断及时提出，当解释清楚后再执行，确保安全作业。

3. 交接班制度

（1）交班应在值班室当面进行，不得以书面或者第三者传交、转接。

（2）交班时应做到：

① 清点、检查值班用品、用具。

② 检查报表记录。

③ 检查消防器材用具。

④ 检查卫生状况。

⑤ 介绍工区设备、生产、安全等情况。

（3）交班人员应主动讲清楚值班期间的情况，不得漏交，并对值班用品的齐全、完好负责。

（4）接班人应主动询问交接疑问，查对值班用具和值班记录，发现问题应由交班人弄清并纠正。

（5）交接事项办理完后由交班者签名并注明交接时间，接班者签名后即对值班工作负责。

（6）事故抢修时不可进行交接班，若必须交接班时，只有在接班者完全熟悉情况后方可办理。在未办理交接班手续前，交接班人员应密切合作。

4. 要令与消令制度

（1）在接触网设备上进行停电作业或倒闸操作时，均需有电力调度员的命令。各种调度命令应有编号和批准时间，无编号和批准时间的命令无效，要令和消令时间应以电力调度员通知时间为准。

（2）要令程序。

① 作业组提前半小时与电力调度员联系，由要令人向发令人报告班组、姓名、作业地点、内容及安全措施，申请作业命令。

② 由发令人审查补充安全措施后，发布准许作业的命令内容。

③ 要令人复诵命令内容。

④ 发令人确认无误后,给予命令编号和批准时间记载于命令票中。
⑤ 要令人复诵并确认命令编号和时间。
⑥ 发令人确认后告诉本人姓名并登记要令人姓名,结束要令手续。
⑦ 要令人将停电时间及电力调度员提醒注意事项及时报告工作领导人。

(3) 消令程序。

① 工作结束后,工作领导人命令撤除地线,检查现场,确保无妨碍送电及行车障碍后,消令人向发令人报告班组、姓名和命令编号,要求结束该命令。
② 由发令人复诵确认后,给消令人以消令时间并记载于命令票中并告诉电力调度员本人姓名、结束消令手续。

(4) 要令人和消令人应做到:

① 要令人和消令人由安全等级不低于 3 级的人员担任,要令、消令由 1 人进行,只有在通讯中断和意外情况下要令人可委托安全等级相当的第二人代为消令。
② 要令人和消令人应将调度命令清楚正确地记录在作业命令票上,不得涂改和漏记。
③ 要令人和消令人应对下列各项负责:
a. 命令是否误解、误传、误记。
b. 允许作业时间是否延误。
c. 命令是否按时消除。
④ 要令、消令人应经常和作业组联系,随时掌握作业情况。作业未结束严禁提前消令和臆测消令,也不得晚消令,特殊情况要延长作业时间时,应提前 15 min 报告电力调度员,申请延时消令。
⑤ 要令人应主动报告作业中重大问题,并回答电力调度员的提问,消令人要提前与电力调度员联系。

5. 开工与收工会制度

(1) 接触网每次检修均执行开工、收工制度,由工作领导人主持。开工、收工会时,作业组成员要列队和穿戴整齐。
(2) 开工会:工作领导人检查作业组成员的穿戴。宣读工作票,布置安全措施;分派作业组成员的工作;回答作业组成员的疑问。
(3) 作业组成员根据各自承担的工作,认真准备工器具和材料,并将其搬到作业车上。
(4) 收工会:作业结束后,全体作业组成员开会,各作业组成员汇报工作中的安全和任务完成情况;汇报工作中遇到的业务问题、所出现的不安全现象及事故苗头等;工作领导人全面总结作业情况,指出问题,提出要求,并记录在工班日志上。
(5) 作业组成员收拾工器具和材料,并入库整理。

6. 作业防护制度

(1) 接触网检修作业应采取有效的防护措施:
① 在正线区间作业时,应在区间两端车站设置防护红闪灯。
② 在正线车站和车辆段作业时,在距作业区域两端适当处设置防护红闪灯。
③ 必要时,可设专人进行防护,其安全等级不低于 3 级。

（2）接触网检修作业时，由工作领导人或指派专人办理有关区间、车站封闭手续，对可能有工程车运行的区段应按下列要求设置坐台防护人员：

① 车辆段作业时，设在车厂调度室。
② 区间作业时，设在相邻车站站控室。
③ 车站作业时，设在该站站控室。

（3）站控室或车厂调度室防护人员应熟悉室内信号和通讯设备，与值班员联系，说明工作地点、作业内容。如在车辆段占用股道作业，要得到值班员允许。并应主动询问或提醒值班员随时掌握车辆运行情况。

（4）防护职责：

① 防止列车进入作业区。
② 防止作业组成员、工具等被列车撞倒。

（5）防护人员应做到：

① 检查并带好防护用品、对讲机、红黄信号旗、警笛等，晚上和隧道内应带信号灯。
② 熟悉防护规定和正确显示各种防护信号。
③ 掌握作业区段的行车情况和作业进行情况；

（6）防护人员的配备和撤离应由工作领导人决定，未设好防护不得开工，作业未结束不得撤销防护。

7. 验电接地制度

（1）接触网停电作业必须先进行验电接地：验电接地应由 2 人进行，1 人操作，1 人监护，操作人和监护人的安全等级分别不得低于 2 级和 3 级。

（2）验电时使用验电器，将验电器端头轻靠接触网导线，无响声则为已停电，验电器使用前要验声，不合格者，即时调换。

（3）验明接触网已停电后，须在作业地点两端，以及和作业地点相连可能来电的所有停电设备上装设接地线。

（4）装设接地线时，先将接地线夹紧固在牵引轨上，再用绝缘棒将另一端地线挂钩接在停电的接触导线或辅助线上。拆除接地线则顺序相反，先拆停电设备端，再拆牵引轨端。整个过程中，人体不得接触接地线。

（5）接地线采用截面不小于 70 mm^2 的软铜绞线，不得有断股、散股和接头；接地时要连接牢固，接触良好。

8. 倒闸作业制度

（1）倒闸作业应有 2 人进行，1 人监护，1 人操作，操作人和监护人的接触网安全等级均不得低于 3 级。

（2）所有隔离开关的倒闸作业必须根据电力调度员的命令进行，并填写隔离开关倒闸命令票，按命令内容要求迅速完成。由其他部门负责倒闸的开关，倒闸前应由操作人员向该部门值班员办理准许倒闸手续并按有关规定操作。

（3）倒闸作业命令接受程序

① 由操作人员向电力调度员提出申请。
② 值班电力调度员审查后，发布倒闸作业命令。

③ 操作人员受令，填写隔离开关倒闸命令票并复诵（有疑问须问清）。

④ 值班电力调度员确认无误后，给予命令编号和批准时间（无命令编号和批准时间的命令无效）。

⑤ 操作人进行倒闸作业，监护人在场监护。

⑥ 操作完后，操作人员立即向电力调度员汇报，注销倒闸命令，并填写"隔离开关倒闸完成报告单"交由该区值班员保存。

⑦ 值班电力调度员及时发布完成时间和命令编号，并将命令内容等记入"倒闸操作命令记录"。

（4）作业人员注意事项。

① 操作前戴好安全帽和绝缘手套，穿好绝缘靴。

② 确认开关编号，检查开关状态和开关接地装置是否良好。

③ 打开隔离开关操作手柄上的挂锁。

④ 确定操作手柄牢固可靠，与手套接触不粘不滑。

⑤ 操作时应平衡迅速，一次开合到底，中途不得发生冲击或停滞。

⑥ 操作到位后，确认技术状态是否良好。

⑦ 用挂锁将操作手柄锁定，然后离开。

（5）倒闸作业须注意的有关事项。

① 严禁线路带负荷进行隔离开关倒闸作业，隔离开关可以开、合不得超过 10 km 的空载电流。

② 隔离开关倒闸时所用绝缘手套及绝缘靴要求电气试验合格，操作前应对绝缘手套做漏气检查。

③ 隔离开关操作机构须用挂锁锁定，不得用铁丝或绳索等代替。

④ 挂锁钥匙应存放在固定地点，由专人保管，钥匙上应有标签注明相应的开关号码，并注意定期更新标签。

⑤ 相邻支柱上的隔离开关或同一根支柱上有多台隔离开关的，其钥匙不得相互通用。

⑥ 控制车辆段检修车库的隔离开关，其传动机构与检修平台上的铁门联锁，操作时应严格按有关规定进行。

⑦ 对于接地隔离开关，操作完后须检查接地刀闸是否安全到位。

⑧ 隔离开关倒闸作业整个过程要求准确迅速。

9. 自检互检制度

（1）接触网检修必须执行自检互检制度，自检由操作人进行，互检由第二操作人或监护人进行。

（2）自检时应做到：

① 对设备各部按工艺、技术标准精检细修，不得漏检漏修。

② 仔细检查设备质量，使其能满足安全运行至少一个周期。

③ 如实记录被检修设备的修前状态，修中措施和修后结论，填写有关报表记录并签名。

④ 对互检人指出的设备缺陷应确认复修，立即克服。

(3) 自检人应负下列责任:
① 对被检修设备质量和安全负责一个检修周期。
② 对检修记录的完整和真实性负责。
(4) 互检时应做到:
① 监督、协助检修操作人员按工艺、项目、程序和技术标准检修。
② 确认被检修设备的质量,有怀疑时亲自检查,发现问题及时提出,要求操作人员重修,使其达到技术标准。
③ 检查自检人员填写的记录,确认完备、真实后签名。
(5) 互检人应负下列责任:
① 对被检修的质量和安全在一个周期内负次要责任。
② 对检修记录误记、漏记负次要责任。

10. 巡视作业制度

(1) 接触网工区应对管内设备进行定期和不定期巡视,巡视人员的接触网安全技术等级不低于3级。
(2) 接触网巡视应按下列要求进行:
① 步行巡视每半月一次,夜间巡视每季不少于1次。
② 乘车巡视每季1次(一般由工长或工作领导人及工区指定人员进行),昼间巡视允许1人进行,夜间巡视不得少于2人。
(3) 接触网不定期巡视应按下列要求进行:
① 接电力调度员口头命令进行巡视。
② 异常气象(狂风、暴雨、山洪、塌方、爆炸作业等)应进行针对性巡视。
③ 对重点设备和试验性设备宜进行重点巡视。
(4) 巡视应做到:
① 将巡视地段、日期和巡视者姓名通知电力调度员。
② 备齐应携带用具(如电话柱钥匙、警笛、信号旗等)和记录本。
③ 巡视人员不得攀登支柱,无论接触网是否停电均应以有电对待。须时刻注意来往的列车。
④ 步行巡视主要检查各部零部件是否合乎要求,以及树木、飘落物、塌方落石等一切危害接触网的情况,以及部件有无电晕闪络、发红等现象。乘车巡视主要观察集电弓取流,接触导线拉出值与硬点等情况。
⑤ 巡视设备故障时,应主动采取保护措施,并设法尽快通知值班电力调度员。
⑥ 每次巡视填好巡视记录,并对设备缺陷提出处理意见向工长报告,巡视情况当日应按报告规定部门及电力调度员。
⑦ 巡视发现的设备缺陷,工长应及时安排临修,一般缺陷应由工长向上级报告并提出处理意见。处理结果应纳入检修记录。

11. 设备分管制度

(1) 接触网工段应将管内设备作业实行分管,作业组应将主要设备分给作业组成员分管,做到人各有责、物各有主。

（2）设备分管一般以站场区间分界，一般设备应由作业组集体负责，下列设备应分给作业组人员负责：

① 隔离开关及开关箱。

② 分段绝缘器。

③ 补偿器。

④ 锚段关节。

⑤ 馈电线及架空地线。

（3）各类标记、各种分管划界应明确具体，工段内应画出图表，监视执行，并保持一年的稳定性，不得经常变动人员分工。

（4）作业组成员对自己分管的设备应负以下责任：

① 运行是否安全。

② 检修是否按周期、项目、工艺进行，是否达到规定的质量标准。

（5）作业组成员应做到：

① 全面掌握分管设备的技术状态。发现问题及时向作业组负责人和工长反映，分管人能单独处理的缺陷，由分管人员负责处理，分管人员无能力单独处理者，应及时向作业组或工长汇报，如果未向作业组或工长反映时，责任由分管人承担。如果反映未处理者，责任由作业人承担。

② 分管人一般应亲自参加分管设备的检修处理并担任操作，因故不能参加检修时，应委托一个作业组的成员代表参加，检修人员不得无故推辞。但设备检修时分管人应检查检修记录并签名。

③ 作业组负责人或工长，对分管人提出的设备缺陷应及时分析，根据轻重缓急处理。安排不当发生事故时，工长和作业负责人应负一定责任。

12. 设备运行分析制度

指对接触网的各种参数和状况等的运行情况、事故、故障、缺陷、异常等进行的分析。具体做法是根据有关记录对投入运行以来及当时出现的现象、处理的措施等情况进行统计、分析（评价），从中总结经验教训，以便有针对性地加强维修或进行技术改造。接触网常进行的专项运行分析一般有下列几种。

（1）导线高度和拉出（之字）值分析：内容包括导线高度和拉出（之字）值的变化情况、相邻定位点导线的高差、曲线地段跨中偏移值的变化情况、锚段关节的过渡情况、线岔区是否良好等。

（2）弓网之间的运行状况分析：内容包括观察和分析运行中受电弓与接触网的取流状况、受电弓与接触线之间的接触力变化及受电弓的垂直加速度的变化情况等。

（3）补偿装置运行情况分析：内容包括补偿坠砣的上下活动规律、分析其实际活动量与理论值进行比较、判断补偿器的工作状态等。

（4）接触线磨耗分析：内容包括接触线全面磨耗值和重点、区段的磨耗值等。

（5）自然灾害情况分析：内容包括支柱基础的防洪分析、雷雨时节接触网防雷分析、台风时接触网防台风情况和隧道漏水情况分析等。

（6）接触网设备鉴定制度与变电所设备同，可参考前述有关内容。

五、电力监控管理规程和制度

1. 安全及检查制度

针对全线的设备，SCADA 工作人员的基本安全生产制度和作业纪律是必须认真执行"三不动"、"三不离"、"四不放过"、"三预想"、"三清"、"三懂三会"和"三级检查制度"等安全措施，以及城市轨道交通运营部门的有关安全规章制度。

【"三不动"】 "三不动"是指未联系登记好不动；对设备性能、状态不清楚不动；未经授权的人员对正在使用中的设备不动。

【"三不离"】 "三不离"是指检查完不复查试验好不离；发现故障不排除不离；发现异状、异味、异声不查明原因不离。

【"四不放过"】 "四不放过"是指事故原因未查清不放过，责任人员未处理不放过，整改措施未落实不放过，有关人员未受到教育不放过。

【"三预想"】 "三预想"是指工作前，预想联系、登记、检修设备、预防措施是否妥当；工作中，预想有无漏检、漏修和只检不修造成妨害的可能；工作后，预想是否检修都彻底，复查试验、加封加锁、消点手续是否完备。

【"三清"】 "三清"是指了解事故要时间清、地点清、原因清。

【"三懂三会"】 "三懂三会"是指懂设备结构、会使用；懂设备性能、会维修；懂设备原理、会排除故障。

【"三级检查制度"】 "三级检查制度"是部门每半年对管内主要设备检查一次；工班每季对管辖内的主要设备检查一次；SCADA 专业人员每月对管辖内的主要设备检查一次。

各种检查后，均应有详细的设备运行记录。凡进行危险性较大、影响行车及安全的工作时，必须事先拟定技术安全措施，由专人负责执行。对维护工具及安全防护用品。在出工前必须进行检查，禁止使用不良工具和防护用品。未授权的任何人员严禁对本系统所有应用软件作任何改动。相关人员应严格按照有关操作程序进行操作和控制，并对自己的操作负责。SCADA 专业维修人员应严格按照维修规程进行维修作业；同时要遵守运营部门有关保密制度和规定。

2. 设备的日常维护与巡视制度

按照规定的时间、周期和项目，对全线 SCADA 设备进行检查并记录。进行 SCADA 维护作业按下列规定执行：

（1）凡有计划对设备进行拆卸、更换、移位、测试等工作，需中断设备使用时，应填写施工要点申请计划表报生产调度，施工前应按调度命令，在设备检查登记表中登记，经变电所值班人员同意并签认后，方可作业。但作业前应告知 SCADA 值班人员。

（2）临时对 SCADA 设备进行拆卸、更换、移位、测试等工作，必须在设备检查登记表上登记，经变电所值班员同意并签认后，方可作业，但作业前应告知 SCADA 值班人员。若作业影响到相关专业设备，必须取得相关专业人员认可后，在相关专业的监护下方可作业。

（3）不松动电气节点，不拆断电气连线，不更换零配件和不分离机械设备的一般性检查，可不登记，但应加强与变电所值班人员和 SCADA 值班人员的联系。

（4）检修作业的联系、清点和登记的要求。

① 联系、清点前，必须核对准确检修作业地点、需要检修的设备、检修内容及对其他设

备的影响范围。

②联系、清点和登记工作,由 SCADA 检修人员负责办理。

③登记的时间、地点和作业性质、设备编号和影响范围等内容,一经车站值班员同意并签认后,任何人不得涂改。

④登记清点的维修作业,一般应在给定的时间内完成,遇有特殊情况需延长时间时,必须重新办理登记手续。

3. 设备故障处理制度

(1)为迅速进行事故障碍的处理,同时便于 SCADA 设备故障的管理及考核,要建立完善的故障受理制度。

(2)SCADA 检修人员应从生产调度处受理 SCADA 故障,故障受理要按要求填写故障受理表格。

(3)SCADA 设备发生故障,有关维修人员应及时准确的做出判断(判明故障位置、故障原因等),积极组织修复,把故障时间及影响范围控制在最小范围内。若无法维修,应及时上报。

(4)故障处理时限为在接到故障报告时的当班内应赶到现场,如果是仅需在线维修的设备,维修应在当班内完成,当班完成不了的,应报维修生产调度,并做好现场保护措施和下一步的维修计划;对必须离线维修的设备,在设备离线前,做好设备更换,经复查、检验以及运行恢复正常后,才离开现场,离线设备的维修应有计划和维修期限。

(5)SCADA 维修人员在故障处理完毕后,应对维修现场进行清理,恢复到原来状态,并及时消点。

(6)SCADA 维修人员应及时填写故障处理台账,记录故障情况及处理时间、结果,归档备查。对一时无法处理的故障要及时上报。

(7)严格事后检查制度,由 SCADA 班组对维修情况作核查,确保维修质量。

(8)故障处理时,不能影响接口专业的运作,涉及接口的维修,应先与其他专业协调,在其他专业监护下进行。

第四节 供电系统接口管理

> **本节导读**
>
> 城轨交通工程是一个庞大的系统工程,涉及到众多子系统和专业,相互之间存在众多接口,做好接口的有序衔接与管理关系到整个系统的运行质量。本节以城轨交通系统的接口划分为基础上,重点介绍了城轨供电系统的接口设置及相关配合要求。

城市轨道交通工程庞大、系统繁多,几乎囊括了机电行业、电子行业、公共建筑行业绝大部分设备、设施,另有很多轨道交通专用系统。但轨道交通又是一个完整的系统工程,各个系统之间、专业之间、设备之间、系统内部子系统间、设备间关系密切、相互关联、接口众多。各系统间的接口配合和接口衔接是否完善、合理,将直接影响整个系统的运行效率与运行质量。因此，接口的配合和管理是城市轨道交通工程建设与管理的重要内容。

一、城市轨道交通系统接口划分

城市轨道交通系统接口主要分为三大块：土建、机电和装修，再细分为土建工程内部接口、土建工程与机电设备系统接口、机电设备内部系统之间接口、装修工程内部接口、装修工程与机电设备系统接口、工程自身与外部（规划、市政、交通、环保等）接口，近40个专业。详细划分如图12.2所示。

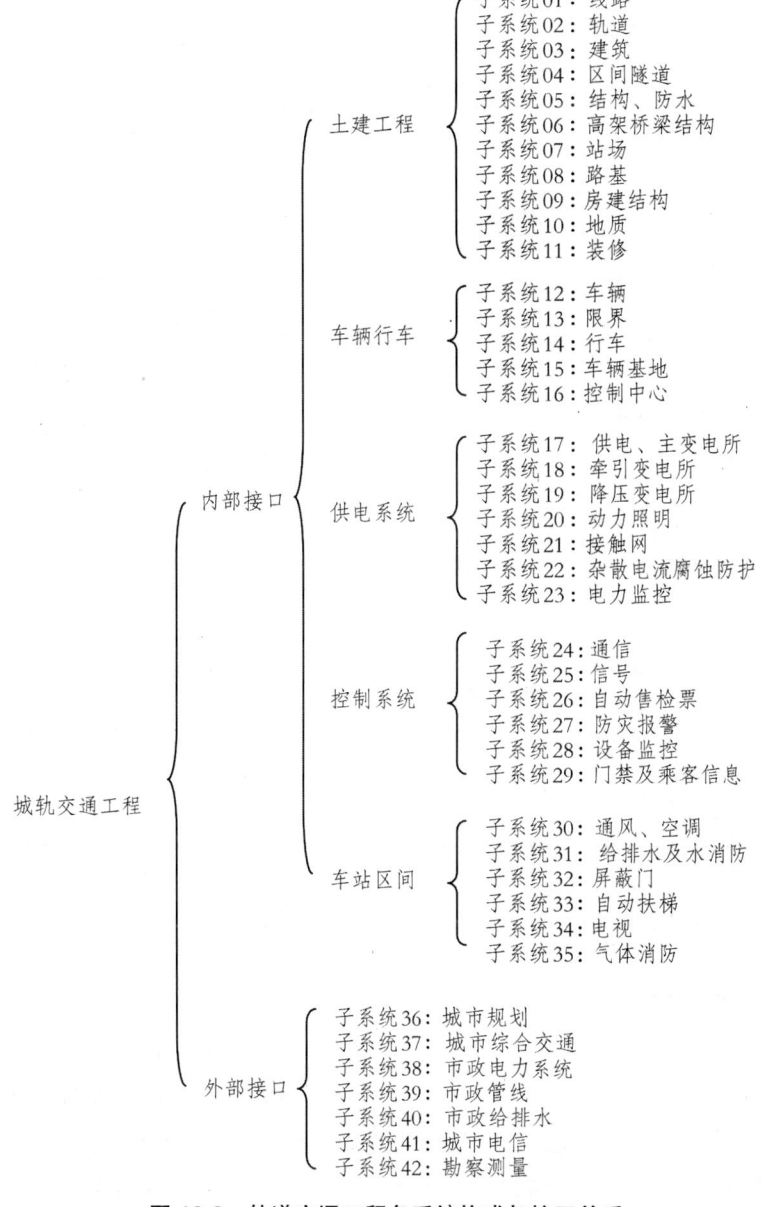

图12.2 轨道交通工程各系统构成与接口关系

各专业代码如表 12.4 所示。

表 12.4 专业代码表

序号	专业名称	专业代码	序号	专业名称	专业代码
1	城市规划	CG	26	降压变电所	JB
2	城市电力系统	CDL	27	变电所	BD
3	综合交通	ZJT	28	电力监控	DK
4	城市管线	CGX	29	杂散电流防护	ZS
5	城市电信	CTX	30	电力（动力照明）	DL
6	线路	XL	31	供电车间	DCJ
7	轨道	GD	32	通信	TX
8	隧道	SD	33	信号	XH
9	站场	ZC	34	自动售检票	SP
10	结构、防水	JF	35	防灾报警	FZ
11	房建结构	FJ	36	设备监控	SK
12	高架桥梁	GQ	37	综合监控	ZK
13	建筑	JZ	38	门禁及信息	MX
14	路基	LJ	39	环控系统（通风与空调）	HK
15	地质	DZ	40	屏蔽门系统	PM
16	行车组织	XC	41	扶梯、电梯	FT
17	客流预测	KL	42	给排水及水消防	GS
18	车辆段及综合基地	CLD	43	气体消防	QX
19	控制中心	KZ	44	综合管线	GX
20	车辆	CL	45	装修	ZX
21	限界	XJ	46	人防	RF
22	主变电所	ZB	47	环保及劳安卫	HB
23	供电（计算）系统	DX	48	施预	SY
24	牵引变电所	QB	49	工程筹划	GC
25	接触网（牵引网）	CW	50	项总	XZ

二、供电系统接口划分

1. 供电系统接口概述

城市轨道交通工程是由很多个工种和系统共同组成的庞大而复杂的系统工程，供电系统是这个系统中的一个重要组成部分。供电系统给车辆和所有设备系统提供电能，它直接影响着城市轨道交通运行的安全与畅通，是整个轨道交通正常运营的基础。

牵引负荷与车辆、线路和运营组织有关，供电设备安装、接触网安装以及电缆敷设等均与车站和线路限界有关，电源又从城市电力系统引入，杂散电流防护措施的贯彻实施又需要土建、轨道、给排水等专业配合。因此供电系统除与机电设备系统有接口外，还与土建（车站、隧道、线路、外部（电力系统、通信、环保等）具有接口，在工程设计和工程实施过程中与几乎所有专业都有接口。

接口可分为硬接口，即可见接口，如与结构、建筑、各系统设备之间等接口；有软接口，即隐形接口，如与各系统之间的技术参数匹配、规约一致等接口。这些必须在设计阶段标示清楚接口关系，划清接口界面，确定接口内容，提出接口要求，进行接口管理，如处理不好，会影响工程建设和设备稳定运行。如与电动车辆之间既有硬接口，也有软接口，硬接口就是授电方式——架空接触网、接触轨；软接口是电压等级、列车编组、牵引变电所与电动车辆的保护配合等。

供电系统内部各设备间的接口包括牵引变电所、降压变电所、接触网系统、杂散电流防护间的接口等。供电系统与其他系统的接口，如与外电源、土建、线路、轨道、限界、行车组织等以及与车辆、通信、信号等专业的接口关系，必须在设计阶段明确，以使各专业和系统的建设与运营有序进行。

2. 供电系统接口划分

在实际工程中，城轨供电系统的设计和施工不可能由一个设计单位或施工单位单独完成；在实际运营管理中，城轨供电系统也涉及很多专业与部门的分工配合，因此，必须进行适当的接口划分，以利于进行设计、施工和运营管理，一般按以下原则处理，如图12.3所示。

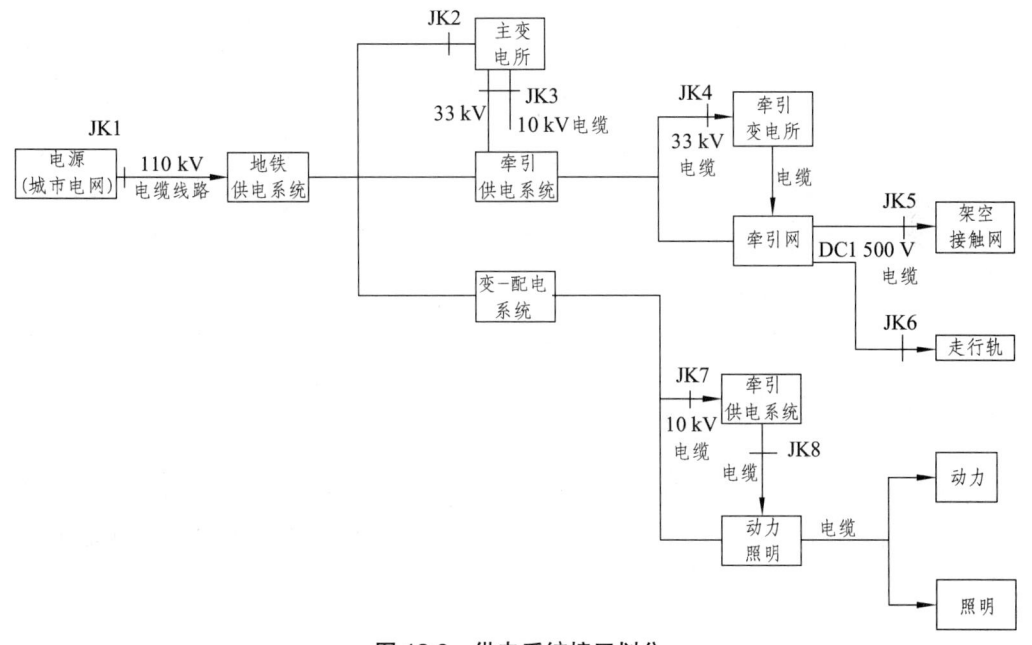

图 12.3　供电系统接口划分

（1）电源。

由城市电源点至主变电所或牵引/降压变电所电源引入线的终端（JK1-JK2）。因为牵涉到与城市电网的连接，这一部分一般由城市供电部门完成。

（2）主变电所。

由电源引入端至中压开关柜的引出端，JK2-JK3。由于主变电所需接入城市高压电网，一般由城市供电部门设计施工。

（3）中压网络。

对集中式供电，由主变电所中压开关柜的引出端至网络末端牵引/降压变电所中压开关柜的引入端；对于分散式供电，由牵引/降压变电所中压开关柜的城市电源引入端至网络末端牵引/降压变电所中压开关柜的引入端。

（4）牵引变电所。

由中压电源引入端起，经变压、整流后，正极至接触网电动隔离开关的引入端；负极至走行轨回流排的引出端（JK4-JK5 和 JK6）。引入、引出的划分均以电流流通方向为准。

（5）牵引网。

正极由接触网电动隔离开关引入端至负极回流排引出端（JK5-JK6）。

（6）降压变电所。

由中压电源的引入端至低压开关柜的引出端（JK7-JK8）。

（7）动力照明。

由降压变电所低压开关柜引出端至用电设备（JK8-用电设备），动力照明一般由土建设计单位设计。

第五节 供电系统安全管理

> **本节导读**
>
> 安全生产是一个企业最重要、最基本的要求，安全管理也是一个企业最重要的管理内容。本节从供电系统运行安全的基本要求与基本特点，危险源的识别与风险评估及风险控制，事故处理原则、事故抢修组织指挥、事故分析与事故应急机制等方面介绍了城轨供电系统安全管理的相关知识。

一、供电系统运行安全的基本要求

安全是指免除了不可接受的损害风险的状态。不可接受的损害风险又指超出了法规的要求；超出了方针、目标和组织规定的其他要求；超出了人们普遍接受程度（通常是隐含的）的要求。换言之，安全即意味着人员或财产遭受损害的可能性和程度是可以接受的，若这种可能性超过了可接受的水平，即为不安全。

"不可接受的损害风险"是从3个不同的层面对安全进行了界定。第一个层面是国家层面。以法律法规的形式明确了不可接受的损害风险，这种要求具有最广泛的适应性，代表了广大公众对安全的共同要求，体现了国家意志。如《中华人民共和国安全生产法》、《铁路运输安全保护条例》等法律法规就是从国家层面对安全生产提出的要求，各行各业均必须满足这些要求，遵守相关规定。第二个层面是企业层面。以企业的方针、目标及企业组织所规定的各项要求，明确了企业所不可接受的损害风险状态。第三个层面是个体层面。体现公众群体、员工群体或顾客群体对不可接受损害风险的程度。如果生产活动超出了这 3 项要求,均是不可接受的,因而也是不安全的。

城轨供电系统的产品是给城轨列车和动力照明设施提供电能,根据安全的上述定义,当城轨供电系统出现以下情形时,对以上 3 个层面都是不可接受的损害风险。

(1) 危及安全或构成事故。供电设备状态异常,危及周围其他设备及人身安全,甚至构成行车事故或路内路外人身伤亡事故。

(2) 中断供电。供电中断→中断行车→列车晚点,甚至导致交通瘫痪,影响旅客出行甚至危及旅客安全等。

(3) 降低供电能力与供电质量。如变电所容量或接触网载流容量偏小,造成接触网末端工作电压水平偏低,致使列车运行速度降低;供电设备障碍,造成机车需降弓通过设备障碍地段,降低列车正常通过能力;变电所故障供不出电而采取越区供电措施,大大降低了列车的运行对数;接触网状态不良,造成弓网打碰受电弓拉弧严重等;供电设备检修延误造成列车晚点等。

因此,对城轨供电系统运行安全的基本要求是安全、不间断地为城轨列车和各种动力照明设施提供优质电能。

二、城轨供电系统运行安全的基本特点

1. 安全生产的一般特点

安全生产是随着生产的产生而产生,随着生产的发展而发展。"安全为了生产,生产必须安全"。安全生产的一般特点主要表现在:

(1) 安全的系统性。安全涉及技术系统的各个方面,包括人员、设备、环境等因素,而这些因素又涉及经济、社会、科技、教育和管理许多方面,尤其对于轨道交通运输这样的开放系统,安全既受内部因素的制约,又受外部环境的干扰,一旦安全状况恶化,出现事故,不仅可能造成系统内部的损害,而且可能造成系统外部环境的损害,因此研究和解决安全问题应从系统出发,运用系统工程方法,进行综合治理,克服管理中的"头痛医头,脚痛医脚"的做法。

(2) 安全的相对性。凡是人类从事的生产活动,都有安全问题,所不同的只是发生事故的可能性有大有小,危害程度有轻有重而已。安全只是相对的,系统发生事故的可能性始终存在,要从这个意义上,建立预防事故、防患未然的思想。

(3) 安全的依附性。由于安全不能脱离具体的生产过程而独立存在,这可能在实践中导致重生产、轻安全,而另一方面,安全又是生产的基础和保障,正常有序的生产同系统的安全运行和管理是不可分割的。

(4) 安全的间接效益性。要保证生产安全必须在人员、设备、环境和管理方面有相应适时的安全投入,但安全投入所产生的经济和社会效益都是间接的、无形的,难以定量计算。因此,安全投入容易被忽视,必须认识到安全投入的必要性。事实上,安全的效益除了减少事故的直接和间接经济损失外,更重要的是在提高人员素质、改进设备性能、改善环境质量和加强生产管理等方面所创造的积极的经济效益和社会效益。

（5）安全的长期性。人们对安全的认识在时间上往往是滞后的，难以预先认识到系统存在和面临的各种危险和隐患，而且即使认识到了，有时也会由于技术条件所限而无法控制，随着技术进步和社会发展，旧的安全问题解决了，新的安全问题又会产生，抓安全确实需要长期不懈、始终如一地努力才行。

（6）安全的艰巨性。由于高技术总是伴随着高风险，随着现代科学技术的发展和系统复杂化程度的增加，事故后果越加严重，不允许通过事故重演来深化对安全的认识。此外，事故是一种小概率的随机偶发事件，仅仅利用事故资料不可能及时地多层次对系统的危险性进行分析。可见，安全工作的任务相当艰巨。

2. 城轨供电系统安全运行的特点

城市轨道交通运输系统是由车、机、工、电、辆等多个系统共同组成的一个大联动机，城轨供电系统是城轨交通系统中的一个子系统，除具有上述一般特点外，同时还具有以下一些特点：

（1）安全的动态性。城轨交通系统的产品是实现旅客安全快速位移，确保交通畅通与不间断供电是牵引供电系统安全运行的最基本要求。牵引供电系统与一般供电系统最大的区别是其负荷是高速移动的。移动供电是其与众不同的特点，也是实现安全运行的难点，一系列的安全问题都是因为接触网与电动列车受电弓的高速滑行接触运动而引起的。

（2）安全对管理的依赖性。城轨交通系统是一个大联动机，内部接口众多，联系密切，相互影响，衔接不好就可能影响供电系统的安全运行。牵引供电系统不仅要做到自身状态良好，同时还要与机务、工务、电务、车务等多工种联合作业、多部门紧密协作，经过多个环节才能完成，涉及设备数量庞大、种类繁多，是复杂的人机动态系统。这样庞大的人机动态系统的安全运行，在很大程度上依赖于管理的有效性。

（3）安全的复杂性。城轨供电系统很多设备尤其像接触网设备没有备用，呈线状布置，点多线长，置身于城市复杂的地下与地面环境中，接口众多，对供电系统安全运行都将产生影响。

（4）安全的高风险性。生产环境具有"三高"特点，即作业人员作业时将置身于高空、高电压和高速行车的环境中，具有作业人员安全风险高，管理难度大。

（5）安全管理的规范性。轨道交通具有"高（度集中）、大（联动机）、半（军事化）"特点，是一个法律法规与行业规范规程较多的行业。安全运行与管理需要遵守一系列的规章并严格执行标准化作业等。

（6）事故后果的严重性。城市轨道交通被誉为"城市交通的主动脉"，一旦发生事故将会严重波及整个城市的正常生产与生活秩序，直接影响一个城市各项功能的正常发挥，也直接影响到人们的日常生活，甚至还会造成巨大的财产损失、人员伤亡和环境破坏，后果严重。因此，城轨供电系统作为城轨交通安全畅通的重要保证，其安全运行将更加备受人们的关注。

城轨供电系统运行安全一般分为人身安全、行车安全、设备安全、环境安全等类型。

三、安全管理基本知识

安全管理是按照安全的客观规律，通过计划、组织、指挥、协调与控制，合理地组织保证安全活动中的人力、财力、物力和信息等资源，逐步提高职工队伍素质，提高设备水平，提高规章制度的有效性，从而达到杜绝和减少事故的目的。安全依赖于管理。再好再新的设备，管理不好照样会出事故。

1. 事故与危险源

（1）事故，所谓事故，可将它的基本属性概括如下：

① 事故是违背了人们意愿的一种现象。

② 事故发生的原因及后果，有的已经认识，有的尚未认识，所以有的可预防，有的还无能为力。

③ 事故的原因可归纳为：目前尚未认识的原因；已经认识且目前还可控制的原因；已经认识、目前可以控制而未能有效控制的原因。

④ 事故是不确定事件，其发生形式既受必然性的支配，也不可避免地受偶然性的影响。

⑤ 事故发生可造成以下几种结果：a.人受到伤害，物受到损失；b.人受到伤害，物未受到损失；c.人未受到伤害，物受到损失；d.人、物均未受到伤害或损失。对城轨交通运输系统，将凡是造成系统运行中断的事件均归入事故的范畴，虽然系统运行中断不一定会造成直接的财产损失或人员伤害，但却严重干扰了系统的正常运行秩序，从而将带来难以估量的间接损失。

⑥ 事故的内涵相当复杂，事故是安全与危险的矛盾斗争中某些瞬间突变结果的外在表现形式，单个事故本身也是一个动态过程，可看作是极短时间内相继出现的事件序列，可表示为：

危险触发→以一定逻辑顺序出现的一系列事件→产生不良后果。

综上所述，可以将事故定义为：

【事故】 事故是指在生产活动过程中，由于人们受到科学知识和技术力量的限制，或者由于认识上的局限，当前还不能防止，或能防止而未能有效控制发生的违背人们意愿的事件序列。它的发生，可能迫使系统暂时或较长时间地中断运行，也可导致人员伤亡或财产损失，或二者同时出现。

（2）危险源。

【危险源】 危险源是指可能导致伤害或疾病、财产损失、作业环境破坏或这些情况组合的根源或状态。根源是指能量和有害物质的存在；状态是指能量和有害物质的失控。一般而言是指系统潜在的危险。更通俗地说，危险源包括一切对人-机-环系统带来损害的不安全因素，是事故发生的必要条件。危险源既可能是人的不安全行为，也可能是设备与环境的不安全状态，还可能是二者的结合。因此，预防事故要从危险源的认识和分析入手，才能有的放矢。

广义的危险源可分为两大类：

第一大类危险源为能量及危险物质类，具体可分为机械类、电气类、辐射类、物质类、火灾与爆炸类。

第二大类危险源为人的失误、物的故障、环境因素类，具体可分为：

物理类。设备、防护、信号、标志等缺陷，电、噪声、振动、运动物等危害；高、低温等物质，电磁辐射，明火，粉尘，作业环境不良等。

化学类。易燃（自燃）、易爆、有毒、腐蚀等。

生物类。致病微生物、传染病媒介物、致害动（植）物。

心理、生理性类。负荷超限、健康异常、心理异常、辨识功能缺陷。

行为类。指挥错误、操作失误、监护失误等。

其他类。

2. 安全管理基本方法

国家安全管理的基本方针是"安全第一,预防为主"。城轨供电系统属高风险行业,不管发生人身事故,还是行车事故或设备事故,都会给国家和人民生命财产带来很大损失,严重影响企业的社会声誉。安全第一,既是以人为本的重要体现,也是一个企业赖以生存和发展的基础。安全风险是无法完全消除的,但却可以通过有效的安全管理,消除人的不安全行为,控制好物的不安全状态和环境的不安全因素,将安全风险降至最低,实现安全有序可控。因此,安全管理是企业管理的重中之重,首中之首,如图12.4所示为安全管理的基本方法。

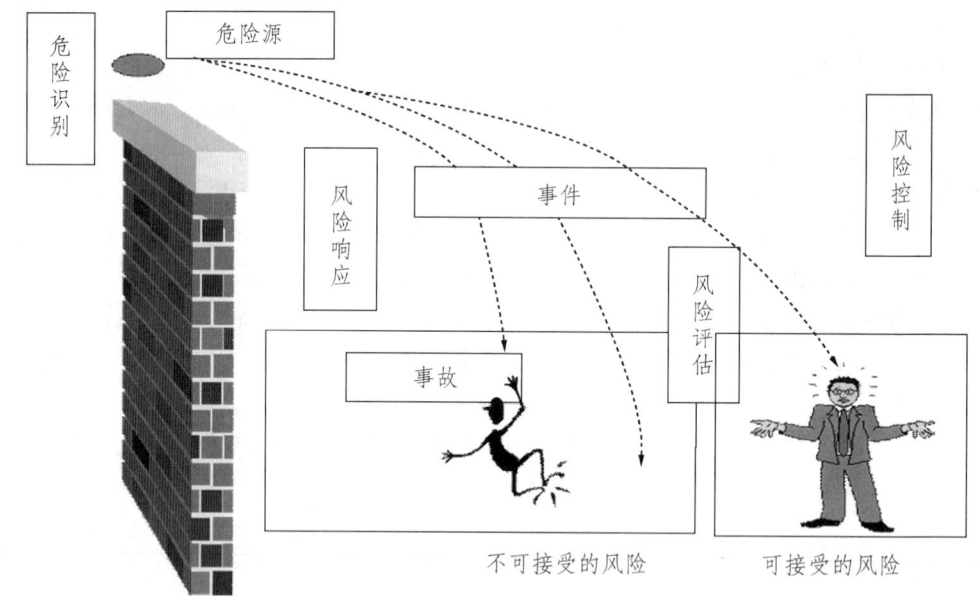

图12.4 安全管理基本方法

(1)几个基本术语。

① 危险识别:是指识别危险源的存在并确定其特性的过程。危险源的识别是加强安全管理的最基本活动。

② 风险:某一特定危险情况发生的可能性和后果的组合。危险情况指人员伤亡、疾病、财产损失、环境破坏等,后果是指严重性。体现了危险源引发事件的概率及引发事件造成后果的程度,反映出风险的大小。

③ 风险响应:指触发危险源导致事件发生的过程。

④ 事件:导致或可能导致事故的情况。

⑤ 风险评估:评估风险大小以及确定风险是否可容许的全过程。全过程分两个阶段,一是评估风险大小或严重程度;二是与安全要求相比,判定是否可接受。

⑥ 风险控制:预防和控制危险源,降低风险使之至可接受的程度。

(2)安全管理的基本方法。

① 危险识别是建立安全管理体系的重要基础。要实现有效的安全管理,首先必须充分识

②逐一进行风险评估,即对各危险源触发事件的后果进行评估,判定风险类别。风险类别一般分为可忽略风险、可容许风险、中度风险、重大风险和不可容许风险等。对城轨供电系统,经过危险源的识别与风险评估,主要存在如表 12.5 所示的重大危险源。

表 12.5 城轨供电系统主要重大危险源一览表

序号	重大危险源	原因分析
1	作业车冒进、冲突、脱轨	1. 作业车超速运行。 2. 作业车司机违章操作。 3. 制动机使用不当。 4. 监控装置数据错误。
2	调车冲挤脱	1. 调车违章作业不能及时发现与防范。 2. 调车监控文件分析不到位。 3. 调车出站作业监控显示失控。 4. 司机违章,盲目蛮干。 5. 司机精神不好,精力不集中,中断瞭望。
3	因触电伤害造成作业人员群死群伤	1. 误送电。 2. 机车带电进入停电区。 3. 作业人员误进入有电设备范围。 4. 安全绝缘距离不够。 5. 感应电伤害。 6. 穿越电流伤害。
4	列车伤害	1. 作业人员身体侵入行车限界。 2. 作业人员所持机具材料侵入行车限界。 3. 作业车平台向未封锁线路旋转。
5	高空坠落	1. 高空作业不系安全带。 2. 抛掷传递工具、零部件。 3. 安全带系在未受力件上或受力件存在隐患等。
6	设备失修	1. 超过检修周期未检修。 2. 未超过检修周期但检修不到位。 3. 牵引供电设备周围设施侵入安全距离。
7	工具材料状态不良	1. 工具材料存在隐患,机械强度减弱未能及时发现。 2. 绝缘强度超过检测周期未检测等。
8	员工状态不良	1. 员工业务不熟。 2. 员工身体不适。 3. 员工违章蛮干等。

③根据风险类别采取相应的风险控制措施。如表 12.6 所示。通过采取相应的风险控制措施,完全控制危险源或降低风险。

表 12.6 风险控制策划表

风险类别	控制措施
可忽略的风险	不需采取措施且不必保留文件记录。
可容许的风险	不需要另外的控制措施，应考虑投资效果更佳的解决方案或不增加额外成本的改进措施，需要监测来确保控制措施得以维持。
中度的风险	应努力降低风险，但应仔细测定并限定预防成本，并应在规定期限内实施降低风险措施。在中度风险与严重伤害后果相关的场合，必须进行进一步的评价，以更准确地确定伤害的可能性，以确定是否需要改进控制措施。
重大的风险	直至风险降低后才能开始工作。为降低风险有时必须配给大量资源。当风险涉及正在进行中的工作时，就应采取应急措施。
不可容许的风险	只有当风险已降低时，才能开始或继续工作。如果无限的资源投入也不能降低风险，就必须禁止工作。

④ 制定相应的应急预案。

采取风险控制措施，只能尽可能地控制和降低风险，而无法完全避免事件的发生。因此，即使采取风险控制措施，也还要识别可能发生的潜在突发事件和紧急情况，制定可靠的防范措施和应急预案。这种突发事件或紧急情况主要是指安全事故，火灾、爆炸、毒物泄漏或溢出，也指安全控制设备失灵或损坏、操作失误、特殊气候（地震、台风、洪水等）、突然停电等。

应急预案应概述具体的应急情况发生时所采取的措施，一般应包括以下内容：

a. 识别潜在的事故和紧急情况。

b. 确定应急期间的负责人。

c. 所有人员在应急期间的职责。

d. 在应急期间起特殊作用的人员（例如消防员、急救人员、核泄露或毒物泄露专家等）的职责、权限和义务。

e. 针对具体应急情况的应急措施。

f. 重要记录和设备的保护。

g. 应配备的应急设备等。

四、事故抢修管理

供电系统中，凡由于工作失误、设备状态不良或自然灾害引起供电设备破损、中断供电，以及严重威胁供电安全的，均列为供电事故。供电系统的事故可分为电气设备事故和系统事故两大类。电气设备事故可能发展为系统事故，影响整个系统的稳定性；而系统性事故又能使某些电气设备损坏。因此，运行人员的主要任务是保证设备正常运行，尽量减少和避免事故的发生。而一旦发生事故，应以最快的速度处理与恢复。

（一）事故处理的原则

在事故处理中必须牢固树立"安全第一"的思想，贯彻"高度集中，统一指挥，逐级负责"的原则，杜绝"多头指挥"和"无人指挥"。当值电力调度员是供电系统事故（故障）的指挥人，值班员或事故发现人应及时将事故表征和处理情况向其汇报，并迅速坚决地执行调度命令，采取应急措施，尽快恢复对用户的供电，特别是牵引供电。在事故处理后，应将事故发生及处理经过详尽如实地记录下来，并及时组织相关人员分析事故原因，讨论处理措施是否得当，同时制定出预防措施等。

供电设备事故处理的基本原则：

（1）当发现供电设备故障时，现场值班员或事故发现人除按照规定进行现场防护外，在力所能及的范围内采取措施，防止事故蔓延和扩大，减少事故损失，同时尽快地报告电力调度员。

（2）供电设备事故的抢修要遵循"先通后复"和"先通一线"的原则。

"先通后复"，就是以最快的速度设法先行恢复供电，疏通线路，恢复通车，必要时采取迂回供电、越区供电等措施，尽量缩短停电与中断运营时间，随后则要尽快安排时间处理遗留工作，使供电设备及早恢复正常运行状态。

"先通一线"，就是在双线区段，除按上述"先通后复"的原则确定抢修方案外，要集中力量以最快的速度设法使一条线路先开通，尽快疏通列车。

事故范围较小，抢修时间不长，无需分层作业时，应抓紧时间一次抢修完毕，恢复供电和行车。

（3）在事故抢修中电力调度员须与行调、环调密切配合，严格掌握供电和行车、环控的基本标准条件，根据设备的技术条件和现场具体情况，采取有效措施，适当调整运行方式，尽可能减少对行车的影响，及时安排抢修和处理时间，尽快恢复对接触网的供电和正常行车秩序，在允许的条件下保证环控设备的运行，保证城市轨道交通的服务质量。

（4）事故抢修可以不要工作票，但必须有电力调度员的命令，并按规定办理作业手续以及做好安全措施。

（5）事故抢修的工作领导人即是现场抢修工作的指挥者。当有几个作业组同时进行抢修作业时，必须指定 1 人担当总指挥，负责各作业组之间的协调配合，同时必须指定专人与电力调度员时刻保持联系，及时汇报抢修工作进度、情况等，并将电力调度员和上级指示、命令迅速传达给事故抢修的指挥者。

（6）对于事故停电的电气设备，在未断开有关断路器和隔离开关并按规定做好安全措施前，不得进入相关的设备区，且不得触摸该设备，以防突然来电。对于无人值班变电所，电力调度员应注意，在已派出人员到现场查巡后，在未与现场人员取得联系前，无论何种理由，都不得对停电设备重新送电。

（7）在下列情况下，当值人员可不经电力调度员许可自行操作，结束后再汇报：

① 对威胁人身和设备安全的设备停电。
② 对已损坏的设备隔离。
③ 恢复所用电。

（二）事故抢修的组织指挥

1. 事故处理程序

城市轨道交通的员工，无论任何时候发现接触网事故和异状，均应立即设法报告控制中心电力调度员或行车调度员（若行车调度员接到报告，应立即通知电力调度员），并应尽可能详细说明范围和破坏情况，必要时在事故地点设置防护措施。

控制中心电力调度员得知发生的事故信息后，要通过各种方式、渠道，迅速判明事故地点和情况，尽可能详细地掌握设备损坏程度，并立即通知维修调度，维修调度应立即启动事故处理程序，组织对事故点的定位查找和抢修工作，以最快的速度修复设备，保证运营。

供电设备故障（事故）处理流程见图12.5。

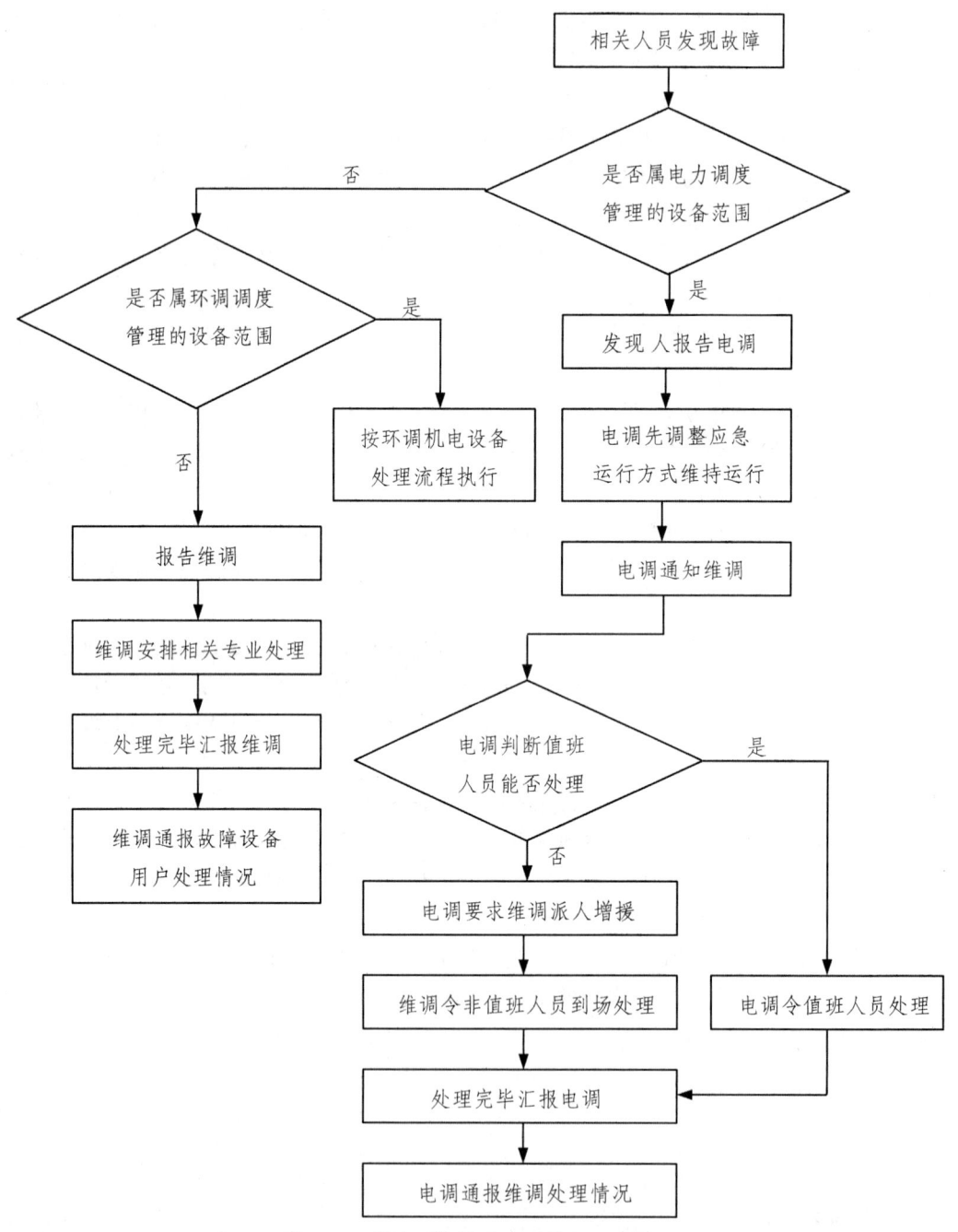

图 12.5　供电设备故障（事故）处理流程

2. 事故抢修的组织

1）抢修人员的组织

抢修人员接到抢修命令后，立即紧急集合当班的所有人员，组成抢修组，并按内部分工，分头带好、带足机具（夜间出动时必须携带照明发电装置及灯具）和材料等，在规定的时间内迅速赶到事故现场。

如果事故范围较大，设备损坏较严重，需技术和人力支援时，应及时调动相关技术人员赶赴现场。事故现场要有相关领导组织指挥抢修，及时解决存在的问题。对需要连续作业较长的事故进行抢修时，需调动足够的人员进行替换作业。

2）现场抢修前的准备工作

抢修人员到达事故现场，工作领导人（或事故抢修总指挥）要组织人员全面了解事故范围和设备损坏情况，按照"先通后复"和"先通一线"的抢修原则，果断、快速确定抢修方案，并尽快报告电力调度员。同时，根据掌握的事故范围和设备损坏情况，做好以下几方面的工作：

（1）确定抢修人员的分工、作业项目与次序、相互配合的环节等。

（2）预制、预配部分零部件。

（3）检查有关抢修作业机具和材料的技术状态，并清点数量。

（4）如果事故范围较大，则根据设备损坏情况及人员、机具情况，将事故范围划分几个作业区并分派人员。

抢修人员到达事故现场后，要充分利用电力调度员下达准许作业命令并验电接地前的这段时间，做好抢修作业的有关准备工作。待电力调度员下达准许作业命令后，迅速验电接地并设好行车防护即可全面展开抢修作业。

3）现场指挥

供电设备事故抢修速度的快慢，特别是接触网事故抢修，很大程度上取决于事故抢修的指挥是否得力，即取决于指挥人员的判断、决策、对人员的分工安排及调配、作业次序的安排、各作业环节进行配合时机的掌握等。事故抢修的指挥者（即工作领导人或事故抢修总指挥）要根据事故情况，沉着冷静、稳而不乱，抓住整个抢修工作的主要矛盾，机智果断，争取主动。对于大型事故的抢修能够两个或几个组同时进行的作业，一定要安排同时展开，以争取时间。

为了尽快恢复运营，在事故抢修中，根据事故情况及抢修作业进展情况，在确保供电及行车安全的情况下，往往采取一些必要的临时开通技术措施，以达到"先通后复"之目的。如接触网抢修中可将吊弦间距增大一倍、一些损坏的零部件可暂不更换、接触悬挂的某些部分可暂不固定、绝缘锚段关节可暂按非绝缘锚段关节调整等，这些均需根据事故情况及抢修情况灵活运用。

所有参加现场抢修的人员都必须服从抢修工作领导人（或事故抢修总指挥）的指挥，任何人不得干扰。各级领导的指示也应通过电力调度员下达，由抢修工作领导人（或事故抢修总指挥）集中组织实施。

遇到大型综合性的事故，如同时伴随线路、信号、电缆及机电设备等的综合性的事故，在事故处理时，要有大局观念，服从事故处理领导小组的统一指挥，同时与其他专业抢修组加强联系，密切配合。

(三) 事故分析

1. 原始资料的收集保存

在事故抢修过程中，工作领导人（或事故抢修总指挥）除了组织抢修尽快恢复运行外，还要指定专人写实时事故及其修复的情况，包括必要的照片，有条件时可进行录像。收集并妥善保管事故破坏的物证，以便进行事故分析。特别是对于因事故拉断或烧断的线头、损坏的零部件等，应尽量保持原样不得任意改动。对典型事故的照片、报告、损坏的线头、零部件，应作为档案长期保存。

2. 事故的调查分析

事故发生后要及时分析，对每一件供电事故都要按照"四不放过"、"四查"（即"查思想、查纪律、查制度、查领导"）的要求，认真组织调查，弄清原因，确定责任者，制定出有效的防范措施。

在进行事故调查分析时，除弄清事故原因、查明责任、制定防止措施、按规定填写事故（故障）报告向有关部门上报外，同时还要`总结抢修工作的经验教训。对抢修中采用的先进方法、机具等应及时推广。对存在的问题要认真研究制定改进措施，不断完善抢修的组织和方法，提高抢修工作效率。

(四) 建立健全事故的应急机制

1. 建立健全抢修组织

为了加强供电设备事故抢修工作的领导，做到指挥得当、有条不紊，同时做好事故的预防、分析及抢修队伍的培训教育，必须建立健全各级责任制。各级事故抢修人员必须贯彻执行有关规章制度，并按规定检查管内有关各项工作，不断提高素质和技术业务水平。

1) 事故抢修工作的领导

（1）供电设备主管部门成立设备事故领导小组，由指定的负责人任组长，组员包括技术、安全、材料及部门调度。

（2）各工班建立抢修组，抢修组应由熟练的技工骨干组成，组长由工长担当。组内应明确分工，有准备材料、工具的人员、防护人员、座台联系人、网上作业人员和地面作业人员等。抢修时各成员应佩戴明显的标志，各司其职、各负其责。

2) 事故抢修的实施

事故抢修的具体工作由工班（抢修组）承担。

2. 抢修机具、材料的配备和管理

为了保证事故发生后抢修人员能够迅速出动，供电管理部门必须做好以下事项。

（1）抢修车辆（含接触网轨道作业车和抢修汽车）必须保证状态良好，随时能出动。对于接触网的抢修，最好能配备专用的接触网抢修车辆，并做到专车专用。相应各级调度必须

随时掌握抢修车辆（含接触网轨道作业车和抢修汽车）的停放地点和车辆状况。

（2）供电部门的维修基地、轨道交通沿线各值班或监察点、接触网轨道作业车，均应按规定配齐抢修用料、作业工具、备品和安全防护用品等，并随时注意补充。

（3）城市轨道交通沿线各站应配备应急抢险用的接触网梯车、地线及验电器。特别是对于线路在地下隧道的系统，当发生事故影响运营时，其他车辆（包括梯车）几乎没法到达现场，长大的机具也难以顺利搬运到现场。

（4）抢修用料、用具应尽量组装成套，并与日常维修用料分开造册登记、分库存放，做到专料专用，由专人管理，定期对抢修用具进行维护保养，交接班时交接清楚。值班室应有材料库的钥匙，以便随时取出抢修用料、用具。抢修工作结束后，工作领导人（或材料员）负责将工具和剩余材料及时放回原处，并将消耗的材料和零部件列出清单，及时补充。

（5）供电管理部门的主管、专业工程师及安全员、工班长，要按规定对抢修用料和机具进行检查和抽查，发现问题及时解决并处理。

3. 人员培训

供电设备的事故处理要做到"两齐"、"两快"和"应对自如"，即人员齐、工具材料齐；出动快、修复快；事故发生时沉着冷静、应对自如。为了达到上述要求和提高各级人员在发生设备事故时的应变能力，使每个人都掌握各类事故的抢修方法，就要做好事故抢修的日常演练工作，并开展事故预想。各工班要充分利用工余时间，发挥老工人传、帮、带的作用，经常进行各类事故抢修方法的训练，供电管理部门应不定期举行事故的模拟演练，以检验供电各级人员事故抢险和应变能力的效果，并针对模拟演练中发现的问题进行整改和培训，共同提高实战能力及应变能力。

事故抢修指挥人员是抢修作业中的核心人物，要定期组织各级抢修领导小组成员、工班抢修组组长（即抢修工作领导人）进行轮训，讲解事故抢修知识，学习有关规章和命令，分析典型案例，总结经验教训，研究制定改进措施，不断提高其组织、指挥事故抢修的能力。

4. 事故的预防

实践证明，为了减少事故的发生，必须重视事故的预防工作。从事供电工作的广大员工必须树立为运营服务的思想，贯彻执行"修养并重，预防为主"的方针，不断提高检修质量；建立健全群众性的安全生产组织，定期进行安全检查，尽快消除事故隐患。

为了防止和杜绝事故的发生，需要做好以下几方面的工作：

（1）贯彻落实"三定、四化、记名检修"原则，抓好各项基础工作。要科学地组织设备运行和检修的各个环节，建立严密而协调的生产秩序，不断提高供电工作质量。

（2）牢固树立"安全是生命线"和"安全生产一票否决权"的思想，严格执行各项规章制度，遵守安全操作规程，一丝不苟地按照检修工艺和技术标准检修设备，质量良好地完成设备检修任务。

（3）积极采用新技术和新材料，提高设备性能，改进不合理的设备结构。充分利用先进的检修和检测设备，不断完善检修手段和技术。

（4）完善并落实各项安全技术教育和考核制度，充分利用现代化教学手段和设施，不断提高职工素质和技术业务水平。经常组织和开展技术比武、事故预想和演练，提高员工的实作能力和应变能力。

（5）重视其他部门（如车务、信号、线路、车辆等）的意见和反馈来的信息，加强与相关部门密切协作，共同做好供电设备事故的预防。

（6）加强关键地段（如隧道口附近、岔群区、坡度变化较大的区段的接触网等）和重要设备（如隔离开关、分段绝缘器、避雷器等）的监控工作。注意季节变换给供电设备带来的变化（如防洪、防雷及防高温等）；重视日常维护检修工作中发现的问题，无论问题大小，都要及时处理，消除隐患。

综合练习

一、填空题

1. 城轨供电系统运行管理实行"三定、四化、记名检修"原则，其中"三定"是指_____、_____、_____；"四化"是指_____、_____、_____和检修机具与检测手段现代化。

2. 城轨运行管理工作内容通常包括正常运行工作、_____、_____、_____、技术资料管理和人员培训等6个方面。

3. 正常运行工作包括设备巡视、_____、_____、_____和_____等5个方面的内容。

4. 在事故处理中必须牢固树立_____的思想，遵循_____原则。

5. 城市轨道交通系统的产品是_____，其产品的质量特性是_____、_____、快捷和舒适。

6. 城轨供电系统的产品是为城轨列车和其他动力照明设施提供_____，其产品的质量特性是实现_____的供电。

7. 城轨交通系统具有"高、大、半"的特点，是指具有_____、_____、_____的特点。

8. 城轨供电系统运行管理规程体系可划分为法律法规、_____、_____三个层次。

9. 质量管理体系以_____为关注焦点，环境管理体系以_____为关注焦点；职业健康安全管理体系以_____为关注焦点。

10. 《作业指导书》中的5W1H是指_____、_____、_____、_____、_____、_____等。

11. 三大标准体系共同的管理理念就是_____。

12. "三懂三会"是懂设备结构、会_____；懂设备性能、会_____；懂设备原理、会_____。

13. 安全是指免除了_____。

二、简答题

1. 简述班员的一般职责。

2. 简述对变电值班（巡视）人员"五熟三能"要求的具体内容。

3. SCADA人员在工作中必须认真执行"三不动"、"三不离"、"四不放过"、"三预想"、"三清"等安全措施，这些措施的具体内容是什么？

4. 城轨供电系统主要有哪些内部接口与外部接口？

5. 简述城轨供电系统的三种不安全情形。

6. 安全生产具有哪些基本特点？

7. 城轨供电系统安全运行除具有安全生产的一般特点外，还具有哪些特点？

8. 事故具有哪些基本属性？

9. 什么是危险源？

三、综合题

1. 阐述安全管理的基本方法。

2. 阐述"先通后复"原则中"通"字的内容与要求。

参考文献

[1] 于松伟,杨兴山,韩连祥,张巍. 城市轨道交通供电系统设计原理与应用[M]. 成都:西南交通大学出版社,2008.

[2] 王靖满,黄书明. 城市轨道交通供电系统技术[M]. 上海:上海科学普及出版社,2011.

[3] 黄德胜,张巍. 地下铁道供电[M]. 北京:中国电力出版社,2010.

[4] 何宗华,汪松滋,何其光. 城市轨道交通供电系统运行与维修[M]. 北京:中国建筑工业出版社,2005.

[5] 刘让雄,李日福,陈耀坤. 电气化铁路供电系统运行与管理[M]. 北京:中国铁道出版社,2014.

[6] 宋奇吼,李学武. 城市轨道交通供电[M]. 3版. 北京:中国铁道出版社,2012.

[7] 张莹,陶艳. 城市轨道交通供电技术[M]. 北京:人民交通出版社,2010.

[8] 杨建国. 城市轨道交通供电工程施工技术手册[M]. 北京:中国铁道出版社,2013.

[9] 刘文正. 城市轨道交通牵引电气化概论[M]. 北京:北京交通大学出版社,2012.

[10] 劳动与社会保障部,广州市地下铁道总公司. 城市轨道交通概论[M]. 北京:中国劳动社会保障出版社,2009.

[11] 劳动与社会保障部,广州市地下铁道总公司. 城市轨道交通运营安全[M]. 北京:中国劳动社会保障出版社,2008.

[12] 上海申通地铁集团有限公司. 城市轨道交通变配电技术[M]. 北京:中国铁道出版社,2012.

[13] 王晓茹,高仕斌. 电力系统分析[M]. 北京:高等教育出版社,2011.